Edeltraut Wagner

Omi, erzähl' von früher

Edeltraut Wagner

Omi, erzähl' von früher

Jugenderinnerungen
einer Ostpreußin

RAUTENBERG
im Verlagshaus Würzburg

Umwelthinweis:
Dieses Buch und der Umschlag wurden auf chlorfrei gebleichtem Papier gedruckt.
Die Einschrumpffolie – zum Schutz vor Verschmutzung – ist aus umweltverträglichem und recyclingfähigem PE-Material.

„Auch ein Stein kann sprechen,
wenn man ihm nur zuhören will“
(Konfuzius)

Für Ulrike,
Nora und Pierre

Printed in Germany
Druck und Verarbeitung: Offizin Andersen Nexö, Leipzig

Rautenberg Verlag
Internet: www.verlagshaus.com
ISBN 978-3-8003-3153-6

Inhalt

Vorwort 11

Flucht 13
Mein Vater 66
Meine Mutter 103
Omchen 168
Oma Schinz 182
Meister Adebar,
meine Taufe, vorher – nachher 188
Schulzeit in Kubillen-Nordenfeld 194
Rund um meine Konfirmation 212
Bei uns schlug der Blitz ein 224
Allerlei Erinnerungen 227
Hilfreiche Hände 265
Jugendstreiche 276
Der Fischzug 284
Die Reise nach Insterburg 297
Kutschkemann, Rumträger, Zigeuner,
Lumpensammler und Wenktiner 302
Klopsakademie 306
Dorfhochzeiten und Drumherum 322
Dorfabende 336
Unsere Pferde 341

Nachwort 352

Vorwort

„Mutti, erzähl mir bitte von deinem schönen Zuhause", bat mich meine Tochter Ulrike vor circa 40 Jahren, und ich berichtete von meiner unbeschwerten Jugendzeit auf dem elterlichen Bauernhof in dem kleinen Dörfchen Kubillen (Nordenfeld) in Ostpreußen.

Inzwischen bin ich 84 Jahre alt und meine 15-jährige Enkelin Nora bat mich immer wieder: „Omi, erzähl von früher". Und ich erzählte und erzählte und mir fielen Ereignisse ein, die ich schon fast vergessen hatte, bis mich meine beiden Mädchen und mein Schwiegersohn überredeten, alles, was ich noch weiß, aufzuschreiben. Es wurden mehr als 180 DIN-A4-Seiten und ich war in dieser Zeit mit meinen Gedanken mehr in Ostpreußen als in Bayern, es wurde eine Reise in die Vergangenheit. Mein teilweise chronikartiger Bericht soll verhindern, dass meine Nachfahren, wie es in den meisten Fällen ist, nicht viel über mein früheres Leben wissen. „Wen interessiert das schon, die Jugend hat doch ihre eigenen Probleme", bekam ich oft von Außenstehenden zu hören. Das mag stimmen, aber in meinem allerengsten Familienkreis war und ist das anders. Auch mein Mann, Ernst K. Wagner, der leider nicht mehr lebt und der aus dem Egerland stammte, wollte wissen woher ich komme und umgekehrt war es genauso. Wir lernten uns am 3. Mai 1953 kennen und am 19. September 1953, also dreieinhalb Monate später, heirateten wir bereits. Am 2. Juni 1957 wurde unsere einzige Tochter Ulrike geboren und wir führten ein glückliches Familienleben. Unser großes, gemeinsames Hobby war das Reisen. Sobald es möglich war, besuchten wir den Geburtsort meines Mannes Gossengrün, Kreis Eger, im Sudetenland. Viele Jahre später, 1992, flogen wir mit meinen beiden Schwestern und meinem Schwager nach Ostpreußen. Wir fanden mit Müh' und Not unser Heimatdorf und unseren Teich, den die Russen nicht zugeschüttet hatten. Daneben lag ein riesiger Schuttberg, die Reste unseres ehemaligen Wohnhauses und der drei Wirtschaftsgebäude. Ringsum alles wüst und leer wie eine Steppe. Mein Mann nahm als Andenken einen Ziegelstein mit, der seitdem in unserem Garten liegt und den ich hege und pflege. An meinem 79. Geburtstag, dem 10. August 2002, sah ich meine geliebte Heimat zum zweiten Mal wieder. Meine Tochter und meine Enkelin, die damals zehn Jahre alt war, waren durch meine Erzählungen neugierig geworden und wollten den Ort meiner glücklichen Jugendzeit kennenlernen, solange ich noch in der Lage bin, sie zu begleiten. Auch mein Schwiegersohn war dabei. Doch leider fehlte mein Mann, der bereits 1995 verstorben war. Sprachlos standen wir alle vor unserer ehemaligen Hofstelle. Wir fanden ein einziges Trümmerfeld und meine Enkelin Nora sagte: „Omi, du kannst ruhig weinen, ich habe dafür Verständnis."

Die Autorin mit ihrem Mann, Tochter Ulrike und Enkelin Nora. Aufgenommen im Jahr 1993.

Beim Anblick des Ziegelsteines, den mein Mann 1992 von Nordenfeld nach Bayern mitnahm und der seitdem in unserem Gärtchen einen Ehrenplatz hat, denke ich oft an den Ausspruch des chinesischen Philosophen Konfuzius, der damals schon sagte: „Auch ein Stein kann sprechen, wenn man ihm nur zuhören will." Lassen wir meinen Stein berichten und lauschen wir seinen Erzählungen.

Flucht

„Mir neue Söhne, euch ein neues Vaterland“, soll Friedrich Wilhelm I. 1732 den Salzburger Emigranten zugerufen haben, als sie ihres protestantischen Glaubens wegen aus ihrer Heimat ausgewiesen wurden und er die Flüchtlinge in seinem Land aufnahm. Unter ihnen befanden sich meine Ahnen väterlicherseits. Laut mündlicher Überlieferung gehörten meine Vorfahren zu den damaligen Vertriebenen. Es heißt, Personen, deren Familiennamen auf „ er“ enden, stammen aus dem Salzburgischen und ich bin eine geborene Meiser. Es soll im Raum Salzburg sogar eine Meiserhütte geben oder gegeben haben. Hauptauswanderungsgebiete waren 1731 bis 1732 Werfen/Bischofshofen, Radstadt, Wagrein, St. Johann im Pongau und Goldegg. Aus welchem dieser Distrikte meine Ahnen stammen, konnte ich bisher nicht feststellen. Der Preußenkönig nahm die Emigranten 1732 in seinem Reich auf. Viele von ihnen gingen nach Holland und andere Länder und ein Teil der Personen landete in Amerika. Hauptansiedlungsgebiet in Ostpreußen war der Regierungsbezirk Gumbinnen. Die dortige Bevölkerung war zu Beginn des 18. Jahrhunderts durch die Pest dezimiert und Friedrich Wilhelm I. ergänzte die gesunkene Einwohnerzahl durch Salzburger Siedler. Flüchtlinge, die Pferd und Wagen besaßen und denen man Ostpreußen als Ziel genannt hatte, gelangten auf dem Landweg nach dort. Emigranten, die kein Fahrzeug hatten, wurden von Berlin nach Stettin gebracht. Ab dort erfolgte der Transport mit Segelschiffen über die Ostsee nach Königsberg. „Ihr sollt's gut haben bei mir, Kinder!“, sagte der Preußenkönig zu den Vertriebenen. Die Vorfahren meiner Familie gehörten zu den Flüchtlingen und wurden südöstlich von Gumbinnen, im Kreis Goldap, nahe der litauischen Grenze angesiedelt und bekamen Land, das sich vererbte. Im Nachhinein stelle ich fest, dass es meine Ahnen väterlicherseits trotz Vertriebenenschicksal noch gut hatten. Als wir, das heißt meine Eltern mit mir, meinen beiden Schwestern und meiner Großmutter circa 200 Jahre später, am 19. Oktober 1944, unsere

Heimat verlassen und vor den heranrückenden Russen fliehen mussten, lud uns kein König in sein Land ein und bot uns eine Existenzgrundlage. Wir verloren alles und uns erwartete nichts! Doch bis zu unserer Flucht vergingen seit meiner Geburt am 10. August 1923 21 Jahre.

Meine Eltern besaßen in dem kleinen Dörfchen Kubillen einen Bauernhof von 120 Morgen, das sind 30 Hektar. Das Dorf hatte nur 120 Einwohner. Die einklassige Volksschule wurde auch von den Kindern der beiden Nachbardörfer besucht und die Schülerzahl betrug im Durchschnitt 23 Kinder. Mein Heimatdorf Kubillen wurde 1938 unter Adolf Hitler in Nordenfeld umgetauft, er nannte das Eindeutschung. Alle Dorf- und Gewässernamen preußisch-litauischen Ursprungs wurden umbenannt. Das Dörfchen lag 20 Kilometer Luftlinie von der litauischen Grenze entfernt und die polnische Grenze war auch nicht viel weiter weg. Sieben Kilometer waren es bis zu dem Gestüt Trakehnen, wo die berühmten Warmblutpferde gezüchtet wurden. In der Nähe lag auch die Rominter Heide mit dem Jagdschloss des letzten deutschen Kaisers und Königs von Preußen Wilhelm II., der von 1888 bis 1918 regierte. Das Schloss wurde aus Norwegen herübertransportiert, während die danach errichtete Hubertuskapelle zwar von norwegischen Architekten, aber aus Rominter Kiefern erbaut wurde. Vor dem Zweiten Weltkrieg erstand hier auch das Jagdschloss Hermann Görings, dem Reichsmarschall und Oberbefehlshaber der Deutschen Luftwaffe.

Geografisch gesehen konnte man Ostpreußen mit einer Insel vergleichen, denn die Provinz war durch den Polnischen Korridor vom übrigen Reich getrennt. Es war ein Gebietsstreifen, der nach dem Ersten Weltkrieg, nach dem Versailler Vertrag 1919, den Polen zugesprochen wurde. Er ermöglichte ihnen den Zugang zur Ostsee, trennte aber dadurch Ostpreußen vom übrigen Deutschen Reich ab.

Ich wuchs mit meinen zwei jüngeren Schwestern wohlbehütet auf, und da ich keinen Bruder hatte, hätte ich später den Bauernhof übernehmen sollen. Doch dazu kam es nicht. Am

1. September 1939 brach der Zweite Weltkrieg aus und die Idylle fand ein Ende. Ich erlebte im Sommer 1939 in unserem Dorf noch eine schöne Bauernhochzeit. Mein damaliger Tischherr wurde kurz nach Kriegsbeginn zur Wehrmacht eingezogen. Man fand ihn ein paar Wochen später auf polnischem Gebiet tot auf einem Baumstamm sitzend. Augenzeugen berichteten, dass man ihm die Ohren abgeschnitten, die Augen ausgestochen und die Zunge rausgerissen hatte! War das der Anfang von Gräueltaten, die wir zu erwarten hatten? Da wir so nah an der Grenze lebten, hatten wir schreckliche Angst, aber die Kriegshandlungen verlagerten sich von Anfang an immer weiter ins Feindesland hinein und wir lebten einigermaßen ruhig. Der Polenfeldzug war bereits am 27. September 1939 beendet, Warschau kapitulierte.

Am 22. Juni 1941 begann der Russlandfeldzug unter dem Decknamen „Unternehmen Barbarossa“. Davor bekamen wir Einquartierung und es wurden auf unseren Feldern Manöver abgehalten, die das Unheil einleiteten. Vor dem roten Riesen hatten wir besonders große Angst, aber auch diesmal wurde der Feind sofort zurückgedrängt und das Kriegsgeschehen spielte sich zunächst im weiten Russland ab. Als die Alliierten durch Bombenangriffe deutsche Städte und die Rüstungsindustrien zerstörten, ging es ab 1943 mit Deutschland, dem „Großdeutschen Reich“ rapide bergab und die Front rückte schnell näher. Die Berliner Familie, es war eine Mutter mit drei kleinen Kindern, die wir im Rahmen der Kinderlandverschickung beherbergt hatten, wurde wieder ins Reich zurück beordert. Die Luftangriffe der Alliierten wurden immer heftiger und deutsche Großstädte und die Rüstungszentren versanken in Schutt und Asche. Die West- und Ostfront rückte näher und 1944 waren der Zusammenbruch und das Ende des Deutschen Reiches abzusehen. Deutsche Arbeitskräfte gab es nicht mehr, wir hatten französische Kriegsgefangene und einen Polen als Zwangsarbeiter. Im Sommer 1944 wurden alle Männer zwischen 14 und 65 Jahren zum Volkssturm eingezogen. Man sagte Volkssturm ohne Waffen, denn die Produktion war zusammengebrochen und man kam mit der Lieferung nicht mehr nach, der Nachschub stockte. Die 14-jährigen Hitlerjungen bekamen angeblich jeder eine Panzerfaust in die Hand gedrückt, konnten aber damit nicht umgehen, weil keine Ausbildung stattgefunden hatte. Es herrschte ein heilloses Durcheinander. Mein 57-jähriger Vater bekam den Gestellungsbefehl und musste einrücken. Zurück blieben meine 86-jährige Großmutter väterlicherseits, meine Mutter war 43, ich 21 Jahre alt, meine Schwester Sigrid war 19 und Eva-Maria war zwölf Jahre alt. Auf dem Hof blieben auch der französische Kriegsgefangene Josef Rowet und der polnische Zwangsarbeiter Waclaw Skwarek.

Meine beiden jüngeren Schwestern kamen nur an den Wochenenden heim. Sigrid wollte Lehrerin werden und unterrichtete als Laienlehrkraft an einer Volksschule in Zweilinden (Stannaitschen). Sie wohnte auch dort im Dorf. Meine jüngste Schwester Eva-Maria besuchte das Gymnasium in Gumbinnen (die Cecilienschule). Wegen der verkehrstechnisch ungünstigen Lage unseres Anwesens, der Bahnhof Großwaltersdorf (Walterkehmen) war sieben Kilometer von uns entfernt, musste sie die Woche über in der Stadt in Pension bleiben. Um sie in ihrem großen Heimweh zu trösten, wurde sie an jedem Mittwoch von einem Familienmitglied besucht. Mutti, Josef, Waclaw und ich beendeten die Hackfruchternte, fuhren Dung auf die Felder und ich habe zum ersten Mal in meinem Leben Mist gestreut. Die ersten Flüchtlinge aus den direkten Grenzgebieten kamen und bezogen bei uns Quartier. Bereitwillig stellten wir alle vorhandenen Räume, Betten, Kochgelegenheiten und Lebensmittel zur Verfügung. Ich erinnere mich an eine mehrköpfige Familie mit einem Baby und einem 80 Jahre alten Großvater. Ich besitze sogar noch ein Foto von Opa Nagel und mir. Die armen Menschen taten uns unendlich leid, aber wir ahnten zu dem Zeitpunkt schon, dass uns das gleiche Schicksal bevorstand.

Anfang Oktober 1944 wurde mein Vater vom Volkssturm beurlaubt, um uns bei den Fluchtvorbereitungen zu helfen.

Alles geschah in Eile, denn der Kanonendonner rückte näher. Porzellan und andere Gegenstände wurden in Kisten verpackt und an verschiedenen Stellen im Garten vergraben, in der Hoff-

Der großelterliche Hof, der meinem Vater überschrieben worden war.

Das Geschirr wird vergraben. Das Foto wurde im Oktober 1944 aufgenommen, kurz vor dem Beginn der Flucht.

nung, nach der Heimkehr alles wiederzufinden. Eine Kiste mit Porzellan wurde im Gemüsegarten vergraben, wovon noch ein Foto existiert.

Große, wasserdichte Milchkannen, wie man sie für die Ablieferung der Milch an die Molkerei benötigte, wurden mit Bett- und Tischwäsche gefüllt und im Obstgarten, neben einem Bluthaselnussstrauch eingegraben. Wir waren so gut wie sicher, sie an Hand dieses Merkmals wiederzufinden. Ob die Russen unsere vergrabenen Schätze gefunden haben, als sie unseren Hof planierten? Jedenfalls stand 1992 nichts mehr von den Gebäuden da, geschweige denn ein Haselnussstrauch, unter dem wir hätten suchen können. Im Nachhinein erfuhr ich Folgendes, worüber ich mich sehr wundere und wofür ich kein Verständnis habe. Wer in Ostpreußen noch von den Eltern vergrabenes Porzellan oder Silberzeug findet und wenn es gelingt das Enteignungsgesetz der Okkupanten zu umgehen und den gefundenen Schatz, das Eigentum der Eltern, in die Bundesrepublik zu schaffen, sollte darüber nicht sprechen. Man hat illegal gehandelt und müsste sein Eigentum an den Okkupantenstaat zurückgeben. Die Bundesregierung nimmt sich das Recht heraus, die Sachen zu beschlagnahmen und die Rückgabe zu veranlassen.

Unsere langen Tanzstundenkleider packten meine Schwester und ich in einen Karton und versteckten ihn in der höchsten Spitze der „Lucht", so nannte man das Dachgeschoss mit dem Speicher über dem Wohnhaus. Heute denkt man, hatte man denn damals keine größeren Sorgen? Doch, die hatte man, aber man hoffte, wie schon erwähnt, auf eine schnelle Wiederkehr. Wir hatten einen Zettel beigelegt: „Liebe Soldaten, lasst uns unsere Ballkleider, wir wollen darin auf der Siegesfeier tanzen." Ich muss schreiben, wie es war, die permanente, widersinnige Propaganda hatte uns irregeführt und verwirrt. Leider! Dass wir flüchten müssen, hatten wir inzwischen eingesehen, aber wir glaubten an eine Wiederkehr. Die Propaganda gedieh prächtig und nur zu gerne hätten wir den Worten unseres Reichspropagandaministers Dr. Josef Göbbels geglaubt. Er wurde übrigens „der kleine Jesuit mit dem Klumpfuß" genannt. Bis kurz vor dem

Zusammenbruch brüllte er ins Mikrofon: „Wollt ihr Kanonen oder Butter?" „Kanonen", rief die Bevölkerung im Chor und auf die Frage: „Wollt ihr den totalen Krieg?" lautete die Antwort: „Ja." Wir bekamen beides, den totalen Krieg und Kanonen, die aber feindlich waren. Adolf Hitler bekam damals den Titel „Gröfatz", größter Fatzke aller Zeiten.

Hastig zimmerte mein Vater zusammen mit dem Franzosen Kisten und Kästen, die mit Fluchtgepäck gefüllt wurden. Meine Mutter packte Bett-, Tisch- und Leibwäsche in Säcke und Kartons, die sie mit einem Inhaltsverzeichnis in doppelter Ausführung versah. Natürlich konnten wir nur einen winzigen Bruchteil unserer Habe, soweit sie auf einem Bauernhof überhaupt transportabel ist, mitnehmen.

Zwei Leiterwagen wurden vollgepackt, von denen einer mit einer erhöhten Plane versehen wurde, unter der meine Großmutter sitzen sollte. Inzwischen wurde der Frontlärm immer lauter. Kanonendonner und Panzergeräusche versetzten uns in Angst und Schrecken. Der Fluchtbefehl war überfällig, aber er kam nicht. Ohne ihn durfte man nicht flüchten, das galt als Fahnenflucht, die die Androhung der Todesstrafe zur Folge hatte. Endlich kam zum 19. Oktober 1944 der Fluchtbefehl und wir mussten Haus und Hof verlassen. Es war für immer, aber das wussten wir damals noch nicht. Die Rote Armee war nur noch etwa sieben Kilometer von uns entfernt. Der Ortsgruppenleiter, der den Befehl ausgab, hatte sich, wie es hieß, schon rechtzeitig abgesetzt. Die SA-Männer, die wegen ihrer braunen Uniform „Goldfasane" genannt wurden, hatten diese längst abgelegt und trugen Zivil. Auch unser Gauleiter Erich Koch war, wie man damals sagte, schon lange vor uns auf und davon. Ihm standen die Eisbrecher „Pregel" und „Ostpreußen" und ein „Fieseler Storch" zur Verfügung. Er wurde von dem Flugzeugbauer Gerhard Fieseler 1937 als erstes Langsamflugzeug der Welt herausgebracht. Für meine Großmutter und meine Eltern war es innerhalb von 30 Jahren die dritte Flucht. Sie hatten schon im Ersten Weltkrieg zwischen 1914 und 1918 zwei Mal vor den Russen fliehen müssen, ein Mal sogar bis Pr. Stargard.

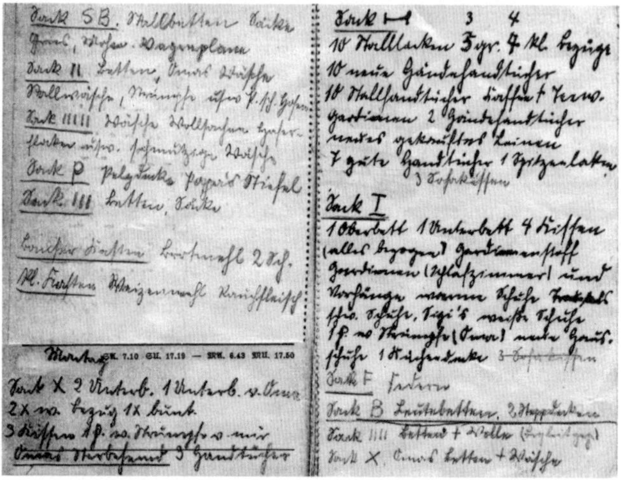

Teil-Inhaltsverzeichnis, Oktober 1944

Sack SB Stallbetten, Säcke
Grieß, Mohn, Wagenplane
Sack II Betten, Oma's Wäsche
Stallwäsche, Strümpfe usw. P.sch.Hosen
Sack IIIII Wäsche, Wollsocken, Hafer-
flocken usw. schmutzige Wäsche
Sack P Pelzdecke, Papa's Stiefel
Sack III Betten, Säcke
Banser Kasten Brotmehl, 2 Sch.
Kl. Kasten Weizenmehl, Rauchfleisch
Montag
Sack X 2 Unterbetten, 1 Unterbett v. Oma
2 x w. Bezug, 1 x bunt
3 Kissen, 1 P w. Strümpfe v. mir
Oma's Sterbehemd, 3 Handtücher

Sack I--I
10 Stalllaken, 3 gr. 4 kl. Bezüge
10 neue Händehandtücher
10 Stallhandtücher, Kaffee u Teew.
Gardinen, 2 Händehandtücher
neues, gekauftes Leinen
7 gute Handtücher, 1 Spitzenlaken
3 Sofakissen
Sack I
1 Oberbett, 1 Unterbett, 4 Kissen
(alles bezogen) Gardinenstoff
Gardinen (Schlafzimmer und
Vorhänge, warme Schuhe, Trautl's
schw. Schuhe, Sigi's weiße Schuhe
1 P. warme Strümpfe (Oma),
meine Hausschuhe, 1 Küchendecke,
3 Sofakissen, Sack F Federn
Sack B Leutebetten, 2 Steppdecken
Sack IIII Bettw. und Wolle
Sack X Oma's Betten und Wäsche

Die russische Rennenkampf-Armee hatte bereits in den ersten Kriegstagen bei der Schlacht um Gumbinnen alle umliegenden Dörfer besetzt. Nach der Heimkehr fanden sie alles verwüstet vor. Beim ersten Fluchtversuch im Ersten Weltkrieg wollte sich ein Teil der Dorfbewohner in der Rominter Heide verstecken, doch die Flüchtlinge kamen nicht weit. Bereits im Nachbardorf Kaseleken wurden sie von feindlichen Truppen aufgehalten. Laut mündlicher Überlieferung zeigte sich die gefürchtete Soldateska friedlich und ein russischer Offizier hielt in Deutsch eine kurze Ansprache an die verängstigten Menschen. „Schlafen sie ruhig und ungestört, sie in Gott und wir in Gott", sollen seine abschließenden Worte gelautet haben. Bei unserer Flucht im Zweiten Weltkrieg wäre so was undenkbar gewesen.

Wir flüchteten mit zwei vollbeladenen Leiterwagen und einem kleineren, zweirädrigen Gefährt, auf dem meine Mutter 20 Mastgänse retten wollte, die sie mit einem Schleppnetz überspannt hatte, das wir sonst zum Fischen in unserem Teich und Fluss benutzten.

Am Morgen des 19. Oktober 1944, es war ein Donnerstag, besetzte die zurückweichende deutsche Wehrmacht unseren Hof. Sie wunderte sich, dass wir noch daheim waren und gab uns den Rat, so schnell wie möglich das Weite zu suchen. Also brachen wir schweren Herzens auf. Als wir den Hof verließen, war es in unserem sonst so friedlichen ruhigen Dörfchen sehr laut. Rufe der Dorfbewohner, das Bellen von Hunden und das Brüllen des Viehs mischten sich mit dem Kanonendonner und den Panzergeräuschen der heranrückenden Front, die Russen waren bereits in Tollmingen. Wir kamen nicht weit. Durch den Frontlärm nervös geworden, warf sich eines unserer Trakehner Pferde, die sehr sensibel waren, auf die Deichsel eines Fluchtwagens, sodass diese abbrach. Wir gingen mit zwei Pferden wieder zurück und holten den Jagdwagen aus der Remise. Mein Vater meinte, mit einem leichteren Gefährt würden wir im äußersten Notfall schneller vorankommen. Als wir an den Weidegärten vorbei kamen, sahen wir, wie Soldaten mit Eimern hinter den Kühen herliefen, um sie zu melken. Im Stall wurde geschlachtet und im Wohnhaus waren die Möbel umgestellt, es sollte eine Kommandantur eingerichtet werden! Wie sinnlos! Die Rote Armee stand vor der Tür. Ein junger Leutnant spielte auf dem Klavier einen Schlager. Meine Schwester und ich warfen noch schnell einen Blick in den Keller, wo es wüst aussah. Soldaten hatten die Weckgläser geköpft und der Inhalt breitete sich inmitten von Scherben auf dem Boden aus. Verstört verließen wir zum zweiten und letzten Mal unseren Hof und unser liebes Dörfchen und gingen zu unserem stehen gebliebenen Treck zurück. Einen vollbepackten Leiterwagen mussten wir stehen lassen, denn auf dem Jagdwagen hatte bei weitem nicht so viel Gepäck Platz. Die Gänse mitsamt dem Wagen schenkten meine Eltern den Soldaten, die zahlreich im Einsatz waren, aber einen verstörten Eindruck machten. Zwei einjährige Stutfohlen, die mein Vater für Zuchtzwecke retten wollte, und die er an einen der Wagen gebunden hatte, rissen sich los und liefen über die Felder davon. Auch sie liefen wie wir ins Ungewisse. Wir hatten durch die Verzögerung den Anschluss an unseren dörflichen Treck zunächst verloren, aber andere Flüchtlinge drängten nach und wir waren nicht alleine.

Als der Abend kam, bezogen wir unser erstes Quartier in einer Dorfschule, in der die Schulkinder Blüten und Blätter zum Trocknen ausgebreitet hatten. Es waren Heilkräuter, zu deren Sammlung man aufgerufen hatte. Der Fußboden war mit Himbeerblättern, Kamillenblüten, Pfefferminzblättern, Lindenblüten und Brennnesselblättern bedeckt. Meine Schwester und ich schliefen in der ersten Nacht neben einem Lehrerpult auf Himbeerblättern. Auf der Weiterfahrt kamen wir nur langsam voran, denn die Straßen waren verstopft. Dabei sahen wir auch einmal russische Panzer auf einer Parallelstraße fast neben uns, die aber, ohne uns zu beschießen, abdrehten. Wahrscheinlich wurden sie vorübergehend zurückgeschlagen. So gelangten wir nach Darkehmen, und wie wir erst später erfuhren, hausten zu dem Zeitpunkt, am 21.Oktober die russischen Soldaten, unweit unseres damaligen Standortes, in dem Dorf Nemmersdorf bestialisch. Frauen und junge Mädchen wurden nackt, bei lebendigem

Leib, an die Scheunentore genagelt. Andere wurden reihenweise von zügellosen Horden vergewaltigt, bis sie starben. Greisen und kleinen Kindern wurde mit dem Gewehrkolben der Schädel eingeschlagen. Ein internationales Komitee soll danach den Ort des Schreckens und Grauens besichtigt haben, um sich davon zu überzeugen, was entkommene Flüchtlinge erzählt hatten. Die Berichte gingen damals durch alle Medien und wurden auch in „Fox tönende Wochenschau" gezeigt. Nach dem Krieg wurde das grausige Geschehen in diversen Büchern und Berichten geschildert. Auch wir sahen ab hier die ersten Ziviltoten an den Straßenrändern liegen. Der Feind war schon vor uns hier gewesen und wurde zurückgeschlagen, hatte sich aber vorher ausgetobt. Wir fanden geplünderte Treckwagen mit davor liegenden Frauen, die mit aufgerissenen Kleidern, geschändet und ermordet worden waren. Erschossene Pferde lagen mit aufgedunsenen Leibern da, aus denen hungrige Flüchtlinge Fleischstücke rausgeschnitten hatten.

Unterwegs kamen Offiziere und wollten meinen Vater und den jungen Polen zum Volkssturm holen. Wir weinten und bettelten so lange, bis man davon Abstand nahm und beide bei uns bleiben durften. Waclaw weinte und sagte er geht nur da hin, wo der Herr hingeht und meinem Vater gelang es später, als sein Fluchturlaub abgelaufen war, ihn zu seiner Kompanie mitzunehmen.

Meine Schwester Sigrid ist dem Nemmersdorfer Massaker nur knapp entkommen. Sie hatte bis zu unserem Fluchttermin pflichtbewusst an der Volksschule in Zweilinden unterrichtet und auch dort gewohnt. Als der Ort geräumt wurde, flüchtete sie mit uns, aber unterwegs fiel ihr ein, sie könnte noch schnell nach dort fahren, um unter anderem ihr Bett zu holen. Das gelang ihr auch und mit dem Daunenbett auf dem Gepäckträger machte sie sich zurück auf den Weg zu unserem Treck. Wir jedoch hatten inzwischen weiterfahren müssen und sie fand uns nicht mehr. Ihr Weg führte sie auch, genau wie uns, an Nemmersdorf vorbei. Einen Teil der Strecke wurde sie von Wehrmachtssoldaten auf einem Fahrzeug mitgenommen, was allerdings verboten war.

Sie stieß auch auf Verwandte, bei denen sie ein paar Tage blieb. Dann stellte sie sich an den Straßenrand in der Hoffnung, uns in den vorüberziehenden Trecks zu finden. Es ist kaum zu glauben, aber die Kopfbedeckung unseres polnischen Zwangsarbeiters Waclaw Skwarek war ihre Rettung. Er trug damals eine senffarbene Mütze, die wegen ihrer auffallenden Farbe meiner Schwester schon von Weitem auffiel. Sie kam näher und siehe da, sie fand uns gottlob wieder.

Als wir mit unserem Treck im Kreis Rössel (Ermland) anlangten, wurde uns Halt geboten. Wir mussten in Bansen auf einem Gut Quartier beziehen und zwar in einem der Insthäuser, in denen die Gutsarbeiter wohnten. Es war ein kleiner Raum von etwa 18 Quadratmetern, in dem wir mit unserer Nachbarsfamilie Unterschlupf fanden. Kochen durften wir in der Gutsküche. Frau Richter, die Gutsfrau, war sehr hilfsbereit. Die Männer schliefen im Schafstall und bekamen den sehr unangenehmen Schafshusten, der uns bis dahin fremd war. Aber wer von uns hatte schon jemals bei Schafen geschlafen?! Vielleicht handelte es sich um eine Allergie, die entzündete Bronchien verursachte. Die Pferde kamen im Stall unter und erkrankten an Staupe, einer eitrigen Entzündung im Maul- und Rachenraum. Mehrmals täglich wusch ich die armen Tiere mit Kamillentee und die Krankheit klang langsam ab.

Mein Vater musste am 18. November 1944 erneut zum Volkssturm einrücken, denn er war ja nur beurlaubt. Den Polen nahm er mit. Vati war damals 57 Jahre alt. Es war der 13. Geburtstag meiner jüngsten Schwester. Mutti hatte einen Streuselkuchen gebacken und gab Vati ein ordentliches Stück davon mit. Bei der Verabschiedung fasste uns Vati alle der Reihe nach um und sagte: „Kinderchen, wir sehen uns nicht wieder!“ Er sollte Recht behalten, es war ein Abschied für immer.

Wir hatten mit ihm zwei Kontaktadressen vereinbart. Eine war in Danzig, bei einer Cousine meines Vaters, die andere in Bayern, bei einer Schwägerin meiner Eltern.

Nun war meine Mutter wieder alleine mit ihrer 86-jährigen Schwiegermutter, ihren drei Töchtern im Alter von 13, 19 und

21 Jahren und dem treuen Franzosen. Wiederholt kamen Offiziere von der Kavallerie und requirierten Pferde. Sogar eine junge Rappstute wurde uns weggenommen, worüber sich mein Vater sehr aufregte. Uns blieben zum Schluss nur noch zwei Trakehner Zuchtstuten, von denen eine tragend war.

Die Kompanie meines Vaters war anfangs in Steinwalde im Raum Angerburg stationiert. Von dort aus konnte er wohl die Kriegslage besser überblicken und er schrieb uns schon am 22. November 1944, wir sollten so schnell wie möglich Gepäck nach Bayern schicken und mit der Bahn weiterflüchten. Kurzentschlossen schickten wir daraufhin unter der tatkräftigen Regie meiner Schwester einige Sachen wie Teppiche, Tafelsilber, Wäsche, Bücher und Speiseservice an unsere Tante, die in Valley, in der Nähe von Holzkirchen im Mangfalltal wohnte. Die Pferde sollte ich bei der Kreisbauernschaft abmelden. Wir entschieden uns, den Rat meines Vaters zu befolgen und ich fuhr mit dem Fahrrad nach Bischofsburg, um bei der dortigen zuständigen Behörde unser Anliegen vorzubringen. Dort wurde ich angeschrien: „Was? Sie wollen ihre Pferde abmelden? Und womit wollen sie im Frühjahr, nach der Heimkehr, ihre Äcker bestellen? Wie kommen sie überhaupt auf diese Idee? Sprechen sie bloß nicht mit anderen Flüchtlingen darüber!“ Ich fürchtete verhaftet zu werden. Verwirrt und traurig fuhr ich wieder zu unserem Massenquartier zurück. Meine Mutter war ratlos und wir entschieden uns letztendlich dort zu bleiben.

Mein Vater war beim Volkssturm mit Onkel Fritz Aschmann, dem Mann seiner Cousine zusammen. Wie mir seine älteste Tochter viel später berichtete, war Onkel Fritz als Abschnittskommandant in einem Bataillon eingesetzt. Im Winter 1944/45 wurde der Truppenteil bis auf acht Mann aufgerieben. Onkel Fritz und mein Vater überlebten. Es könnte aber auch sein, dass mein Vater zu dem Zeitpunkt nicht mehr bei der Truppe war. Mein Onkel bekam den Befehl, einen Trupp russischer Kriegsgefangener in die Nähe von Hannover zu schaffen. Da es ihm gelungen war, seine Frau, Vatis Cousine und die jüngste Tochter mit dem Zug aus dem Hexenkessel rauszuschicken, standen ihm seine Pferde, die die Treckwagen bis dahin gezogen hatten, zur Verfügung. Er organisierte Schlitten und begleitete so den Gefangenentrupp. Wann und wo sich die Wege meines Vaters und meines Onkels trennten, konnte ich leider nicht feststellen. Mein Onkel gelangte zu seiner Familie, während mein Vater seit Anfang März 1945 verschollen blieb. Sein letztes Lebenszeichen kam am 4./5. März 1945 aus Danzig.

Am 6. Januar 1945 starb meine Großmutter mütterlicherseits. Sie war mit ihrer Tochter, meiner Patentante und Muttis ältester Schwester, auf der Flucht. Oma Schinz hat die Strapazen und den Verlust des heimatlichen Hofes in Klein Preußenbruch (früher Klein Pruschillen) nicht überstanden. Wir konnten sie noch in Thierberg bei Osterode/Ostpreußen beerdigen. Meine Tante erzählte uns damals, dass sie bei Fluchtantritt das Hitlerbild in ihrem Wohnzimmer von der Wand nahm und mit dem Gesicht zur Wand wieder aufhängte. Er hatte uns hintergangen und maßlos enttäuscht. Das Grab meiner Großmutter wird mit Sicherheit nicht mehr auffindbar sein. Der Feind hat in vielen Fällen die Gräber geplündert, um nach Schmuck und Goldkronen zu suchen und die Grabstellen eingeebnet.

Auch in unserem Quartier, auf dem Gut Bansen, hatten wir einen Toten zu beklagen. Ein älterer Landwirt aus dem Nachbardorf Neumagdeburg (früher Kaseleken) starb und wir konnten ihn noch in der tief gefrorenen Heimaterde begraben. Gemeinsam gestalteten wir die kleine Trauerfeier. Auf dem nächtlichen Heimweg knirschte der Schnee unter unseren Füßen, der Himmel war sternenklar und in der Ferne hörten wir Füchse heulen. Eine alte Nachbarin meinte sogar es waren Wölfe. Es war schaurig.

Die Front ging hin und her, rückte aber immer näher. Weihnachten 1944 verlebten wir in bedrückter Stimmung, zum ersten Mal in der Fremde und ohne unseren geliebten Vati. Wir hatten zwar in der Gutsküche ein paar ostpreußische Pfefferkuchen gebacken, aber sie schmeckten keinem. Ähnlich verlief der Jahreswechsel 1944/1945. Das neue Jahr begann, wie eben geschildert, mit zwei Todesfällen. Wir ahnten nichts Gutes und hatten Angst vor dem, was uns erwartete. Wir waren dem Geschehen hilflos ausgeliefert.

Am 24./25. Januar 1945 musste das ganze Gut geräumt werden. Die Situation war dadurch erschwert, dass bei minus 25 bis 30 Grad meterhoch Schnee lag und dass wir nur noch zwei Stuten hatten, von denen die ältere, es waren Mutter und Tochter, hochtragend war. Außerdem waren beide nicht scharf beschlagen. Das heißt, es gab für den Winter spezielle Hufeisen, die an der Unterseite krallenartige Zacken hatten, die das Ausrutschen auf Eis und Schnee verhinderten. Diese ließ mein Vater nur bei Arbeitspferden vom Schmied anbringen. Wir reduzierten zum wiederholten Mal das Fluchtgepäck und entschlossen uns, nur noch mit dem Jagdwagen zu trecken. Den letzten, vollbeladenen Leiterwagen mussten wir stehen lassen. Einige zurückbleibende Gegenstände versteckten wir in den Getreidefächern der dortigen Scheune. Dazu gehörten auch das Jagdgewehr und der Flobert meines Vaters. Wehe, der Feind hätte uns damit erwischt, er hätte uns mit Sicherheit mit unseren eigenen Waffen erschossen. Unsere Verwandten, die Familie Fischer aus Neumagdeburg (Kaseleken), die auch in Bansen einquartiert war und die noch zwei Leiterwagen hatte, übernahm ein paar Stücke unseres Fluchtgepäcks wie ein Radio, Vorhänge, Tischwäsche, Bücher, ein Fotoalbum und so weiter. Fischers wollten die Sachen später zu uns nach Bayern schicken, denn dort war unser Endziel, falls kein Wunder geschähe und wir wieder heim dürfen. Als das Gut geräumt wurde, fuhren wir gemeinsam weg, wurden aber bald vom Weg abgedrängt und verloren uns aus den Augen. Wie uns Tante später schrieb, fuhr sie mit ihren Söhnen Herbert und Erich, ungefähr zehn und zwölf Jahre, bis Sturmhübel nördlich von Bansen und wartete dort auf uns. Wir kamen nicht, aber dafür tauchten ihr Mann Artur und mein Vater auf. Die beiden sind zusammen beim Volkssturm gewesen. Ab da flüchtete man gemeinsam weiter bis zum Frischen Haff. Dort mussten alle Volkssturmmänner von den Fluchtwagen runter und es verlor sich ihre Spur. Tante Minna Fischer entkam über das Frische Haff, Danzig und Pommern bis nach Mecklenburg. Dort siedelte sie und bekam 35 Morgen Land. Ihre Anschrift lautete: Damekow Blowatz über Wismar. Später kehrte auch Onkel Artur Fischer zu seiner Familie zurück, während die letzte Nachricht von meinem Vater aus Danzig mit dem 2. und 4. März 1945 datiert war. Tante schickte uns aus Damekow ein paar der Dinge, die sie für uns gerettet hatte, aber es war längst nicht mehr alles da und ein Teil der Sachen war zu schwer für den Postversand. Nachdem wir den Anschluss an Fischers verloren hatten, fuhren wir alleine weiter. Unser nächstes Ziel hieß zunächst Danzig, wo mein Vater eine Cousine hatte, bei der wir uns nach Möglichkeit treffen wollten. Wir kamen auf den vereisten Straßen bei extrem starkem Frost und dichtem Schneetreiben nur langsam voran. Die ostpreußischen Winter waren im übrigen Reich als Sibirische Winter bekannt und ein Schlitten wäre nützlich gewesen. Aber womit hätten wir dann nach der Schneeschmelze weiterfahren sollen? Die Straßen waren von Flüchtlingen verstopft und die Wehrmacht war teilweise und unübersehbar auf dem Rückzug. Oft mussten die Trecks in die Straßengräben und auf die Felder ausweichen, um den Soldaten mit ihren zum Teil schweren Fahrzeugen Platz zu machen. Sie hatten immer den Vorrang und trotz allen Ernstes spottete man, die Wehrmacht handelte nach dem Motto: „Vorwärts, Kameraden, wir müssen zurück!"

Es sah gespenstisch aus, wie sich der lange Flüchtlingsstrom wie eine schwarze Walze durch den weißen Schnee langsam voranbewegte. Unsere Fahrräder, die wir bis dahin dabei hatten, ohne bei dem Tiefschnee fahren zu können, mussten wir schweren Herzens an irgendeiner Straße stehen lassen. Wir stellten sie an einem Baum in den Schnee und gingen traurig weiter. Wiederholt hörten wir von Flüchtlingen, die dem Feind in die Hände gefallen waren, aber schließlich doch entkamen, von entsetzlichen Gräueltaten. Wenn ein Familienmitglied erschossen wurde, durften die Angehörigen nicht weinen, sie fielen dann auch einer Kugel zum Opfer. Ein Mann aus unserem Nachbardorf Pickeln wurde, wie Augenzeugen berichteten, in Rössel an einem Baum erhängt vorgefunden. Unzählige Kinder kamen von ihren Trecks ab, verloren ihre Angehörigen und irrten hungernd und frierend durch Ostpreußen. Später wurde festgestellt, dass circa 7.000 Kinder zwischen dem dritten und zwölften Lebensjahr hilflos zwischen Ostpreußen und Litauen hin- und herpendelten und um Verpflegung und Unterkunft bettelten. Da sich die Litauer als sehr deutschfreundlich erwiesen, blieben viele Kinder dort und arbeiteten zum Teil bei den Bauern. Die kleinsten wussten nicht, wann sie geboren sind, wie sie heißen und von wo sie herkamen. Andere versteckten sich in den Wäldern, schliefen in Heuschuppen oder hausten in Höhlen. Sie wurden die „Wolfskinder" aus Ostpreußen. Sie mussten hart arbeiten, bekamen kaum Schulausbildung, erhielten litauische Namen und die jüngsten unter ihnen vergaßen ihre deutsche Sprache und lernten Litauisch. Es waren auch Kinder darunter, deren Eltern den Fluchtbefehl zu spät bekommen hatten oder die bis zum Schluss gehofft hatten, in ihrer Heimat bleiben zu können. Es ereigneten sich tragische Familienschicksale. Später, als Jugendliche, heirateten sie oft litauische Partner und gründeten Familien. Nach 1991 startete das Deutsche Rote Kreuz eine erfolgreiche Suchaktion. Viele Familien fanden zueinander, eine kleine Anzahl blieb in Litauen bei den Kindern und Enkelkindern.

Unser Fluchtweg führte uns an Guttstadt vorbei und wir schlugen die Richtung Wormditt ein. Abend für Abend wiederholte sich die unangenehme und erniedrigende Suche nach einem Nachtquartier für uns und die Pferde. Man durfte damit nicht bis zur Dunkelheit warten, denn dann quollen die Güter und Bauernhöfe oft schon über und man wurde abgewiesen. Soweit wir in einem Haus unterkamen, mussten wir bei Schlafgelegenheiten improvisieren. Einmal schlief meine kleine Schwester in einer großen, unteren Schublade einer Kommode, wobei sie die Beine raushängen ließ. Ich lag auf zwei zusammengeschobenen Sesseln. Die Hauptsache war, man hatte ein Dach über dem Kopf und befand sich im Trockenen. Meistens aber schliefen wir auf Heu und Stroh in irgendwelchen Ställen.

Inzwischen hatten die Russen bei Elbing den Kessel zugemacht und 2,5 Millionen Menschen saßen in der Falle. Wir mussten unseren Plan, über die Weichsel nach Danzig zu gelangen ändern. Es ging die Parole um, wer sein Leben retten wolle, soll den Fluchtweg über das Frische Haff nehmen, wobei die Überfahrt bei Frauenburg/Braunsberg empfohlen wurde, dort ist das Haff nur acht Kilometer breit. Unsere Route führte uns nun statt nach dem unserer Meinung nach rettenden Westen, in die nördliche Richtung. Für viele Flüchtlinge nahten die letzten Tage ihres Lebens. So fuhren wir über Mehlsack nach Frauenburg, dem ehemaligen Wirkungskreis des berühmten Naturforschers Nicolaus Copernicus (1473-1543). Auf dem Weg dorthin staute sich der Flüchtlingsstrom und wurde immer dichter. Alle wollten ihr Leben retten und der Wettlauf mit dem Tod begann. Die Russen nutzen das aus und traktierten uns mit Tieffliegerbeschuss. Ahnungslos, wie ich war, wunderte ich mich, dass Funken durch die Luft flogen, bis ich merkte, dass es Leuchtspurmunition war. In Panik warfen wir uns Schutz suchend in den Schnee oder verkrochen uns unter dem Wagen. Unser tapferer Franzose blieb jedoch bei den Pferden und dem Wagen, auf dem meine Großmutter saß. Es gab viele Tote und Verwundete, aber uns ist nichts passiert, wir kamen mit dem Schrecken davon, mussten aber mit ansehen, wie verwundete oder tote Mütter liegen blieben und schreiende Kinder hilflos dastanden. Von meiner Jugendfreundin hörte ich später, dass ihre Tante damals mit vier kleinen Kindern auf der Flucht war. Eines davon erkrankte an Diphtherie, bekam hohes Fieber und starb. Es gab damals weit und breit keinen Arzt mehr, ganz Ostpreußen war in Aufruhr, 2,5 Millionen Menschen rannten um ihr Leben. Die arme Mutter legte ihr totes Kind in einen Karton, den sie auf einem verschneiten Friedhof zwischen die Gräber stellte. Um die drei anderen Kinder zu retten, flüchtete sie weiter, aber ihr Leben lang wurde sie von den Gedanken an dieses schreckliche Erlebnis verfolgt.

Inzwischen war es Ende Januar. Viele Flüchtlinge versuchten auf bereitgestellten Schiffen ab Pillau, Danzig, Gotenhafen-Oxhöft zu entkommen. Es ging um Sein oder Nichtsein. Während wir uns in Richtung Frisches Haff bewegten, sank am 30. Januar 1945 die „Wilhelm Gustloff" und riss Tausende von Menschen mit sich in die Tiefe. Der Tod hatte viele Gestalten.

Als wir am Haff ankamen, herrschte Tauwetter und das Eis trug nicht mehr, viele Menschen und Tiere waren schon ertrunken. Wir sollten warten, bis Frost einsetzt und das dauerte zwei kostbare Tage. Unvorstellbar, wenn es nicht mehr gefroren hätte! Wir mussten dann erneut Gepäck abwerfen und durften mit 200 Meter Abstand das Haff passieren. Auf unserem Jagdwagen saßen nur noch meine Großmutter und Josef, der aber oft neben den Pferden herging und sie führte. Meine Mutter und wir drei Mädchen gingen mit 200 Meter Entfernung hinter dem Wagen her, jeder mit einem Rucksack auf dem Rücken. Der Weg war gekennzeichnet. Rechts und links davon lagen verlassene Gepäckstücke, und sogar Möbel standen herum. Das Schlimmste was wir sahen, waren jedoch versunkene Flüchtlingswagen, von denen nur noch die Deichsel mit zwei Pferdeköpfen heraus steckte. Es war ein schauerlicher Anblick, die Treckwagen waren in der Eiswüste eingebrochen und mit Mann und Maus untergegangen. Tiefflieger kreisten über uns und beschossen uns. Es war das reinste Inferno. Es gab wieder Tote und Verletzte und weit und breit war kein Arzt. Wer nicht mehr gehen konnte, blieb liegen und erfror. Pferde wurden tödlich getroffen und verwaiste Treckwagen blieben stehen, auf denen oftmals halb erfrorene, alte Leute saßen, die nicht mehr gehfähig waren. Kleine Kinder erfroren im Schlaf. Immer wieder mussten wir Bombenkratern ausweichen und es spielten sich unbeschreibliche Szenen ab. Man musste aufpassen, dass man auf dem glatten Eis nicht ausrutschte und in ein Loch fiel. Das Schreien ertrinkender Menschen mischte sich mit dem angstvollen Wiehern der Pferde. Viele Menschen und Tiere erreichten nicht das Festland und es soll heute noch vorkommen, dass nach einem Sturm Gebeine am Ufer des Frischen Haffs gefunden werden.

Mit Müh und Not erreichten wir die Frische Nehrung. Dort stand am Ufer ein verlassenes Klavier, auf dem ein Soldat spielte und dazu sang. Es war der Schlager: „Der kleine Liebesvogel singt sein Liebeslied", der seinerzeit von Rosita Serano gesungen wurde. Das Instrument hatte der Eigentümer wohl nicht mehr weiter transportieren können, das gesamte Bild bot jedenfalls einen makaberen Anblick. Es herrschte das totale Chaos.

Die Frische Nehrung ist nur bis zu zwei Kilometer breit, und bald war der einzige, befahrbare Weg verstopft und der Treck kam zum Stehen. Als es dunkel wurde, meinte meine Mutter, ich sollte vorausgehen und ein Nachtlager auskundschaften. Nicht nur wir waren müde, auch die armen Pferde waren am Ende ihrer Kräfte. Mit einer Stalllaterne in der Hand stolperte ich durch die vielen Schlaglöcher im vereisten Schnee und fand endlich in einer Schule, unweit des Ortes Kahlberg, einen freien Platz. Als ich zurückkehren wollte, hatte sich inzwischen der Treck jedoch in Bewegung gesetzt und ich fand unseren Wagen nicht mehr. Ich wusste nicht, ob ich nach rechts oder links gehen soll, aber da es nur eine Straße gab, hatte ich doch Glück, stieß auf unseren Treck und wir konnten etwas ausruhen.

Am 4. Februar 1945 hatte meine Großmutter ihren 87. Geburtstag, den wir auf dem Fluchtwagen, kurz vor dem Überqueren der Weichsel verlebten. Ihr Geist war den körperlichen und psychischen Strapazen nicht gewachsen und sie war oft verwirrt. Es war ein Jammer, mit ansehen zu müssen, wie sie in ihren schwarzen Krimmermantel gehüllt, in zusammengesunkener Haltung zwischen unserer letzten Habe auf dem Wagen saß und vor sich hinsann. Oft fragte sie nach ihrem Sohn Otto, meinem Vater, der von ihren sieben Kindern als Letzter übrig geblieben war. Schlimm war es nach Einbruch der Dunkelheit. Obwohl es Stein und Bein fror, zog sie oftmals ihren Mantel aus und warf ihn weg. Wir liefen hinterher, sammelten ihn auf und zogen ihn ihr wieder an bis zum nächsten Mal. Es grenzte an ein Wunder, dass unsere arme Oma die Qualen der Flucht, die oft genug bis an die Grenze der Erträglichkeit stießen, einigermaßen heil überlebt hat. Wir hatten alle das Gesicht, die Hände und die Füße erfroren. Schmerzhafte Frostbeulen plagten uns und erschwerten das Gehen. Meine jüngste Schwester hatte Löcher in den Fußsohlen von den aufgebrochenen Frostbeulen und wir

Tante Sophie Meiser,
Cousine meines Vaters.
Die Aufnahme stammt aus dem
Jahr 1945.

Kaninchenberg 9,
Danzig.
Das Bild wurde im Jahr 1945
aufgenommen.

mussten sie teilweise tragen. Oft hatten wir nasse Füße weil wir in Eislöcher traten, in denen Schmelzwasser stand. So weit es ging, trugen wir unsere langen Stiefel, die unser Vati noch vor der Flucht von seinen Reitstiefeln vom Schuster Feuersänger für uns machen ließ. Wenn aber die Stiefel nass waren, hängten wir sie an den Fluchtwagen zum Trocknen und behalfen uns mit anderen Fußbekleidungen, die meist aus flachen Schuhen bestanden. Vermutlich hatte meine Schwester einmal ihre Stiefel nicht genügend befestigt, sie verlor einen und das war damals ein großer Verlust.

Am 6. Februar 1945 standen wir morgens um 08.00 Uhr in Danzig bei meiner Tante Sophie Meiser vor der Tür. Sie wohnte am Kaninchenberg 9, im Haus ihrer verstorbenen Schwester, meiner Tante Charlotte und hatte dort im dritten Stock eine kleine Dachgeschosswohnung, die sie „meine Burg" nannte.

Kaum war das Fahrzeug zum Stehen gekommen, bekam unsere tragende Stute ein Fohlen. Sie war schon 21 Jahre alt und das Durchschnittsalter bei Pferden beträgt 25 Jahre. Das Kleine war tot! Das Muttertier überlebte. Es war uns so, als ob das treue Tier damit gewartet hatte, bis wir unser Etappenziel erreicht hatten. Meine Mutter besprach mit uns und dem getreuen Josef was zu tun sei. Guter Rat war teuer. Unser Franzose fand ein in der Nähe gelegenes ausgebombtes Gebäude, in dem er die Pferde und den Wagen unterstellte.

Um das alles vor Diebstahl zu schützen, schlief er auch dort in der Ruine. Er organisierte auch Futter, Wasser und Decken.

Wir, inklusive Josef, wurden von unserer Tante herzlich aufgenommen. Schwierig war allerdings unsere Versorgung. Wir bekamen keine Lebensmittelkarten weil wir nicht registriert waren. Die zuständigen Ämter waren sehr streng und man ließ nicht mit sich reden, der Bürokratismus hatte immer noch die Oberhand. Aber wie sollte die einzige Lebensmittelkarte meiner Tante für weitere sechs Personen reichen? Da die Nahrungsmittel immer knapper wurden und die wenigen Zuteilungen unregelmäßig und unzuverlässig erfolgten, ging Tante Sophie täglich, um die Mittagszeit, in verschiedene Krankenhäuser der

Stadt und sammelte Essensreste ein, welche die Patienten nicht verzehrt hatten. Die jeweiligen Krankenschwestern kannten sie schon, und wir, ihre sechs Flüchtlinge, warteten schon darauf, dass sie die Speisereste an uns verteilte.

Meine Mutter und wir drei Schwestern mit unserer alten Oma hatten gehofft, in Danzig eine Nachricht von unserem Vater vorzufinden, doch es gab kein Lebenszeichen von ihm. Die Bombenangriffe auf die einst so schöne Handelsstadt wurden immer heftiger und wir verbrachten die Nächte regelmäßig im Luftschutzkeller.

Am Donnerstag, dem 22. Februar 1945 war es dann wieder so weit, die Front war näher gerückt und Danzig wurde von der Zivilbevölkerung geräumt. Die Rote Armee stand an der Stadtgrenze. Für uns bedeutete das erneut, unser Bündel schnüren zu müssen. Kurz nach 10.00 Uhr brachen wir auf. Wir mussten uns von unserer Tante verabschieden, bei der wir 16 Tage lang auf meinen Vater gewartet hatten. Sie hatte uns während unseres Aufenthaltes bei ihr so liebevoll betreut und wir wollten sie mitnehmen, aber sie lehnte ab und sagte: „Ich warte auf Otto“, er war ihr Cousin, mein Vater. Tantchen schenkte mir zum Abschied ein Danziger Gesangbuch, in dem sie den Psalm 126 eingetragen hatte: „Wenn der Herr die Gefangenen Zions erlösen wird, so werden wir sein wie die Träumenden.“

Dazu schrieb sie folgende Widmung: „Mein liebes Trautchen, in Stunden des Verzagtseins mög' Dich der Lieblingspsalm der Königin Luise aufrichten und Trost bringen. In treuem Gedenken, Deine Tante Sophie. Danzig, Februar 1945.“

Wir schlossen uns dem endlosen Treck an und setzten uns in Richtung Pommern in Bewegung. Über Langfuhr, Oliva, Zoppot und Gotenhafen ging es langsam weiter. Anfangs war alles etwas organisiert, die Marschroute wurde angegeben und wir bekamen an den ersten Tagen aus Gulaschkanonen ein warmes Essen. Doch es dauerte nicht lange und man überließ uns hilflos unserem Schicksal. Abends suchte meine Mutter ein Quartier, Josef besorgte einen Unterstand für die Pferde und wir anderen bettelten um Futter für die treuen Tiere. Oft trafen wir bereits

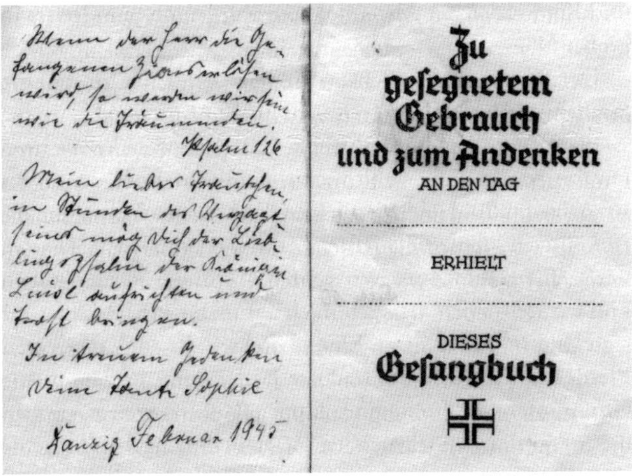

Gesangbuch-Geschenk mit Widmung von Tante Sophie Meiser, Februar 1945.

verlassene Höfe, auf denen wir alles, was wir zum Lebensunterhalt brauchten, fanden. Es hatte noch niemand geplündert. Dadurch, dass wir mittlerweile zwei vollbeladene Treckwagen hatten stehen lassen müssen, hatten wir kaum noch von zu Hause mitgenommenes Futter für die Pferde und Lebensmittel für uns. So mussten wir bei den Einheimischen, die noch auf ihren Höfen waren, nicht nur um Unterkunft bitten, sondern auch um Verpflegung. Diese Notlage versuchte ein feister Landwirt auszunutzen, indem er mich bedrängte und als ich ihn energisch abwies, verweigerte er mir das versprochene Futter für die Tiere. Es ist kaum zu glauben, wie andere auf gemeine Weise versuchten unsere Notlage auszunutzen.

Die Flucht verlangte von den Pferden die größte und härteste Leistung, die jemals von ihnen verlangt wurde. Bei extremsten Wetterbedingungen, wie starkem Frost bis zu minus 30 Grad und Stiemwetter (Schneetreiben), sodass wir die Hand vor den Augen nicht sehen konnten, mussten oft tragende Stuten die schweren Treckwagen Hunderte von Kilometern gen Westen ziehen. Trotz schwieriger Futterprobleme blieben sie Freunde und Kameraden der Menschen und wurden oft zum Retter in großer Not.

Der Winter neigte sich inzwischen dem Ende zu und die Straßenverhältnisse besserten sich. Aber in Küstennähe, wo die sandigen Wege von durchfahrenden Panzern und anderen schweren Fahrzeugen aufgewühlt waren, versanken die Räder oft bis zur Achse im Sand und wir mussten den Wagen schieben, um die entkräfteten Pferde zu entlasten. Zum wiederholten Mal hatten wir Tieffliegerbeschuss. Wir warfen uns in die Straßengräben und ich weiß noch, dass ich mich auf meine kleine Schwester legte, um sie zu schützen. Einmal drehten die aufgeschreckten Pferde auf der Stelle um und der Jagdwagen, auf dem meine Großmutter saß, drohte umzukippen. Geistesgegenwärtig griff unser Franzose den scheuenden Tieren in die Zügel und brachte sie zum Stehen.

Täglich trafen wir deutsche Soldaten, die nichts Gutes prophezeiten. Wie eine lange, riesige Schlange bewegte sich der Flüchtlingsstrom in Richtung Westen und wir kamen nur im Schneckentempo voran. Mehrmals sahen wir Plätze, auf denen massenhaft leere Kinderwagen abgestellt waren. Hier hatte man versucht, Mütter mit kleinen Kindern per Flugzeug oder Schiff rauszuschaffen. Wir fuhren an Lauenburg vorbei und übernachteten in Mackensen. Dann kamen die Orte Gohren, Storentin, Grapitz und Dammen. Teilweise fuhren wir an der Ostseeküste entlang. Der Schnee war zwar geschmolzen, aber dafür machte uns der lockere Sand zu schaffen und die Wagenräder drehten manchmal durch. In Schwetzko fanden wir bei einem Hafenmeister Unterschlupf für eine Nacht und nach einer Übernachtung in Bukow folgte Stolp. Danach blieben wir eine Nacht in einer Försterei in Starkow. Die Tochter des Hauses erzählte uns, dass ihr Bräutigam an die Front musste und ihr den Verlobungsring als Pfand zurückließ, den sie an einer goldenen Halskette trug. Ob aus dem Brautpaar ein Ehepaar wurde? Der fürchterliche Krieg wird wie so Vieles auch das entschieden haben.

Weiter ging es über Rügenwalde und Petershagen, worauf je eine Übernachtung in Altenhagen und Beelkow folgten. Der

Treck führte uns meistens an den Städten vorbei und wir passierten Dörfer wie Eventin und Reptow mit Übernachtung. Dann verweilten wir in Laase, Deep, Nest, Groß Möllen, Klein Möllen und gelangten nach Hohenfelde und Timmenhagen. Und Tag für Tag und Nacht für Nacht dieselben Strapazen, dieselben Sorgen und dasselbe Leid, aber immer noch in der Hoffnung, den uns auf den Fersen sitzenden Russen zu entkommen. Es war wie eine Treibjagd. Nach Stationen, deren Namen mir entfallen sind, gelangten wir nach Henkenhagen. Als wir dort hörten, dass von Kolberg aus noch rettende Schiffe nach Dänemark gehen, gingen meine Schwester und ich zum Hafen, in der Hoffnung noch freie Plätze zu bekommen. Enttäuscht mussten wir umkehren, der Strand war von wartenden Flüchtlingen übersät, es gab keinen Ausweg mehr. Am 4. März 1945 fielen wir den Russen in die Hände. In Henkenhagen mussten wir mit Entsetzen erfahren, dass wir erneut im Kessel saßen, die Rote Armee war schon in Stettin. Für uns war es das endgültige Aus. Die russische Soldateska nahm uns den Wagen mit den Pferden weg und wir wurden zum Freiwild. Wir fanden in einem Postgebäude bei zwei älteren Damen Unterkunft. Sie versteckten uns unter der Dachschräge in einer Geheimkammer, die kein Fenster hatte und durch eine Tapetentür zugänglich war. So saßen meine Schwester und ich tagelang im Dunkeln. Mutti reichte uns einmal täglich etwas zum Essen und einen Eimer rein und bangte um uns, weil die Vergewaltigungen zunahmen. Eine junge Frau, die mit Mann und Kind im selben Haus ein Quartier gefunden hatte und öfter missbraucht wurde, drohte uns zu verraten und wir kamen aus der Angst nicht heraus. Schließlich wurden alle Personen von den Russen zum Schützengrabenbau aufgerufen und wir mussten unser Versteck verlassen, denn wir waren nicht sicher, ob Mutti am Abend wieder zu unserem Standpunkt zurückkehren würde. Sie verkleidete uns als alte Frauen. Wir mussten lange Röcke von der Großmutter anziehen und dunkle Kopftücher tragen, die wir tief in die Stirn zogen. Das Gesicht wurde mit Asche eingerieben, damit wir alt und grau aussahen. Bewaffnete Soldaten geleiteten uns morgens zum Strand, wo wir im Sand Gräben aushoben, um nach geleisteter Arbeit am Abend wieder zu unserem Quartier zurückgeführt zu werden. Die Nächte verbrachten meine Schwester und ich in unserem alten Versteck. Von nun an waren Worte wie „ Frau komm!“, „bistra, bistra“ (schnell, schnell,) „dawai“ (komm) und „Urr“ (Uhr) an der Tagesordnung. Kaum ein Russe sprach deutsch, höchstens ein Ukrainer, aber zwei Wörter kannte jeder, nämlich „Frau komm!“

Eines Tages wurden die Russen nervös. Henkenhagen wurde gänzlich geräumt mit der Begründung: „Die Schweden kommen!“ Es sollte Frontgebiet werden. Unser Franzose, der sich frei bewegen durfte, hatte uns bis dahin mit verschiedenen Dingen versorgt, so brachte er uns zum Beispiel Handtücher und auch mal einen Kohlkopf und einmal sogar ein Huhn. Josef, der unsere Angst vor den Russen und deren Gräueltaten immer mit den Worten: „Alles Propaganda“ zerstreuen wollte, hatte inzwischen einsehen müssen, dass er sich getäuscht hatte. Der Abschied fiel ihm und uns schwer. Er hinterließ uns seine Heimatadresse, die leider auf der weiteren Flucht verloren ging. Nun musste er sich mit seinen Landsleuten zu einem Transport sammeln, der über Rumänien nach Frankreich führen sollte. Es gingen die tollsten Gerüchte um. Wir mussten weiter ins Land hinein und unsere nächste Station war Bulgrin, wo wir bei einer Familie Hackbarth bleiben mussten. Der kleine Ort lag an der Radue. In Bulgrin lebten viele Flüchtlinge. Allein beim Bauern Hackbarth waren vier Familien untergekommen, wozu auch wir gehörten. Ein dortiger Nachbar bot sich an, uns zu verstecken und so saßen meine Schwester, ich und ein anderes junges Mädchen unter seinem Stalldach im Heu. Er beherrschte als gebürtiger Oberschlesier die polnische Sprache und glaubte uns im Notfall retten zu können. „Milka“, das ehemalige Dienstmädchen des Bauern, das sich als „Jugoslawika“ oder „Serbianka“ ausgab, wollte uns verraten und eines Tages machte sie ihre Drohung wahr. Wir hörten laute Männerstimmen und polternde Stiefelschritte und plötzlich standen die berüchtigten Stalinschüler vor uns. Unter dem Geschrei „ Partisan, Partisan!“ schossen sie an unseren Köpfen vorbei ins Dach. Es handelte sich um eine gefürchtete

Elitetruppe, von der man nichts Gutes gehört hatte. Herr Przybilla, der uns versteckt hatte, redete auf sie ein und meine Mutter kam mit unseren Ausweisen gelaufen und bat um unser Leben. Ein Glück, dass wir diese lebensnotwendigen Dokumente noch besaßen, wir hatten sie im doppelten Boden einer alten Tasche gerettet. Fraglich war es allerdings, ob die Russen die deutsche Schrift lesen konnten. Jedenfalls wurden wir nicht erschossen, mussten aber ab da im Stall bei den anderen Flüchtlingen hausen. Von diesem Zeitpunkt an waren wir den Wüstlingen auf Gedeih und Verderb ausgeliefert. Tagsüber mussten wir auf der Kolchose arbeiten und nachts starben wir fast vor Angst. Ich gehörte nun auch zum Freiwild und meine Mutter musste alles mit ansehen. In dieser fürchterlichen Zeit war ein Arzt im entfernten Köslin auf die Idee gekommen, den gepeinigten Frauen Bestätigungen auszustellen, dass sie geschlechtskrank sind, das sollte die Russen vor Vergewaltigungen abschrecken. Auch ich besaß so ein Attest. Dieses aber hatte wiederum zur Folge, dass die Bestien diese Frauen erschossen um ihre Kameraden vor Ansteckung zu bewahren. Als wir bald darauf die „Sibirischen Beulen“ bekamen, gerieten wir in Panik und befürchteten das Schlimmste. Das waren schreckliche Eiterstellen, die wie kleine Krater aussahen und tief ins Fleisch eindrangen. Ich hatte sie hauptsächlich an den Armen und Beinen. Da es weit und breit keinen Arzt und keine Apotheke gab, versuchten wir die quälenden Geschwüre mit fragwürdigen Mitteln zu behandeln. So legten wir beispielsweise Spitzwegerichblätter auf, die wir mit Speichel angefeuchtet hatten und die den Eiter rausziehen sollten. Die Reaktion war, dass alle Frauen aus dem Umkreis zusammenkommen mussten und von einer russischen Ärztin auf einem Küchentisch unter den Augen russischer Soldaten ganz entwürdigend untersucht wurden. Ich habe heute noch Narben an den Beinen, die von der damaligen Erkrankung herrühren. Mehrmals wurde ich schon von Ärzten gefragt, was ich da habe und wenn ich dann erzähle, was vor über 50 Jahren war, heißt es: „Wenn die Narben neu wären, müssten wir sie operieren, sie sehen krebsverdächtig aus!“

Einige junge Mädchen hatten sich mit Russen, hauptsächlich

mit Offizieren von der Kommandantur, angefreundet. Natürlich ging es den Russenliebchen besser, sie brauchten nicht zu arbeiten und zu hungern und hatten auch Schutz vor den übrigen, aufdringlichen Soldaten der Roten Armee. Aber um welchen Preis!

Eine Mutter mit drei kleinen Kindern im Alter zwischen vier und neun Jahren, die mit uns zusammen auf dem Bauernhof hauste, hatte mit einem Russen ein Verhältnis. Der kleine Sohn erwischte die beiden einmal „in flagranti“ und kam schreiend gelaufen: „Hilfe! Der Gregor hat die Mama geboxt!“

Das im Ort gelegene große Gut wurde eine Art Kolchose, auf der wir arbeiten mussten, allen voran der ehemalige Gutsbesitzer. Er hatte in den Kriegsjahren viele Polen als Zwangsarbeiter beschäftigt und diese angeblich nicht gut behandelt. Sie rächten sich an ihm und sperrten ihn später in den Keller und hetzten die Russen auf seine Frau, die drei kleine Kinder hatte, hellblonde Mädchen. Sie wurde von einem Mongolen vergewaltigt und wurde schwanger. So weit ging der Hass! Letztendlich wurde die ganze Familie auf den Hof geführt und vor unseren Augen erschossen.

Wenn wir nicht auf dem Gut arbeiteten, mussten wir Kartoffeln schälen, die von den Russen abgeholt wurden. Die Schalen mussten wir trocknen, wozu wir sie teilweise auf den Dächern ausbreiteten. Als wir schon fast nicht mehr wussten, wovon wir uns ernähren sollen, schlachtete der Bauer heimlich in der Nacht eine Kuh. Das war zwar lebensgefährlich, weil es strengstens verboten war, aber bevor man verhungerte, begab man sich lieber in Gefahr. Nun war unsere Versorgung, wenn auch sehr einseitig, für ein paar Wochen gesichert. Zucker beispielsweise hatten wir schon seit Monaten nicht mehr gesehen, geschweige denn zur Verfügung. So stellten sich langsam Mangelerscheinungen wie Allergien und Haarausfall ein. Solange wir tagsüber auf dem Gut arbeiteten, hatten wir unser Essen und unsere Ruhe, aber sobald wir abends in unserer Behausung waren, kam die Angst geschlichen. Bevor wir uns ins Heu oder Stroh legten, versammelten wir uns bei meiner Großmutter, die in einem winzigen Zimmerchen in einem Bett schlafen durfte. Wenn dann an die Tür geklopft wurde, gerieten wir in Panik und ich gestehe, dass ich auch heute noch bei Klopfgeräuschen wie vom Blitz getroffen zusammenfahre. Eines Nachts machten die Russen „Zappzerapp", das heißt in der russischen Sprache stehlen. Sie nahmen meinen Mantel mit. Ich hatte ihn kurz vor der Flucht in Ostpreußen auf Bezugschein bekommen und wir lästerten damals über die Qualität des Stoffes. „Marke deutscher Wald" hieß es, denn es steckten Holzsplitter im Stoff. Dieser Mantel begleitete mich auf der ganzen Flucht und sein weiter Schnitt, er hatte am Rückenteil eine Faltenpartie, ermöglichte mir das Tragen von mehreren Kleidern, die ich schichtweise anhatte und auf diese Art rettete. Meine Großmutter, meine Mutter und meine Schwestern machten das genauso. Wir sahen alle furchtbar dick aus und kamen wie Tonnen daher und meinten, wenn wir umfallen würden, könnten wir nicht mehr aufstehen. Nun stand ich ohne Mantel da, aber nicht lange. Eine Leidensgenossin, die aus Schlesien stammte, konnte sich dank ihrer polnischen Sprachkenntnisse mit dem Russen verständigen. Sie legte ein gutes Wort für mich ein und ich bekam den Mantel wieder. Aber nicht ohne Hintergedanken, man (Mann!) verlangte eine Gegenleistung von mir, vor der mich Frau Prohaska mit wortreichen Gesten Gottlob bewahrte. Der Russe hatte mich schon bis zur Tür gezogen, ließ dann aber von mir ab. Ich kam noch einmal davon und konnte den Mantel nach 1946 noch jahrelang in Bayern tragen.

Neben der Feldarbeit auf dem Gut in Bulgrin verdiente ich durch Näharbeiten ein paar Lebensmittel. Meine Kundin war die Frau des russischen Gutskommandanten, die drei Kinder hatte. Sie war eine geborene Litauerin und sprach halbwegs Deutsch, so kamen wir gut miteinander zurecht. Was Stoffe betraf, hatte sie eine wahre Schatzkammer. Ganze Ballen in allen Farben und Qualitäten standen zur Verfügung. Wohl alles „zappzerapp" gemacht!

Da wir weder eine Zeitung noch ein Radio hatten, lebten wir wie auf dem Mond. Zeitungen gab es allerdings sowieso nicht mehr, alle Druckereien waren schon längst stillgelegt. Der Besitz von Radios stand unter Todesstrafe. Rundfunkgeräte gehörten neben Uhren zum beliebtesten Diebesgut der Russen. Viele konnten die Uhrzeit gar nicht ablesen. Es soll einmal vorgekommen sein, dass ein Iwan einen gestohlenen Wecker in seine Hosentasche steckte. Als dieser plötzlich anfing zu klingeln, warf er ihn in Panik weit von sich und rannte um sein Leben, er dachte wohl, es sei eine Höllenmaschine. Bevorzugt wurden auch Fahrräder gestohlen, aber nicht jeder konnte Rad fahren. Ein damaliger einheimischer Nachbar hatte unter Lebensgefahr sein Radio in einem Misthaufen versteckt und hörte es heimlich ab. Als die deutsche Wehrmacht schon längst zusammengebrochen war und das Ende dieses schrecklichen Krieges bevorstand, wurde noch Propaganda gemacht. Wir erfuhren unter anderem, dass vermehrt die lange angepriesenen V-Waffen an der deutschen Front zum Einsatz gekommen waren. Die deutsche Rüstungsindustrie hatte sie im Zweiten Weltkrieg unter dem Physiker und Raketeningenieur Wernher von Braun entwickelt. Er war seit 1937 technischer Direktor des Raketenwaffenprojektes der Heeresversuchsanstalt in Peenemünde. Die neuartigen Waffensysteme wurden in der Propaganda als „Vergeltungswaffen" bezeichnet. Es gab V 1 und V 2, beides unbemannte Flugkörper mit Raketenantrieb und automatischer Steuerung. Länge circa acht Meter, Reichweite rund 320 Kilometer. Uns wurde schon daheim in Ostpreußen von der verheerenden Wirkung dieser Wunderwaffen berichtet. So wurde erzählt, dass bei deren Einschlag riesige Löcher entstehen, in denen ein vierspänniger Wagen bequem umkehren könne. Man hat uns jahrelang für dumm verkauft. Alles leere Propaganda. Wir vegetierten beim Bauern und auf der Kolchose fast ein Jahr lang. Tagsüber mussten wir arbeiten und nachts saß uns die Angst im Nacken. Manchmal kamen unsere Peiniger in ganzen Horden, aber wenn wir „Glück" hatten, erschienen sie einzeln. Es passierte auch, dass Frauen und Mädchen mitgenommen wurden, aber oft geschah „es" an Ort und Stelle vor den Augen der Mütter, Großeltern, Geschwistern und Kindern. Anfangs schrie meine kleine Schwester, die neben mir lag, wie am Spieß. Sie dachte, ich werde umgebracht und verstummte erst, als ein Russe auf sie einschlug. Als die Russen wieder einmal betrunken waren und ihre Tour machten, fielen sie auch über ein 14-jähriges Mädchen her und ließen erst von ihm ab, als die Mutter sich opferte. Im Nachbarort wurden in einer Nacht eine 80-jährige Großmutter und deren 10-jährige Enkelin vergewaltigt. Die Russen soffen alles, was auch nur annährend mit Alkohol zu tun hatte, sogar Kölnisch Wasser (4711!). In betrunkenem Zustand waren sie zu allem fähig. Viele Frauen wurden schwanger. Eine Frau versuchte mit einer Stricknadel abzutreiben und verblutete. Lange nach dem Krieg fand ich zu einer Internatsfreundin Verbindung, die auch in Pommern den Russen in die Hände gefallen war. Sie stammte von einem Gut im Raum Tilsit und war mit ihren Eltern und drei Schwestern auf der Flucht. Der Treck bestand aus 70 Pferden, 13 Treckwagen, einem Traktor und entsprechend vielen Leuten. Es war völlig unmöglich, am Abend für alle ein Quartier zu finden und so kampierten sie fünf Wochen lang unter freiem Himmel. Als sie von der Roten Armee überrollt wurden, wurde der ganze Treck auseinander gesprengt und sie verloren alles, was sie noch besaßen. Meine Freundin wurde mit vier anderen jungen Mädchen in einen Keller gesperrt und gequält. Eines Abends, so erzählte sie mir, kamen 13 russische Soldaten und vergewaltigten die fünf Mädchen abwechselnd der Reihe nach. Als aus ihr das Blut im hohen Bogen herausschoss, sprangen die Bestien auf und rannten davon. Meine Freundin wollte sich daraufhin das Leben nehmen und sich in einem nahe gelegenen See ertränken, woran sie von ihrer Familie gehindert wurde. Als sie viele Jahre danach heiratete, stellte sich heraus, dass sie keine Kinder bekommen konnte. Mit ziemlicher Sicherheit die Folge dieser schweren Erlebnisse.

Soweit wir wochentags auf der Kolchose arbeiteten, bekamen wir dort auch eine Mittagsmahlzeit. Ansonsten kochte meine Mutter zusammen mit einer anderen Flüchtlingsfrau für uns. Die Ernährung war zwar sehr einseitig, aber der Bauer und einheimische Nachbarn stellten uns, soweit möglich, Grundnahrungsmittel zur Verfügung. So kamen wir recht und schlecht über die Runden.

Meine 87-jährige Großmutter befand sich in einem bejammernswerten Zustand. Mangels ausreichender Hygiene hatte sie Kopf- und Kleiderläuse bekommen. Nie werde ich den traurigen Anblick vergessen, wie sie in ihren dunklen Kleidern dasaß und ihre langen Röcke nach den Plagegeistern absuchte. Wir Jungen bekamen dann schließlich auch Kopfläuse, die wir mit zum Teil unmöglichen Mitteln bekämpften. So haben wir unser Haar mit dem eigenen Urin gewaschen! Aber wir waren mit unseren Sorgen, Ängsten und Nöten nicht alleine, anderen Flüchtlingen ging es genauso, und einer tröstete den anderen. Ein Problem war auch das Sauberhalten der Wäsche. Waschpulver gab es nicht und der von zu Hause mitgenommene Vorrat war schon lange verloren gegangen oder verbraucht, was auch die Seife betraf. Ich weiß noch, dass wir zum Schluss die Wäsche mit Sand wuschen! Während wir zusammen mit anderen Flüchtlingen überlegten, auf welche Art und Weise wir über die Oder in den Westen gelangen könnten, verdichtete sich das Gerücht, dass die Russen uns nicht mehr haben wollten. Als die Lebensmittelversorgung in Pommern nicht mehr gewährleistet war und es auf der Kolchose im Winter keine Arbeit für uns gab, wurden wir von der roten Besatzungsmacht aufgefordert, das Land zu verlassen. Die Fahrtkosten mussten wir selber aufbringen. Die Russen drängten immer mehr zur Ausreise und wir wollten natürlich gerne in den Westen. Da wir keine russische oder polnische Währung hatten, bat ich die Litauerin mir für meine Näharbeiten statt Lebensmittel Geld zu geben, was sie auch bereitwillig tat. Außerdem packte unsere Mutti ein paar von unseren geretteten Habseligkeiten zusammen und ging nach Köslin, um sie zu verkaufen. Es handelte sich unter anderem um Lederhandschuhe, eine Pelzmütze und um ein Paar Schuhe, die wir unbedingt für unseren Vater retten wollten. Voller Bangen warteten wir auf ihre Heimkehr. Plötzlich, es dunkelte schon, fuhr ein Lastwagen an unserem Quartier vorbei. Er war mit Frauen beladen, unter denen ich meine Mutter erkannte. Mein Herz zitterte vor Angst, wohin ging der Transport? Nach Russland?! Es kam nämlich immer noch vor, dass Frauen und Mädchen nach Sibirien, den Ural oder andere Gegenden, in denen sich Bergwerke befanden, verschleppt wurden. Nach langem Warten voller Sorgen kam sie endlich zurück, aber man hatte in Köslin „zappzerapp" gemacht, man hatte sie überfallen und beraubt. Jedenfalls reichten die Zloty nicht für die Ausreise. Als ich das meiner Litauerin erzählte, ließ sie mich für ihre drei kleinen Söhne aus Cordsamt Hosen nähen und bezahlte diese Arbeit so gut, dass wir die erforderliche Summe für die Ausreise dann doch zusammenbrachten.

Am 3. Januar 1946 fuhren wir in Bulgrin ab. Unser Flüchtlingsgepäck war inzwischen immer mehr zusammengeschmolzen. Zunächst war es ein Personenzug, in den wir einstiegen. Gepäck, das man auf der einen Seite des Zuges hineinreichte wurde auf der anderen Seite wieder hinausgestoßen und viele Menschen kamen um ihre letzte Habe. Im Abteil saß bereits ein junger Mann, der bis zum Hals in weißen Gänsefedern steckte. Anscheinend war es ein Kriegsverletzter, denn er hatte nur einen Arm. Die Russen hatten die Federbetten, die jemand hatte retten wollen, aufgeschlitzt, den Inhalt ausgeschüttet und ihn nach darin versteckten Wertgegenständen durchsucht. Wir hatten unsere letzte Habe in Rucksäcken verstaut, die wir aus alten Kartoffelsäcken genäht hatten. Nach einer kurzen Fahrzeit mussten wir umsteigen. Wir wurden in fensterlose Viehwaggons gepfercht, die mit Draht von außen zugebunden wurden. Man wusste nicht in welche Richtung es geht, Osten oder Westen? Von Zeit zu Zeit öffneten die Russen die Waggontüren und wir durften raus zum Austreten. Dabei griffen sie junge Mädchen und Frauen und führten sie weg. Die noch teilweise bestehenden Familien wurden auseinander gerissen, junge Frauen und Mütter wurden verschleppt und schreiende Kinder blieben zurück. Einmal sah ich, wie eine junge Mutter ihren 3- bis 4-jährigen Buben mitnehmen wollte, aber ein roher russischer Soldat das verhinderte, indem er mit dem Gewehrkolben der armen Frau auf die Hand schlug und diese ihr schreiendes Kind loslassen musste, während sie weitergetrieben wurde. Für alte Leute hatte man einen Eimer in den Zug gestellt, den wir aus Angst vor einer Entführung allerdings ungern dann auch benutzten. Diesmal hatten wir einen Schutzengel. Meine arme, alte Großmutter fragte immer wieder nach ihrem letzten Sohn, meinem Vater. In dem überfüllten, dunklen Viehwaggon war ihr Geist oft verwirrt. „Schloagt mi doch nich!“ (Schlagt mich doch nicht!) hörte ich sie einmal klagen. Ich habe diese vier Worte heute noch in meinen Ohren. Wer war dieser Rohling und warum hat er die Dunkelheit ausgenutzt, um meine hilflose, alte Oma zu quälen? Hatte uns alle das Schicksal nicht genug geschlagen? Sicher lagen bei allen die Nerven blank, aber das konnte man nicht als Entschuldigung akzeptieren, meine Großmutter hatte doch keinem etwas getan.

Immer wieder hielt der Zug auf freiem Feld und wir hatten keinen Orientierungspunkt. Nach fünf Tagen Fahrt, bei der wir nur 200 Kilometer zurückgelegt hatten und nicht wussten, wohin es geht und fürchten mussten, in Sibirien zu landen, wurden wir in Angermünde ausgeladen. Wir hatten es in unserem fensterlosen, dunklen Viehwaggon gar nicht gemerkt, dass wir über die Oder gefahren waren und befanden uns zu unserem Erstaunen in der russisch besetzten Zone, der späteren DDR. Es war Dienstag, der 8. Januar 1946. Wir hatten fast ein Jahr lang keinen Zugang zu irgendwelchen Medien gehabt. Hier gab es Zeitungen und Radios und wir erfuhren ganz offiziell, dass der Zweite Weltkrieg bereits beendet war. Vertreter der deutschen Wehrmacht hatten am 7. Mai 1945 in Reims und am 8. Mai 1945 in Berlin die bedingungslose Kapitulation unterzeichnet.

Meiner Großmutter ging es inzwischen so schlecht, dass meine Mutter mit ihr einen Arzt aufsuchte, der sie in ein Altenheim einwies. Es war ein schwerer Gang und unsere Oma tat uns sehr leid, aber es ging nicht mehr anders. Wir hinterließen dort Geld und die Zusage, sie sobald als möglich wieder rauszuholen. Unser nächstes Ziel hieß Bayern, unsere zweite Anlaufadresse meines Vaters. Am 12. Januar 1946 ging es weiter. Als wir uns von Oma verabschiedeten, lag sie bis auf Haut und Knochen abgemagert in ihrem Bett. Sie nickte unaufhörlich mit dem Kopf und fragte:

„Es de Otto noch nich doa?“ (Ist der Otto noch nicht da?) Er war das letzte ihrer sieben Kinder und sie hat alle überlebt. Dieses Bild werde ich bis zu meinem Lebensende nicht vergessen. Am 12. Mai 1946 verstarb unsere Großmutter 88-jährig, ohne zu wissen, dass ihr Sohn niemals wieder kommen würde.

Wir, meine Mutter, meine beiden Schwestern und ich kamen am 15. Januar 1946 in das Quarantänelager Kirchmöser, Havel II, Baracke II B, Umsiedlungslager Südtor bei Brandenburg in der Märkischen Heide. Wir wurden in Baracken mit Stockbetten untergebracht, in denen zuvor russische Kriegsgefangene gehaust hatten. Alles war voller Wanzen. Am Tag ließen sich die Quälgeister nicht sehen, aber nachts! Da krochen sie aus den Bretterritzen der Holzverschalung raus und kamen wie im Gänsemarsch, in Schlangenlinien, auf uns zu. Bei der Wahl ihrer Opfer waren die Blutsauger wählerisch. Mein Blut hat ihnen anscheinend nicht geschmeckt, bei mir hielten sich ihre Bisse in Grenzen, dafür stürzten sie sich umso mehr auf meine Schwester. Es brach Typhus aus und meine Mutter erkrankte an Ruhr und die Sorgen nahmen kein Ende. Aus dieser Zeit datiert ein Spruch aus dem 18. Jahrhundert, dessen Inhalt meine Mutter dazu veranlasste ihn abzuschreiben: „Wer weiß, wo mir mein Brünnlein quillt …“

Wer weiß, wo mir mein Brünnlein quillt,
Woraus ich trinken werde.
Vielleicht, wenn du mein Gott es willst,
Quillt es aus fremder Erde.
Denn du mein Gott, du gehst gar oft
Mit uns recht fremde Straßen,
Und führest uns ganz unverhofft
Hinweg, wo wir sonst saßen.
Wer weiß das Haus, wer weiß den Raum,
Die sich für mich noch schicken?
Wer weiß den Garten und den Baum,
Die mich fortan erquicken?
O Herre Gott, das weißt nur du,

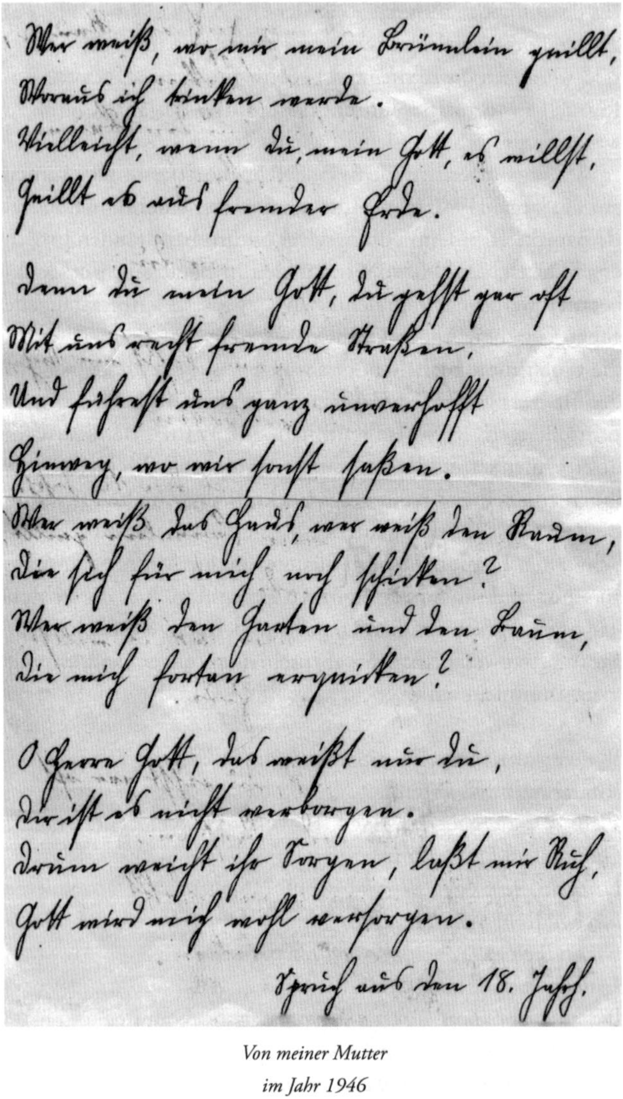
Wer weiß, wo mir mein Brünnlein quillt,
Woraus ich trinken werde.
Vielleicht, wenn du, mein Gott, es willst,
Quillt es aus fremder Erde.

Denn du mein Gott, du gehst gar oft
Mit uns auf fremde Straßen,
Und führest uns ganz unverhofft
Hinweg, wo wir sonst saßen.
Wer weiß das Haus, wer weiß den Raum,
Die sich für mich noch schicken?
Wer weiß den Garten und den Baum,
Die mich fortan erquicken?

O Herr Gott, das weißt nur du,
Dir ist es nicht verborgen.
Drum weicht ihr Sorgen, laßt mir Ruh,
Gott wird mich wohl versorgen.

Spruch aus dem 18. Jahrh.

Von meiner Mutter
im Jahr 1946
abgeschriebenes Gedicht
„Wer weiß, wo mir mein Brünnlein quillt ...“.

Dir ist es nicht verborgen.
Drum weicht ihr Sorgen, lasst mir Ruh,
Gott wird mich wohl versorgen.
(Spruch aus dem 18. Jahrhundert)

Im Lager wurden uns die Haare abgeschoren und wir wurden entlaust, egal ob man Ungeziefer hatte oder nicht. Unsere Kleider wurden in einem speziellen Ofen erhitzt und kamen je nach Qualität ein paar Nummern zu klein wieder raus. Verköstigt wurden wir aus Gulaschkanonen und ich aß zum ersten Mal Pferdefleisch, das nach Gänsemägen schmeckte. Als später die Lagerbestimmungen gelockert wurden, gingen wir abends, im Schutz der Dunkelheit, zum angrenzenden Güterbahnhof und organisierten Kohlen und Kartoffeln. Aus Letzteren machten wir auf der blanken Eisenplatte des Bulleröfchens, das die Baracke erwärmen sollte, Bratkartoffeln. Es bewahrheitete sich wieder einmal das alte Sprichwort: „Not macht erfinderisch." Nach Ablauf der Quarantänezeit arbeitete ich dort bei der Lagerpost und konnte Verbindung zu Tante Gertrud Meiser, der Schwägerin meines Vaters und meiner Mutter, in Bayern aufnehmen. Sie war im ostpreußischen Mohrungen mit meinem Patenonkel Fritz Meiser verheiratet, welcher der älteste Bruder meines Vaters war. Als Onkel Fritz 1923 sehr jung starb, ging seine 27jährige Witwe auf Reisen. Dabei gefiel es ihr in Oberbayern ganz besonders gut und so kaufte sie 1938 im Landkreis Miesbach ein Haus, das uns nach der Flucht 1946 als Sprungbrett in ein neues Leben diente. Die Tante besorgte uns die für die Einreise erforderliche Zuzugsgenehmigung und Anfang März 1946 landeten wir bei ihr in Valley, Post Darching, in Oberbayern. Hier fanden wir endlich ein Lebenszeichen von meinem Vater vor. Als wir in Danzig vom 6. bis 22. März 1945 vergebens auf ihn gewartet hatten, war er dort ein paar Tage später angekommen und hatte zwei Briefe an seine Schwägerin nach Oberbayern geschrieben. Nachdem er uns bei unserer ersten Kontaktadresse bei seiner Cousine in Danzig nicht angetroffen hatte, hoffte er, dass wir den Russen rechtzeitig entkommen sind und er uns bei unserer zweiten Anlaufadresse finden würde. Seine Briefe waren vom 2. und 4. März 1945 datiert.

Danzig, den 4.3.45

Liebe Schwägerin!
Habe schon einen Brief an Dich geschrieben, dass ich vom Volkssturm entlassen bin. Bin hier bei meiner Cousine seit dem 28.2. und habe meine Familie, welche auch 16 Tage hier war, nicht mehr angetroffen, weil sie schon am 22.2. weiterfuhren. Sie wissen nicht, dass ich noch am Leben bin. Sie fuhren nach Pommern mit dem Fuhrwerk und wollten, wenn es kein Futter mehr gibt, die Pferde abgeben. Da sie doch nach hier nicht schreiben können, ist es Dir vielleicht möglich, sobald sie an Dich schreiben, ihre Adr. nach hier zu schicken?
Nun sei vielmals herzl. gegrüßt von Deinem Schwager

Otto Meiser

Seine Post war allerdings inzwischen ein Jahr alt, aber wir schöpften wieder Hoffnung und meine Mutter machte schon Pläne, nicht ahnend dass es sein letztes Lebenszeichen war.

Noch älteren Datums als die Zeilen meines Vaters war die Post meiner Tante Sophie Meiser. Sie schickte aus Danzig am 31. Januar 1945 eine Karte an meine Großmutter nach Bayern, wo unser zweiter Treffpunkt war. Sie wusste, dass uns mein Vater bereits Ende November 1944 geraten hatte, zu versuchen, mit einem Personenzug nach dort zu entkommen. Sie konnte damals nicht ahnen, dass wir daran gehindert wurden, im eisigen Ostpreußen steckten und uns inmitten eines infernalischen Geschehens auf dem Weg zu ihr befanden. Wie man ihren Zeilen entnehmen kann, ging sie hoffnungsvoll davon aus, dass uns die weitere Flucht nach Bayern mit dem Zug geglückt war und so schickte sie am 21. Januar 1945 Marken für 800 Gramm Fleisch, die sie sich bestimmt buchstäblich vom Mund abgespart hatte, an unsere gemeinsame Verwandte in Bayern (Kopie ihres Briefes). Zu beachten ist der gedruckte Spruch auf der Postkarte!

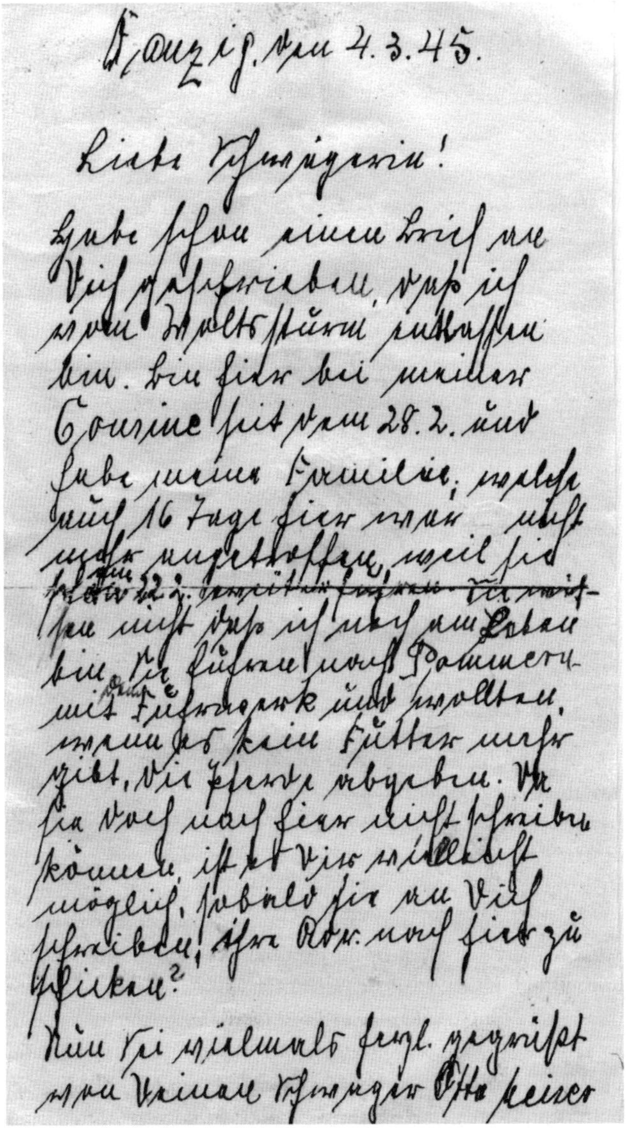

Danzig, den 4.3.45.

Liebe Schwägerin!

Habe schon einen Brief an Dich geschrieben, daß ich vom Volkssturm entlassen bin. Bin hier bei meiner Cousine seit dem 28.2. und habe meine Familie, welche auch 16 Tage hier war, nicht mehr angetroffen, weil sie ~~[illegible] Sie wis-~~sen nicht daß ich noch am Leben bin. Sie fuhren nach Pommern mit dem Fuhrwerk und wollten, wenn es kein Futter mehr gibt, die Pferde abgeben. Da sie doch nach hier nicht schreiben können, ist es Dir vielleicht möglich, sobald sie an Dich schreiben, ihre Adr. nach hier zu schicken?

Nun sei vielmals herzl. gegrüßt von Deinem Schwager Otto Meiser

Letztes Lebenszeichen meines Vaters Otto Meiser.

Absender: Sophie Meiser
Danzig
Kaninchenberg 8 III

Postkarte
500 Jahre Danziger Kran

Danzig 5

Frau Auguste Meiser
Valley 16
Post Sarching
Oberbayern

Der Führer kennt nur Kampf,
Arbeit und Sorge.
Wir wollen ihm den Teil abnehmen,
Den wir ihm abnehmen können.

Danzig den 31. Januar 1945

Postkarte meiner Tante Sophie Meiser
an ihre Tante, meine Großmutter,
Auguste Meiser,
die sie nach geglückter Flucht
in Bayern vermutete.

Meine Mutter sollte von den eingelösten Fleischmarken meiner Großmutter am 4. Februar 1945 zum 87. Geburtstag ein schönes Essen bereiten. Während Tante Sophie das dachte und uns in Sicherheit wähnte, befanden wir uns noch in Ostpreußen, die Russen auf den Fersen und auf dem Weg zu ihr nach Danzig. Omas Geburtstag begingen wir am 4. Februar 1945 auf der Frischen Nehrung.

Danzig, den 31. Januar 1945

Meine liebe Tante Auguste!
In der Hoffnung, dass Du auf der Weiterflucht in Bayern gelandet bist, sende ich Dir zu Deinem Geburtstag herzliche Segenswünsche. In der Unruhe dieser Zeit richte Dich an dem Lieblingspsalm 126 der Königin Luise auf. Am 21.1. schickte ich Trudchen noch einen Brief mit Marken für 800 g Fleisch, damit sie Dir ein schönes Geburtstagsessen bereiten sollte. Nun hörte ich hier von Flüchtlingen, dass die Gegend, in der ihr wart, auch schon leer ist. Ich bin dem lieben Gott so dankbar, dass die Kinder nicht bei mir waren. So seid Ihr doch alle hoffentlich zusammen. Wo mag Otto sein? Der gute Kerl. Wie wird's uns hier ergehen? Noch bin ich ja hier und gedenke bis zum letzten Augenblick hier zu bleiben. Ich bin so getrost und zuversichtlich. Der liebe Gott wird uns behüten und alles zum Guten führen.
Dir, liebe Tante Auguste, Trudchen und den Kindern alles Gute und herzliche Grüße

Deine Sophie.

Gestern fand ich noch eine Photopostkarte von Fritz vom vorigen Krieg. Da schrieb er mir noch auf Wiedersehen.

(Anmerkung: Trudchen war meine Mutter und Fritz mein Patenonkel, ein Bruder meines Vaters.)
Wir hatten uns verpflichten müssen, in Bayern auf dem Land zu arbeiten. Von unserer Zusage war die Erteilung der Zuzugsgenehmigung nach Bayern abhängig gemacht worden. Meine

Mutter, meine jüngste Schwester und ich wurden einem Bauern in Oberhaching, Landkreis München, zugeteilt. Meine Schwester Sigrid kam nach Deisenhofen, einem Nachbardorf.

Am 12. März 1946 traten wir unsere neuen Arbeitsstellen an. Meine Mutter machte sich unentgeltlich bei unserem Bauern im Haushalt nützlich, dafür durfte meine kleine Schwester Eva-Maria, die nach München zur Schule ging, dort essen und wohnen. Ich arbeitete für 40 RM (Reichsmark) im Monat als Stallmagd und musste unter anderem Kühe melken, füttern, ausmisten und mit Ochsen fahren.

Uns stand eine kleine Kammer mit zwei Betten zur Verfügung. In einem schlief meine Mutter mit ihrer Jüngsten, im anderen ich. Es war eine erniedrigende Zeit, aber trotzdem waren wir froh und dankbar, den Russen letztendlich entkommen zu sein. Wir gingen regelmäßig zur Kirche und meine Mutter schrieb damals das Gedicht: „Zeige dich zu jeder Zeit …" von F. Woike ab.

Zeige dich zu jeder Zeit
Stärker als dein Herzensjammer.
Sei nicht Amboss deinem Leid,
nein, sei deines Leides Hammer.
Für alles danken – ach, würd' ich das können,
danken, wenn schmerzend die Wunden mir brennen,
danken wenn alles in Trümmer geschlagen,
was ich an Hoffnungen liebend getragen.
Danken, ob auch das Herze mir bricht,
für alles danken? Noch kann ich es nicht.
Noch muss ich gar mühsam das Danken erlernen,
doch weiß ich's beglückend: Einst über den Sternen,
wandelnd im ewigen, göttlichen Licht,
dann dank' ich für alles.
Noch kann ich es nicht.
(Fritz Woike, 1890-1962)

Ich hatte kaum noch etwas anzuziehen, aber am schlimmsten war es mit Schuhen bestellt. Als ich endlich einen Bezugschein bekam, musste ich ihn meiner kleinen Schwester abtreten. Sie besuchte eine Schule in München und benötigte dringend Fußbekleidung. Ich dagegen konnte barfuss aufs Feld gehen. Wenn ich abends vom Miststreuen heimkam, führte mich mein erster Weg in den Stall. Ich hielt meine Beine zum Einweichen unter die Wasserleitung, um danach mit den Fingern den Mist abzukratzen. Die Felder lagen nicht wie bei uns in Ostpreußen rings um den Hof verteilt, sondern als einzelne Parzellen im ganzen Dorf verstreut. So ist es mir einmal passiert, dass ich aufs Feld geschickt wurde und statt auf dem mir geschilderten Grundstücksteil irrtümlich bei einem Nachbarn arbeitete. Es war eben Vieles anders als bei uns zu Hause.

Wir wurden von der Bauernfamilie sehr gut aufgenommen, und hätten es uns nicht besser wünschen können, aber leider gab es nach 1½ Jahren persönliche, erniedrigende Differenzen und wir mussten weiterziehen. Im September 1947 bekamen wir über den Flüchtlingskommissar eine Mietwohnung. Es war ein möbliertes Gartenhäuschen mit circa 20 Quadratmetern Wohnfläche für vier erwachsene Personen. Das Zimmer hatte keine Heizung und im Winter froren die Betten an den Holzwänden fest. Allein in der winzigen Küche war eine Feuerstelle, ein kleiner, eiserner Herd. Mutti schlief auf dem einzigen, vorhandenen Bett, Sigrid in der Küche auf einem uralten Sofa, ich auf einer Matratze, die am Boden lag und Eva-Maria auf einer Truhe. Das Brennmaterial holten wir aus dem Wald. Wir sammelten Strauch und vom Sturm abgebrochene Äste und durften auch kleine Bäume absägen, die der Förster gekennzeichnet hatte. Als wir einmal einen Baum mit der Axt bearbeiteten, merkten wir zu spät, dass sich unter seinen Wurzeln ein Erdwespennest befand. Aufgeschreckt durch die Störung stürzten sich die stechenden Insekten auf uns und wir verließen fluchtartig das Gelände. Ein anderes Mal hatten es Holzböcke (Zecken) auf uns abgesehen, die unbemerkt unter unsere Röcke gekrochen waren. Wir entdeckten die unangenehmen, nicht ganz ungefährlichen Untermieter (sie sind Überträger von Krankheiten) erst, als wir uns nach der Heimkehr aus dem Wald wuschen und umzogen. Für den Holztransport hatten uns nette Nachbarn einen alten Handwagen zur Verfügung gestellt, den wir anscheinend überladen hatten. Jedenfalls brach er auf dem Heimweg zu unserem großen Entsetzen zusammen und wir mussten das Wrack samt Ladung am Straßenrand stehen lassen. Geschickte Hände reparierten ihn und wir durften ihn weiter benutzen. Das alles und noch viel, viel mehr gehörte zu den Nachwehen der Flucht. Wie muss es meiner Mutter zumute gewesen sein, wenn sie den mit Bruchholz beladenen Wagen durch das Dorf zog. Daheim, in Ostpreußen, hatten wir Holz in Hülle und Fülle. Jährlich wurden Erlenbäume am Fluss geschlagen und wenn sie nicht ausreichten, holte mein Vater Brand- und Nutzholz vom Forstamt Warnen, aus der Rominter Heide. Doch das war Vergangenheit, unser Leben nach der Flucht hatte sich sehr verändert und wir mussten uns damit abfinden und uns daran gewöhnen. Was blieb uns auch anderes übrig. Einmal waren meine Mutter und ich mit dem zuständigen Förster im Wald verabredet, er wollte uns Bäume zum Absägen zuteilen. Nachdem wir ein paar Stunden gearbeitet hatten, waren wir hungrig und durstig und wollten Brotzeit (zweites Frühstück oder Jause) machen, bei uns daheim „Kleinmittag" genannt. Wir hatten ein Stück Leoni (Fleischwurst) dabei, aber kein Messer. Da war guter Rat teuer, aber Mutti überlegte nicht lange. Kurzerhand griff sie zur Axt, legte die Wurst auf einen Baumstumpf und hackte sie in zwei Teile. So gab es auch manchmal etwas zum Lachen. Der Vermieter hatte meiner Mutter im Vorgarten ein paar Beete zur Verfügung gestellt, auf denen sie Gemüse anbaute. Es hatte sich bald herumgesprochen, dass sie spinnen kann und aus dem ganzen Umkreis brachten die Bäuerinnen ihre Schafwolle zum Verarbeiten. Sie spann auch Angorawolle. Danach folgten meistens Strickaufträge. Ihre Arbeit ließ sich meine Mutter gerne mit Lebensmitteln bezahlen. Manchmal erlebten wir, dass in der Milch ein Stück Butter schwamm. Die Zuteilungen durch die Lebensmittelkarten waren sehr gering und wenn es hie und da einen sogenannten „Sonderaufruf" gab, musste man lange anstehen um zum Beispiel einen halben Liter Buttermilch zu bekommen. Milch wurde „Blaubeermilch" genannt, weil sie so mager war, dass sie bläulich schimmerte. Als wir einmal hörten, dass es in einem abgelegenen Dorf bei den Bauern im Tauschhandel Weißkohl (in Bayern: Weißkraut) gibt, fuhren Mutti und ich dort hin. Ich weiß nicht mehr, was wir zum Tausch anbieten konnten, ich erinnere mich nur noch an Nähseide. Offensichtlich hatte sich die Nachricht von dieser Möglichkeit herumgesprochen, es waren viele Leute unterwegs, es war wie eine Invasion auf das Dorf. Einige Bauern hatten ihre Hoftore mit Eisenketten zugebunden, auf anderen Höfen liefen Wachhunde frei herum. Als Mutti später einmal alleine zu dem sogenannten „Krautdorf" fuhr, bekam sie zwar einen Kohlkopf, aber sie erlebte etwas sehr Erniedrigendes. Da die Bauernfamilie grade beim Mittagessen war, bekam sie gnädigerweise einen Teller voll Suppe, die sie im Flur essen musste, als Sitzgelegenheit bot man ihr einen Fußschemel an. Ich arbeitete bis zur Währungsreform im Juli 1948 für ein Kunstgewerbeatelier in München-Schwabing, danach für 75 Pfennig (0,75 DM) Stundenlohn in einer Steppdeckenfabrik.

Um unsere Finanzen aufzubessern, hatte ich mir einen kleinen Kundenstamm zugelegt und nähte nach Feierabend Kleider. Eine Kundin hatte mir eine alte Handnähmaschine geschenkt, die ich mit einer Kurbel betrieb. Sie hatte weder Rück- noch Zickzackstich und das Nähen mit ihr war eine mühselige Angelegenheit, aber sie ermöglichte es mir, ein paar Mark dazuzuverdienen. An den Wochenenden ging ich als Störnäherin (Hausschneiderin). Dafür bekam ich täglich 5 DM und das Essen. Zwei Kundinnen hatte ich in der Stadt, die mir auch die Fahrtkosten erstatteten. Um den häuslichen Speisezettel zu bereichern, ging ich zusammen mit einer Freundin in den Wald, um Pilze zu sammeln, die wir zum Teil auch verkauften.

Als meine jüngeren Schwestern heirateten, zogen Mutti und ich am 15. September 1951 um.

Diesmal waren es ein Zimmer und Küche in einem Wochenendhaus, wo wir uns wohler fühlten. Als wir noch zu viert waren, war es schwierig, eine Wohnung zu bekommen. Vier Personen, die Flüchtlinge waren und dazu noch protestantisch, wollte niemand im Haus haben. Hinderlich war auch, dass wir Preußen waren.

Ab September 1952 arbeitete ich als Sachbearbeiterin in der Siemensdirektion und es ging mir langsam besser. Die erforderlichen Schreibmaschinenkenntnisse hatte ich mir in eigener Regie auf einer geliehenen Schreibmaschine erworben. Ebenso lernte ich Stenografie.

Am 19. September 1953 heiratete ich und zog zu meinem Mann in die Stadt, mein Leben nahm eine glückliche Wende.

Inzwischen gab es diverse Suchdienste und wir suchten meinen Vater wo immer es auch ging. Beim Roten Kreuz war es vergeblich. Am 3. April 1962 meldete sich der kirchliche Suchdienst der Heimatortskartei für Ostpreußen und Memelland, Betr. Kriegsgefangenen- und Zivilinternierten-Nachforschung. Es wurde uns mitgeteilt, dass sich mein Vater in Overath, Nordrhein-Westfalen befindet. Die Adresse war angegeben. Die Freude war groß. Meine Mutter wollte mit mir sofort hinfahren, schickte dann aber doch vorab ein Telegramm mit bezahlter Rückantwort. Die Antwort war niederschmetternd: „Irrtum, ich bin nicht der Otto Meiser, den sie suchen, ich stamme aus Kaseleken." Das war unser Nachbardorf in Ostpreußen, in dem mein Vater geboren war. Für Mutti brach eine Welt zusammen, ihre Hoffnung auf eine späte Zweisamkeit war zunichte. Aber sie hat nie geklagt oder gejammert! Sie war damals 45 Jahre alt, mein Vater wäre 58 Jahre alt gewesen. Nun war er vermisst und wurde später rückwirkend für tot erklärt.

Nach und nach fanden wir auch wieder Verbindung zu den wenigen, übrig gebliebenen Verwandten und Bekannten. Eine ostpreußische Schulfreundin aus unserem Nachbardorf war nach der Flucht mit ihren Eltern in Neuß am Rhein gelandet. Ich hatte ihr schon daheim meine Anlaufadresse in Bayern gegeben. Sie schrieb mir, sie hätte meine Tante auf der Flucht getroffen. Diese hätte sich als die Schwester von Frau Meiser, meiner Mutter, aus Nordenfeld vorgestellt und erzählte, dass sie schon in Ostpreußen von ihrem Treck abgekommen und alleine weiter geflüchtet war. Sie wollte sich dem Treck der Familie anschließen, als sie aber merkte, dass diese mit sich zu tun hatte, soll sie sich mit den Worten: „Dann gehe ich wieder heim“ abgewandt haben. Kurz darauf meldete sich mein Onkel, der Mann meiner eben erwähnten Patentante, bei uns. Er berichtete uns schriftlich und später bei einem Besuch auch mündlich, dass der Treck von den Russen eingeholt worden war und Panzerbeschuss hatte, wobei meine Tante getötet wurde. Mein Onkel wickelte die vermeintlich Tote in eine Decke und legte sie in den Keller eines verlassenen Bauernhauses. In Panik spannte er ein Pferd von einem seiner Fluchtwagen aus und ritt, um sein Leben zu retten, davon. Das alles geschah noch in Ostpreußen, unweit von Osterode, wo wir im Januar 1945 meine Großmutter mütterlicherseits beerdigen mussten. Was sollten wir nun glauben? War Muttis Schwester womöglich nur verletzt und ohnmächtig gewesen und kam wieder zu Bewusstsein? Wir, aber besonders meine Mutter, litten lange an dieser Ungewissheit. Im Laufe der Zeit erfuhren wir dann auch mit welcher Grausamkeit und Rohheit, außer der, die wir schon auf unserer Flucht 1944/1945 und 1946 kennengelernt hatten, die Rote Armee gewütet hatte. Greise und Kinder wurden von ihren Familien getrennt und erschossen oder erschlagen, während man die Mütter und jungen Mädchen ins tiefste Russland verschleppte. Immer wieder hörte man von hilflosen Kindern, die bettelnd umherirrten. Das Elend war grenzenlos. Eine Internatsfreundin von mir soll im Ural verhungert sein. Das gleiche Schicksal soll auch Martha Laßat, mit der ich zusammen am 03.04.1938 konfirmiert wurde, ereilt haben. Mehrere Schulfreundinnen, die in meinem Alter waren, damals circa 21 Jahre alt, mussten jahrelang in Sibirien in einem Bergwerk (Kohle, Eisenerz, Mineralien, Erdöl, Erdgas) unter unmenschlichen Bedingungen arbeiten. Zwei von ihnen kamen lange nach Kriegsschluss wieder und berichteten, dass sie dort in Erdhöhlen hausen mussten und bei minus 50 Grad sämtliche Zehen abgefroren hatten. Als sie nicht mehr arbeiten konnten, wurden sie entlassen und gelangten in den Westen Deutschlands, gesundheitlich und psychisch ruiniert. Eine von ihnen hatte kurz vor der Flucht noch in Ostpreußen geheiratet.

Es war eine Kriegstrauung und der junge Ehemann musste danach sofort wieder an die Front. Er geriet in Gefangenschaft und kam nach Sibirien. Seine junge Frau floh genau wie ich mit ihren Eltern. Der Treck wurde von den Russen überrollt, Antonie wurde von ihrer Familie getrennt und nach Sibirien verschleppt. Ohne etwas voneinander zu wissen, vegetierte das junge Ehepaar mehrere Jahre in Nachbarlagern. Das stellte sich erst nach der Entlassung lange nach Kriegsschluss raus, als sich die beiden in Deutschland wiederfanden. Ich stand mit Antonie bis zu ihrem Tod in schriftlichem und telefonischem Kontakt. Bestimmt waren die Strapazen der Verschleppung mit schuld daran, dass sie so früh sterben musste.

Wenn ich an all die Gräuel denke, muss ich sagen, dass ich noch Glück im Unglück hatte. Uns schnappten die Russen erst in Pommern und da hatten sie sich mehr oder weniger schon etwas beruhigt. Sie tobten sich zwar vor Ort aus, aber von Verschleppungen sah und hörte man nicht mehr ganz so viel wie am Anfang.

Viele Jahre nach dem Krieg hörten wir vom Schicksal eines verwandten Ehepaares, der Tante und dem Onkel meiner Mutter. Sie besaßen eine größere Landwirtschaft in Pendershof (Pendrinnen) in der Nähe von Insterburg. Der Onkel wurde wegen seines vornehmen Auftretens von den Dorfbewohnern „der Baron" genannt. Auch hier kam im Herbst 1944 der Fluchtbefehl zu spät. Sie schafften es nicht mehr, ihren Hof zu verlassen und wurden vom Feind überrascht. Gewisse Russen hatten die Angewohnheit, die Hände der Landbevölkerung nach Schwielen abzutasten. Wer welche hatte, galt als Arbeiter und wurde verschont, er kam meistens mit dem Leben davon. Wenn keine Schwielen vorgefunden wurden, ging man davon aus, dass die betreffende Person es nicht nötig hatte, zu arbeiten. Bei meinen Verwandten war das der Fall. Es hieß kurz und bündig „Kapitalist", und beide wurden erschossen. Eine andere Tante von mir, eine Schwägerin meiner Mutter, schaffte es nicht, mit ihrer altersschwachen Mutter zu fliehen. Sie wurde aus ihrer Wohnung vertrieben und hauste in der Nähe von Tilsit in einem Stall, wo beide verhungerten.

Seit 1945 steht der nördliche Teil Ostpreußens unter sowjetischer Verwaltung. Die Russen wollten einen eisfreien Hafen haben, nämlich Pillau. Das Memelgebiet wird inzwischen von den Litauern verwaltet. Der südliche Teil Ostpreußens mit der attraktiven masurischen Seenplatte steht unter polnischer Verwaltung. Als die Möglichkeit bestand, nach Ostpreußen zu reisen, wurde mein Heimweh übermächtig, und ich wollte noch einmal mein Heimatdorf sehen und meinem Mann den Ort meiner glücklichen Kinderzeit zeigen. Am 13. Juni 1992 flogen wir in Begleitung meiner beiden Schwestern und meines Schwagers ab Hannover nach Polangen, und zwar mit einer „Dupolow“ 134 A der Lithuanian Airlines. Nach einem mehrtägigen Aufenthalt in Nidden auf der Kurischen Nehrung, von wo aus wir Ausflüge machten, unter anderem auch nach Königsberg, fuhren wir mit dem Tragflächenboot „Raketa“ nach Tilsit. Während das von den Litauern verwaltete Gebiet einen ordentlichen Eindruck machte, erlebten wir in Tilsit mit dem von den Russen verwalteten nördlichen Teil Ostpreußens das Gegenteil. Wir mieteten zwei Taxen und einen Dolmetscher und versuchten nach Nordenfeld (Kubillen) zu gelangen. Obwohl ich, allerdings notdürftiges, Kartenmaterial hatte, gestaltete sich die Fahrt als sehr schwierig. Viele Straßen gibt es nicht mehr, Wegweiser fehlen oder sind nur russisch beschriftet. Nachdem wir in Tollmingen (Tollmingkehmen), wo ich in der dortigen Kirche am 3. April 1938 konfirmiert wurde, Station machten, gelangten wir auf Umwegen nach Nordenfeld. Hier verweigerten unsere Taxifahrer wegen der schlechten Wegeverhältnisse die Weiterfahrt und blieben am Ortsrand stehen. Wir gingen zu Fuß zum Friedhof, auf dem die Gräber zum Teil geplündert sind. Querfeldein gelangten wir zu unserer Hofstelle, die ich fast nicht mehr fand.

Ich erkannte sie letztendlich an unserem Teich, den man nicht zugeschüttet hatte. Von den Gebäuden steht nichts mehr, nicht einmal die Grundmauern sind vorhanden. Das ganze Dorf ist dem Erdboden gleichgemacht. Es gibt keinen Strom und kein Wasser mehr, alles ist zerstört. Unsere Felder gehören zu einer

Unsere ehemalige Hofstelle.
Die Aufnahme wurde am 18. Juni 1992
gemacht.

Kolchose, die im Umkreis zehn Kilometer erfasst. Ich erstarrte vor Schreck und Trauer. Wie wir erfuhren, wurden unser Hof und unser Dorf nicht durch Kriegseinwirkungen zerstört. Man hat die Gebäude erst in den Fünfzigerjahren, etwa 1950/53 abgebrochen und das Material angeblich zum Wiederaufbau der von den Deutschen zerbombten Städte benutzt. Das Land gehört zur Viehwirtschafts-Sowchose Tschistije Prudi (Tollmingen). Nach der Heimkehr von unserer Reise in die Vergangenheit versuchte ich meine Eindrücke, Gefühle und Stimmungen in Verse zu kleiden und es entstand mein Heimweh-Gedicht.

Heimweh

Ich wollt' noch einmal meine Heimat sehen,
das Heimweh machte mich fast krank,
ich wollt' noch einmal alte Wege gehen
und wollte auf der Heimatscholle stehen,
mein Herz war heimwehkrank und bang.

Nun war ich dort und habe nichts gefunden,
Kornblumen fand ich nur und Mohn,
nie werd' vergessen ich die bangen Stunden,
in meiner Seele gab es neue Wunden,
O, Schicksal, ist es nicht ein Hohn?

Ich fand den Teich, da quakten noch die Frösche,
so, wie's vor fünfzig Jahren war,
und auf der Bleiche, wo einst lag die Wäsche,
da wuchert scharlachrot die Eberesche,
in ihren Zweigen sang ein Star.

Ich ging zum Fluss, an dem als Kind ich spielte,
ein Kuckuck rief im Erlenbaum,
die Zeit stand still, es war mir so als hielte,
sie Rückblick so wie ich und traurig wühlte
ich in Erinnerung, ein Traum.

So nahm ich Abschied von der Heimaterde,
ich fand nicht mehr mein Elternhaus,
in weiter Ferne sah ich eine Herde
und über unser Land gehn fremde Pferde,
ich war daheim, doch nicht zu Haus.

Mein Vater

Er wurde am 12. April 1887 in Kaseleken (Neumagdeburg) Kreis Goldap geboren. Seine Eltern waren der Landwirt Wilhelm Meiser, geboren am 17. Dezember 1855 in Kaseleken, gestorben am 2. Mai 1935 in Kubillen, und seine Ehefrau Auguste, geb. Koch, geboren am 4. Februar 1858, gestorben am 12. Mai 1946 in Angermünde.

Mein Vater Otto Meiser hatte sechs Geschwister, vier davon starben im Kleinkindalter. Bruder Ernst starb im Ersten Weltkrieg 1918 beim Transport nach einer Blinddarmoperation. Für ihn hatten meine Großeltern im Nachbardorf ein landwirtschaftliches Anwesen gekauft, das nach seinem frühen Tod wieder veräußert wurde. Der zwei Jahre ältere Bruder Fritz wurde Lehrer und in Mohrungen, Ostpreußen, sesshaft. Er war mein Patenonkel und starb leider mit 38 Jahren am 24. Oktober 1923 an einem Wundstarrkrampf. Das waren 18 Tage nach meiner Taufe.

Es gab in dem Geburtsort meines Vaters, Kaseleken (Neumagdeburg) fünf Familien namens Meiser. Alle hatten Beinamen, und ich weiß nicht, ob diese von den jeweiligen Vorgängern abgeleitet wurden. Die Namen bzw. Hofnamen lauteten: Knusper-Meiser, Huhn-Meiser, Perrey-Meiser, Schaumann-Meiser und Kieschoweit-Meiser. Angeblich sollen meine Großeltern aus dem letztgenannten Hof herstammen. Schaumann-Meiser soll bei Schirwindt mit Immobilien spekuliert haben und hat bei der Inflation Pleite gemacht. Die circa 70 Hektar große Landwirtschaft wurde von Otto Gallinat übernommen. Laut Aussage meiner Großmutter waren wir mit keinem dieser Meisers verwandt, was mir allerdings sehr merkwürdig vorkommt.

Meine Großeltern kauften vor dem Ersten Weltkrieg einen heruntergewirtschafteten Hof in Kubillen, meinem Geburtsort. Ich erinnere mich noch, dass meine Großmutter öfters erzählte, dass das Land ein einziges Brennnessel- und Distelfeld war, das erst einmal gerodet werden musste. Die Gebäude waren erneuerungsbedürftig.

Im Ersten Weltkrieg 1914 bis 1918 wurden alle drei Söhne zur

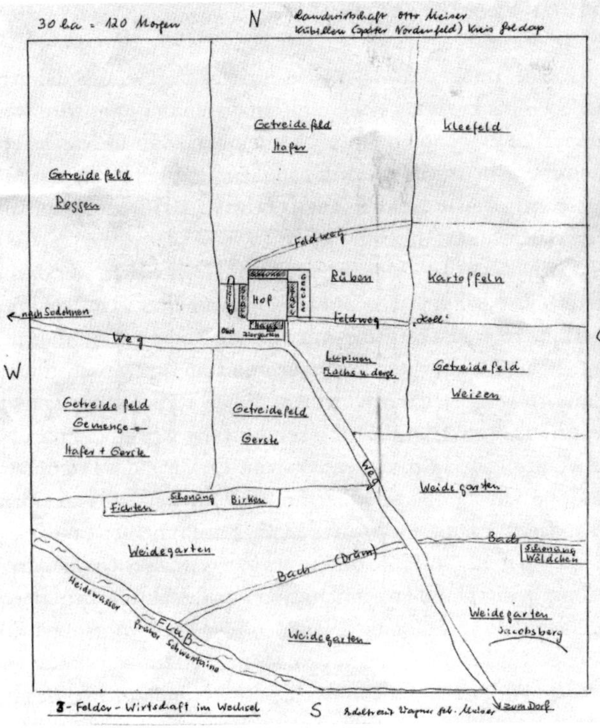

Lageplan des Hofs in Kubillen, gekauft von den Großeltern vor dem I. Weltkrieg. In diesem Plan sind die Ländereien eingezeichnet, die zum Hof gehörten.

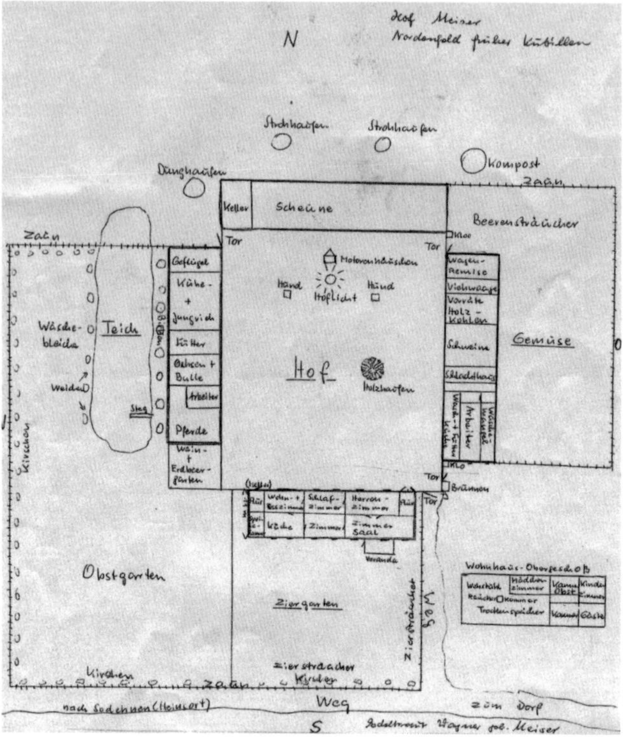

Lageplan des Hofs in Kubillen, gekauft von den Großeltern vor dem I. Weltkrieg. In diesem Plan sind die zum Hof gehörenden Gebäude und die Gärten in nächster Umgebung eingezeichnet.

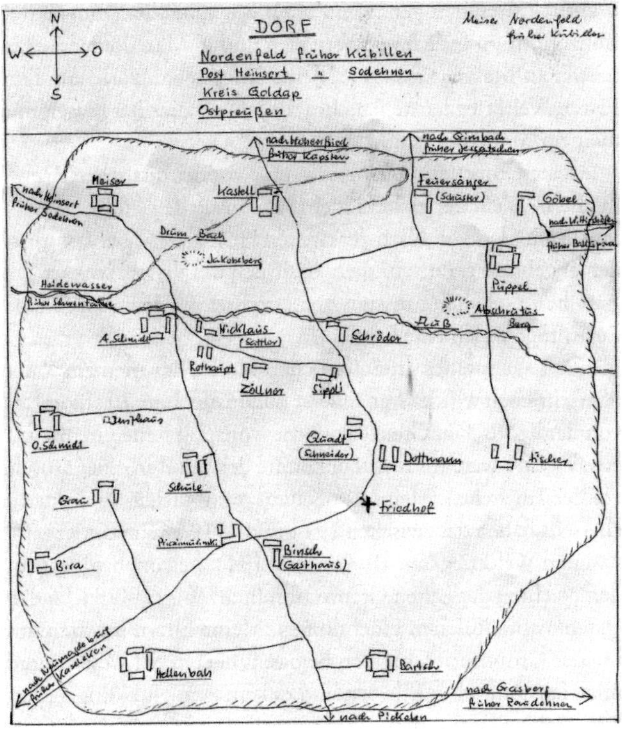

Lageplan des Dorfes Nordenfeld (früher Kubillen)
im Kreis Goldap, Ostpreußen.

Wehrmacht eingezogen. Mein Vater war unter anderem an der Isonzofront im östlichen Oberitalien und in Mazedonien, wo er schwer an Malaria erkrankte. Beide Kriegsschauplätze aus dem Ersten Weltkrieg lernte ich circa 40 Jahre später bei Reisen mit meinem Mann kennen.

Meine Großeltern mussten zweimal vor der russischen Armee flüchten. Nach der ersten Flucht fanden sie den Hof verwüstet und geplündert vor. Nach der zweiten Heimkehr war er fast gänzlich abgebrannt. Die vor dem Ausbruch des Ersten Weltkrieges erstellten Gebäude mussten neu errichtet werden. Welch eine Belastung! Welch eine Strapaze!

Die Lage meines großelterlichen Hofes, der meinem Vater überschrieben wurde, war äußerst ungünstig. Nur 20 Kilometer von der litauischen Grenze entfernt – die polnische Grenze war etwas weiter weg. Im Ernstfall konnte der Feind in einer Stunde vor der Tür stehen. Meine Großeltern mütterlicher- und väterlicherseits haben das zwischen 1914 und 1918 zweimal erlebt. Im Zweiten Weltkrieg, am 19. Oktober 1944, bekamen wir erneut den Nachteil der nahen Grenze zu spüren. Wir gehörten zu den ersten ostpreußischen Flüchtlingen. Meine Eltern mussten mit meiner Großmutter, meinen beiden jüngeren Schwestern und mir Haus und Hof verlassen und es kam zum endgültigen Verlust. Meine Eltern verloren ihre Existenz. Ihnen und meiner Oma blieb somit die dritte Flucht nicht erspart und das innerhalb von 30 Jahren.

Die Jahre zwischen dem Ersten und Zweiten Weltkrieg waren nicht leicht, aber wenigstens friedlich.

1920 lernte mein Vater meine Mutter kennen: Gertrud Radtke, geboren am 29. November 1901. Mutti war erst 19 Jahre alt und die Tochter des Landwirtes Gustav Mathes Radtke und seiner Frau Minna Susanne, geb. Soujon, Klein Pruschillen, später Klein Preußenbruch, Kreis Gumbinnen. Sie sahen sich zum ersten Mal bei Verwandten, der Familie Koch, die im Dorf wohnte.

Als mein Vati um Muttis Hand anhielt, sagte die angehende Schwiegermutter zu ihm: „Sei gut zu ihr!“ Das erzählte er mir später und ich glaube, er hat sich ein Leben lang daran gehalten. Bald darauf war Verlobung und am 6. Oktober 1921 wurde Hochzeit gefeiert. Es soll ein großes Fest gewesen sein. Zur Kirche wurde vierspännig gefahren, vier Trakehnerrappen zogen den Brautwagen. Die Trauung fand in Nemmersdorf statt, einem Dorf, dessen Namen 1944 in die unrühmliche Geschichte des Zweiten Weltkrieges einging. Dorfbewohner, die vor den vordringenden Russen nicht rechtzeitig flüchten konnten, wurden unsäglich gequält und an die Scheunentore genagelt.

Meine Mutter folgte nach der Hochzeit meinem Vater auf seinen landwirtschaftlichen Besitz nach Kubillen und wurde eine tüchtige Bäuerin. Das junge Paar wurde mit Rat und Tat von den Eltern meines Vaters unterstützt.

Opa starb am 2. Mai 1935 nach einem Schlaganfall. Er war 80 Jahre alt. Ich war damals zwölf Jahre alt und es kam mir bei seinem Ableben zum ersten Mal die Endgültigkeit des Todes zum Bewusstsein. Als Kleinkind habe ich oft mit ihm Friseur gespielt. Wenn er auf seinem Sofa saß, kletterte ich zu ihm rauf und flocht aus seinem schönen, weißen Haar Zöpfchen. Als er wieder einmal eine Zigarre rauchte und ich mich neugierig anstellte, ließ er mich daran ziehen. Die Wirkung war beängstigend, ich bekam einen heftigen Hustenanfall und fürchtete zu ersticken. Vielleicht hatte ich in meiner kindlichen Unwissenheit einen Lungenzug gemacht?! Auch mein Opa erschrak nicht wenig und bot mir danach keine Zigarre mehr an. Wenn er wirklich in meiner Gegenwart rauchte, machte ich einen weiten Bogen um ihn, ich war ein gebranntes Kind und scheute das Feuer.

Da es auf den Dorffriedhöfen keine Leichenhäuser gab, wurde der Tote im Saal aufgebahrt, der in jedem großen Bauernhaus vorhanden war. Der Sarg war von Blumen und brennenden Kerzen eingerahmt. Es war ein außergewöhnlich heißer Mai und mein Vater besorgte aus einer Brauerei in Gumbinnen Eis, das zur Kühlung in großen Wannen aufgestellt wurde.

Meine Mutter nähte in aller Eile für meine beiden Schwestern und mich schwarze Kleider. Eine Gumbinner „Kochfrau“ wurde ins Haus gebeten, um den Leichenschmaus vorzubereiten. Die ganze Verwandtschaft und der größte Teil der Dorfbevölkerung wurden erwartet. Damals kam es zwischen Frau Borowski, der Kochfrau, und mir zu einem Zusammenstoß, den ich auch in „Dorfhochzeiten" erwähne. Sie hatte mich damals „Pracher" (Bettler) genannt, was ich ihr nie verzieh.

Meine Eltern hatten auf dem Dorffriedhof eine neue Grabstelle, mitten auf einer kleinen Anhöhe, ausgesucht. Der Platz mit den vier Kindergräbern, den früh verstorbenen Geschwistern meines Vaters, war zu klein, wurde aber weiter gepflegt. Grundsätzlich blieben Gräber im Besitz, solange sie gepflegt wurden.

Am Beerdigungstag hatte sich die Trauergemeinde im Saal versammelt und wartete auf Herrn Pfarrer Moysich, der aus Tollmingkehmen kommen sollte, aber nicht erschien. Er hatte den Weg verfehlt und da wir der letzte Hof im Dorf waren und obendrein von diesem noch durch den Fluss getrennt waren, war es nicht einfach, uns zu finden. Erst als mein Vater jemand ausschickte, um dem Geistlichen entgegenzufahren, hat man ihn zu uns gelotst.

Auf dem Friedhof erkannte mein 3½-jähriges Schwesterchen nicht die Trauer und den Ernst der Feier. Als die Kleine Musik und Gesang hörte, hob sie ihr schwarzes, kurzes Röckchen und tanzte. So nah beieinander liegen für ein Kind Tod und Leben.

Die Irrfahrt unseres Pfarrers am Beerdigungstag meines Großvaters bestärkte meinen Vater bei dem Gedanken, einen Familienfriedhof zu errichten. Er hatte dafür auch schon einen Platz ausgesucht, nämlich in der Nähe der „Holl", einem hügeligen Gelände, in dem wir im Winter rodelten und Ski fuhren. Bis dorthin führte ein Feldweg und rechts davon, auf einer kleinen Ebene, sollte der Friedhof entstehen. Der Plan kam nicht mehr zur Ausführung. Der Zweite Weltkrieg hat ihn und viele andere geplante Vorhaben vereitelt.

Mein Vater galt nach dem Krieg als vermisst und wurde zum 31. Dezember 1945 für tot erklärt. Wir wissen nicht, ob er, der seine Familie auch nach dem Tode auf eigenem Grund und Boden vereint haben wollte, überhaupt ein Grab gefunden hat, und

Mein Vater.
Aufgenommen um 1935.

Meine Eltern mit ihrer Jüngsten, Eva-Maria.
Aufgenommen um 1935.

wenn, dann wo? Oma Auguste Meiser starb am 12. Mai 1946, 88-jährig in einem Altersheim in Angermünde an Altersschwäche, bevor wir sie nach Bayern holen konnten.

„De Meiser mott e dorch un dorch tofrädener Mensch sin", hat unser Nachbar August Schmidt einmal zu seiner Frau Lina gesagt (Der Meiser muss ein durch und durch zufriedener Mensch sein). Auf ihre Frage „Warum?" erzählte er, dass er meinen Vater singend bei der Feldarbeit beobachtet hatte. Er ging hinter der Egge her und sang: „Ich bin so gern, so gern daheim, daheim in meiner stillen Klause … das liebe, gute Wort Zuhause." Dann kommen mehrere Strophen, deren Text mir entfallen ist, bis zu der Stelle (Refrain?) „Ein trautes Weib, ein herzig Kind, das ist mein Himmel auf Erden. Du guter Gott erhalte lang, mir diesen Himmel auf Erden." Was der liebe Gott, wie wir wissen, jedoch nicht tat. Aus dem erbetenen Himmel machte der Zweite Weltkrieg eine Hölle.

Ich hörte meinen Vater öfters singen, besonders wenn er sich unbeobachtet fühlte. So sang er auch das Lied vom guten Kameraden von Ludwig Uhland. „Ich hat einen Kameraden, einen bessern find'st du nicht. Die Trommel schlug zum Streite, er ging an meiner Seite im gleichen Schritt und Tritt. Eine Kugel kam geflogen, gilt sie mir oder gilt sie dir? Ihn hat es weggerissen, er liegt zu meinen Füßen, als wär's ein Stück von mir. Will mir die Hand noch reichen, derweil ich eben lad. Kann dir die Hand nicht geben, bleib du am ew'gen Leben, mein guter Kamerad!" Dabei hing er wohl seinen Kriegserinnerungen aus dem Ersten Weltkrieg nach? Als ich größer war, machte ich mir über Vatis Lieder Gedanken, denn sie hatten inhaltlich doch viel Ähnlichkeit miteinander. Woran dachte er, wenn er „Reiters Morgenlied" sang? „Morgenrot, Morgenrot, leuchtest mir zum frühen Tod. Bald wird die Trompete blasen, dann muss ich mein Leben lassen, ich und mancher Kamerad." Weilten seine Gedanken dabei in der Vergangenheit, den Erlebnissen im Ersten Weltkrieg, oder blickte er voraus und ahnte, was auf ihn zukommt?

An den Sonntagen ging unser Papa mit uns, seinen drei Töchtern, am Vormittag gerne spazieren. Dabei schlug er solch ein

Tempo ein, dass wir Kinder laufen mussten. Damals hatten wir noch zwei Hofhunde. Den Schäferhund Lux und den Wolfshund Rolf. Beide wurden von ihren Ketten befreit und durften mit. Sie nutzten ihre Freiheit aus und tobten über die Felder. Papa warf dann seinen Spazierstock weit weg und die Hunde hechelten hinterher, um ihn wieder zu bringen. Wenn sie angekettet waren, kläfften sie sich ständig an, was sehr störend war. Als dann Rolf wegen Altersschwäche ausschied, wurde kein Nachfolger angeschafft. Nach Lux folgte dann die Bernhardinerhündin Cora, die einmal elf Junge warf. Gedeckt wurde sie von Cäsar, einem stattlichen Bernhardinerrüden, den der Landwirt Otto Schmidt in unserem Dorf als Hofhund hatte. Alle wurden aufgezogen und verkauft oder verschenkt. Das kleinste Schudelchen (junges Hundchen) war am niedlichsten und mein Vater nannte es „Fräuleinchen". Natürlich konnte Cora ihre Kinderschar nicht alleine ernähren und es musste tüchtig zugefüttert werden. Vor den Kleinen war nichts sicher. Hühner, Gänse, Puten und Katzen mussten flüchten. Wehe, es ließ jemand seine Schuhe auf dem Hof stehen! Entweder fand er sie gar nicht oder zerfleddert wieder.

In der Nähe der Hundehütten war ein großer Holzhaufen mit allem, was dazu gehört, Sägebock und Hackstock mit Säge, Axt und Beil. Aus Baumstämmen, die schön gerade gewachsen waren und nicht so viele Äste hatten, ließ mein Vater Bretter sägen. Er brauchte sie unter anderem für Reparaturarbeiten an der Scheune oder zum Zimmern von Kisten, wie wir sie letztendlich 1944 für unser Fluchtgepäck benötigten oder für Kästen, die wir mit Wertgegenständen gefüllt, im Gemüse- und Obstgarten vergruben. Auch die Mehlkästen, die auf der Lucht (Dachboden des Wohnhauses) oder auf dem Speicher über dem Stall standen, waren aus Brettern zusammengenagelt, genauso wie die Kästen in der Futterkammer für Getreide, Häcksel und Schrot.

Bevor mein Vater die Baumstämme zum Bretterschneiden in die Sägemühle fuhr, wurden sie auf dem Hof, neben dem Holzhaufen geschält, das heißt die Rinde entfernt. Diese wurde getrocknet und verheizt. Die Borke war so harzig, dass sie sich gut zum Feuermachen eignete. Neben dem Holzhaufen stand unsere transportable Schaukel (Wippe). Über ein Stück eines dicken Baumstammes wurde ein langes Brett gelegt, meine Schwester und ich setzten uns je auf ein Ende des Brettes und dann ging das Wippen auf und nieder los. Es war ein primitives Spielzeug, erfüllte aber seinen Zweck und kostete nichts. Heute werden solche Schaukeln industriell hergestellt und man findet sie auf jedem Kinderspielplatz.

Bei den sonntäglichen Spaziergängen sang mein Vater auch andere Lieder aus seinem Repertoire. So zum Beispiel „Lippe Detmold, eine wunderschöne Stadt, darinnen ein Soldat. Doch er muss marschieren in den Krieg, doch er muss marschieren in den Krieg, wo die Kanonen stehn, wo die Kanonen stehn." Auf unsere neugierige Frage: „Wo liegt denn Lippe Detmold?" bekamen wir zur Antwort: „Kinderchen, da kommt ihr niemals hin, das ist weit, weit weg, am Teutoburger Wald." Nie im Leben hätten er oder wir daran gedacht, dass es einen Zweiten Weltkrieg geben würde, der uns in den Westen vertreibt und wir durch diese traurigen Umstände die Möglichkeit haben würden, Detmold zu sehen.

Mein Vater lebte nach dem Motto „Arbeit adelt" und verachtete alle, die der Meinung waren, „Arbeit schändet den Ruf". Er war äußerst fleißig und erwartete das auch von seinen Arbeitern und von seiner Familie. Er konnte gar nicht langsam gehen, er war ständig im Trapp. Wenn er über den Hof ging, bückte er sich nach jedem Strohhalm, alles war blitzsauber. Genauso sauber wie sein Hof waren auch die Felder. Im Frühjahr schwärmten wir alle mit Eimern aus, um Steine auf den Äckern zu sammeln, die wir auf die Grenze (Ackerrain) schütteten und die dann später mit einem Wagen weggefahren wurden. Dann folgte das Klieterkloppen. Dabei waren wir mit großen, langstieligen Holzhämmern bewaffnet und zerschlugen die harten Lehmbatzen (Klieter), die auf dem Acker lagen. Klieter gab es nur auf feuchten Feldern. Soweit es nötig war, ließ mein Vater diese Parzellen drainieren. Herr Gallinat, der alte Gallinat genannt, aus Kaseleken (Neumagdeburg) hatte sich auf diese Arbeit spezialisiert.

Er hob die schmalen Schächte aus und legte die Abzugsrohre für die Entwässerung rein. Getreide wurde teils im Herbst und teils im Frühling gesät und zwar wurden die Samenkörner mit einer Drillmaschine in den vorbereiteten Ackerboden gebracht. Roggen, Wintergerste und Winterweizen wurden im Herbst gedrillt, Hafer, Sommerweizen, Sommergerste und Mengsel im Frühjahr. Letzteres war ein Gemenge aus Hafer und Gerste. Gedüngt wurde nach Bedarf sowohl mit Naturdünger, Stalldung als auch mit Kunstdünger.

Nachdem sich die sehr viel früher bestehende Dreifelderwirtschaft anscheinend nicht bewährt hatte, wurde das Land nach dem Prinzip der Fünffelderwirtschaft bebaut. Das heißt Hackfrüchte, verschiedene Getreidearten und Klee wechselten sich in der festgelegten Reihenfolge ab. Bei der Hafersaat wurde Kleesamen beigemengt und wenn das Getreide abgeerntet war, blieb der Klee ein Jahr lang stehen. Das Feld wurde nicht umgepflügt und es wurde kein neues Getreide angesät, es durfte ein Jahr lang ruhen. Selbstverständlich wurde der Klee gemäht und als Grünfutter verwendet oder getrocknet. Ich denke, dieses Feld war die Nachfolge des sogenannten Brachlandes. Der gemähte Klee wurde auf sogenannten Reitern getrocknet. Das waren aus Holzstangen bestehende Gestelle, auf die der grüne Klee gelegt wurde. So kam er nicht mit dem feuchten Boden in Berührung und konnte an der Luft trocknen.

Wenn die Saat aufging und auch das Unkraut spross, wurden Disteln gestochen. Jeder hatte eine Stange, an deren unterem Ende sich ein spitz zulaufendes, kleines Schäufelchen befand, mit dem man das Unkraut möglichst tief an der Wurzel ausstach. Während vor Ausbruch des Zweiten Weltkrieges das Landheer in Ostpreußen Manöver abhielt, übte auch die Luftwaffe. Es herrschte reger Flugverkehr und das oft in geringer Höhe. Als mein Vater einmal mit den Leuten auf dem Feld bei der Arbeit war, zielte er spaßeshalber mit dem Distelstecher nach einem Flieger. Das muss man wohl von oben gesehen haben. Das Flugzeug kam im Tiefflug runter und brauste über unsere Felder hinweg, dass meinem Vater die Mütze vom Kopf flog. Das war ihm eine

Lehre. Zuweilen ließ sich auch der Zeppelin, den Ferdinand Graf von Zeppelin (1838-1917) entwickelt hatte, über Ostpreußen blicken. Vielleicht wollte man durch diesen Flug die Zugehörigkeit der durch den Polnischen Korridor abgetrennten Provinz zum Deutschen Reich demonstrieren.

Papa konnte auch sehr streng sein, aber hinter der rauen Schale verbarg sich ein weicher Kern mit viel Zärtlichkeit. „Min Fruke" (mein Frauchen), sagte er oft scherzend zu meiner Mutter.

Wir drei Mädchen waren seine Engelchen und er tat alles, was nur möglich war für uns. So hatte er an der Wohnzimmerdecke eine Schaukel montiert, die aus zwei Seilen bestand, zu denen zwei Ringe, ein Brett zum Schaukeln und eine Stange gehörten, an der wir Auf- und Abschwung machen konnten. Das Gerät war so angebracht, dass wir beim Schaukeln durch die geöffnete Tür bis ins Elternschlafzimmer fliegen konnten. Beim Essen achtete er streng darauf, dass wir den Teller leer aßen. Zweimal in der Woche, meistens am Dienstag und Freitag, gab es Eintopf. Wir waren ja fast ausschließlich Selbstversorger. Fleisch und Gemüse waren immer da. Weißkrauteintopf mochte ich nicht, weil er immer so stark gepfeffert war. Reissuppe schmeckte mir nicht, weil Mutti für meinen Geschmack zu viel Sellerie reintat – das konnte auch das beste Suppenhuhn nicht wettmachen. Ich sehe mich noch vor dem gefüllten Teller sitzen, in den buchstäblich die Tränen tropften. Aber es half alles nichts, ich musste ausessen. In meinem späteren und jetzigen Leben kam mir das zugute, ich esse alles, auch Weißkraut mit Pfeffer und Reis mit Sellerie.

Mein Vater war ein sehr aufrechter und charakterfester Mann. Er gehörte nie in seinem Leben einer Partei an. Als einmal bei einer Wahl ein Dorfbewohner sein „Kreuz" bei den „Roten" gemacht hatte, gerieten alle in Aufruhr. Man wollte, dass mein Vater die verdächtige Person aufsucht, um sie zu überreden, das Kreuz zurückzunehmen. Ob das gegangen wäre und was daraus geworden ist, habe ich nie erfahren. Ich habe das als Jugendliche so nebenbei mitgekriegt.

Witzig fand und finde ich, wie sich Papa und unser Nachbar grüßten. Wenn sie sich begegneten, vermieden sie den „Deutschen Gruß“ (Heil Hitler). Sie erhoben aber den Arm und sagten „Heil Otto“ und „Heil August“. Als Steuererheber oblag meinem Vater der Einzug der verschiedenen Steuern, die nach Bekanntgabe an bestimmten Tagen bei ihm eingezahlt werden mussten. Dafür wurde ein Krawuhlzettel (muss wohl aus dem Litauischen stammen) in Umlauf gebracht. Er wurde von Hof zu Hof weitergereicht und musste jeweils abgezeichnet werden. Einmal kam ein Krawuhlzettel zurück und alle hatten bestätigt, ihn gelesen zu haben. Bei Herrn P. stand aber noch der Zusatz: „Gelesen, aber nicht verstanden.“ Es ist zum Lachen, der Ausdruck wird noch heute gelegentlich in meiner Familie benutzt. Beim Ausrechnen der fälligen Summen half ich immer meinem Vater, was mir großen Spaß machte. Die Steuerkasse bestand aus einer Zigarrenkiste, die nach dem Einzug der Steuern im Gewehrschrank, der im Herrenzimmer stand, eingeschlossen wurde. Mein Vater nahm sie nach dem plötzlichen Fluchtbefehl zunächst mit. Nach Rücksprache mit unserem damaligen Bürgermeister, Herrn Binsch, lieferte er das Geld bei der nächsten Steuerbehörde ab. Vati war ein gläubiger Mensch. Sein tägliches Gebet lautete: „Führe mich, o Herr und leite meinen Gang nach deinem Wort, sei und bleibe du auch heute mein Beschützer und mein Hort, nirgends als bei dir allein, kann nicht recht bewahret sein. Hab ich Unrecht heut’ getan, sieh es lieber Gott nicht an, deine Gnad’ und Jesu Blut, macht ja allen Schaden gut. Amen.“ Dann folgte das Vaterunser. Beide Gebete sprach er laut. Als ich mit meiner Familie im Frühjahr 1992 in Los Cristianos auf Teneriffa Urlaub machte, entdeckten wir eine schwedische Kirche, in der jeden Tag in einer anderen Sprache Andacht gehalten wurde. Eines Tages ging ich hinein und dachte meinen Ohren nicht zu trauen. Der Pfarrer sprach Vatis Gebet: „Führe mich o Herr“. Ich war tief beeindruckt, fühlte mich nach Kubillen versetzt und hörte meinen Vater wie vor 50 Jahren sein tägliches Gebet sprechen.

Zu seinen Morgengebeten gehörte regelmäßig: „Gott ich danke dir von Herzen, dass du mich in dieser Nacht vor Gefahr, Angst, Not und Schmerzen hast behütet und bewacht, dass des bösen Feindes List, mein nicht mächtig worden ist.“ An den

Sonntagen kam öfters Herr Schröder aus dem Dorf zu uns, um im Radio die evangelische Morgenandacht zu hören. Er war sehr religiös und beim Vaterunser erhob er sich immer von seinem Stuhl wie in der Kirche. Dadurch, dass wir die Sonntagspredigt immer im Rundfunk hörten, fuhren wir nicht so oft zum Gottesdienst nach Tollmingkehmen. Aber mindestens zweimal im Jahr nahmen wir dort am Abendmahl teil: am Karfreitag und zum Erntedankfest oder Totensonntag. Das Kirchdorf war sieben Kilometer von uns entfernt, und so war uns auch der Weg zu weit.

Als Kind habe ich mir keine großen Gedanken gemacht, wenn mein Vater am Abend des Öfteren sagte: „Wieder ein Tag näher dem Tod." Aber allem Anschein nach hat sich dieser Satz bei mir so eingeprägt, dass ich später, als ich erwachsen wurde, darüber nachdachte und heute noch daran denke. Er sagte es nur am Abend und wenn, dann nachdem er Gute Nacht gesagt hatte. Wie konnte er ruhig schlafen, wenn er solche Gedanken mit ins Bett nahm? Was veranlasste ihn zu so einem trübsinnigen Denken? Er war doch noch jung.

Wir waren der einzige Landwirt im Ort, der Stromanschluss hatte. Die anderen machten nicht mit. Einige hatten Angst, sie könnten eines Tages nicht mehr in der Lage sein, den laufenden finanziellen Belastungen standzuhalten und würden um Haus und Hof kommen. Meine Eltern waren sehr fortschrittlich und riskierten es. Ein guter Freund und entfernter Verwandter aus dem Nachbardorf Sodehnen erlaubte uns einen Anschluss an seine Stromversorgung und so ließ mein Vater eine circa zwei Kilometer lange private Hochspannungsleitung nach dort bauen. Es war eine kostspielige Angelegenheit. Die monatliche Stromrechnung zahlten wir dann jeweils an Onkel Fritz Reich. Ich nehme an, dass es da eine Art Zwischenzähler gab. Von einigen Bekannten wurde das Bauunternehmen skeptisch verfolgt. Oft wurde gefragt: „Na, knipst de Meiser scho?" (Na, knipst der Meiser schon?) Gemeint waren die Lichtschalter. Bis dahin war man ja auf Petroleum- oder Carbidlampen angewiesen. Und es ging ja nicht nur um Licht. Statt batteriebetriebenem Radio hatten wir nun einen großen „Telefunken“ mit magischem Auge, an Hand dessen man die Tonreinheit einstellen konnte. Eine Leitung führte zur Veranda, wo ein Lautsprecher stand, sodass wir auch dort Sendungen hören konnten. Meine Mutter konnte nun elektrisch bügeln und in der Küche stand ein elektrischer Herd, der zusätzlich zum damals üblichen Kohlenherd benutzt wurde. Auf dem Hof befand sich ein Mast mit einer Hoflampe, die den ganzen Platz ausleuchtete. Mit diesem Mast hatte ein Transformatorenhäuschen Verbindung, das uns mit Starkstrom versorgte. So stellte mein Vater alles nach und nach auf Elektrobetrieb um. Das Getreide wurde elektrisch gedroschen und ein Gebläse beförderte Stroh oder Heu an bestimmte Stellen. Manchmal verstopfte das große Rohr des Gebläses und mein Vater meinte, der Strom sei zu schwach. Dann mussten wir Kinder in das Rohr klettern und die Verstopfung beseitigen. Darin war es stockdunkel und wir empfanden den Einsatz immer als Abenteuer. Es gab auch eine Häckselmaschine und einen Trieur, das ist eine Maschine zum Reinigen des Getreides von Unkrautsamen, zum Beispiel Raden und Wicken. Auch zur Desinfizierung des Saatgutes wurde der Apparat benutzt.

Dann hatten wir noch einen Rübenschneider und eine Kartoffel-Waschmaschine, in der die Futterkartoffeln für die Schweine gewaschen wurden, bevor sie in der Futterküche in einem großen Kessel gekocht wurden.

Im Viehstall war eine elektrische Wasserpumpe. Aus einem Brunnen am Teich pumpte sie das Wasser in einen großen Kanister, der auf dem Heuboden unter dem Dach stand. Von diesem Behälter führten Wasserleitungen zu den Futterkrippen im Kuh-, Pferde- und Jungviehstall. So brauchte man zum Tränken der Tiere nur den Wasserhahn aufzudrehen. Übrigens entdeckte ich bei meinem zweiten Besuch unserer Hofstelle, im Sommer 2002, Reste des Brunnens, er war, ebenso wie der Teich, leer.

Die Knechtekammer bekam eine elektrische Heizung und sogar der Hühnerstall war beheizbar. In ihm wurde auch eine Zeitschaltuhr installiert, die im dunklen Winter frühmorgens das Licht anmachte, denn Hühner stehen bekanntlich gerne früh auf. Mein Vater war ein sehr ehrgeiziger Mensch. Egal worum es ging, er wollte immer der Erste und der Beste sein. Das betraf hauptsächlich die landwirtschaftlichen Arbeiten. Er musste es sein, der im Frühjahr zuerst mit dem Säen fertig war und im Sommer als Erster das Getreide mähte. Doch bevor damit begonnen wurde, sammelten wir Kinder das Mutterkorn ein. Das ist ein krankhafter Auswuchs in der Roggenähre, der durch einen Pilz verursacht wird. Er ist von schwarzvioletter Farbe, hart, und ragt hornähnlich bis zu 2,5 Zentimeter groß aus der Ähre heraus. Das Mutterkorn ist giftig und wird bei der Herstellung von Arzneimitteln gegen Gebärmutterblutungen eingesetzt. Meine Eltern lieferten die gesammelten Körner in einer Gumbinner Apotheke ab. Was sie dafür bekamen, entzieht sich meiner Kenntnis.

Nachdem Papa das Getreide auf Erntereife geprüft hatte, die Körner durften nicht zu weich sein, hieß es: „Morgen fangen wir an!“ Am Nachmittag davor wurden die Sensen gedengelt. Das heißt, die Schneide, das Sensenblatt, wurde auf einem Amboss mit dem Dengelhammer geklopft und dadurch dünner und schärfer gemacht. Dann wurde noch mit einem nassen Wetzstein nachgeschärft. Die Geräusche des Dengelns und Wetzens hörten sich wie Musik an und das war dann die Ouvertüre zur Getreideernte. Wenn die Sense während des Mähens stumpf wurde, musste nachgewetzt werden. Dafür trugen die Männer an einem Gürtel das Schluckerfass, einen mit Wasser gefüllten Behälter, in dem der Sensenschärfstein steckte. Als Schluckerfass diente oft ein Rinderhorn, das Kühe oder Ochsen abgeworfen hatten. Ich glaube, das Sensenwetzen auf dem Feld wurde als willkommene Gelegenheit angesehen, sich aus der gebückten Haltung einmal aufzurichten und in senkrechter Stellung etwas zu verschnaufen. Mein Vater sagte einmal über einen Arbeiter: „Der wetzt mehr, als er mäht.“ Wenn dann der Morgen gekommen war, an dem es losgehen sollte, wurde abgewartet, bis der Tau weg war und dann wurde „rumgemäht“, das heißt, es wurden bei dem betroffenen Feld ringsum drei bis vier Spuren (Schwaden) mit der Sense gemäht, damit die betreffende Maschine fahren konnte, ohne

Schaden anzurichten. Anfangs wurde mit der Grasmaschine gemäht, die das Getreide in Schwaden liegen ließ. Sie wurden aufgenommen und zu Garben gebunden. Die Nachfolgerin von der Grasmaschine war dann die „Flochtenmaschine“. Flochten sind Flügel, die das Mähgut in Portionen ablegten, deshalb nannte man das Gerät auch „Ableger“. Dabei hatte man einen Arbeitsgang erspart und die abgelegten Häufchen brauchten nur noch gebunden zu werden. Später kaufte mein Vater dann einen Getreidebinder, auch Selbstbinder genannt, der alle zuvor genannten Arbeitsgänge ersparte. Wie alle landwirtschaftlichen Maschinen bezog er auch diese beim Landmaschinenhandel Rau, Samelucken (Brückental). Der Binder war sehr kompliziert und verursachte anfangs oft Ärger, weil er ohne einen für uns ersichtlichen Grund stehen blieb. Nach Überwindung diverser Schwierigkeiten, sprich Kinderkrankheiten, klappte es dann, und wir brauchten die Garben zum Trocknen nur aufzustellen, indem je sechs bis acht Stück zu Hocken gruppiert wurden. Dann beeilte sich mein Vater, alles unter Dach und Fach zu bringen und im Herbst vor den anderen mit dem Dreschen fertig zu sein.

Die Drescharbeiten waren mir zuwider. Da das „Zureichen“ beim Dreschen die leichteste Arbeit war, musste ich diese oft übernehmen, das heißt, ich stand auf dem laut ratternden und vibrierenden Dreschkasten und musste die Bindeschnüre der mir zugestakten Garben aufschneiden und dem Einleger so hinlegen, dass er die lockeren Bündel mit den Ähren voraus in die dafür vorgesehene Öffnung der Maschine schieben konnte. Bei nicht gebundenem Getreide wie Gerste tat man sich leichter, es wurde mit der Forke (Gabel) zugereicht. Schlimm waren allerdings die Grannen, die durch die Kleidung krochen und einen fürchterlichen Juckreiz verursachten.

Wer beim Dreschen zum Strohtrampeln eingeteilt wurde, hatte Glück, meistens wurden die Kinder dazu abkommandiert. Wir mussten das gedroschene Stroh, das mittels Forke oder mit einem Gebläse in der Scheune in ein dafür bestimmtes Fach befördert wurde, festtreten. Es sollte möglichst viel in das

Strohfach hineingehen und wir sprangen wie die Wilden herum. Zwischendrin spähten wir durch die Ritzen der Bretterwände und beobachteten die Geschehnisse auf dem Hof.

Eine Scheune hatte außer dem Fundament keine massiven Mauern. Wegen der Be- und Entlüftung bestanden der Giebel und die Seitenwände aus Brettern, die von Zeit zu Zeit wegen der Haltbarkeit mit Carbolineum gestrichen wurden, worauf der ganze Hof wochenlang danach stank.

Im Dorf wurde mein Vater „der fislige Meiser" genannt. „Fislig" heißt allerdings auch nervös und das war mein Vater. Bei einer schweren Malariaerkrankung im Ersten Weltkrieg in Mazedonien hatte er sich ein nervöses Magenleiden zugezogen, das ihm besonders bei sommerlicher Hitze zu schaffen machte. Dann trank er immer Essig-Zuckerwasser, das uns Kindern auch schmeckte und so musste meine Mutter ständig für Nachschub sorgen. Wir hatten auf dem Hof einen Stangen-Ziehbrunnen, ein Steinbrunnen, der sehr kühles, schmackhaftes Wasser enthielt.

An den Wochenenden oder nach Feierabend kam auch mein Vater zur Ruhe und las die Preußisch-Litauische Zeitung, die im Jahre 1824 in Königsberg erstmals erschien. Sie wurde durch den Briefträger zugestellt, was beispielsweise 1934 monatlich 2,16 RM kostete. Mit großem Interesse las er auch die „Georgine", ein landwirtschaftliches Blatt, das 1824 erstmals erschien und als älteste deutsche landwirtschaftliche Zeitung galt. Von der Preußisch-Litauischen Zeitung besitze ich die Kopie eines Exemplars, das anlässlich der 200-Jahrfeier der Salzburger in Gumbinnen im Jahre 1932 gedruckt wurde. Wir nahmen damals an dieser Feier teil, weil unsere Vorfahren aus Salzburg stammen sollen. Sie wurden ihres protestantischen Glaubens wegen von dem Erzbischof Graf Firmian 1731/32 aus ihrer Heimat vertrieben und von Friedrich Wilhelm I. (regierte von 1713-1740) aufgenommen und hauptsächlich in Ostpreußen angesiedelt. Wegen seiner Vorliebe für die Armee wurde er auch „Soldatenkönig" genannt. In Gumbinnen stand vor der alten Regierung ein Denkmal des Stadtgründers. Der Granitsockel trug die Inschrift: „Friedrich Wilhelm I., Lithauens Wiederhersteller, Gumbinnens

Gründer. Zur hundertjährigen Feier verheißen 1824, errichtet 1835 von Friedrich Wilhelm III. (1797-1840)".

Ich bin eine geborene Meiser und meine Vorfahren stammen aus dem Salzburger Land. Es soll dort sogar eine Meiserhütte geben und meine Tante Gertrud Meiser, die in Oberbayern lebte, hat sie einmal aufgesucht und schickte uns noch vor der Flucht eine Ansichtskarte nach Ostpreußen. Übrigens gab es in Gumbinnen auch eine Meiserstraße. Ein Meiser war bis 1892 Bürgermeister der Stadt Gumbinnen. Auch in München gibt es eine Straße, die nach meinem Geburtsnamen benannt ist.

Salzburger

Salzburg, du meiner Väter schönes Land,
voll hoher Berge und voll dunkler Wälder,
einst tauschten sie es ein für Meer und Strand,
für klare Seen und für weite Felder.
Aus Salzburg hat man sie dereinst vertrieben,
lang, ewig lange ist es nun schon her,
kaum einer unter ihnen ist geblieben,
nordostwärts wälzte sich ein graues Heer.
Fast alle waren damals fleiß'ge Bauern,
die ihres Glaubens wegen mussten fort,
die eigne Scholle, die vertrauten Mauern
verließen sie und ließen vieles dort.
Der Preußenkönig hatte sie gerufen,
er ihnen eine neue Heimat bot,
so ließen sie zurück die eignen Hufen,
im Osten fanden Arbeit sie und Brot.
Sie hielten treu und fest zu ihrem Glauben
und die Vertreibung nahmen sie in Kauf
und tat man ihnen auch die Heimat rauben,
der Glaube richtete sie wieder auf.
(Edeltraut Wagner, geb. Meiser)

Preußisch-Litauische Zeitung

Gumbinner Zeitung und Anzeiger

Weitverbreitete Tages-Zeitung Ostpreußens

Mit den Beilagen: Aerztliche Rundschau, Am Pflug, Die Frau und ihre Welt, Haus und Hof, Mode, Unterhaltungsblatt

Nr. 143. 121. Jahrgang | Gumbinnen, Dienstag, den 21. Juni 1932 | Größte Auflage

Für Glaubenstreue und Väterart

Ueberaus eindrucksvoller Verlauf der Salzburger 200-Jahrfeier

Eröffnung der städtischen Salzburger-Ausstellung

Gedächtnisfeier in der Friedrichsschule

Der Fest- und Begrüßungsabend

Zeitungsartikel der

Preußisch-Litauischen Zeitung

Gumbinner Zeitung und Anzeiger vom 21. Juni 1932 über die

200-Jahrfeier der Salzburger Immigranten.

Wenn ich zurückdenke, mochte ich es gerne, wenn mein Vater rauchte. Es war für mich der Ausdruck von Friedlichkeit und Gemütlichkeit. Ein Kistchen mit Zigarren war immer im Haus. Wenn Besuch kam, war es selbstverständlich, dass geraucht wurde. Ansonsten rauchte mein Vater gelegentlich nach Feierabend oder am Sonntag. Ich mochte den Zigarrenrauch und wenn später, als ich verheiratet war, mein Mann sich hie und da einen Zigarillo anzündete, freute ich mich und ich erzählte ihm, wie sehr mich der Tabakduft an daheim und meinen Vati erinnerte.

In regelmäßigen Abständen fuhr mein Vater mit dem Pferdewagen in die 20 Kilometer entfernt gelegene Stadt Gumbinnen, wo er im Herbst, nach dem Dreschen, bei der An- und Verkaufsgenossenschaft das Getreide ablieferte. Andere Bauern im Dorf erledigten das im nahe gelegenen Tollmingen. Wegen der ungünstigen Lage unseres Hofes, unter anderem auch bedingt durch die vielen Überschwemmungen unseres Flusses Heidewasser, mussten wir den weiten Weg nach Gumbinnen nehmen. Wenn mein Vater im Winter von einer Fahrt nach Gumbinnen durchgefroren heimkam, hat er abends seine Füße „gebehnt", er nahm ein heißes Fußbad.

Zeitungslesend saß er dann da und ließ immer wieder kochendes Wasser nachgießen. Er nannte das „Füße brühen" und meinte, man müsste bei so einer sibirischen Kälte von unten und oben einheizen und trank einen steifen Grog dazu. Es hieß „Rum muss, Zucker kann, Wasser muss nicht!"

Auf dem Weg in die Stadt gab mein Vater nach Bedarf in der Mühle Krieg, in Kulligkehmen Getreide ab und brachte auf der Heimfahrt das Mehl mit. Für Futterzwecke hatten wir auf dem Speicher eine elektrische Mühle stehen, mit der mein Vater in kriegsbedingten Notzeiten auch Weizengries herstellte, was allerdings nicht gestattet war. Ansonsten wurde Hafer oder Gerste für das Vieh geschrotet. Auch die Gänsekeilchen entstanden aus diesen Zutaten. Das waren fingerdicke, circa fünf Zentimeter lange Nudeln, mit denen im Herbst die Mastgänse gestopft wurden. Die Grundlage dafür war ein Teig aus Gerstenschrot und kochendem Wasser. In einem großen Holztrog wurde die Masse durchgeknetet, zu Kugeln geformt und durch die Fleischmaschine mit Rohransatz gedreht. Die „Würste" wurden in fünf Zentimeter lange Stücke geschnitten und mit den Händen auf der Tischplatte glattgerollt. Dabei wurden die Enden der Keilchen angestupst, das heißt leicht abgerundet, sodass die scharfe Schnittkante verschwand. Dann wurden sie auf dem Speicher zum Trocknen ausgebreitet. Vier-, fünfmal wurden dann die Gänse damit gestopft. Natürlich wehrten sich die armen Tiere, indem sie zubissen und der Zeigefinger entsprechende Wunden aufwies, in welche die spitzen Zähne immer wieder trafen. Zum Schutz zogen wir Gummischnuller drüber, aber auch die waren bald kaputt. Es war eine unangenehme Angelegenheit für Mensch und Tier, die ich als Tierquälerei empfand. Gottlob wurde sie dann als solche von den Behörden verboten.

Manchmal durften wir Kinder mit unserem Papa nach Gumbinnen mitfahren. Er kehrte dann bei Storbeck oder Franz Schindelmeiser, Goldaper Straße 2, ein. Dort wurden die Pferde von einem Kutscher ausgespannt, in Buchten (Boxen) geführt und gefüttert und getränkt. Wir gingen indessen in die Stadt, um Einkäufe zu tätigen oder einen Arzt aufzusuchen. Zum Beispiel die Internistenpraxis von Dr. Arnold Wisselinck oder in die Privatklinik Dr. Emil Wittmoser. Mein Zahnarzt war der Dentist Walter Weißenborn, Hindenburgstraße 4. Wenn meine Mutter mit meiner Schwester Sigrid einen Termin beim Augenarzt hatte, ich glaube es war die Praxis Dr. Walter Küsel, Wilhelmstraße 7, ging ich gerne mit. Das große Aquarium mit Schleierschwänzen, das im Wartezimmer stand, übte eine große Anziehungskraft auf uns aus. Leider war der Weg nach Gumbinnen sehr weit. Ich erinnere mich noch daran, wie mein Vater meine Mutter, bei der schon die Wehen eingesetzt hatten, zur Entbindung meiner jüngsten Schwester in die 20 Kilometer entfernte Privatklinik Dr. Wittmoser fuhr. Das waren zwei Stunden riskante Fahrzeit. Unsere näher gelegenen Ärzte waren in Tollmingen, hier hatten wir nur sieben Kilometer zu fahren. Es war der Allgemeinarzt Dr. Götte und der Dentist Roloff. Eine Entbindungsstation gab es dort nicht, nur die Hebamme Frau Pilischewski. Bei unseren Stadtbesuchen in Gumbinnen war am schönsten die Einkehr im Gasthaus. Mein Vater spendierte Wiener Würstchen. Er trank ein Bier dazu und wir Kinder bekamen Limonade oder Apfelsaft. Es ging dabei oft lustig zu, wenn mein Vater spaßhaft sagte: „Kinderchen, esst viel Mostrich (Senf), der ist umsonst!“ Wenn er danach abschließend einen Bärenfang (Meschkinnes) bestellte, nahm das Kichern kein Ende, wir amüsierten uns über den Namen und fragten Papa, ob er anschließend Bären fangen geht. Ein Höhepunkt in Gumbinnen war es, wenn wir fertige Fotos aus der Drogerie Oliver abholen konnten. Wir besaßen eine Agfa-Box, mit der eifrig geknipst wurde. Den Apparat hatten wir durch eine Aktion der Firma Agfa erworben. Wer vier Reichsmarkstücke mit der Prägung A, G, F, A hatte, bekam eine Agfa-Box. Es war ein ziemlich unhandlicher Kasten. Der Film mit acht Bildern lief auf einer Holzspule. Meinen ersten Fotoapparat nach dem Zweiten Weltkrieg und nach der Flucht erwarb ich etwa 1950 in München, es war eine Agfa-Box, sie ist noch heute in meinem Besitz.

Natürlich fuhren meine Eltern auch ohne uns in die Stadt. Ihre Abwesenheit nutzten wir aus, um in der Wohnung rumzukramen. Wir fanden die versteckte Hochzeitszeitung unserer Eltern, verbotene Briefe und lasen wissbegierig in dem bebilderten Arztbuch, bis uns schlecht wurde. Als ich das erste Mal die Abbildung eines menschlichen Körpers mit seinem Innenleben sah, bin ich beinahe in Ohnmacht gefallen.

Gegen Abend konnten wir dann die Heimkehr von Mutti und Papa kaum erwarten. Wir stiegen auf den Staketenzaun oder auf einen der Kirschbäume, die den ganzen Garten umsäumten und hielten Ausschau in Richtung Heinsort (Sodehnen). Das war unser Nachbardorf und Postort, der auf dem Weg nach Gumbinnen lag. Gleich nach der Begrüßung wurde ausgepackt. Eine Tüte mit Bruchschokolade war immer dabei. Zum Abendessen kam dann meistens ein Ring Brühwurst (Jagdwurst) in den Kochtopf und wurde heiß gemacht. Sie war mit Knoblauch gewürzt, der uns fremd war, weil meine Mutter ihn in unserem Gemüsegarten nicht anbaute. Wurst wurde übrigens ganz selten gekauft, mit Ausnahme von Weihnachten, da gab es oft Rohsalami, ebenfalls mit Knoblauchgeschmack. Ansonsten bestand die Versorgung fast ausnahmslos aus Hausschlachtungen. Zu den Gumbinner Leckerbissen gehörten auch Bücklinge, die es im Dorf nicht zu kaufen gab. Als Ersatz dafür räucherte Mutti gewässerte Salzheringe. Wenn Vati alleine in die Stadt fuhr, gab Mutti ihm belegte Brote mit, von denen er meistens einen Teil wieder heimbrachte. Das nannte er „Hoaskebrot", weil die Hasen unterwegs daran geknabbert hatten. Es war also etwas Besonderes und wir Kinder aßen es mit großem Appetit.

Da mein Vater ein sehr korrekter Mensch war, konnte er sich auch über Kleinigkeiten ärgern. Lange Zeit stand bei uns der Zuchtbulle „Lude" im Stall. Es gab eine Bullenhaltungsgenossenschaft und der gekörte (geprüfte, für die Zucht geeignete) Zuchtbulle wurde in Insterburg auf einer Bullenauktion gekauft. Wir Kinder fürchteten uns vor dem massigen, böse schnaubenden und oft wild stampfenden Koloss. Jedoch hatten auch die Erwachsenen vor ihm Respekt. „Lude" trug in der Nase einen Ring, an den mit einem Karabinerhaken eine Stange eingehängt wurde, an der der Bulle mit entsprechendem Abstand von Mensch zu Tier nach Bedarf aus dem Stall geführt wurde. Das war der Fall, wenn die anderen Bauern ihre Kühe zum Decken brachten. Als Mitglieder des Vereins waren sie laut Unterschrift dazu verpflichtet, denn alle Tiere waren im Zuchtbuchregister „Schwarzweißes Fleckvieh" eingetragen. Als meinem Vater zu Ohren kam, dass ein Bauer aus dem Dorf, vermutlich aus Kostengründen oder aus Bequemlichkeit „schwarz" einen Stier aus eigener Zucht in seinem Stall hielt, gab es Ärger. Nach längeren Debatten lehnte es mein Vater ab, fortan den gekörten Zuchtbullen in seinem Stall stehen zu haben.

Der Ärger vor Weihnachten war sozusagen vorprogrammiert. Alljährlich verschwanden aus unserer Tannenschonung Bäume. Mein Vater hatte sie an einem steilen Hang, der sich wegen seiner ungünstigen Lage schlecht bearbeiten ließ und sich deshalb für andere Kulturen nicht eignete, angepflanzt. Hier ging regelmäßig der Weihnachtsbaum-Klau um. Meine Mutter konnte Vati nur mit Mühe davon abhalten, vor dem Fest nachts in der Schonung Wache zu halten. Erstens wäre es viel zu gefährlich gewesen, wenn mein Vater den Dieb erwischt hätte und zweitens waren die ostpreußischen Winter mit bis zu 30 Grad Frost viel zu kalt, um Nächte in der freien Natur zu verbringen.

Im Winter richteten oft Marder, Iltisse (Ilskes) und Wiesel Schäden in den Hühnerställen an. Sie bissen dem Geflügel der Reihe nach den Hals durch und saugten das Blut aus. Mein Vater versuchte, die kleinen Raubtiere zu fangen, indem er auf dem Hof Marder- und Iltisfallen aufstellte. Die „Ilskefall" in Pillau war übrigens eine weltbekannte Seemannskneipe. Wenn ein Pelztier in die Falle ging, tat er es in einen Sack und lieferte es in Gumbinnen bei einem Kürschner ab. Wenn mein Vater Glück hatte, bekam er 20 RM dafür, aber oft hatte der Fachmann an der Qualität des Pelzes etwas auszusetzen und handelte den Preis runter. Die brauchbaren Felle wurden gegerbt und verarbeitet. So entstanden aus mehreren Fellen Capes und aus einem einzelnen Fell ein sogenannter Würger, der den Hals wärmen sollte und so aussah, als ob sich der Marder in den eigenen Schwanz beißt. Ich besaß so etwas nie.

In der Schonung wuchsen im Sommer die schönsten Walderdbeeren. Wir Schwestern schwärmten dann mit kleinen Eimerchen in der Hand aus, um die aromatischen Früchte einzusammeln. Wenn die Gefäße voll waren, fädelten wir die süßen Beeren auf lange Grashalme auf. Daheim wurden sie dann mit Zucker und Milch, manchmal auch mit Sahne, verkasematuckelt (verzehrt). Die ganze Familie nahm an dem Schmaus teil.

In den letzten Kriegsjahren fanden wir in der Schonung ein menschliches Lager. Ganz offensichtlich hatte sich dort ein entwichener Kriegsgefangener versteckt. Erst später erfuhren wir, dass die Russen auch Partisanen abgesetzt hatten, und in welcher Gefahr wir uns beim Erdbeeren sammeln befanden. In dieser Zeit kam es auch vor, dass Kühe, die nachts auf der Weide blieben, morgens bereits gemolken waren. Nach dieser Entdeckung verbot uns Vati dort nach Beeren zu suchen. Fuchtig (ärgerlich) wurde mein Vater auch, wenn er im Sommer feststellen musste, dass der Ventras (Reuse) in der Drum, einem kleinen Bach, der zum Fluss Schwentaine führte, von Fremden geleert war. Ein armer Familienvater stand unter Verdacht, und so mischte sich Ärger mit Mitleid. Vermutlich war es der Mann, der alljährlich vor Weihnachten ein Tannenbäumchen in unserer Schonung fällte.

Papa ging nicht auf die Jagd, er hatte sie an den Gutsbesitzer Rothe, Samoninen, verpachtet. Dieser wiederum hatte sie an Gallinat, Neumagdeburg unterverpachtet. Wenn im Winter Treibjagden auf Fuchs und Hase stattfanden, mussten wir Kinder vorsichtshalber im Haus bleiben und hörten aus der Ferne, wie die Treiber „Hasopp, Hasopp“ riefen, um die Häschen aufzuscheuchen.

Zwei Waffen standen im Gewehrschrank des Herrenzimmers. Ein Jagdgewehr und ein Tesching (Flobert), Kleinkalibergewehr. Anfangs hatten wir die Waffen auf der Flucht dabei. Bevor wir unser Quartier im Kreis Rössel verlassen und weiterflüchten mussten, versteckten wir im Januar 1945 die Gewehre in einem Getreidefach in der Scheune des Gutshofes, der ebenfalls geräumt wurde.

Mit Schrotpatronen schoss mein Vater manchmal auf Spatzen, die sich auf dem Hof um das Hühnerfutter balgten. In den letzten Kriegsjahren, als fast alle deutschen Arbeiter zur Wehrmacht eingezogen waren, hatte man uns außer dem Polen Waclaw noch zwei Franzosen zugeeilt. Für Pierre und Josef waren die Spatzen ein willkommenes Zubrot. Sie wurden gerupft, ausgenommen und gebraten. „Delikatesse, Delikatesse“, riefen sie mit verzückten Augen und luden uns ein, mitzuessen. Doch wir hatten keinen Appetit auf die kleinen Vögel und lehnten dankend ab.

Wenn sich ein fremder Differt (Täuberich) auf dem Scheunendach niederließ, schoss Papa auch ihn ab. Wenn wir ihn daran hindern wollten, sagte er, dass unsere Nachbarn das auch täten.

Krankheit ist Einbildung, pflegte mein Vater zu sagen. Diese Einstellung wurde ihm einmal beinahe zum Verhängnis. Soweit ich mich erinnern kann, war es im Spätherbst 1933, als Papa an einer Blinddarmentzündung erkrankte. Mit schmerzverzerrtem Gesicht half er in der Küche beim Gänseschlachten. Mutti redete auf ihn ein, er solle zum Arzt gehen. Als er es wohl vor Schmerzen nicht mehr aushielt, ließ er sich nach Gumbinnen zur Privatklinik Dr. Emil Wittmoser fahren. Dort war er nicht mehr in der Lage, sich auszuziehen. Frau Meindel, die resolute rechte Hand des Chefarztes, dem die Klinik gehörte, war ihm behilflich und ließ ihn sofort in den Operationssaal schaffen. Dr. Wittmoser griff augenblicklich zum Skalpell und wie er später berichtete, spritzte der Eiter bis zur Decke. Der Blinddarm war vereitert und geplatzt und der ganze Bauchraum war damit gefüllt. Mein Vater bekam eine eitrige Bauchfellentzündung. Acht Wochen lang lag unser Vati in der Klinik, wobei es in der ersten Zeit um Leben und Tod ging. In diesen schweren Wochen musste meine Mutter ihre Selbstständigkeit beweisen. Ich war damals ungefähr zehn Jahre alt, aber ich kann mich noch gut erinnern, wie mein Vater nach der Heimkehr aus der Klinik sein „Fruke" lobte. Mutti hatte während seiner Abwesenheit sogar einen Mastochsen verkauft, was schon vor der Krankheit meines Vaters geplant war. Ich weiß noch, dass Viehhändler Pest, es waren Vater und Sohn, mehrmals auf unsrem Hof war, bis man sich handelseinig wurde. Auch andere Kopscheller (Händler) kamen und wollten sich gegenseitig überbieten, aber den Zuschlag bekam Herr Pest aus Kiaunen. Natürlich besuchte Mutti unseren Vati öfters in der Klinik, aber eine Wegstrecke nach Gumbinnen betrug 20 Kilometer, und es verging jedes Mal ein halber Tag, bis sie wieder heimkam. Manchmal durften auch Sigrid oder ich mitfahren, aber Kinder unter sechs Jahren durften nicht zu ihm ins Krankenzimmer. Acht Wochen lang suchte meine jüngste Schwester, damals 2-jährig, ihren geliebten Papa in seinem Bett im elterlichen Schlafzimmer vergebens. Umso größer war dann die Freude, als er endlich wieder im Haus war. „De Meiser es e halver Russ", hieß es damals (Der Meiser ist ein halber Russe). Sie galten als besonders widerstandsfähig, zäh und genügsam. Im Krieg ging die Runde, dass die russischen Soldaten bei ihren

Fronteinsätzen als Verpflegung nur eine Rübe hatten, die sie an einer Schnur um den Hals gehängt hatten und bei Hunger daran nagten.

Wenn jemand aus unserem Umkreis krank war, egal ob Mensch oder Tier, sagte mein Vater oft nach der Gesundung: „Drei Tage war das Fröschlein krank, nun hüpft es wieder, Gott sei Dank." Wenn wir Kinder uns beim Spielen verletzt hatten und einen blutenden Kratzer an den Händen oder Beinen hatten, hieß es: „Da werden gleich die Därme rauskommen." Im Nachhinein finde ich so eine Äußerung furchtbar. Jedenfalls, solange wir das glaubten. Aber Vati fügte gleich immer tröstend hinzu „Bis du heiratest, ist das wieder verheilt."

Mein Vater konnte Städter nicht leiden. In seinen Augen waren sie Taugenichtse und Faulpelze. Mutti hatte zwei Brüder in Königsberg. Beide hatten höhere Schulbildung, der ältere Onkel Otto wurde Bahnbeamter, Onkel Max ergriff einen Ingenieurberuf. Sie lehnten die Übernahme des elterlichen Hofs ab, und stattdessen übernahm die ältere Schwester meiner Mutter, meine Patentante Erna, das landwirtschaftliche Anwesen. Diese Tatsache reichte, um bei meinem Vater die Abneigung gegen Städter zu verstärken.

Zur Zeit des Zweiten Weltkrieges, als Lebensmittelkarten eingeführt wurden, litt besonders die Stadtbevölkerung darunter. Da tauchte dann Onkel Otto, der ältere Bruder, öfters bei uns auf, um sich satt zu essen. Ich sehe ihn noch vor mir, wie er mit uns am gemeinsamen Mittagstisch saß und beim Anblick des üppigen Essens seine Hemdsärmel aufkrempelte und sagte: „Brenn rin, Kaschmarek!" (Hau rein, Kaschmarek). Da er die Ansicht meines Vaters kannte, war das undiplomatisch von ihm, er hätte es besser nicht sagen sollen, es wirkte auf Papa provozierend. Gegen Onkel Ottos Frau hegte mein Vater eine besondere Aversion. Sie war weltfremd, spielte die feine Dame und schaute geringschätzig auf die Landbevölkerung herab. Sie rauchte auch und das tat sie mit einer langen Zigarettenspitze à la Marlene Dietrich. Bei meiner Konfirmation erschien sie aufgetakelt wie eine alte Fregatte und wir Jugendlichen amüsierten uns über ihre unwahrscheinlich langen, roten Fingernägel. Mein Vetter ging der Sache auf den Grund und stellte fest, dass es künstliche Nägel waren, welche die komische Tante aufgeklebt hatte. Sie soll auch keine gute Hausfrau gewesen sein. Aber Klavierspielen konnte sie meisterhaft. Als meine jüngere Schwester konfirmiert wurde, bekam besagte Tante keine Einladung, mein Vater bestand darauf! Meine Mutter geriet dadurch in eine schwierige Situation. Ich merkte, dass sie deswegen traurig war und lange überlegte, wie sie die „Ausladung" formulieren sollte. Sie sprach mit mir darüber, aber ich war damals erst 15 Jahre alt und konnte ihr keinen brauchbaren Rat geben. Wie wir nach dem Zweiten Weltkrieg hörten, schaffte die Tante die Flucht aus Ostpreußen nicht. Wie so viele wurde sie aus Königsberg vertrieben und hauste zusammen mit ihrer alten Mutter in der Nähe von Tilsit in einem Schweinestall und beide sind dort elend verhungert.

Als Onkel Max, der jüngere Bruder meiner Mutter, uns in den Notzeiten einmal besuchte und fragte: „Habt ihr denn gar kein altes Suppenhuhn, das absolut keine Eier mehr legen will?", ließ mein Vater sich erweichen. Es wurde ein Huhn geschlachtet und ein paar Eier und ein Stück Butter dazu gepackt.

Einmal hatte mein Vater eine Parzelle Rotklee stehen lassen. Er sollte reifen, um Saatklee für das nächste Jahr zu liefern. Der Samen war für den eigenen Bedarf und auch zum Verkauf gedacht. Hier tummelten sich im Spätsommer die Schmetterlinge, um sich am Nektar, dem zuckerhaltigen Saft der Blüten, gütlich zu tun. Da gab es den „Großen Fuchs", das „Pfauenauge", den „Zitronenfalter", manchmal sogar den „Admiral" und viele andere mehr. Der Anblick verleitete uns Kinder zu einer Schmetterlingsjagd. Wir packten unsere Botanisiertrommeln samt Netzen und nichts wie rein ins Feld. Wie die Wilden sprangen wir herum und achteten nicht im Geringsten auf den in voller Blüte stehenden Klee, der in den Augen meines Vaters so kostbar war. Den ganzen Rotklee trampelten wir nieder, sodass es nicht mehr möglich war ihn zu mähen. Als mein Vater das feststellte, gab es ein fürchterliches Donnerwetter. Wir standen wie begossene Pudel da und waren sehr bedripst (betrübt). „Was habt ihr da wieder ausbaldowert (ausgedacht)?", schimpfte er und jeder bekam einen Klaps auf den Dups (Po). Alle 14 Tage fuhr mein Vater nach Pickeln, um nach Vorschrift des Eierwirtschaftsverbandes Ostpreußen bei der Annahmestelle bei Gastwirt Zeise Eier abzuliefern. Jeder Hühnerhalter hatte sein Soll zu erfüllen und die gesäuberten und gestempelten Eier bei der Sammelstelle abzugeben. Das Saubermachen der Eier war eine heikle Angelegenheit, sie wurden mit einem in Essigwasser getauchten Lappen abgerieben. Dabei musste man höllisch aufpassen, dass keines zerbrach, was nicht immer glückte. Meistens gab es an dem betreffenden Tag zu Mittag Rührei. Nach getaner Arbeit hatten wir immer ganz weiße Fingerspitzen, weil das Essigwasser die Haut ausgelaugt hatte. Wir bekamen vor dem Zweiten Weltkrieg pro Ei 8 bis 12 Pfennige. Bei der Eierablieferung wurde auch gleich eingekauft. Mutti gab jedes Mal einen Wunschzettel mit und außer Zucker, Reis, Streichhölzer, Waschpulver und Seife stand auch immer „für 10 Pfennig Hefe" drauf, die es damals nicht als 42-Gramm-Würfel abgepackt gab. Der Kolonialwarenhändler hatte einen großen Block davon, von welchem er mit einem Messer ein Stückchen abschnitt und in Pergamentpapier wickelte. Manchmal begleitete ich meinen Vater, denn ich war mit der ältesten Tochter Lenchen befreundet. Sie war auch im Sternkreis Löwe geboren, einen Tag jünger als ich und wir hatten viele Gemeinsamkeiten. So wie ich, hatte sie auch zwei jüngere Schwestern. Im Krieg hatten wir uns vorübergehend aus den Augen verloren, fanden uns aber nach der Flucht wieder. Leider hatte sie das Schicksal in den Norden Deutschlands verschlagen, während ich in Bayern gelandet war. Ich hatte meinen Vater verloren, während sie zusammen mit ihren Eltern und zwei Schwestern gemeinsam die Flucht überstanden hatte. Ihr Vater konnte beruflich als selbstständiger Kaufmann zunächst nicht mehr Fuß fassen und zog, bevor er ein Lebensmittelgeschäft übernahm, eine Zeitlang mit einem Bauchladen durch die Dörfer. Daheim galt die Familie als wohlhabend, denn Kolonialwarengeschäft, Gastwirtschaft, Tankstelle, Kohlenhandel und Landwirtschaft florierten. Doch nach der Flucht herrschte „Schmalhans Küchenmeister". Der Not gehorchend fing Frau Zeise Spatzen, die im Eintopf landeten. Zu ihrer kleinen Notwohnung, irgendwo an der Ostsee, gehörte eine offene Veranda. Hier streute sie Futter auf den Tisch um Sperlinge anzulocken. Schnell zog sie dann von außen den Vorhang zu und fing die kleinen Vögel. Als die Familie dann bei Tische saß, wunderte man sich, dass Fleisch in der Kohlsuppe war. Woher es stammte, verriet die Hausfrau erst nach dem Essen.

Mit Lena stand ich bis zu ihrem Tode in Briefwechsel. Sie hat mich sogar mit ihrer Familie zweimal in München besucht. Als Lehrerin war sie mit einem Kollegen verheiratet und übte trotz ihrer vier Söhne ihren Beruf aus. Die Ehe galt viele Jahre lang als glücklich, bis sie, wie so viele Verbindungen in die Krise geriet und Lenchen aus dem Leben schied.

In der Erziehung war mein Vater, und da waren sich meine Eltern einig, sehr streng. Fast alle Gasthäuser hatten einen Saal für Bälle, Theateraufführungen, Versammlungen, oder ähnliche Veranstaltungen. Mein Vater erlaubte es mir nie, zu so einem Ball zu gehen. Zu vorgerückter Stunde kam es im dörflichen Ballsaal schon mal zu Raufereien, die in Schlägereien ausarteten, wobei auch manchmal ein Messer eine Rolle spielte. Auch ins Kino durfte ich höchst selten gehen. Ich musste sowieso damit warten, bis meine jüngere Schwester so weit war, dass sie mitgehen konnte und wir somit zu zweit waren. Beim Bitten und Betteln um die Erlaubnis gab es oft Tränen. Als ich älter war, verstand ich die Besorgnis der Erwachsenen. Das nächste Kino war im Saal des Gasthauses Friedrich in Tollmingen. Vor allem der nächtliche Heimweg war doch bei vollkommener Dunkelheit sehr gefährlich. Bis zu unserem Dorf waren andere Jugendliche dabei, aber das letzte Stück des Weges ab dem Fluss, mussten wir alleine bewältigen. Kaum hatten wir die Schwentaine auf einem schmalen Steg überquert, eine Brücke gab es nicht, kam das nächste Hindernis. Nach der kleinen Gemeindewiese folgte ein Graben und wir mussten von unseren Fahrrädern absteigen. Das war für mich immer der schrecklichste Moment. Wenn wir diese Stelle hinter uns hatten, traten wir wie verrückt in die Pedale bis zu unserem Berg. Wegen der Steigung mussten wir wieder absteigen und unsere Drahtesel schieben. Aber dann kam Land in Sicht, wir sahen unseren Hof mit der leuchtenden Hoflampe, die mein Vater hatte brennen lassen und wir waren heilfroh, als wir das Tor hinter uns schließen konnten. In Abwandlung von Goethes Erlkönig konnten wir erleichtert sagen: „Wir erreichten den Hof mit Müh' und Not, wir lebten zwar noch, doch vor Angst halb tot." Natürlich waren meine Eltern aufgeblieben und atmeten erlöst auf wenn wir wieder daheim waren. Auch Oma machte sich bemerkbar und registrierte unsere Heimkehr. Heute frage ich mich, war ein simpler Kinobesuch diese Aufregung wert?

Ein einziges Mal in meiner Kindheit bezog ich von meinem Vater Prügel. Ich glaube, sie taten ihm genauso weh wie mir, mit seinen Augen gesehen hatte ich sie aber verdient. Unfassbar! Seine Älteste, ich war damals circa sieben Jahre alt, hatte gestohlen. Und zwar Stecknadeln! Da meine Mutter für ihre drei Töchter alles selber nähte, gab es in unserem Haus Stecknadeln in Hülle und Fülle, aber nicht solche mit dicken, bunten Köpfen. Von Mutti angespornt nähte ich schon im Vorschulalter Puppenkleider und verstand, mit Nadel und Faden umzugehen. Ich erinnere mich noch, dass diese Kleidchen von Gästen bewundert wurden. Besonders eines war mir gut gelungen. Ich hatte meiner Lieblingspuppe, die aus Glacéleder war, Schlafaugen und echte Haare hatte, einen Stufenrock genäht, der ausgebogt war. Nun begab es sich zu der Zeit, dass sich unser damaliges Dienstmädchen Gertrud Hartung ein Kleid nähen ließ. Sie war übrigens als „Dümongs Trude" bekannt. Ihre Mutter hatte sie unehelich geboren und dann einen Dumont geheiratet. Eines Abends kam die Schneiderin zur Anprobe zu uns ins Haus. Unter anderem wurde der Rocksaum abgesteckt und zwar mit den schönen, bunten Stecknadeln, die mir zum Verhängnis wurden. Genau die konnte ich für meine Puppenkleider brauchen. Ich überlegte nicht lange, oder überlegt ein Kind in dem Alter gar nicht? Als Trude auf dem Hof oder im Stall beschäftigt war, entfernte ich die Nadeln. Ich sehe das Kleid noch vor mir. Es war ganz zart lachsfarben, das Oberteil aus einem glänzenden Stoff, ähnlich wie Duchesse, der Rock war weichfallend aus Voile (Schleierstoff) oder Mousseline. Natürlich fiel der Diebstahl sofort auf, aber man brauchte nach der Täterin nicht lange zu suchen. Ich hatte die Nadeln sofort hergezeigt und erzählt, ich hätte sie am Hoftor gefunden, wo die Schneiderin sie wahrscheinlich verloren hatte. Was dann folgt, habe ich anfangs erwähnt. Meine Mutter hatte alles mit meinem Vater besprochen und bat mich, ihn zum Mittagessen zu rufen. Ich fand ihn im Schweinestall, wo er mich schimpfend empfing und mich übers Knie legte. Schrecklich!!! Ich saß dann tränenüberströmt am Mittagstisch und fühlte mich von allen beobachtet. Es gab geschmorte Schweinerippchen, die ich bis dahin so gerne mochte, aber sie gehörten fortan nicht mehr zu meinen Leibspeisen.

Obwohl mein Vater mit Leib und Seele Landwirt war, ließ er auch die Nachteile dieses Berufes nicht unerwähnt. Da war zum Beispiel die Wetterabhängigkeit. Ein Hagelschlag konnte binnen Minuten die ganze Ernte zunichte machen. Gefürchtet waren Krankheiten im Viehstall. Bei einer Schweinepest musste der ganze Bestand entfernt werden, während der Rotlauf, eine Infektionskrankheit der Schweine, meistens gutartig verlief. Gefährlich war es bei der Geflügelpest und der Kükenruhr, beide Krankheiten führen schnell zum Tod. Mein Vater hatte im vorletzten Kriegsjahr im Obstgarten ein separates Kükenhaus gebaut, das den damaligen hygienischen Ansprüchen entsprach und eine elektrische Heizung hatte. Wir zogen jährlich 60 bis 100 Küken auf. Die Rasse war immer das „weiße Leghorn“. Ich erinnere mich, dass wir einmal Eintagsküken bezogen. Als sie einen blutigen Durchfall bekamen, befürchteten wir eine ansteckende Krankheit (Kükenruhr) eingeschleppt zu haben, was sich zum Glück nicht bewahrheitete. Vorsichtshalber wurde der Stall im Herbst desinfiziert, und im folgenden Jahr wurden die Eier wieder nach herkömmlicher Weise von Glucken (Bruthennen) oder Puten ausgebrütet. Nach einigen Wochen landeten die Hähnchen auf dem Speisezettel, während die Hühnchen gegen alte Legehennen ausgetauscht wurden, die als Suppenhühner die

Eintöpfe bereicherten. Im Pferdestall bestand in jedem Frühjahr bei den tragenden Stuten die Angst vor dem Verfohlen, nämlich wenn das Junge entweder zu früh oder tot auf die Welt kam. Das war jedes Mal ein riesiger Verlust. Angst hatte man auch vor Koliken, die sowohl bei Pferden als auch beim Rindvieh auftraten. Sie wurden in den meisten Fällen durch falsches Futter oder Futterunverträglichkeit hervorgerufen. Gase, die sich im Magen-Darm-Bereich bildeten, führten zu entsetzlichen Blähungen. Bei Kühen erlebte ich es einmal, dass eine jämmerlich einging, weil sie nach dem Genuss von grünem Klee Wasser gesoffen hatte. Einen verregneten und verhagelten Sommer und ich weiß nicht mehr, was noch alles passiert war, nannte mein Vater ein Unglücksjahr. An solchen Tagen sah ich Vati sorgenvoll vor dem tief liegenden Barometer stehen. Immer wieder klopfte er daran in der Hoffnung, dass es steigen würde. Er war manchmal ganz verzweifelt. Das Getreide war von Sturm und Regen niedergewalzt, die Halme waren umgeknickt und lagen am Boden. Infolge der lang anhaltenden Nässe begannen die Körner in den Ähren zu keimen und bekamen Wurzeln. Mein Vater sprach von durchgewachsenem Getreide.

Das Heu wurde trotz wiederholtem Wenden nicht trocken und man musste es vom Feld „stehlen", das heißt, man musste ein paar regenfreie Stunden abpassen, um es halbwegs trocken zu ernten. Dabei war aber äußerste Vorsicht geboten. Das feucht eingefahrene Getreide oder das Heu fingen in der Scheune oder auf dem Stallboden an zu schwitzen. Durch die Überhitzung kam es nicht selten zur Selbstentzündung, es entstand Feuer und manches Gebäude brannte ab.

Wenn es in schneearmen Wintern Stein und Bein fror und die Felder keine schützende Schneedecke hatten, nannte man das Kahlfrost. Die Wintersaat fror aus, das Feld musste im Frühjahr neu bearbeitet werden, und ein Sommergetreide wurde angesät. Wegen all dieser erwähnten Situationen, die sich wiederholen konnten, sagte mein Vater einmal zu mir, die ich Hoferbin sein sollte: „Heirate bloß keinen Landwirt, meinetwegen einen Schornsteinfeger." Wie er auf den Kaminkehrer kam, weiß ich nicht. Dieser muss zwar bei jeder Witterung aufs Dach steigen, aber das Wetter gefährdet nicht seine Existenz und er hat auch keine finanziellen Einbußen. Vielleicht hätte mein Vater auch einen Schornsteinfeger einem Landwirt vorgezogen, weil er vermeintlich Glück bringen soll, wie eine alte Volksweisheit lautet. Mein Vater wurde im Sommer 1944 zum Volkssturm eingezogen. Unser Familienglück endete mit der Flucht. Am 18. November 1944 sahen wir unseren Vati zum letzten Mal. Sein Fluchturlaub war abgelaufen und er musste zurück zu seiner Einheit. Er meldete sich im März 1945 noch zweimal aus Danzig, seitdem fehlt von ihm jede Spur. Briefe, die wir nach Danzig richteten, wurden weder beantwortet, noch kamen sie zurück. Vielleicht hat er versucht, über die Ostsee mit einem Schiff Danzig zu verlassen, vielleicht hat er in seiner Verzweiflung versucht heimzugehen, vielleicht haben ihn die Russen verschleppt oder vielleicht ist er in Danzig umgekommen. Seine Cousine, bei der er vorübergehend wohnte, hätte uns über seinen Verbleib Aufschluss geben können. Als Danzig endgültig geräumt wurde, musste Tante Sophie ihre geliebte „Burg", so nannte sie ihre Wohnung, verlassen. Mit ihrer Freundin legte sie einen Teil der Strecke Richtung Westen zu Fuß zurück und landete schließlich mit einem Transportzug in Berlin, wo die Flüchtlinge in einem Lokal ausgeladen wurden. Mein Vater soll nicht dabei gewesen sein. Die Tante brach dort zusammen und starb. Diese traurige Nachricht bekam ich von ihrer Nichte, die für mich eine Cousine zweiten Grades ist. Von ihr erfuhr ich auch nachträglich, dass unsere gemeinsame Tante erhebliche Ersparnisse hatte, die sie in einem Brustbeutel bei sich trug. Nach ihrem Tod sollen diese plötzlich verschwunden sein und es fand sich niemand, der die Beerdigungskosten zahlte. Keiner weiß, wo und wie Tante Sophie bestattet wurde. Sie war die einzige und letzte Person, die uns hätte sagen können, wo mein Vater verblieben ist. Suchaktionen, die wir einleiteten, blieben ohne Erfolg, und so wurde er ab 31. Dezember 1945 für tot erklärt. Seine letzten Worte „Kinderchen, wir sehen und nicht wieder" hatten sich leider bewahrheitet.

Meine Mutter

Meine Mutter, Gertrud Minna Radtke, wurde am 29. November 1901 in Klein Pruschillen (später Klein Preußenbruch), Kreis Gumbinnen, Ostpreußen geboren. Ihre Eltern waren der Landwirt Gustav Mathes Radtke, geboren am 7. März 1861 in Klein Pruschillen, gestorben ebenda am 7. Januar 1907, und seine Ehefrau Minna Susanne, geb. Soujon, geboren am 20. Mai 1869 in Nestonkehmen (ab 1938 Schweizertal), Kreis Gumbinnen, gestorben am 6. Januar 1945 auf der Flucht in Thierberg, Kreis Osterode, Ostpreußen.

Meine Mutter hatte drei Geschwister, zwei waren älter als sie, es waren Bruder Otto und Schwester Erna, Bruder Max war der jüngste der vier Geschwister.

1907 brach das große Unheil über die Familie herein. Meine Großmutter wurde Witwe und die vier Kinder Halbwaisen. Meine Mutter war damals sechs Jahre alt. Der Vater war vom hofeigenen Zuchtbullen angefallen worden und erlitt lebensgefährliche Verletzungen, denen er erlag. Die junge Witwe konnte mit ihren vier kleinen Kindern das landwirtschaftliche Anwesen alleine nicht bewirtschaften und verpachtete oder verkaufte den Hof an Johann Schinz und zog in die Kreisstadt Gumbinnen. Dort besuchten meine Mutter und ihre Geschwister die Schule. Später, das Jahr ist mir nicht bekannt, heiratete Johann Schinz die Mutter der vier Kinder und man kehrte wieder auf den angestammten Hof nach Klein Pruschillen zurück.

Nach einer soliden Ausbildung wie Haus- und Landwirtschaftsschule, Näh- und Handarbeitsunterricht, lernte meine Mutter als 19jährige meinen Vater Otto Meiser aus Kubillen, ab 1938 Nordenfeld, Kreis Goldap kennen. Meine Mutter hatte viele Verehrer und bei seiner Brautwerbung schlug mein Vater, wie er schmunzelnd erzählte, einen interessierten Zahnarzt aus dem Feld. Vati war 13½ Jahre älter als Mutti. Am 6. Oktober 1921 war die Hochzeit. Mutti war die erste der vier Geschwister, die heiratete. Der geschmückte Brautwagen wurde von vier Trakehner Rappen gezogen. Eine lange Wagenkolonne fuhr zur

Nemmersdorfer Kirche, wo die kirchliche Trauung stattfand. Der Pfarrer sprach über Psalm 119/94, der da lautet: „Ich bin Dein, hilf mir, denn ich suche Deine Befehle." Die standesamtliche Trauung und der Polterabend fanden am Tag zuvor statt. Die Hochzeit wurde im großräumigen Elternhaus gefeiert.

Danach führte mein Vater seine junge Frau heim auf seinen etwa 40 Kilometer entfernt gelegenen Hof in Kubillen. Eine Strecke, für die man in der damaligen Zeit mit dem Pferdewagen circa drei Stunden brauchte.

Für meine Mutter begann nun der Ernst des Lebens. Als 19-Jährige hatte sie in den alltäglichen Dingen relativ wenig Erfahrung. Endlich hatten meine späteren Großeltern eine Schwiegertochter, die sie mit offenen Armen empfingen. Mutti wurde von ihrer resoluten Schwiegermutter Auguste Meiser, geb. Koch, die bis dahin das Zepter in der Hand gehabt hatte, mit Rat und Tat unterstützt. Schwiegervater Wilhelm Meiser half nach wie vor seinem Sohn auf dem Hof, im Stall und auf dem Feld. Indessen schalteten und walteten die beiden Frauen in Haus und Garten und halfen nach Bedarf auch draußen mit. Ich glaube, meine Großmutter war sehr dominant und Mutti ging bei ihr in eine harte Schule. Jedoch wurde meine Mutter mit Unterstützung meines Vaters immer selbstständiger und da beide sehr fortschrittlich waren, modernisierten sie nach und nach den ganzen Betrieb.

Am 10. August 1923 wurde ich als erstes Kind meiner Eltern geboren. Es war mitten in der Getreideernte und man hatte alle Hände voll zu tun. Obwohl meine Mutter hochschwanger war, schickte ihre Schwiegermutter sie noch im Juli aufs Feld raus zum helfen. Eine Tatsache, die Mutti wohl nicht vergessen konnte, denn sie sprach noch nach 50 Jahren davon.

Als ich mich bemerkbar machte und ans Licht der Welt drängte, wurde eilends auf Geheiß der Schwiegermutter ein drittes Bett vom Speicher geholt und am Fußende der Ehebetten im Schlafzimmer aufgestellt. Es musste freistehend sein, also für die Hebamme ringsum zugänglich. Diese Hebamme, eine sehr resolute Person, soll einmal bei einer Entbindung im Nachbardorf, als der werdende Vater den Wöchnerinnenraum betreten wollte, gesagt haben: „Jehn se man, se sind hier iebrig wie de Dreck to Pingste!“ (Gehen sie man, sie sind hier übrig wie der Dreck zu Pfingsten!)

Mutti hatte sich ihre Mutter zur Unterstützung gewünscht, sie kam aber leider zu spät und erschien erst am Tag nach meiner Geburt. So fand sie ihre glückliche Tochter mit mir im Arm vor. Ich war das erste Enkelkind.

Am 6. Oktober 1923, dem zweiten Hochzeitstag meiner Eltern fand dann meine Taufe statt. Ich erhielt den Namen Ilse Edeltraut. Die Haustaufe vollzog Pfarrer Emil Moysich aus Tollmingkehmen. Meine Taufpaten waren die ältere Schwester meiner Mutter und der Bruder meines Vaters.

Beide verlor ich auf unglückliche Weise. Muttis Schwester Erna Schinz kam im Januar 1945 auf der Flucht, in der Nähe von Osterode/Ostpreußen, durch russischen Panzerbeschuss ums Leben. Das berichtete uns ihr Mann, mein Onkel Rudolf Schinz. Hier gibt es allerdings Zweifel. Meine Jugendfreundin Erika L. erzählte mir, dass sie auf der Flucht vor den Russen zusammen mit ihren Eltern in Westpreußen meine Tante getroffen hat, was ich schon in meinem Fluchtbericht erwähnte.

Mein Patenonkel Fritz Meiser, der Lehrer in Mohrungen war, starb 18 Tage nach meiner Taufe an einem Wundstarrkrampf.

Meine Mutter wurde nach der Hochzeit von meinem Vater mit seinem Verwandten- und Bekanntenkreis bekannt gemacht. Bald war sie eine beliebte Gastgeberin. Im Dorf hatte sich Mutti mit einer gleichaltrigen Landwirtsfrau angefreundet, die leider an einem Lungenleiden früh verstarb.

Am 5. Mai 1925 wurde dann meine Schwester Brunhilde Sigrid geboren und ich bekam eine Spielgefährtin. Da kam Trubel ins Haus.

Mutti abonierte das Vobach'sche Modeheft und schneiderte eigenhändig alle Kleidchen für mich und später auch für meine beiden Schwestern. Auch für sich und unsere Oma nähte sie die Garderobe. Sogar ihr Patenkind, mein Vetter Gerhard Schinz, wurde von ihr „benäht“. Von meiner Großmutter stammt die

Frage: „Reißloch oder Flickloch?“, die sie an uns stellte, wenn wir ein Loch in der Schürze oder im Kleid hatten. Wenn wir „Reißloch“ antworteten, griff sie mit den Fingern in das Loch und riss es noch größer auf. Bei der Antwort „Flickloch“ ließ sie uns in Ruhe. Für uns Kinder war das immer ein Riesenspaß, aber oft eine schwierige Entscheidung, denn nicht immer war Mutti mit einem Reißloch einverstanden.

Nur zu meiner Konfirmation, meinte Mutti, eine Schneiderin könne vielleicht doch besser nähen als sie. Es war jedoch schade um den schönen, schwarzen Cloque, wir fanden das Kleid war vermurkst. Von da an nähten wir gemeinsam und nachdem ich mit 17 Jahren bei der Schneidermeisterin Frau Gramstat in Gumbinnen drei Monate lang für den eigenen Bedarf nähen gelernt hatte, unterstützten wir uns gegenseitig. Anfangs ließ Mutti für sich zu besonderen Anlässen, wie etwa Hochzeiten, im Modeatelier der Obermeisterin Martha Herrmann in Gumbinnen, Gartenstraße 19, nähen, aber davon nahm sie dann später auch Abstand und es entstand alles in der eigenen „Werkstatt“.

Auf dem Dachboden hatten die beiden Frauen, Mutti und Oma, einen Webstuhl stehen, auf dem sie Bett- und Tischwäsche, sowie Handtücher und Flickerdecken webten. Letzteres waren Teppiche und Läufer aus Stoffresten und abgelegter Garderobe. Alte und dafür geeignete Textilien wurden weiter verwendet oder dem Lumpensammler, der von Zeit zu Zeit durch die Dörfer fuhr, verkauft. Sie wurden in etwa zwei Zentimeter breite Streifen geschnitten, zusammengenäht oder geknotet und auf einen Knäuel gewickelt. Beim Verbinden der Stoffstreifen wurde auf Abwechslung in den Farben geachtet. So kann man sagen, dass auf einem Bauernhof alles Verwendung fand, sogar die Lumpen. Für Handtücher, Bett- und Tischwäsche wurde Flachs verwendet, der auf dem Feld angebaut wurde. Er ist eine einjährige Faserpflanze, die nach der Ernte in einer speziellen Maschine durch Kämme von Blättern und Samenkapseln befreit wird. Dann wird der Flachs eingeweicht, gewaschen, gebrochen und gehechelt, erst dann kann er gesponnen werden. So ungefähr habe ich die Verarbeitung in Erinnerung. Die fertiggewebten Stücke wurden dann gebleicht. Sie wurden nass gemacht, auf die Wiese gelegt und der Sonne ausgesetzt. Sobald sie trocken waren, wurden sie mittels einer Gießkanne mit Wasser, das wir aus dem Teich schöpften, besprengt. Dieser Vorgang wiederholte sich, bis das Leinen fast weiß war. Oma und Mutti webten sogar Stoffe mit Karomuster, blau/weiß oder rot/weiß für die sogenannte Stallwäsche. Das waren die Handtücher und die Bettwäsche für die „Leute". Sie hatten in ihren Betten statt Matratzen Strohsäcke, die öfters neu gefüllt wurden.

Eine besondere Art war das Jacquardmuster, das für Tischwäsche hergenommen wurde. Oma und Mutti beherrschten diese schwierige Technik. Sie wurde 1805 in Lyon von dem französischen Seidenweber Joseph Marie Jacquard erfunden.

Als ich später im Alter von 18 Jahren ein Jahr lang die Landfrauenschule Wehlau besuchte, stand dort auch „Weben" auf dem Stundenplan. Ich brachte schon gewisse Vorkenntnisse mit und konnte sie dort noch vervollständigen.

Als nach mir noch meine beiden Schwestern geboren wurden, kleidete uns Mutti oft gleich ein. Zu einer Dorfhochzeit bekamen wir weiße Voilekleider, die Mutti mit Heckenrosen bestickt hatte. Sigrid und ich trugen dazu rosa Taftschärpen, Eva-Maria, die acht Jahre jünger war als ich, bekam ein Hängerchen, das ganz allerliebst aussah.

Ich erinnere mich auch an Wollmousseline-Kleider, die Stufenröcke hatten, welche aus vier Volants bestanden. Hübsch waren auch die kornblumenblauen Leinenkleider, die Mutti für uns drei nähte. Unsere „Mohnetante" hatte sie mit weißen Margareten bestickt.

Sie war die junge Witwe meines Patenonkels Fritz Meiser, dem Bruder meines Vaters, der, wie bereits erwähnt, in Mohrungen Lehrer war und sehr früh verstorben war. Da wir in unseren ersten Lebensjahren das Wort Mohrungen nicht aussprechen konnten, nannten wir Tante Gertrud „Mohnetante" statt Mohrunger Tante. Sie war Schneidermeisterin und schickte uns regelmäßig Stoffreste, die wir „Puppenflicker" nannten, weil wir daraus Puppenkleider nähten. Mit fünf Jahren interessierte mich schon die Näherei und ich staffierte meine Puppen laufend mit neuer Garderobe aus. Ich wollte schon von klein auf meiner Mutter nacheifern.

Ansonsten kleidete uns meine Mutter regelmäßig mit Bleylekleidern ein.

Als ich etwa drei Jahre alt war, nähte sie für mich mein erstes Dirndlkleid. Der dunkelgrundige Stoff war mit bunten Kullern übersät. Sie müssen mich wohl an Bonbons erinnert haben, es war jedenfalls mein „Bonbonkleid". Dazu trug ich ein weißes Schürzchen und einen Propeller (Schleife) im Haar. Eine Stoffart konnte ich schon von Kindheit an nicht leiden, es war Manchester (Cordsamt). Ich wehrte mich, so gut ich konnte, gegen das gerippte, samtartige Material und Mutti berücksichtigte das dann auch.

Ganz schrecklich fand ich die gestrickten Strümpfe aus Schafwolle, die entsetzlich kratzten, was besonders in den Kniekehlen unangenehm war.

Als in den Dreißigerjahren Kletterwesten in Mode kamen, stellte Mutti auch diese eigenhändig her, was nicht ganz einfach war. Das dafür erforderliche Duvetine, ein wildlederartiger Stoff, ließ sich sehr schwer verarbeiten. Die Westen gehörten zur Hitlerjugend-Kluft, die aus einem dunkelblauen Rock mit vorderer Kellerfalte, einer weißen Bluse und einem schwarzen Dreiecktuch, das mit einem Lederknoten wie ein Schlips zusammengehalten wurde, bestand. Die Hitlerjugend (HJ) war eine Jugendorganisation der NSDAP und wurde 1936 von Hitler zur Staatsjugend erklärt. Die 10- bis 14-Jährigen gehörten zum Deutschen Jungvolk bzw. Jungmädelbund und die 14- bis 18-Jährigen waren beim BDM (Bund Deutscher Mädel).

Das für die wöchentlichen Zusammenkünfte erforderliche Vereinsheim befand sich vorübergehend in einem Raum unserer Altenteilwohnung. Ich bekleidete aber nie einen Führungsposten.

Meine Mutter hat durch ihre vielseitige Geschicklichkeit eine Menge Geld gespart, was mein Vater oft lobenswert hervorhob. Als die Zeit herankam, in der jeder Haushalt eine Hakenkreuzfah-

Mein Vater Otto Meiser mit den Nachbarn August und Karl Schmidt und dem Zuchtbullen Lude. Aufgenommen wahrscheinlich im Jahr 1942.

Meine Schwestern und ich in den Heckenrosen-Kleidern. Die Aufnahme entstand im Jahr 1934.

Trautl, Sigi und Evemie. Aufgenommen im Jahr 1935.

Meine Eltern
mit Sigrid und mir.
Aufgenommen im Jahr 1935.

Trautchen – im „Bonbonkleid“ – und Sigi im Jahr 1926.

„Mohnetante“
Gertrud Meiser.
Aufgenommen im Jahr 1935.

ne haben musste, nähte Mutti auch diese selbst. Die Anschaffung wurde bis zum letzten Augenblick rausgezögert und es wurde kein Pfennig dafür ausgegeben. Für die rote Fahne nahm meine Mutter ein altes, rotes Inlett, worauf sie einen weißen Kreis nähte, auf den sie das schwarze Hakenkreuz steppte. Von ihm hatte sie sich eine Skizze gemacht, bevor sie es aus einem schwarzen Stoffrest zuschnitt. Geflaggt wurde nur, wenn es unbedingt sein musste. Ein Hitlerbild besaßen wir übrigens nie.

Zu Pfingsten gab es immer neue Kleider, das waren die sogenannten Pfingstkleider. Eines war besonders gut geraten und es gefiel mir so gut, dass ich heimlich davon träumte, darin zum Tanz zu gehen. Andere Mädchen in meinem Alter durften das schon längst und ich fühlte mich immer als Zaungast, wenn sie davon erzählten. Eines Tages war es dann so weit. Als ich circa 16 Jahre alt war, fand in Tollmingen ein Landfrauenball statt. Frau Puppel, eine Landwirtsfrau aus Nordenfeld, die Mitglied beim Landfrauenbund war, lud Mutti und mich ein. Es gefiel mir sehr gut, denn es gab genügend Tänzer. Als wir kurz danach für mich eine neue Bluse nähten, sie war gestreift in beige-braun-orange Tönen, fragte ich Mutti zaghaft, ob ich sie auch zum Tanzen anziehen könne. „Waaaas, willst du schon wieder zum Tanzen gehen?", bekam ich zur Antwort und verstummte. So brav war man damals. Mutti konnte zuweilen, aber nur zuweilen, streng sein und das war ganz im Sinne meines Vaters.

Doch bevor ich zum Tanzen ging, waren viele Jahre vergangen, die ich schildern muss. Als meine Schwester Sigrid am 5. Mai 1925 auf die Welt kam, war meine Mutter froh und freute sich, wenn die weißen Windeln unter den blühenden Obstbäumen flatterten. Meine jüngste Schwester Eva-Maria wurde am 18. November 1931 geboren, da war unsere Mutti 30 Jahre alt. Es war Buß- und Bettag. Sigi und ich waren ahnungslos, wir wussten nicht, dass ein Geschwisterchen erwartet wird. Auffallend war, dass wir überraschend zu Puppels Gretchen und Trudchen zum Spielen gehen durften. Die beiden waren in unserem Alter und klärten uns auf. Vermutlich wusste das ganze Dorf von dem bevorstehenden Ereignis, nur wir nicht. Ich erinnere mich noch sehr genau, wie Mutti in ihren Pelzmantel gehüllt – man trug Innenpelz und es war Opossum mit Skunkkragen – weinend am Esszimmerbuffet stand und sich von uns verabschiedete. Sie hatte in der Schwangerschaft erhebliche Beschwerden und der Arzt hatte ihr von einer Hausgeburt abgeraten. Sigrid und mich hatte sie daheim entbunden. Wir beide gingen also zu Puppels, während mein Vater meine Mutti mit dem Pferdewagen ins 20 Kilometer entfernten Gumbinnen fuhr. Was müssen die beiden für Ängste ausgestanden haben! Meine Mutti in den Wehen und zwei Stunden auf dem Wagen auf teilweise holprigem Kopfsteinpflaster. In der Privatklinik Dr. Emil Wittmoser, Goldaper Straße 33, angekommen, hatte sie dann eine Sturzgeburt. Es war wieder eine Tochter und somit war das „Dreimäderlhaus" komplett. Der erwartete Hoferbe blieb aus. Wohlweislich hatten meine Eltern zwei Namen parat: Hans-Joachim oder Eva-Maria, es blieb beim Letzteren und unser Schwesterchen wurde Evemie genannt. Während Muttis Klinikaufenthalt wurden wir von Oma Meiser betreut. Natürlich kümmerte sich auch Papa um uns und nicht zuletzt der gute Opa, der so schöne Märchen erzählen konnte. Alle drei berichteten so interessante Ereignisse vom Ersten Weltkrieg, dass ich immer wieder bettelte: „Erzähl vom Krieg!" Sicher gaben sie ihre Berichte kindgerecht wieder und ich war noch zu klein, um mir so was Fürchterliches, wie wir es später erleben mussten, vorzustellen, ich war erst acht Jahre alt. Keiner von uns konnte ahnen, dass wir zehn Jahre danach in einem neuen, dem Zweiten Weltkrieg stecken würden.

Trotz der schönen Märchen und aufregenden Geschichten war die Sehnsucht nach Mutti groß. Als ich eines Tages aus der Schule kam, war das Wohnzimmer voller Blumen und im Schlafzimmer unserer Eltern lag das Baby im Kinderbettchen. Alle freuten sich über das neue Familienmitglied und alle waren froh, dass Mutti wieder da war. Die Heimfahrt aus der Klinik fand übrigens nicht mit dem Pferdewagen statt. Ein Bekannter hatte die Fahrt mit dem Auto gemacht. Es war ein Angestellter der Firma Rau, Samelucken, Landmaschinenhandel, mein Vater war dort Kunde. Nun war meine Mutti als dreifache Mutter mit

Kindererziehung, Haushalt, Hof und Garten vollkommen ausgelastet. Oft musste ich auf das kleine Schwesterchen aufpassen. Ich fuhr es im Kinderwagen hin und her und schaukelte es, bis es einschlief. Schlimm war es in der warmen Jahreszeit, die Fliegen abzuwehren, ohne die es keinen Bauernhof gab und die es auf das Baby abgesehen hatten. Das besserte sich, als Mutti auf die Idee kam, den Rest einer Tüllgardine über den Kinderwagen zu hängen. Zur Belohnung für meine Tätigkeit als Babysitterin, den Ausdruck gab es allerdings damals noch nicht, durfte ich dann den übrig gebliebenen Griesbrei oder die Pampschreste essen. Pampsch war in gezuckerte Milch eingebrockter Striezel, in Stückchen gebrochenes Weißbrot.

Mutti hatte damals einen 10-Personen-Haushalt zu versorgen. Wenn alle zehn Betten abgezogen wurden, war Großkampftag angesagt. Als wir noch klein waren, wurde manchmal Frau Rothaupt als Waschfrau bestellt. Später, als Sigrid und ich größer waren, brauchten wir keine fremde Hilfe mehr, wir benötigten dann auch kein Dienstmädchen mehr. Frau Rothaupt wohnte im Dorf und half überall mit, wo sie gebraucht wurde. Ihrer Familie gehörte am Dorfrand ein kleiner Acker, den mein Vater bestellte und je nach Bedarf auch das Getreide für sie drosch. Diese Dienstleistung wurde dann bei uns „abgearbeitet". Wenn wir in der Erntezeit ihre Hilfe benötigten, schickte mich mein Vater schon ein paar Tage zuvor zu ihr und ich bat sie, an einem bestimmten Tag zu uns zu kommen. Da sie auch bei anderen Bauern aushalf, musste man sie immer rechzeitig bestellen. Frau Rothaupt wohnte im Dorf mit ihrem Mann und den Kindern Fritz und Johanna in einem kleinen Haus, wozu auch ein kleiner Stall gehörte. Sie hielt ein Schwein, Hühner und Kaninchen und baute im Garten Gemüse und Obst an. Als ich einmal bei ihr war, kam sie gerade aus dem Keller, der vom Flur aus mittels einer Klappe und über eine Leiter erreichbar war. Sie hatte ein Stück Leberwurst in der Hand und mit sorgenvollem Gesicht erklärte sie mir: „Dat es de letzte Runzel Worscht." (Das ist die letzte Scheibe Wurst.) Oft kam sie abends zu uns und holte einen Liter Milch. Meistens bekam sie eine Zulage, etwas Butter oder einen

„Dreimäderlhaus“.
Das Foto wurde
1932/1933 aufgenommen.

Stremel (Streifen) Speck. Frau Rothaupt plachanderte (schwatzte) gerne und wenn wir glaubten, ihr Redefluss sei beendet und sie hatte schon die Türe hinter sich zugemacht, erschien sie wieder und mit den Worten „eck segg“ (ich sage) ging's von vorne los. Sie sprach plattdeutsch und an heißen Sommertagen sagte sie oft bei der Erntearbeit: „Mie rennt de Schwitz piperlings vom Puckel runner.“ (Mir läuft der Schweiß in Strömen vom Rücken runter.) Tochter Johanna arbeitete in der Stadt in einem Haushalt, Sohn Fritz als Kutscher auf einem Gut. Seinen Fahrstil kommentierte er folgendermaßen „Eck nemm de Linn korz un de Pitsch lang.“ (Ich nehme die Leine kurz und die Peitsche lang.)

Als Johanna heiratete, lieh mein Vater Pferde und Wagen für die Fahrt zur Kirche. Ich war zur Feier eingeladen, durfte aber nicht hingehen. Dabei hätte ich so gerne daran teilgenommen. Ich hatte mir sogar schon vorgestellt, welches Kleid ich anziehen würde. Es war aus weißem Tüll mit lachsfarbenem Unterkleid und ebensolcher Schärpe.

Die Rothauptsche sagte gerne im Hinblick auf ihr kleines Häuschen: „To hus es to hus un wenn enne Musenest.“ (Zu Hause ist zu Hause, und wenn im Mausenest.)

In unserer Waschküche gab es zwei Kessel, die austauschbar waren. In einem wurden die Futterkartoffeln für die Schweine gekocht, im anderen die Wäsche. Sie wurde nach dem Kochen in eine Holztonne befördert, wo sie „gestukt“ wurde. Dazu benötigte man die sogenannte Wäscheglocke, die einen langen Stiel hatte. Durch stoßende (stuken) Bewegungen in der Tonne, wurde eine Saugwirkung erzeugt, welche die Lauge durch die Wäsche zog und dadurch reinigte. Ein Waschbrett hatten wir auch, aber keine Schleuder. Alles wurde mit der Hand ausgewrungen. Kein Wunder, dass die Frauen über Schmerzen in Händen und Armen klagten, ganz zu schweigen von den strapazierten Rücken. Später wurde eine sogenannte Wäschepresse gekauft und das beschwerliche Wringen mit den Händen erübrigte sich. Im Sommer, wenn der Fluss genügend Wasser aufwies, fuhr mein Vater die Wäsche mit der Schleife (Schleppe), einem schlittenähnlichen, niedrigen Fahrzeug mit Kufen, den Berg runter zum Heidewasser, damit sie im fließenden, klaren Wasser gespült werden konnte. In den heißen Monaten wurde die weiße Wäsche auch auf der Bleiche ausgelegt und immer wieder nass gemacht. Gehängt wurde sie bei trockenem Wetter im Obstgarten, im Winter oder bei Regenwetter auf dem Getreidespeicher über der Wasch- und Futterküche. Die Handbügelwäsche kam ins Haus, die großen Stücke kamen in die Mangelstube, die sich am Stallgiebel befand und eigentlich ein Raum der Austragswohnung war. Hier stand die Mangelrolle, ein Gerät zum Glätten der Wäsche. Das war ein großes, stabiles Holzgestell, auf dem sich ein riesiger Kasten befand, der mit schweren Steinen gefüllt war. Bett- und Tischwäsche, die oft vom schiefen Hängen zipfelten, wurden gezogen, das heißt, zwei Personen fassten je zwei Ecken des Wäschestückes, stellten sich gegenüber, nahmen entsprechenden Abstand voneinander und zogen hin und her bis alle Seiten gerade aussahen und man das Stück gleichmäßig zusammenlegen konnte. Danach wurde die „Mangelware" um zwei Rollen gewickelt und dann ging's los. Der Kasten mit den Steinen, der auf Rollen lief, wurde so lange hin- und her geschoben, bis die Wäsche glatt war. Als Kinder mussten wir gebührenden Abstand halten, damit unsere neugierigen Hände nicht unter die Rollen kamen. In seltenen Fällen durften wir uns draufsetzen, um das Gewicht der Steine zu erhöhen.

Im Vergleich zur heutigen Zeit, wir schreiben das Jahr 2004, mussten die Hausfrauen damals doch wesentlich mehr leisten. Heutzutage gibt es kaum einen Haushalt ohne Waschmaschine, Bügeleisen, Elektroherd und weiteren technischen Geräten. Viele verfügen auch schon über eine Bügelmaschine für die Bett- und Tischwäsche. Kaum eine Hausfrau muss noch zum Kochen und Backen den Herd oder Ofen mit Holz heizen, dafür gibt es jetzt Elektro- oder Gasherde.

Meine Eltern waren sehr fortschrittlich und meine Mutter besaß schon 1935 einen Elektroherd. Es existiert noch ein kleines, dünnes Kochbuch aus der damaligen Zeit, „Köstliche Küche", Anleitungen zum elektrischen Kochen von Hildegard Margis. Es hat die Kriegswirren überstanden, weil wir es mit einer Büchersendung 1944 von Ostpreußen nach Bayern zu meiner Tante geschickt hatten.

Beim Reinigen der Küche wurde natürlich auch der Herd geputzt. Ich bin dabei einmal etwas unachtsam gewesen und vergaß den Haupt- oder Schutzschalter abzuschalten. Als ich mit dem feuchten Putzlappen in diese gefährliche Zone geriet, traf mich ein Stromschlag. Ich spürte ein heftiges Kribbeln im ganzen Körper und erschrak fürchterlich, kam aber Gott sei Dank mit dem Schrecken davon. Das war mir eine Lehre!

Fünfmal am Tag musste Mutti für zehn Personen das Essen zubereiten. Der Kohlenherd stand in einer Ecke der Küche. Der großräumige Backofen zum Brotbacken war ebenerdig. Das Brotbacken gehörte zur selbstverständlichen Aufgabe einer Landfrau. Das Feuer wurde direkt im Ofen gemacht, und zwar mit vielen Bundkes (Bündeln), die aus Strauch bestanden. Sie brannten lichterloh und ergaben viel Oberhitze. Wenn die Glut erloschen war, wurden die Rückstände mit der Asche rausgeräumt. Dann wurde der Backofen mit einem feuchten Kodder (Lappen) ausgewischt und das Brot konnte eingeschoben werden. Außer dem hellen Mischbrot backte Mutti auch grobes Brot, dunkles Brot. Das aß ich besonders gerne, wenn es frisch aus dem Ofen kam und die Butter darauf schmolz. Als Kind schlich ich nach dem Brotbacken heimlich in die Speisekammer und brach ringsum die Kruste vom Brot ab, sodass es ganz zerpliesert (zerrupft) aussah, worüber sich Mutti natürlich nicht freute. Unsere Brotlaibe waren länglich. Das grobe Brot wurde in Blechformen gebacken, das übrige Brot einfach so ins Rohr geschoben. Die Bauernbrote in Bayern sind dagegen meistens rund. Wenn das Brot aus dem Ofen kam und noch genügend Hitze vorhanden war, wurde oft noch ein Streuselfladen eingeschoben und anschließend kamen Kruschkes (Birnen), Plume (Pflaumen) und Äppelringe (Apfelringe) rein zum Trocknen. Wir brauchten das Dörrobst unter anderem für das winterliche Schwarzsauer, das nach dem Gänseschlachten mit deren Blut gekocht wurde. Die Suppe wurde so genannt, weil sie durch das Beifügen von Gänseblut eine dunkle Farbe hatte und süß-sauer abgeschmeckt wurde.

Wenn Mutti viel Zeit hatte, zweigte sie vom Brotteig etwas ab und backte Kalauzkis (litauisch), das waren kleine Kuckelchen (Plätzchen), die in der Pfanne in Schweineschmalz gebacken wurden und mit Zucker bestreut herrlich schmeckten. Als ich ab 1953 in Bayern einen eigenen Hausstand hatte, versuchte ich sie nachzubacken, aber sie schmeckten mir nicht, ich vermute, es lag am Brotteig.

Über dem Backofen war das Feuerloch für die große, eiserne Herdplatte, auf der gekocht wurde. Der Kochherd wurde hauptsächlich mit Holz und Briketts geheizt. Zum Feuer anmachen dienten die Bundkes (Strauchbündel) und Zeitungspapier. Am besten jedoch waren Kienspäne, die aus stark geharztem Kiefernholz geschnitten wurden.

Uns Kindern wurde eingeschärft, ja nicht im Feuer zu peesern (spielen, rumstochern), sonst würden wir nachts ins Bett machen. Den Spruch „Messer, Gabel, Schere, Licht, taugt für kleine Kinder nicht" bekamen wir auch mit erhobenem Zeigefinger zu hören.

Die Herdplatte hatte mehrere, kreisrunde Öffnungen, die mit Eisenringen verschiedener Größen nach Bedarf geöffnet oder zugedeckt werden konnten. Bei großen Töpfen, deren Inhalt schnell zum Kochen gebracht werden sollte, wurden die Ringe entfernt und der Topf wurde reingehängt, das heißt, er hing direkt über dem offenen Feuer. Dementsprechend sah dann der äußere Topfboden aus, er war schwarz voll Ruß und die Säuberung war schwierig. Den größten Schmutz entfernten wir außerhalb der Küche, indem wir den Topf auf den Hof oder in den Stall trugen und mit einem Strohwisch und Wasser bearbeiteten. Bei so einem großen Haushalt musste das Kochgeschirr entsprechend groß sein. An den großen Topf für die Eintöpfe kann ich mich noch erinnern. Er war emailliert, innen grau gesprenkelt und außen orange/gelb geflammt. Ein Teil des Küchenofens war höher gemauert. Hier befand sich ein Backrohr in Sichthöhe für Braten und Kuchen mit separater Feuerstelle, von denen jede einen darunter liegenden Aschenkasten hatte. Der ganze Komplex war weiß gefliest. Daneben stand der Holzkasten mit Feuerungsmaterial. Auf dem Herd wurde in einem speziellen Topf die Gerste für den Morgen- und Nachmittagskaffee gebrannt. In diesem Topf war ein Rührwerk integriert, das man fleißig betätigen musste, damit die Körner nicht anbrannten. Das ganze Haus, bis auf den Hof hinaus roch danach, und ich habe nie wieder in meinem Leben diesen Geruch verspürt. Die gebrannte Gerste wurde in einer Kaffeemühle gemahlen, in ein Glas gefüllt und bei Bedarf eine entsprechende Portion davon herausgenommen, die dann mit kochendem Wasser überbrüht wurde. Ein Stückchen Zichorie, ein Kaffeeersatz, der aus der gerösteten Wurzel der Wegwarte bestand, wurde jeweils hinzugefügt. Er verbesserte den Geschmack und die braune Farbe. Dieses Getränk wurde auch Plurksch oder Plempsch genannt. Es gab den Spruch „Kaffee mot sen, säwe Bohne, verzeg Tasse“ (Kaffee muss sein, sieben Bohnen, vierzig Tassen). Wenn Besuch kam, oder an Festtagen, wurde Bohnenkaffee gekocht. Sonntags tat Mutti meistens auch ein paar Bohnen zum Gerstenkaffee.

Abends tranken wir oft aufgekochte Milch, die besonders an kalten Winterabenden, heiß getrunken, gut tat. So recht gemütlich war es, wenn wir nach Feierabend alle miteinander im Wohnzimmer saßen, wenn der Kachelofen bullerte und die Bratäpfel in der Röhre schmorten. Papa las die Zeitung, hie und da auch ’mal eine Zigarre rauchend, und Mutti machte Handarbeiten. In einem großen Haushalt gab es für eine Hausfrau auch am Abend zu tun. Wir Kinder spielten und als wir lesen konnten, vertieften wir uns in unsere Kinderbücher oder brachten Lektüre aus der Schulbibliothek mit heim, die wir buchstäblich mit den Augen verschlangen. Auch das Stricken von Strümpfen und Handschuhen brachte uns Mutti abends bei, ebenso lehrte sie uns verschiedene Häkeltechniken, und es entstanden Schals, Mützen und Puppenkleider.

Was die Preußisch-Litauische Zeitung betrifft, möchte ich erwähnen, dass in jeder Wochenendausgabe eine Seite unter der Überschrift „Kinder schreiben der PLZ“ für kleine Poeten reserviert war. Ich war eifrig dabei, aber in den letzten Kriegsjahren, auf der Flucht und in den harten Jahren danach hat sich für mich nichts mehr gereimt. Erst als sich mein Leben langsam wieder normalisierte, bedingt durch eine gesicherte Berufstätigkeit und eine glückliche Ehe, nahm ich mein Hobby wieder auf. Als sich über 300 Gedichte angesammelt hatten, meinte meine Tochter Ulrike, ich soll die gesammelten Werke drucken lassen und so entstand zur Jahrtausendwende (2000) mein Buch „Was einer Hausfrau aus der Feder floss, Gereimtes für alle Fälle". Das sei nebenbei vermerkt, doch nun zurück zu meiner Mutter.

Oft und gerne bewirtete Mutti Gäste. Meine Konfirmation wurde am 3. April 1938 gefeiert und ein Jahr später gestaltete sie Sigrids Einsegnung zu einem schönen Fest. Mutti hatte den Ehrgeiz, ohne Kochfrau, die man zu größeren Familienfeiern bestellte, auszukommen. Ihre Fertigkeiten entnahm sie laufend diversen Broschüren und Kochbüchern.

Die Verwandtschaft staunte und war begeistert, und mein Vater war stolz auf sein Trudchen. Kindergeburtstage wurden jedes Mal nach einem anderen Motto ausgerichtet, wobei sie sich unter anderem Anregungen aus dem Vobach'schen Modenheft holte, welches außer Mode auch ein paar Seiten Kochen, Handarbeiten und ähnliches bot.

Die Sparsamkeit meiner Mutter verleitete sie auch dazu, zu tapezieren. Es gelang ihr wunderbar und sie konnte ein neues Erfolgserlebnis verzeichnen. Als meine Schwester und ich heranwuchsen, wurde das Kinderzimmer renoviert, das neben dem Fremdenzimmer lag und das wir, soweit es frei war, mitbenutzten. Beide Räume waren im Dachgeschoss.

Erst wurde ein kakaobrauner Kachelofen gesetzt, der weiß verfugt wurde und toll aussah. Hinter den Betten wurden Wandbehänge angebracht, die Mutti aus einem gobelinartigen Stoff nähte. Doch zuvor war der Maler am Werk. Der Stoff hatte ein Tulpenmuster, nach dem meine Mutter Schablonen anfertigte, mit denen der Maler die Wände verzierte. Der Raum sah danach todschick aus und wurde unser Tulpenzimmer. Mutti hatte sich als Innenarchitektin bewiesen.

Meine Mutter schwärmte für die ostpreußische Dichterin Frieda Jung, eine Lehrerstochter, geboren am 4. Juni 1865 in

Kiaulkehmen, später Jungort, Kreis Gumbinnen, gestorben am 14. Dezember 1929 in Insterburg. Ich erinnere mich noch an folgende Verse, die meine Mutter zitierte: „Herr, gib uns helle Augen, die Schönheit der Welt zu seh'n, Herr, gib uns feine Ohren, Dein Rufen zu versteh'n. Und weiche, linde Hände für unser Brüder Leid. Und klingende Glockenworte für uns're wirre Zeit! Herr gib uns rasche Füße, zu uns'rer Arbeitsstatt und eine stille Seele, die Deinen Frieden hat!" „Was kam, was kommt – ich weiß nur eins: Hier ist mein Herz, und das ist deins, o Heimat bis zum Tode." Der Geburtsort von Frieda Jung wurde ihr zu Ehren 1935 in Jungort umbenannt.

Mit einer großen Leidenschaft betreute Mutti den Garten. Jeweils im Winter bezog sie einen Katalog von der Gärtnerei Hans Durchholz, Gumbinnen, um sich über Neuheiten zu informieren. Blumen- und Obstgarten hatten einen Staketenzaun. Davor stand ringsum eine Reihe Kirschbäume. Der Blumengarten war zusätzlich noch von Ziersträuchern eingesäumt. Da gab es Buddleia (Schmetterlingsflieder), Jasmin, Weigelia, Forsythie, Blutbuche, Tamariske, gefüllten und einfachen Flieder, Bluthasel, Walnussstrauch und viele Gewächse, deren Namen mir entfallen sind. Besonders schön waren ein gefüllter Fliederbaum und ein dahinter stehender weiß-grün-blättriger Ahornbaum, den man schon von Weitem sah. Im Nachhinein muss ich mich wundern, dass zum Teil exotische Gewächse den harten, ostpreußischen Winter überstanden. Eine Palmlilie hatte meine Mutter in der Rasenfläche, zwischen zwei Blautannen gepflanzt. Eine Tanne gehörte meiner Schwester Sigrid und die andere mir. Meine blieb im Wachstum etwas zurück, während der Baum meiner Schwester in die Höhe schoss. Schließlich bekam er sogar zwei Spitzen, aber dann kam die Flucht und wir konnten das Wachsen unserer Bäume nicht weiter verfolgen. Vermutlich wurden sie von den Russen abgeholzt. Jedenfalls war bei unserem Heimatbesuch 1992 kein Baum mehr zu sehen.

Für den Winter hatte mein Vater einen Holzverschlag gebaut, um die Palmlilie vor Frost zu schützen. Ich habe so eine, beinahe tropische Pflanze, nirgendwo daheim gesehen. Aber 1975, als ich

Gartenansicht unseres Hauses im März 1939,
rechts steht Sigrids und links meine
Blautanne.

mit meinem Mann und meiner Tochter eine ausgedehnte Spanienreise mit einem Abstecher nach Marokko machte, entdeckte ich in einer Hotelanlage in Tanger eine blühende Palmlilie. Wir machten ein Foto davon, das ich meiner Mutter schenkte. Als ich nach dem Krieg nach Süddeutschland kam, sah ich zu meinem Erstaunen die Yucca, so der botanische Name der Palmlilie, in vielen Hausgärten stehen. Sie ist durchaus winterhart und kann ziemlich alt werden.

Mein Vater war auch ein großer Gartenfreund und unterstützte Mutti in jeder Weise. Wenn im Sommer die Feldarbeit vorrangig war, und alle im Ernteeinsatz waren, brachte er es trotzdem fertig, jemanden freizustellen, der den Zierrasen mähte. Das geschah meistens zum Wochenende, weil dann oft Besuch erwartet wurde. Auch die Kieswege wurden dann frisch geharkt. Mutti experimentierte auch gerne. Sie säte sogar Tulpen. Dabei ließ sie ein paar Blütenstände stehen, um in getrocknetem Zustand den Samen zu gewinnen. Sie säte ihn gleich ins Beet an Ort und Stelle und wenn er aufging, sah er anfangs wie Schnittlauch aus. Eine gelbrot geflammte Art gefiel uns allen so gut, sodass sie diese bevorzugt zu vermehren versuchte. Sechs Jahre musste sie bis zum Erfolg warten. Neuerscheinungen bezog sie auf dem Versandweg aus Tulpenzuchtbetrieben, zum Beispiel aus Haarlem/Holland.

Eine Pracht waren Muttis Dahlien. Es hatte sich zwischen den Landwirtsfrauen ein regelrechter Tauschhandel entwickelt und so hatten wir davon im Laufe der Zeit mindestens 15 verschiedene Sorten. Es gab sie mit ungefüllten, halbgefüllten und gefüllten Blütenköpfen. Niedlich sah die Pompondahlie mit ihren putzigen, runden Köpfchen aus. Die Dahlie trägt ihren Namen nach dem schwedischen Botaniker Dahl (1751-1780), wird aber auch Georgine genannt. Die Wurzelknollen (Rhizome) wurden über Winter im Keller aufbewahrt. Im Herbst legte meine Mutter aus den letzten Blüten ein Mosaik im Rasen.

Viele Blumen- und Gemüsepflanzen zog meine Mutter größtenteils selber heran. Damit der Blumengarten nicht für Blumensträuße geplündert werden musste, hatte Mutti im Gemüsegarten eigens ein Beet für Schnittblumen angelegt. Dort wuchsen Gladiolen, Montbretien, Narzissen, Levkoien, Löwenmaul, Schleierkraut, Zinnien, Dahlien, Astern und andere.

Einmal hatte sie zu einem Kinderbegräbnis, die kleine Lydia Geisendörfer war gestorben, einen Kranz aus weißen Narzissen geflochten, der mindestens so schön war, wie die vom Gärtner angefertigten Trauerkränze.

Kummer hatte Mutti mit den Rosen, alljährlich wurden sie von dicken, fetten Raupen befallen, die Blätter und Knospen verunstalteten. So mussten wir von Zeit zu Zeit das gefräßige Ungeziefer absammeln, was nicht zu unseren Lieblingsbeschäftigungen gehörte.

Unsere Veranda war ringsum von Kletterpflanzen berankt. Ich erinnere mich noch ganz genau an das wunderbar duftende Geißblatt (Jelängerjelieber), in dem jährlich Vögel nisteten, die wir von innen durch die Glasscheiben beobachteten. Neben der Treppe zur Eingangstür hatte Mutti einen Pfeifenstrauch gepflanzt, in dessen bis zu zehn Zentimeter langen, pfeifenähnlichen Blüten immer Hummeln und Bienen verschwanden.

Im Blumengarten stand auch eine Spargelstaude, die eigentlich in den Gemüsegarten gehört hätte. Mutti stach nur die ersten Stangen, von denen sie eine Spargelsuppe kochte, die vorzugsweise meine Oma bekam. Den Rest aßen dann wir, und ich muss sagen, sie schmeckte köstlich – mit viel Sahne drin und mit Eigelb legiert war sie ein Gaumenschmaus. Die nachfolgenden Sprosse ließen wir rauswachsen und verwendeten das zarte Grün für Blumensträuße.

Kummer bereitete der Moldworm (Maulwurf) der unter Tage lebte und arbeitete. An sich war er ein nützlicher Schädlingsbekämpfer, aber die Maulwurfshaufen, die er beim Ausgraben seiner unterirdischen Gänge aufwarf, waren keine Zierde und außerdem zerstörte er dabei die Beete. Zu seiner Abwehr steckte Mutti Glasscherben und Heringe in die Löcher, die ihn aber nicht gänzlich vertrieben. Allerdings sprachen meine Eltern von Maulwurfsjahren, wo sie in Massen auftraten, um uns danach wieder eine Zeit lang in Ruhe zu lassen. Was sie zu der Wanderschaft bewog, weiß ich nicht. Rüben- und Wrukenpflanzen wurden im Gemüsegarten vorgezogen, um dann später, bei geeignetem Wetter, aufs Feld gepflanzt zu werden. Günstig war dafür eine Regenperiode, die wir Pflanzwetter nannten, dann brauchten die Pflanzen nicht gegossen zu werden. Bei Trockenheit, wenn sie noch nicht angewurzelt waren, wurden Wasserfässer aufs Feld gefahren und wir gingen mit Gießkannen durch die Reihen, um die zarten Pflänzchen vor dem Vertrocknen zu retten. Bezüglich dieser Arbeiten gab es später eine Erleichterung. Es wurde eine Dibbelmaschine gekauft, mit der der Samen in Reihensaat häufchenweise ausgelegt wurde. Das Rübenpflanzen blieb uns dadurch erspart. Wenn die Pflanzen circa fünf Zentimeter groß waren – es standen meistens vier bis fünf an einer Stelle –, wurden sie vereinzelt, das heißt, die stärkste Pflanze blieb stehen. Diese Arbeit nannten wir „Rüben verziehen". Da die Pflänzchen vor Ort anwurzelten, brauchten sie kaum gegossen zu werden.

Futterwruken und gelbe Speisewruken (Kohlrüben) wurden auch auf dem Feld gepflanzt. Das Wort Wruken, die auch Rapukken genannt wurden, soll übrigens aus dem Polnischen stammen. Jedenfalls gab es daraus einen schmackhaften Eintopf, die Rapukkesopp.

Ein beliebtes Spielzeug waren die Rapukkenpukscher. Dafür sägte mein Vater einen Röhrenknochen aus einem kräftigen Gänseflügel auf 20 Zentimeter zu. Dann schnitzte er einen etwas längeren Holzstock so zu, dass er in die Röhre hineinpasste. Aus einer fingerdicken Wrukenscheibe stach man dann mit dem Knochenrohr kleine Scheiben aus, die durch kräftiges Schieben des Stockes hinausgeschossen wurden, wir nannten das rauspukschen. Da lieferten wir uns manchmal regelrechte Schlachten. Einmal sogar im Schlafzimmer, sodass meine Eltern beim Schlafengehen die Munition in ihren Betten vorfanden.

Wenn ich heute zurückdenke, waren wir, auch was Spielzeug betrifft, zum Teil Selbstversorger. Manches war primitiv, aber es erfüllte seinen Zweck. Ich erinnere mich zum Beispiel an dicke Stöcke, starke Äste, die als Pferdchen dienten. Meine Freundin Elfriede, die sehr einfallsreich war, war auf die Idee gekommen.

Wir hatten Braune, Rappen und ich besaß sogar einen Apfelschimmel, der aus einem starken Birkenast bestand. So besuchte ich sie hoch zu Ross und wir machten gemeinsame Ausritte, worüber sich die Erwachsenen amüsierten. Es war ein billiges Spielzeug und wir hatten unseren Spaß.

Der Gemüsegarten war groß genug, um dort auch Weißkohl, Blumenkohl, Rosenkohl und Tomaten zu pflanzen. Bei Letzteren hob meine Mutter zusammen mit dem jeweiligen Dienstmädchen Pflanzlöcher aus, in die ein Kuhfladen hineinkam, der ordentlich mit Erde abgedeckt wurde, und dann wurde die Pflanze eingesetzt. Ich habe nie mehr so gute Tomaten gegessen wie in Kubillen-Nordenfeld. Vor allem schmeckten sie richtig nach Sonne. Grüne Früchte wurden im Ganzen eingeweckt oder Mutti kochte ein Chutney, das ebenfalls eingeweckt wurde, das man damals aber noch nicht Chutney nannte. Im Herbst wickelte sie grüne Tomaten in Zeitungspapier und legte sie zum Nachreifen auf den Küchenschrank. Auf diese Art und Weise hatten wir bis weit nach dem Frosteinbruch frische Tomaten.

Weißkohl pflanzten wir allerdings auch aufs Feld. Wir brauchten ihn im Herbst zum Sauerkraut machen. Oft erlebten wir, dass sich über Nacht die Feldhasen über die Kohlköpfe hermachten und sie annagten. Ein gewitzter Nachbar ärgerte sich darüber und suchte nach Abhilfe. Er ließ im Spätherbst, als schon Frost eingesetzt hatte, ein paar Kohlköpfe auf dem Feld stehen und streute Pfeffer drauf. Nachts kamen dann die Häschen, um ihren Hunger zu stillen. Als sie den Pfeffer rochen, mussten sie niesen und schlugen mit ihren Köpfchen so lange auf den steinhart gefrorenen Kohl, bis sie ohnmächtig wurden. Am Morgen danach sammelte dann der pfiffige Bauer die leblosen Hasen ein. So hatte er zum Schmorkohl auch einen billigen Hasenbraten. Ob das nicht eine Anekdote war? Jägerlatein?

Petersilie, Dill und Majoran wurden an Ort und Stelle gesät. Sellerie wurde verpflanzt, gelbe Rüben (Mohrrüben oder Karotten genannt) und Radieschen wurden gesät und ausgelichtet. Zwiebeln hat man gesteckt und Porree gepflanzt, ebenso rote Rüben. Erbsen, Busch- und Stangenbohnen wurden auch gesteckt. Kopfsalat hatten wir selten, meine Mutter bevorzugte den Schnittsalat, der sehr ergiebig war, weil er immer nachwuchs. Außerdem wurde er in kleinen Portionen nachgesät, sodass er frisch und zart war.

Auch die ersten Frühkartoffeln hatten im Garten Platz. Spätkartoffeln und solche für Futterzwecke wurden auf dem Feld „gelegt". Dafür wurden mit einem Pflug Furchen gezogen. Wir banden sackähnliche Schürzen um, die wir mit Saatkartoffeln füllten, die im Keller überwintert hatten. So gingen wir mit kleinen Schritten durch die Furchen und legten bei jedem Schritt eine Kartoffel ab und traten sie gleichzeitig in dem lockeren Boden fest. Die Furchen wurden dann zugepflügt und es folgte die nächste Reihe. Kartoffeln gehörten zu unseren Grundnahrungsmitteln und es gab vielfältige Rezepte. Schon Goethe (1749-1832) schwärmte seinerzeit über die Kartoffel: „Morgens rund, mittags gestampft, abends in Scheiben, dabei soll's bleiben, es ist gesund."

Natürlich gab es auch Gurken. Was nicht zum Salat hergenommen wurde, verwendete meine Mutter für den Wintervorrat. Sie legte Salz-, Essig- und Senfgurken ein, wobei sie jedem Gefäß ein paar Weinblätter zufügte. Kürbisse gediehen meistens in der Nähe des Komposthaufens. Auch diese Früchte machte meine Mutter haltbar. Süß-sauer eingelegt schmeckten sie köstlich und ich bereite sie auch jetzt, da ich seit 58 Jahren in Bayern bin, noch so zu. Die Vorratshaltung war sehr wichtig, die Landbevölkerung war weitgehend Selbstversorger.

Meine Mutter war nicht nur fleißig und fortschrittlich, sie war auch sparsam, was ich als Kind natürlich nicht so empfand, das merkte ich erst als ich älter war.

Mutti hat sogar Obstbäume veredelt, was sie meistens bei Äpfeln tat. Da die ostpreußischen Winter sehr streng waren, war man auf frostfeste Sorten bedacht. Ich erinnere mich an das ostpreußische Kurzstielchen, Cox Orange, Gravensteiner und James Grieve. Ich glaube, es war der harte Winter 1939, in dem fast alle Obstbäume ausgefroren waren. Zehn Jahre davor, nämlich 1928/29 soll es auch einen strengen Winter mit 40 Grad

Frost gegeben haben, an den ich mich aber nicht erinnern kann. Die Edelreise zum Pfropfen besorgte sich meine Mutter von Verwandten und Bekannten. Die Freude war groß, als einmal eine Goldrenette und ein Gravensteiner anwuchsen. Mein Vater schmunzelte, wenn Mutti mit Onkel Fritz Reich, der ihr Hobby teilte, fachsimpelte. Beliebt waren die Klaräpfel, die schon zur Kornaust im August reif waren, aber bald verbraucht werden mussten.

Am Giebel des Pferdestalles, der Südlage hatte, hatte Mutti grüne und blaue Weintrauben gepflanzt. Das Spalier machte mein Vater. In manchen Jahren, nach einem warmen, sonnigen Sommer, war die Ernte so reichlich, dass Mutti sogar Most machte. Verwandte und Bekannte, die sich das ganze Jahr lang nicht blicken ließen, erschienen im Herbst regelmäßig zur „Weinlese". Am besten trugen die Reben in den letzten Kriegsjahren. Wir merkten auch bald, woran das lag, unser Franzose Josef Rowet hatte die Stöcke fachmännisch beschnitten. Er wachte dann auch im Herbst mit Argusaugen darauf, dass wir die Früchte nicht zu früh ernteten. Er traute uns nicht, denn wir gingen vorzeitig in den Weingarten und zupften einzelne Beeren ab, sodass die Trauben unansehnlich aussahen. Wir merkten bald, dass er uns kontrollierte, indem er eine Taubenfeder unter die Gartentür legte und wenn sie verschoben oder nicht mehr auffindbar war, wusste er, dass wir drin gewesen waren.

Ich mochte überhaupt gerne unreifes Obst. Man durfte darauf nur kein Wasser trinken, was besonders bei Steinobst gefährlich war. Meine Großmutter erzählte mir ein abschreckendes Beispiel. Da hatte ein Kind diese Regel nicht befolgt und ihm war danach der Bauch aufgeplatzt. Dem Weinspalier vorgelagert war der Erdbeergarten. Solange ich klein war, glaubte ich den Worten meiner Mutter, dass sie mich dort am 10. August 1923 als Baby gefunden hatte. Ich glaube, sie sagte, es war ein Freitag um 16.30 Uhr. Die Geschichte vom Weihnachtsmann glaubten wir auch nur, bis wir in ihm unsere Tante Gertrud aus Mohrungen erkannten, unsere „Mohnetante". Ein Goldzahn wurde ihr zum Verhängnis. Mit dem Osterhasen war es so ähnlich, er trug Muttis erdbeerfarbenen Morgenrock! Nach der Entlarvung unserer Mohnetante kam der Weihnachtsmann nicht mehr persönlich zu uns. Tante sah bei ihrem letzten Auftritt ganz echt aus, Papas Innenpelz hatte sie verkehrt rum an, also das Fell nach außen. Dazu trug sie auch seine langen Stiefel, aber es half alles nichts, der Goldzahn hat sie verraten. Mein Vater hatte, wie die meisten Landwirte, zwei Pelzmäntel, einen Fahrpelz und einen Gehpelz, beides Innenpelze. Ersterer hatte ein Lammfell und reichte fast bis zum Boden. Mein Vater trug ihn beim Fahren auf dem Schlitten oder Wagen. Der Gehpelz war knielang und mit einem besseren Fell ausgestattet. Vati zog ihn zum Spazieren gehen oder bei Besuchen von Verwandten und Bekannten an. Zum Zudecken wurden bei Fahrten in der kalten Jahreszeit Pelzdecken benutzt, die aus Lammfell bestanden.

Einmal, ich war etwa zwölf Jahre alt, stand ein Fahrrad vor dem Weihnachtsbaum.

Es war ein gebrauchtes Mädchenfahrrad und etwas kleiner, als das für Erwachsene. Tante hatte es besorgt und ich war selig. Zu Weihnachten lag bei uns immer tiefer Schnee und ich konnte das Radfahren nicht draußen üben. Meine Eltern kamen deshalb auf die Idee, es auf der „Lucht", dem Bodenraum zu probieren. Dort hatte ich genügend Platz, denn das Haus war 11m breit und mehr als doppelt so lang. Als ich dann endlich, nach vielen Fehlstarts, auf meinem Drahtesel sesshaft wurde, fuhr ich im Kreisverkehr immer um die Räucherkammer (Schornstein) herum. Im Frühling ging es dann auf dem Hof weiter, dann den Feldweg entlang bis zur „Holl", wo es sehr hügelig war, und endlich den Berg runter über den Fluss ins Dorf.

Mit großem Eifer kümmerte sich meine Mutter um das Geflügel. Sie hatte meinen Vater dazu überredet, im Hühnerstall eine Heizung einzurichten. So legten unsere Hühner fast den ganzen Winter über Eier, was andernorts nicht der Fall war. Bei starkem Frost wurde das Federvieh nicht rausgelassen, denn es kam vor, dass Hühnern der Kamm abfror.

Mutti hielt auch Zuchtgänse, einen Ganter und zwei Gänse. Im Frühjahr wurden dann die Gänseeier, wenn unser Eigenbe-

Ich mit meinem ersten Fahrrad
neben meiner Blautanne im Garten
unseres Hauses.

darf gedeckt war, zum Ausbrüten verkauft, das Stück für 1 RM. Immerhin hatte man die drei Gänse das ganze Jahr über durchgefüttert und die Kosten mussten beim Verkauf der Eier wieder reinkommen. Zum Teil waren sie vorbestellt, denn nicht auf jedem Bauernhof wurden Zuchtgänse gehalten. Wir Kinder fürchteten uns vor dem Gänserich, der uns mit ausgestrecktem Hals zischend verfolgte. Einmal erwischte er meine Großmutter an ihrem langen Rock und sie kam zu Fall. Ehe sie sich versah, zog sie der Ganter flügelschlagend den Abhang zum Ufer des Teiches hinunter ins Wasser. Während er ein triumphales Geschrei anstimmte, rettete sich meine über 80 Jahre alte Oma tropfnass ins Haus.

Wenn ein Huhn im Frühjahr gluckte, gab es tiefe, dunkle Töne von sich, die sich wie gluck-gluck-gluck anhörten. Es wurde dann in einen separaten Raum in einen Nistkorb auf bis zu 18 Hühnereier zum Brüten gesetzt. Zuvor wurden die Eier geschwemmt, das heißt, sie wurden in eine Schüssel mit Wasser gelegt, um zu prüfen, ob sie befruchtet sind. Die unbefruchteten schwammen oben und waren für die Fortpflanzung nicht zu verwenden, während die Eier, die einen „Hahnentritt" hatten, untergingen und den Bruttieren untergelegt wurden. Der „Hahnentritt" war die Keimscheibe, ein weißes Gerinnsel, das man bei einem aufgeschlagenen Ei im Eiklar findet. Es dauerte 21 Tage, bis die Jungen schlüpften. Einmal täglich wurden die Glucken vom Nest genommen um auszutreten, zu fressen, und, um sich die Füße zu vertreten. Pflichteifrige Tiere suchten danach den Brutkorb freiwillig auf, andere mussten gefangen und draufgesetzt werden. Zur Sicherheit wurde ein zweiter Korb darüber gestülpt. Während der Pause wurden die Eier gewendet und mit Wasser bespritzt.

Die Fächer für die Legehennen waren im Hühnerstall etwas erhöht an der Stallmauer angebracht. Um die Hühner zum Eierlegen in die dafür bestimmten Nester anzuregen, lag in jedem Fach ein Gipsei. Damit man die Hennen bei ihrem Geschäft nicht störte, wurden die Nester nur einmal täglich geleert. In der Regel legten sie vormittags ihre Eier und kündigten das anschließend mit einem lautstarken „Kutkudatsch“ an. Wenn man nicht aufpasste, kam es vor, dass ein Huhn heimlich in der Scheune, etwa in einem Strohfach, ein Nest anlegte und ebenso heimlich die Eier ausbrütete. Groß war dann das Erstaunen wenn eines Tages die Glucke mit einer Kükenschar im Gefolge den Hof betrat.

Meine Mutter züchtete die weiße Leghornrasse, die von vielen Landfrauen abgelehnt wurde. Wegen der weißen Farbe war das Geflügel von Raubtieren, besonders von Raubvögeln aus der Luft leicht zu erkennen. Einmal hatte ein Fuchs ein Huhn gerissen und wir standen tagelang mit einem Spaten bewaffnet Wache, in der Annahme, der Räuber würde wiederkommen. Sogar in der Mittagspause wechselten wir uns ab und standen auf der Lauer. Es muss ein schlauer Fuchs gewesen sein, er kam nicht wieder.

Zum Ausbrüten von Gänseeiern nahm Mutti Puten. Die Eier von Truthühnern wurden auch von Puten ausgebrütet. Mit der Aufzucht der kleinen Puten hatte meine Mutter meistens kein Glück. Sie bekamen geschwollene Gelenke an den Beinen, konnten infolgedessen nicht laufen und verkümmerten. Selbst der Rat Quark und Brennnesseln zu füttern nützte nicht viel. Aber immerhin gelang es meiner Mutter trotz allem immer, rund 20 Puten aufzuziehen.

Einmal versetzte uns das Putenrudel in Aufregung. Die Tiere, die tagsüber auf den Feldern ausschwärmten, kehrten eines Abends nicht wie gewohnt auf den Hof zurück. Nach langem Suchen fanden wir sie am Fluss auf einem hohen Erlenbaum sitzend. Die herannahende Nacht hatte sie überrascht und da Puten bei Dunkelheit fast blind sind, suchten sie dort Zuflucht vor Raubtieren. Wir störten sie nicht in ihrer Ruhe und warteten den nächsten Morgen ab, wo sie dann auch prompt auf dem Hof erschienen. Der Truthahn wurde im Volksmund auch „Kurrhahn“ genannt. Wohl deshalb, weil er bei Aufregungen seine Flügelspitzen am Boden schleifen ließ und mit erhobenem Kopf ein langgezogenes „Kurrr“ ertönen ließ. Dabei breitete der Hahn seine Schwanzfedern fächerförmig aus und plusterte sich auf. Truthähne und -hühner haben einen nackten Kopf und Vorderhals, an welchem beim Hahn eine lappenförmige Haut runterhängt, die bei Erregung anschwillt und sich rot färbt. Kurrhähne konnten bösartig werden und verfolgten uns Kinder, sodass wir Reißaus nehmen mussten. Unsere Eltern erklärten uns, dass die Puter die Farbe Rot nicht leiden können und wir vermieden es, in einem roten Kleid über den Hof zu gehen. Bei Rot sahen sie Rot und wurden besonders aggressiv.

Die Zahl der Gänseküken lag größenmäßig im Bereich des Putenrudels, also um die 20 herum. Kleine Hühnchen hatten wir fast immer 100 an der Zahl. Alle Küken wurden anfangs mit hartgekochten, kleingehackten Eiern gefüttert. Als Kind schmeckten sie mir auch und ich habe manches Ei stibitzt. Die kleinen Gisselchen (Gänseküken) bekamen noch zusätzlich geschnittenen Löwenzahn. Wenn meine Mutter und das Dienstmädchen anderweitig tätig waren, wurde ich schon mal in den Garten geschickt, um Grünfutter zu holen. Einmal entgleiste mir das große, scharfe Messer und schon war es passiert. Eine Narbe im linken Knie ist noch heute Zeuge des damaligen Missgeschicks. Meine Mutter verarztete und tröstete mich, denn sie hatte einfach für alles ein Trostpflaster. Die Geflügelhaltung brachte nicht nur Abwechslung in den täglichen Speisezettel. Sie diente auch, wie die meisten Erzeugnisse auf einem Bauernhof, der Vorratswirtschaft, Hähnchenteile wurden gebraten und eingeweckt. Zum Mittagessen gab es oft geschmorte Hähnchen, wozu Mutti ein ganz einfaches Rezept hatte. Das Hähnchen wurde in Stücke geschnitten, gesalzen, gepfeffert und in Butter angebraten. Wenn die Teile schön braun waren, kam viel Petersilie dazu, es wurde mit Wasser aufgefüllt und sie wurden gargeschmort. Zum Schluss kam reichlich Sahne, mit etwas Mehl verrührt hinzu und fertig war ein köstliches Essen, zu dem es Salzkartoffeln und Blattsalat gab. Bei diesem Essen gab es jede Menge „Knoake to besuckele“ (Knochen abzunagen). Das war nicht jedermanns Sache, vor allem Männer taten das nicht gerne. Ich jedoch tat es mit Vorliebe und meldete mich immer freiwillig, sodass sich die Hähnchenflügel auf meinem Teller häuften. Heute, als Oma, teile ich diese Leidenschaft mit meiner Enkelin Nora und erzähle ihr viel aus meiner Kinderzeit, wovon sie nicht genug hören kann. Wenn wir dann gemeinsam am Esstisch sitzen und Knoake besuckele, muss ich lächeln. Es ist wie seinerzeit zu meiner Zeit.

Alte Legehennen landeten als Suppenhühner im Eintopf oder es gab Hühnerfrikassee.

Wenn ein Huhn den „Pips" hatte, stand es traurig da und gab Piepstöne von sich. Es handelte sich dabei um eine Entzündung der Mund- und Nasenschleimhäute körnerfressender Vögel. Das Tier wurde sofort geschlachtet. Obwohl die Krankheit ansteckend sein sollte, traten bei uns immer nur Einzelfälle auf. Manchmal fanden wir auch ein Windei im Hühnernest. So nannte man ein Ei, das keine feste Schale hatte. Eiklar und Eidotter befanden sich in einer dicken, rauen Haut, die nicht verkalkt war. Einem alten Aberglauben zufolge, sollten solche Eier Unglück bringen, und um das zu verhindern, mussten sie über ein Dach geworfen werden. Das war jedes Mal ein Schauspiel. Die ganze Hofgemeinschaft versammelte sich, und es hieß: „Freiwillige vor!" Nicht jeder konnte so hoch und so weit werfen und wehe, das Ei blieb am Dach hängen, das hätte doppeltes Unglück bedeutet.

Puten haben sieben Sorten Fleisch, erklärte mir meine Mutter. Das Brustfleisch war von hellerer Farbe und trocken, während die Schenkel dunkelfarbig wie Rindfleisch und saftig waren. Wenn es im Herbst Putenbraten gab, schickte mich Mutti in den Weidegarten nach Champignons. Die wuchsen dort in Hülle und Fülle. Eine Handvoll davon in die Soße getan, ergab einen delikaten Geschmack. Aus dem Gerippe, den Flügeln und so weiter wurde eine Reissuppe gekocht. Übrigens wuchsen die Wiesenchampions nur dort, wo Kühe grasten. Besonders ergiebig war die Ernte nach einem Gewitter, da schossen sie buchstäblich aus der Erde. Körbeweise trugen wir sie heim und hatten dankbare Abnehmer. Vom Elektrogeschäft Adolf Schumann in Gumbinnen, kam der Chef persönlich, um sie zu holen. Von ihm bezogen wir sämtliche Elektrogeräte. Das Gänseschlachten wurde in zwei Etappen vollzogen. Die Hälfte im Herbst und der andere Teil zu Weihnachten. Die Verarbeitung aller Tiere auf einmal hätte meine Mutter nicht geschafft, dazu war die Arbeit auch zu vielseitig und zu zeitaufwendig. Beim Schlachten wurde das Blut in einer Schüssel aufgefangen, es kam etwas Essig und Salz dazu und musste schnell gerührt werden, damit es nicht gerinnt. Die toten Tiere wurden kurz gedämpft. Das heißt, sie wurden auf ein großes Sieb gelegt, das auf einem Kessel mit kochendem Wasser lag. Hierfür hatte Mutti ein besonderes Gespür. Wenn die Gänse nämlich zu lange über Dampf lagen, gab es Schwierigkeiten beim Rupfen, es blieben Hautfetzen an den Federkielen hängen. Gerupft wurde über einer Holztonne. Alle standen drum herum und jeder hatte eine Gans vor sich. Zuerst wurden die harten Kielfedern ausgerupft. Zum Schluss die Daunen, die gleich separat gehalten wurden. Die gerupften Vögel wurden gesengt, das heißt, sie wurden über eine Spiritusflamme gehalten, um evtl. Daunenrückstände zu entfernen. Nachdem sie über Nacht kühl gelagert hatten, wurden sie ausgenommen. Dieses Ritual blieb lange Zeit meiner Großmutter väterlicherseits vorbehalten, bis sie meine Mutter darin einwies. Ich wurde in den Kriegsjahren, kurz vor der Flucht angelernt, da war ich fast 20 Jahre alt. Der erste Blick galt der Leber, ob sie schön groß und von heller Farbe ist, das bedeutet, dass sie fett ist. Wer Gänseleber heutzutage kauft, muss tief in den Geldbeutel greifen, sie gilt als Delikatesse. Mutti schmorte sie mit Äpfeln, Zwiebeln und Majoran. Sie machte auch Gänseleberpastete, die sie zum Teil einweckte. Das Fett ließ meine Mutter aus und das Gänseschmalz mit den köstlichen Grieben reichte den ganzen Winter über als Brotaufstrich. Dem Gänseschmalz, das länger aufbewahrt werden sollte, fügte sie etwas Schweineschmalz zu, damit es fester wurde. Eine ostpreußische Spezialität war Schwarzsauer. Dazu wurde Gänseklein (Gekröse) mit Backobst und Gewürzen gekocht. Wenn das Fleisch gar war, wurde Gänseblut mit etwas Mehl verquirlt und in die Brühe gegossen. Das Ganze wurde noch einmal durchgekocht und mit Essig, Zucker und Salz abgeschmeckt. Es gab Mehlklöße oder Kartoffelkeilchen dazu. Mutti ließ uns Kinder immer abstimmen, welche Klöße wir wollten. Übrigens versuchte sie nach der Flucht, mit Rinder- oder Schweineblut Schwarzsauer zu kochen, es schmeckte bei weitem nicht so gut wie seinerzeit in Ostpreußen. Aus dem Gekröse kochte meine Mutter auch Weißsauer, es wurde mit etwas weniger Brühe und im Gegensatz zu Schwarzsauer, ohne Blut hergestellt, mit Salz, Pfeffer, Essig und einer Prise Zucker abgeschmeckt, und gelierte beim Erkalten wie Sülze. Das Gänseklein wurde vor dem Kochen kleingehackt. Auch das Weißsauer kam zum Vorrat und wurde eingeweckt. Zum Gänseklein gehörten auch die Füße, sie wurden gebrüht, um die lederartige Haut abziehen zu können. Sie waren beim Essen nicht Jedermanns Sache. Da sie fast nur aus Haut, Knorpeln und Knochen bestanden, eigneten sie sich eigentlich nur zum absuckeln (ablutschen). Ganz sparsame Landwirtsfrauen machten auch Wickelfüße, bei uns gab es sie nicht. Hierfür wurden die Gänsedärme sorgfältig gesäubert, was eine unangenehme Arbeit war. Da die Tiere einen Tag vor der Schlachtung nichts mehr zu Fressen bekamen, waren die Därme fast leer. Der restliche Inhalt wurde rausgespült, indem man durch einen Trichter Wasser in den Darm goss, ihn hin- und herschwenkte, um dann die schmutzige Flüssigkeit rauslaufen zu lassen. Dieser Vorgang fand im Stall statt und wurde solange wiederholt, bis das Wasser klar war. Danach wurden die Därme gedreht, sodass das Innere nach außen kam. Sie wurden auf eine feste Unterlage, beispielsweise auf einen Tisch gelegt und geschrabt, das heißt, es wurde mit einem stumpfen Messer die Schleimhaut ausgeschabt, dann mit grobem Salz abgerieben und zwischendrin immer wieder gespült. Bei diesen Arbeitsvorgängen musste man sehr vorsichtig sein, um den Darm nicht zu verletzen. Letztendlich war er dann fast durchsichtig und konnte verwendet werden. Dann wurden die Därme um die Gänsefüße gewickelt und landeten im Kochtopf. Wie alle Gerichte, die auf den Tisch kamen, hatten auch Wickelfüße ihre Liebhaber, sie kamen meistens in den Schwarzsauertopf. Eine Krönung war jedoch der Gänsebraten mit Kartoffelklößen und Rotkohl oder Schmorkohl aus Weißkraut. Man aß auch Salzkartoffeln und Selleriesalat dazu. Gänseschinken (Keulen) wurden mitsamt dem Knochen geräuchert. Bei der Gänsebrust wurde der Knochen herausgelöst, was vorsichtig geschehen musste, damit das beidseitige Fleisch nicht auseinander fällt. Dann wurde das innere Fleisch gesalzen, gepfeffert und mit Salpeter bestreut, das Mutti aus der Apotheke in Gumbinnen besorgte. Wie sie mir erklärte, half es nicht nur zum Haltbar machen, sondern auch zum Erhalt der roten Farbe des Fleisches. Die Gänsebrust wurde zusammengeklappt und zusammengenäht, wobei man darauf achten musste, dass das magere Fleisch ganz von der fetten Haut bedeckt ist, damit es nicht austrocknet. Danach blieb die Brust eine Woche lang in einem kalten Raum liegen, damit sie durchwürzt. Erst dann wurde sie wie die Keulen an einem Haken in die Räucherkammer gehängt. Wir wussten damals gar nicht, was für eine Delikatesse wir essen. Heutzutage ist sie genau wie die Gänseleber preislich fast nicht erschwinglich. In Bayern wird sie meistens aus Pommern oder Holstein angeboten. In den östlichen Ländern heißt sie auch Spickgans. Trotz des hohen Preises leiste ich mir jährlich zu Weihnachten ein Stück davon und beim Essen denke ich an mein geliebtes Ostpreußen und schwelge in Erinnerungen. Die Räucherkammer befand sich auf der „Lucht", dem Dachboden des Wohnhauses. Hier wurden auch die Schweineschinken und Würste nach den Hausschlachtungen geräuchert. Den Schlachtstall betrat ich erst, wenn das Schwein bereits im Sautrog lag. Dort wurde es mit kochendem Wasser, das in der Futterküche in einem Kessel gemacht wurde, übergossen, um danach geschabt zu werden, das heißt, es wurde von den Borsten befreit. Das Gerät dazu bestand aus dünnem Blech und sah wie eine Glocke aus. Am oberen Ende befand sich ein Haken, den man zum Abziehen der Zehenklauen benutzte. Die unteren, offenen Kanten der Glocke waren scharf geschliffen, und damit konnte man die Borsten abschaben, sodass die Schweineschwarte wie rasiert aussah. Nachdem es gewaschen war, wurde es mittels Flaschenzug an die Stalldecke befördert, wo es an einem starken Haken, der sich an einem Balken befand, befestigt wurde. Dann wurde es aufgeschlitzt und ausgenommen. Bevor ein geschlachtetes

Schwein verarbeitet wurde, musste der Fleischbeschauer aus Grasberg (Raudohnen) das Fleisch nach Trichinen untersuchen. Mir ist kein Fall bekannt, in dem er diese gefährlichen Schmarotzer feststellte. Mutti packte ihm immer ein paar Stücke Kotelett in seine Aktentasche. In den Kriegsjahren mussten Hausschlachtungen angemeldet werden. Die Zahl der Schweine, die man schlachten durfte, war begrenzt. Schwarzschlachtungen waren, obwohl strafbar, an der Tagesordnung. So kam es häufig vor, dass ein Schwein angemeldet, aber zwei geschlachtet wurden. So erlebte es der Fleischbeschauer einmal, als er seines Amtes waltete, dass der kleine Lorbass von nebenan neugierig vorbei schaute und plötzlich rief: „ Sowat hebb eck noch nich gesähe, e Pochel met zwee Zoagel!“ (So was hab' ich noch nie gesehen, ein Schwein mit zwei Schwänzen).

Das Hirn blieb immer meinem Vater vorbehalten. Es wurde gesäubert, gesalzen, gepfeffert und in Butter gebraten. Papa verspeiste es meistens als Zwischenmahlzeit, die es am Vormittag gab und Kleinmittag genannt wurde. Ich wollte wenigstens ein bisschen davon schmengern (naschen), aber es hieß, Kinder werden davon dumm, und da verzichtete ich lieber.

Meine Mutter ließ es sich nicht nehmen, alle möglichen Wurstsorten selber zu machen. Für eine salamiartige Dauerwurst benötigte sie einen Teil Rindfleisch, das wir entweder aus Gumbinnen, oder vom Fleischer Witt, Tollmingen, besorgten. Blut- und Leberwurst hat sie eingeweckt und auch geräuchert. Schinken und Bauchfleisch wurden für ein paar Wochen in eine Lake aus Kochsalz und Salpeter gelegt, bevor sie in den Rauch gehängt wurden. Die Graupen- oder Grützwurst wurde zum schnellen Verbrauch gemacht. Es waren Kochwürste und durften nicht so prall gefüllt werden, damit sie beim Kochen nicht platzen. Das ließ sich niemals ganz vermeiden, und die auf diese Weise angereicherte Brühe ergab dann die gute Wurstsuppe, zu der Pellkartoffeln gegessen wurden.

Eine unangenehme Arbeit war das Säubern der Därme, denn wir brauchten sie als Wursthäute. Die käuflichen Kunstdärme waren teuer und taugten nichts. Naturdärme waren besser. Die

Prozedur des Säuberns war die gleiche wie bei den Gänsedärmen, die für die Wickelfüße benötigt wurden. Für die Dauerwurst nahm Mutti immer die großen, dicken Därme, machte aber zusätzlich für den frühen Verbrauch auch einige kleine, dünne Würste. Wenn sie dann Probeessen ansagte, um festzustellen, ob sie durchgeräuchert waren, aß ich sie mitsamt der Haut, es knackte so schön, wenn man reinbiss.

Im Winter wurden drei große Schweine geschlachtet und verarbeitet, im Sommer ein kleines Pochelchen zur Getreideerntezeit. Das kleine Schwein war in der sommerlichen Hitze zum schnellen Verbrauch gedacht. Zur Kornaust (Getreideernte) wurde tüchtig gegessen. Da wurde auf dem Feld ein großes Tischtuch ausgebreitet, auf dem die meist deftigen Sachen zum Zugreifen einluden.

Um diese Zeit kochte meine Mutter auch Bier, leider habe ich kein Rezept davon, ich weiß nur, dass Hopfen, Hefe und Kathreiner-Kaffee nötig waren. Wenn der Biermann aus Gumbinnen einmal wöchentlich bei uns vorbeifuhr, um die Gasthäuser in den Dörfern zu beliefern, kauften wir ihm manchmal eine Kiste ab. Ich kann mich erinnern, dass es zumindest zu Pfingsten immer Flaschenbier gab. Einen guten Kirschlikör stellte Mutti auch her, dem die Frauen auf dem Feld nach einer üppigen Mahlzeit zusprachen. Hausschlachtungen fanden immer frühmorgens statt. Obwohl ich bei der direkten Schlachtung nicht dabei zu sein brauchte, konnte ich an dem betreffenden Morgen nicht frühstücken, so flau war mir im Magen. Bei winterlichen Hausschlachtungen wurde vom Schwein eine ungesalzene, rohe Speckschwarte als Vogelfutter an die Blautanne vor dem Küchenfenster gehängt. Bei Gänsen waren es Knochen, an denen sich noch Fleischreste befanden. Alle Sorten von Meisen, Amseln und auch andere Vögel kamen vom Fluss her, um sich eine Mahlzeit zu holen. Spatzen, die im Frühjahr massenhaft unter den Stalldächern nisteten und sich anscheinend einbildeten, ein Hausrecht zu haben, stritten mit den anderen Vögeln um das Futter, und es herrschte ein reges Treiben. Oft saß ich mit meiner kleinen Schwester (acht Jahre jünger) auf dem Schoß am Küchenfenster

Meine Mutter
Gertrud Meiser.
Aufgenommen im Jahr 1940.

und wir beobachteten das lebhafte Völkchen. Wenn ein Schaf geschlachtet wurde, verließ ich als Schulkind erst den Hof, wenn meine Mutter mir ein Stück gebratene Schafsleber in die Hand gedrückt hatte. Ich esse sie auch heute noch für mein Leben gern, doch leider bekommt man sie auf dem Markt, geschweige denn in den Restaurants, kaum angeboten. Einmal jedoch habe ich mich daran sattgegessen. Es war 1977 in Bulgarien, als mein Mann und ich auf der Durchreise in die Türkei das Land zehn Tage lang besuchten. Schafsleber stand auf jeder Speisekarte.

Leider waren zur Zeit der Getreideernte auch die Kirschen reif und mussten gepflückt werden. Dann waren wir alle im Großeinsatz im Feld und im Garten. Ich wurde immer auf die höchsten Bäume geschickt, weil ich gut und gerne kletterte. Wir hatten so viele Kirschen, dass wir einige Zentner verkauft haben. Diese Einnahme gehörte zu Muttis Taschengeld. Die Früchte wurden nicht gewogen, sondern mit einem Litermaß aus den großen Wannen geschöpft. Kirschbäume sind ja nicht sehr stark im Holz und es kam vor, dass ein großer Ast abbrach und ich segelte mit dem halben Baum zur Erde. Alte Bäume, die erneuerungsbedürftig waren, wurden umgesägt und am Boden abgeerntet. Dann gab es viele Sorten von Kirschkuchen. Besonders gern aß ich den Kirschfladen, der ein Blechkuchen war. Hefeteig wurde auf einem großen Kuchenblech ausgerollt, mit entsteinten Kirschen belegt und im Ofenrohr gebacken. Damit die Früchte während des Backvorganges nicht so viel Saft ziehen, wurde erst danach gezuckert. Wie alle anderen Obstarten wurden auch Kirschen haltbar gemacht. Essigkirschen kamen in Steintöpfe, Kompott wurde eingeweckt und Marmelade kam in Gläser, die mit Pergamentpapier verschlossen wurden. Beliebt war die Kirschkreide, deren Herstellung äußerst schwierig und zeitraubend war. Die gedämpften Früchte wurden durch ein Sieb gestrichen, sodass die Kerne zurück blieben. Dann wurde der Fruchtbrei mit Zucker vermengt und unter ständigem Rühren so lange gekocht, bis er die gewünschte Konsistenz hatte. Beim stundenlangen Rühren wechselten wir uns ab, zumal es dabei fürchterlich spritzte und wir zum Schutz gegen den kochenden

Brei Handtücher um unsere Arme wickeln mussten. Viele Marmeladen kochten wir mit Krumpelzucker. Hierfür wurde die erforderliche Zuckermenge im Topf erhitzt, bis sie schmolz und sich Krumpel bildeten. Dazu kamen die vorbereiteten Früchte und wurden entsprechend lange gekocht. Später, als es Opekta gab, wurde gelegentlich auch dieses Geliermittel für Marmeladen und Gelees verwendet. Andere Obstarten wie Apfelspalten, Birnen und Pflaumen wurden auch durch Trocknen haltbar gemacht, indem meine Mutter die Früchte nach dem Brotbacken in den noch heißen Ofen tat.

Sogar für die Kirschkerne hatten wir Verwendung. Ein Teil von ihnen wurde gewaschen, getrocknet und in kleine Säckchen gefüllt. Im Winter wurden die Steine in der Ofenröhre oder in der Pfanne erhitzt, kamen wieder in die Stoffbeutel und dienten als Wärmespender für kalte Füße. Auch in der Hausmedizin wurden sie als Heizkissenersatz eingesetzt, wenn trockene Wärme angeordnet worden war.

Eine Plage waren die Stare, die zuhauf in die Bäume einfielen. Sie nisteten unter den Dachpfannen, taten sich an den süßen Früchten gütlich und richteten viel Schaden an. Zur Abwehr hängte meine Mutter Heringe in die Bäume oder machte Vogelscheuchen. Das waren Lattenkreuze, die sie mit alten Kleidern ausstaffierte. Mein Vater befestigte sie dann in den Kirschbäumen. Wir Kinder aßen übrigens das Harz, das aus den Rinden der Kirschbäume trat.

Viele ostpreußische Rezepte, nach denen meine Mutter daheim kochte, habe ich übernommen.

Da gab es die sättigenden Eintöpfe, die zweimal wöchentlich auf den Tisch kamen. Abwechselnd war ein Huhn drin, Schweinefleisch oder Lamm.

Birnensuppe mit Klunkern war eine süße Angelegenheit. Mutti bereitete sie auch mit anderen Obstsorten zu, je nach Saison. Sauerampfersuppe habe ich noch gut in Erinnerung, das Blattgemüse wuchs im Gemüsegarten, wo es meine Mutter angebaut hatte, man fand es aber auch wild wachsend auf den Wiesen. Aus den roten Rüben kochte Mutti Beetenbartsch (Rote-

Rüben-Suppe). Dazu gab es Bratheringe, wofür sie Salzheringe wässerte, in Mehl wendete und in Schmalz briet; eine etwas eigenartige Zusammenstellung. Ein Fass mit Salzheringen stand bei uns immer im Vorratskeller. Das Rezept zum üppigen, ostpreußischen Heringssalat findet man heute in vielen Kochbüchern. Eine mutige Zusammenstellung waren auch Bratkartoffeln mit Hering. Hierzu mischte meine Mutter in die fertigen Kartoffeln Heringsstückchen und saure Sahne und briet alles noch mal unter Wenden durch.

Bei der Resteverwendung wurde unter den Kartoffelbrei fertig gekochter saurer Kumst, (ostpreußischer Ausdruck für Sauerkohl) gemischt, und darüber kamen gebratene Speckwürfel. Das Gericht nannten wir Schedderstroh (Schüttelstroh). Alljährlich wurde im Herbst Sauerkraut eingemacht, was immer nach der Hackfruchternte geschah. Weißkohl wurde gehobelt und schichtweise mit Salz in ein Holzfass gefüllt. Nach jeder Schicht wurde mit einem Holzpflock gestampft, bis sich Saft bildete. So fuhr man fort, bis das Kumstfass (Kohlfass) voll war. Dann kam ein Deckel drauf, der mit einem Stein beschwert wurde.

Durch die entstehende Milchsäuregärung wurde der Kohl haltbar und konnte schon nach einigen Wochen in der Küche verwendet werden. Eisbein mit Sauerkraut oder mit geräuchertem, durchwachsenem Speck (Bauchfleisch, in Bayern: Wammerl) war immer ein willkommenes Winteressen. Nach Hausschlachtungen gab es immer Sauerkraut mit Schweinerippchen oder Blut- und Leberwurst. Wärmend war auch in der Winterzeit eine Sauerkrautsuppe mit Graupen drin, die Kälberzähne genannt wurden, weil die Graupen, wenn sie gequollen waren, so ähnlich aussahen. Wenn dann aber der Frühling kam, wurde ein erfrischender Sauerkrautsalat gemacht.

Das Kumstfass stand im Vorratskeller, der sich unter dem Wohnhaus befand und von einem der beiden Flure zu erreichen war. Ein zweiter Keller war unter der Scheune. Dort lagerten Rüben, Kartoffeln und bis in den späten Herbst hinein auch Kohlköpfe. Hier hat auch mein geliebter Teddy einmal überwintern müssen. Er war plötzlich im Herbst verschwunden und alles Suchen half nichts. Ich vermisste ihn sehr, aber mein Weinen und Jammern nützte nichts. Bis im Frühjahr die Vorräte zusammenschmolzen und der Keller sich leerte. Da fanden die Leute meinen kleinen Liebling. Er hatte den ganzen Winter über unter den Kartoffeln gelegen und sah entsprechend aus. Sein Fell war verschmutzt und zottelig, aber das Schlimmste war, dass er ein Auge verloren hatte. Ich wollte, dass Mutti mit ihm und mir zum Augenarzt fährt, aber das redete sie mir verständlicherweise aus. Stattdessen nähte sie ihm einen kleinen passenden Knopf in die leere Augenhöhle, sodass mich mein kleiner Teddy wieder richtig sehen konnte.

Obwohl Bauern zu den Selbstversorgern gehörten und Außenstehende annahmen, dass die Verpflegung eintönig sei, sorgte eine geschickte Vorratshaltung das ganze Jahr über für Abwechslung im Speiseplan. Man war unabhängig, und alles was essbar war, wurde entweder im Stall gehalten oder im Garten oder auf dem Feld selbst angebaut.

Inzwischen schreiben wir das Jahr 2004, und ich habe meine geliebte, verlorene Heimat in den letzten Jahren zweimal besucht. Nach jeder Heimkehr von der Reise in die Vergangenheit lud ich meine Verwandtschaft zu einem Dia-Abend ein und kochte ostpreußisch. Im Herbst 2002 gab es Beetenbartsch (Rote-Rüben-Suppe) und Schmandschinken. Ich habe mehrere Schinkensorten ausprobiert, aber keiner schmeckte wie daheim. Am geeignetsten fand ich dann letztendlich den Schinkenspeck, der als Aufschnitt angeboten wird. Ich ließ ihn in fingerdicke Scheiben schneiden – er kommt geschmacklich dem ostpreußischen Schinken am nächsten.

Für die Königsberger Fleck wurde Rindermagen mit Markknochen, Zwiebeln, Sellerie, Petersilienwurzeln, Mohrrüben, Lorbeerblättern, Pimentkörnern, Salz und Pfeffer weich gekocht. Dann wurde alles in kleine Stücke geschnitten und wieder in die Brühe getan. Zum Schluss kam Majoran hinzu und das Ganze wurde mit Essig und einer Priese Zucker abgeschmeckt. Dazu aß man Brötchen und Mostrich (Senf) und trank Bier oder Korn, einen Klaren. Dieses Gericht wurde besonders in und um

Königsberg herum gegessen. Als in einer dortigen Kneipe der Andrang eines Tages so groß war, dass die Köchin mit dem Kochen nicht mehr nachkam, machte die Not sie erfinderisch. Sie nahm eine alte Lederjacke, schnitt sie in kleine Stücke, tat diese mit den übrigen erforderlichen Zutaten in einen Dampftopf und garte den Inhalt. Nachdem sie die Brühe abgeschmeckt hatte, wurde sie als Königsberger Fleck serviert. Als ein Gast Knöpfe in seinem bestellten Gericht fand, äußerte er sich folgendermaßen: „Sowatt hebb eck noch niemoals jejäte, de Ochs mott e Pansen gehoabt hebbe, de totoknöppe war." (So was habe ich noch niemals gegessen, der Ochse muss einen Magen gehabt haben, der zuzuknöpfen war.)

Im Winter waren „Arfte met Späck" als wärmender Eintopf willkommen, mit „Arfte" sind Erbsen gemeint. Auch hierüber gab es eine Anekdote. Eine Bäuerin hatte einen Kirchgang geplant, und es sollte zum Mittagessen Erbsen mit Speck geben. Da sie mit ihrer Familie pünktlich essen wollte, Hülsenfrüchte aber eine lange Garzeit benötigen, setzte sie den Eintopf schon auf den Herd, bevor sie den Weg in die Kirche antrat. Das Gericht sollte auf kleiner Flamme langsam vor sich hinköcheln. In der Kirche angekommen, packte sie ihr Gesangbuch aus und stellte erschreckt fest, dass sie ein Stück Speck dabei hatte. Das Gesangbuch war in der Eile im Suppentopf gelandet.

Im Winter gab es abends oft die wärmende Milchsupp mit Klunker (Mehlklümpchen), dazu konnte man ein Butterbrot essen oder anschließend noch belegte Brote.

Bistmilch nannte man die Milch, welche die Kuh gleich nach dem Kalben gab. Sie war sehr fett und von gelber Farbe. Mutti kochte damit ebenfalls Suppe oder sie backte zur Feier des Tages Bistflinsen. Ich mochte beides nicht, ich ekelte mich sogar davor. Übrigens bekam jede Kuh nach dem Kalben einen Eimer voller Haferschleim zur Stärkung.

Mutti kochte sogar Käse. Hier das Rezept:

Kochkäse (Schnittkäse)

500 Gramm Glumse, 100 Gramm Butter, etwas Milch, Salz, Kümmel und einen gestrichenen Teelöffel voll doppelkohlen-

saures Natron unter Rühren kochen, bis die Masse glatt ist. In ein ausgespültes Gefäß geben und über Nacht erkalten lassen. Danach ist der Käse schnittfähig.

Wenn man Streichkäse herstellen will, verwendet man mehr Milch oder Sahne dazu. Leider wird in Bayern keine Glumse angeboten, und mein Vorhaben, Käse zu kochen, misslang.

Wenn von den ersten Frühkartoffeln Flinsen (Kartoffelpuffer, in Bayern: Reiberdatschi) gebacken wurden, stand ich als kleines Kind im Garten unter dem Küchenfenster und wartete, bis mir Mutti welche hinausreichte. Am Mittagstisch war ich dann meistens schon satt.

Ihre Kuchen konnten sich sehen lassen, allen voran die reich garnierten Torten. Und dann die Streusel-, Apfel-, Kirsch- und Glumsfladen (Quark), die wöchentlich gebacken wurden. Ein handgeschriebenes Räderkuchenrezept hat die Flucht 1944 irgendwie überstanden und ich benutze es wenn mal unverhoffter Besuch kommt, weil es schnell geht. Übrigens eignet sich der rohe Teig auch zum Einfrieren und ist dann immer griffbereit.

Da wir schon sehr früh als einziger Landwirt im Dorf elektrischen Strom hatten, hatte Mutti auch einen elektrischen Herd. Sein Besitz brachte eine große Erleichterung. Meine Mutter musste, um einen einzigen Kuchen zu backen, nicht mehr den großen Kohlenofen heizen, was besonders im Sommer lästig war. Wenn an besonders heißen Sommertagen die Quecksilbersäule in die Höhe schoss, ging Mutti mit uns, ihren drei Töchtern, zum Fluss zum Baden. Sie trug dabei einen ganz sittsamen, schwarzen Badeanzug, der ab der Taille einen Überrock hatte, der fast bis zum Knie reichte. Wir badeten meistens in der Pferdeschwemme, wo die Schwentaine einen Bogen machte und der Wasserstand etwas tiefer war als im übrigen Flusslauf. Alte Weidenbäume, Erlen und Faulbeersträucher säumten das Ufer. Über und über waren die Faulbäume im Frühling mit weißen Blüten übersät und strömten ihren Duft aus. Es war eine romantische Ecke, die wir „Zigeunerwinkel" nannten. Hier kampierten auf der anschließenden Gemeindewiese oft Zigeuner, hielten ihr Picknick ab und schwärmten im Dorf aus, um zu prachern (betteln). Der Fluss war zu jeder Jahreszeit ein großer Anziehungspunkt. So war er auch bei den abendlichen Spaziergängen, an denen auch mein Vater teilnahm, oft unser Ziel. Wenn dann über den Ellerchen der Mond aufging, erinnerte uns Mutti an Mathias Claudius' „Der Mond ist aufgegangen" und die abendliche Stimmung passte genau zu der Liedstelle: „Der Wald steht schwarz und schweiget und aus den Wiesen steiget der weiße Nebel wunderbar." Er dehnte sich über die Weidegärten bis zum Berg aus, an dem unsere Schonung stand. Wenn ich die Augen schließe, sehe ich das Bild noch heute vor mir. Wenigstens solche Bilder kann einem niemand rauben.

Einmal erlebten wir ein einmaliges Naturereignis, nämlich ein Nordlicht (Polarlicht). Mein Vater entdeckte es am nächtlichen Abendhimmel, als er zu später Stunde noch einen Rundgang über den Hof machte. Er rief uns alle aus dem Haus und wir liefen zum nördlichen Hoftor, das zwischen Hühnerstall und Scheunengiebel war. Die Lichterscheinung am Horizont sah wie ein roter Vorhang aus, es war, als ob der Himmel brennt. Dadurch, dass wir auf einer Anhöhe wohnten, hatten wir gute Sicht. Dorfbewohner, die im Tal waren, hatten nichts davon bemerkt.

Eines Tages, die Ernte war beendet und es war etwas mehr Ruhe eingekehrt, meinte mein Vater: „Warum fahrt ihr nicht mal nach Königsberg?" Schließlich hatte meine Mutter dort zwei verheiratete Brüder. Sie nahm den Vorschlag an und meine Schwester und ich freuten uns auf die große Reise. Wir waren noch nie so weit mit der Bahn gefahren. Gumbinnen, Goldap und Insterburg waren die bisher weitesten Ziele. Doch halt, dazu gehört noch Tilsit. Dort lebte anfangs Muttis ältester Bruder ein paar Jahre und wir besuchten ihn. Ich war damals noch im Vorschulalter und kann mich kaum noch daran erinnern. Eine große Brücke, die mit Sicherheit die Luisenbrücke war, blieb jedoch in meinem Gedächtnis erhalten. Als ich 1992 mit meiner Familie dort war, erzählte ich, dass ich vor rund 65 Jahren mit meiner Mutter zum ersten Mal auf dieser Brücke gestanden habe und dass deren Name von Luise, Königin von Preußen (1776-1810), herstammt.

Der Höhepunkt unseres ersten Königsberg-Besuches, es war circa 1935, war ein Kinobesuch, da verblasste selbst der Tiergarten, das Kino hatte für uns den ersten Stellenwert. Meine Mutter begleitete uns und wir sahen den berühmten Kinderstar Shirley Temple (geboren 1928).

Natürlich gingen wir auch zu „Schwermer“ und kauften das berühmte Königsberger Randmarzipan, das jetzt in Bad Wörishofen hergestellt wird. Mutti machte es alljährlich zu Weihnachten selber, was ziemlich mühselig war. Es gab damals noch keine Marzipanrohmasse. Sie musste die geschälten Mandeln zweimal mahlen und mit Rosenwasser und Puderzucker verkneten. Der Teig wurde mit einem Nudelholz ausgerollt, aus dem man Kreise, Halbmonde und Herzen ausstach. Danach wurde ein Randstreifen aufgesetzt, den man mit einer Gabel einkerbte. Dann folgte der schwierigste Teil der Arbeit, nämlich das Bräunen der Oberfläche, was unbedingt ohne Unterhitze erfolgen musste, weil die Teilchen sonst aufweichten. Aber wer hatte seinerzeit einen Backofen ohne Unterhitze?

Hier war guter Rat teuer und Mutti probierte alles Mögliche und Unmögliche aus. Bevor der Elektroherd angeschafft wurde, versuchte sie es mit einem Toaster, den sie über das Marzipan hielt, was ungemein schwierig war und keine Bräunung ergab. Ein Versuch mit dem Bügeleisen schlug verständlicherweise ebenfalls fehl, weil es nicht die notwendige Hitze abgab. Die beste Bräunung erzielte man mit einer glühenden Pflugschar. Sie wurde auf die Glut des Kohlenherdes gelegt bis sie glühte und dann mit Zangen über das Marzipan gehalten. Mühsamer ging es wirklich nicht – man hätte die Prozedur fotografieren sollen.

Bei dieser Gelegenheit möchte ich schildern, wie ich heutzutage Marzipan backe. Die fertigen Teilchen lege ich auf ein mit Backtrennpapier ausgelegtes Backblech. Dann heize ich das Backrohr auf 250 Grad ordentlich vor. Erst dann schiebe ich das Blech mit dem Marzipan auf die obere Schiene. Um Unterhitze zu vermeiden, schiebe ich sofort alle mir zur Verfügung stehenden leeren Bleche auf die unteren freien Schienen. Es dauert nicht lange, und das Marzipan ist wunderbar gebräunt. Zur Nachahmung empfohlen! PS: Inzwischen besitze ich einen Bunsenbrenner (Gasbrenner), den man zum Karamellisieren, Gratinieren, Überkrusten und Bräunen benutzen kann. Er ist in meiner Küche die neueste Errungenschaft, ich habe ihn aber noch nicht ausprobiert.

Aus der damaligen Weihnachtszeit stammen auch zwei handgeschriebene Rezepte, nämlich Pfefferkuchen und Christstollen.

Vorzüglich gelang Mutti auch der Blätterteig, den wir auch Butterteig nannten. Er war wegen seiner vielen Arbeitsgänge mühsam herzustellen, aber die Arbeit lohnte sich, er ging mehrere fingerhoch auf und schmeckte köstlich. Mit der Weihnachtsbäckerei fing Mutti schon vor dem ersten Advent an und von Jahr zu Jahr überraschte sie uns mit neuen Rezepten. Einmal sagte meine Mutter in der Adventszeit ganz geheimnisvoll: „Heute machen wir Blutwurst!" „Nanu", dachte ich, „wie soll das vor sich gehen?" Wir hatten doch keine Hausschlachtung gemacht. Es handelte sich in Wirklichkeit um ein Konfekt. Gemahlene Mandeln wurden mit Puderzucker, Rosenwasser und Kakao solange verknetet, bis der Teig geschmeidig und gleichmäßig dunkelbraun war. Unter diese Masse wurden geschälte, grob gehackte Mandeln gemischt. Daraus formte man eine Rolle und schnitt sie in Scheiben, die einer Blutwurst mit Speckwürfeln sehr ähnlich sahen. Aus derselben Grundmasse, allerdings ohne „Speck", formten wir auch kleine Igel, die als Stacheln Mandelstifte bekamen. Blutwurst und Igel schmeckten gut und boten auch optisch eine interessante Abwechslung auf dem bunten Teller. Auf ihm lagen außer den Kleinen Kuchchens (Weihnachtsplätzchen) auch Pralinen, die Mutti in Gumbinnen gekauft hatte. Auf diese hatten wir Kinder es besonders abgesehen, wobei uns nicht nur der Inhalt, sondern genauso das blanke Papier, in dem sie meistens eingewickelt waren, lockte. Es wurde sorgsam auseinandergefaltet und mit dem Fingernagel vorsichtig glattgestrichen. Dann wurde es zu den anderen Schätzen ins

Schubfach gelegt, wovon jedem der drei Kinder eines gehörte. Wenn am Heiligen Abend jeder seinen bunten Teller vor sich stehen hatte, ging das Tauschgeschäft los. „Kinderchen, wer will tauschen?“, fragte mein Vater und dann ging's los. Wir suchten uns natürlich die Plätzchen aus, die uns am besten schmeckten und natürlich auch das gekaufte Konfekt. Zum Schluss war es dann so, dass Papa auf seinem Teller nur noch „Ausschuss“ hatte, das heißt das Kleingebäck, das wir nicht mochten. Er nahm es lächelnd hin, denn er wusste, dass Mutti seinen Teller mit besseren Sachen wieder auffüllt. Die Vorweihnachtszeit war immer sehr gemütlich, feierlich und geheimnisvoll. Fast immer lag bei uns in Ostpreußen um diese Jahreszeit schon Schnee. So trug auch die Natur das ihrige zur vorweihnachtlichen Stimmung bei. Adventskränze flocht Mutti stets eigenhändig und schmückte sie mit roten Schleifen und Kerzen.

An jedem der vier Adventssonntage wurde ein Lichtlein angezündet, wir sangen Weihnachtslieder und es gab die ersten Plätzchen zu knabbern. Später, als Sigrid und ich Klavierunterricht hatten, übten wir fleißig, um die anderen beim Singen zu begleiten. Ein weihnachtliches Notenheft aus der damaligen Zeit, das durch eine Büchersendung, die wir 1944 auf der Flucht zu meiner Tante nach Bayern tätigten, gerettet wurde, ist jetzt in meinem Besitz. Es heißt: „… und Friede auf Erden“ – Weihnachtsalbum. Die schönsten Weihnachtslieder und Weihnachtsstücke für Klavier, leicht gesetzt von Bernh. Schumann.“ Es erschien damals im H. R. Krentzlin-Unterrichtsverlag Berlin-Lichterfelde und kostete seinerzeit, circa 1940, 2,50 RM. Das Heft enthält auch zwei vierhändige Stücke „Weihnachtsmarsch“ von Theodor Hirsch, Op. 82, Nr. 1 und „Weihnachtsklänge“ von Ferdinand Voigt. Ich hatte einen sehr musikalischen Mann, und als wir uns Anfang 1960 wieder ein Klavier leisten konnten, übte ich fleißig und wir spielten die beiden Stücke vierhändig.

Am 6. Dezember, dem Nikolaustag, erschien der Heilige, jedenfalls in den ostpreußischen, evangelischen Haushalten, nicht persönlich. Wir stellten lediglich die Schuhe oder Stiefel vor die Tür, in die er über Nacht kleine Geschenke legte. Manchmal war auch eine Rute dabei. Im katholischen Bayern, wo ich jetzt wohne, kommt der Schutzpatron der Schüler und Kinder in Begleitung des gefürchteten Krampus, der unartige Kinder in seinen Sack steckt. Bei meiner Enkelin Nora ist auch noch immer ein Engel im Geleit, der die oft gefährliche Lage zumindest optisch etwas abschwächt. Wenn nämlich der Nikolaus sein goldenes Buch aufschlägt und nicht nur lobende Worte verliest, sondern auch Untaten erwähnt, rutscht manches Kinderherz in die Hose. In Ostpreußen kam zwar nicht der Nikolaus, dafür erschien aber am Heiligen Abend der Weihnachtsmann, der eine ähnliche Funktion ausübte.

Bevor wir aber die Geschenke auspacken durften, mussten wir Kinder einzeln vor den Weihnachtsbaum treten und ein Gedicht aufsagen. Ich war immer sehr aufgeregt und hatte Angst, stecken zu bleiben. Meistens schaffte ich es ohne Unterbrechung und war jedes Mal froh, wenn ich es hinter mir hatte. Ich erinnere mich noch an ein Weihnachtsgedicht von Theodor Storm (1817-1888), es heißt „Knecht Ruprecht“: „Von drauß' vom Walde komm ich her. Ich muss euch sagen, es weihnachtet sehr …“ Es war ein längeres Gedicht und ich drückte mich davor, ein kürzeres war mir lieber, zum Beispiel „Vom Christkind“ von Anna Ritter (1865-1921): „Denkt euch, ich habe das Christkind gesehen! Es kam aus dem Walde, das Mützchen voll Schnee. Mit rotgefrorenem Näschen …“

Bei den Geschenken wurden, soweit es ging, unsere Wünsche erfüllt. Ein Buch war jedenfalls immer dabei. Als ich im Backfischalter war, bekam ich einmal eine Maniküre. Nagellack war nicht dabei, dafür aber eine kleine Dose mit einem Pulver, das man auf die Fingernägel tat und diese mit einem Glacéleder polierte bis sie glänzten. Auch eine „Kammschachtel“ gehörte zu den Geschenken. Sie war aus rotem Leder und innen mit cremefarbener Duchesse ausgepolstert. Außer Spiegel, Kamm und Bürste enthielt sie noch andere Utensilien für die Haarpflege. Bevor ich für ein Jahr in ein Internat ging, Landfrauenschule Wehlau, wurde ich mit Seidenwäsche ausstaffiert. Ein Charmeuse-Schlafanzug ist mir noch in Erinnerung, er war hellblau mit Streublümchen. Meine Eltern fuhren mehrmals im Jahr nach Gumbinnen zum Einkaufen, oftmals auch mit uns, aber wenn sie vor Weihnachten in die Stadt fuhren, versteckte Mutti den Einkaufszettel vor uns und tat sehr geheimnisvoll, was uns Kinder neugierig machte.

Zwischen Weihnachten und dem 6. Januar, Heilige Drei Könige, achtete meine Großmutter auf alte Bräuche, die wahrscheinlich heidnischen Ursprungs aus der Pruzzenzeit waren. Wir durften keine Wäsche waschen und keine Erbsen kochen. Was man in diesen Nächten träumte, sollte in Erfüllung gehen, Oma verbot uns auch am Karfreitag, der bei uns in Ostpreußen Stillfreitag genannt wurde, Geräusche zu machen. Mutti hat das Verbot einmal übertreten, indem sie in der Küche Karbonade klopfte, und handelte sich prompt eine Rüge ein. So wurde der Karfreitag bei uns zum stillsten Tag im Jahr. An den Sonn- und Feiertagen durfte nicht genäht werden, laut Großmutter würden uns dann die Hände abfallen. Sie erinnerte uns auch an das dritte Gebot: „Du sollst den Feiertag heiligen." Oder sie erwähnte die Schöpfungsgeschichte: „Am siebenten Tag aber ruhte Gott von allen seinen Werken …" Sie meinte, wir müssen uns daran halten und auch, wie der liebe Gott, am siebenten Tag, dem Sonntag, nichts tun. Schuhe auf den Stuhl oder gar auf den Tisch stellen, brachte Unheil. Und wenn man das Küchenmesser mit der Schneide nach oben liegen ließ, würde der Teufel noch am selben Tag durch die Küche reiten.

Als wir größer waren, durften wir alleine reisen. Nach meiner Konfirmation, der Zweite Weltkrieg hatte bereits begonnen, war ich von zu Hause aus zum letzten Mal in Königsberg. Meine Schwester Sigrid und ich waren wieder bei Tante Charlotte und Onkel Max Radtke, Rudauer Weg 5 eingeladen. Es waren Muttis jüngster Bruder, mein Lieblingsonkel und seine Frau, meine Lieblingstante, die mir immer so vorbildlich vorkamen. Als Backfisch sah ich die beiden als ideales Ehepaar und ich träumte davon, auch einmal so glücklich zu werden. Doch der unheilvolle Krieg trennte die beiden und die Ehe zerbrach. Bei dem damaligen Besuch hatte meine Mutter meine Tante gebeten, mich zu ihrem Friseur zu begleiten. Meine langen Lockenzöpfe sollten abgeschnitten werden und ich sollte die erste Dauerwelle bekommen. Tante sollte darauf achten, dass die Haare nicht zu kurz und zu kraus werden. Das Gegenteil war das Resultat. Mit kurzem, krausem Haar nahm mich meine Tante Charlotte nach der Sitzung in Empfang und wir verließen frustriert den Salon. Ich war ganz unglücklich über meinen „fremden" Kopf, aber Onkel Max hatte ein Trostpflaster parat und machte mit uns einen Ausflug nach Rauschen, dem bekannten Ostseebad. Die Ablenkung tat mir gut und ich fand dort sogar ein Stückchen Bernstein. Als Sigi und ich nach einigen Tagen heimkehrten, waren meine Eltern über mein Aussehen entsetzt. Mutti wusste mich wie immer zu trösten. „Die Haare werden täglich länger und die Krause lässt von Tag zu Tag nach", sagte sie und sie hatte recht. Aber der damalige Spruch „Eine deutsche Frau trägt einen Knoten" galt für mich nicht mehr. Von nun an konnte ich auch keine Affenschaukel, keinen Mozartzopf und keine Olympiarolle mehr tragen. Das Erstere waren zwei geflochtene Zöpfe, die über den Ohren mit Schleifen oder Spangen zusammengehalten wurden und wie eine Schaukel aussahen. Das Zweite war ein einzelner Zopf, den am Hinterkopf eine Samtschleife zierte, wie Mozart sie seinerzeit trug. Die Olympiarolle wurde 1936 während der Olympiade in Berlin sehr modern. Das gesamte Haar wurde ab der Stirn bis zum Nacken nach oben eingerollt und festgesteckt. Aber mein Haar wuchs nach und reichte mir bald bis über die Schultern.

Übrigens war das nicht mein letzter Aufenthalt in Königsberg. Anlässlich einer Reise durch den nördlichen Teil Ostpreußens war ich 1992 mit meinen Angehörigen dort. Ich erkannte die Stadt kaum wieder. Allein die Domruine, das Kantgrab und der Pregel erinnerten mich an die einst so schöne Hauptstadt der Provinz Ostpreußen. Den Rudauer Weg fand ich nicht mehr.

Auf dieser Reise hatten wir uns ein Taxi mit Dolmetscher genommen und fuhren zum Hauptgrund unserer Reise, nämlich nach Kubillen, meinem Geburtsort, in dem ich mit meinen Eltern, Geschwistern und unserer Oma bis 1944 glücklich war. Der

Hof war dem Erdboden gleich gemacht. Wie gut, dass meinen Eltern dieser Anblick erspart blieb.

Vor dem Zweiten Weltkrieg und am Anfang des Krieges fanden regelmäßig Dorfabende statt. Zu so einem Fest hatte meine Mutter einmal ein Gedicht gemacht, welches sie singenderweise vortrug. Jeder Dorfbewohner wurde bedichtet und beim Refrain forderte sie alle auf, mitzusingen. Das machte sie ganz toll, sie bekam viel Beifall und mein Vater war stolz auf sie. Bei solchen Anlässen wurde auch getanzt, aber leider war Papa Nichttänzer. Mutti, die noch recht jung war, freute sich sicher, wenn sie bei Tanzveranstaltungen hie und da von einem Nachbarn oder Verwandten aufgefordert wurde. Bei meiner Hochzeit tanzte sie selbstverständlich mit meinem Mann. Später dann auf unseren Hausbällen mit ihren drei Schwiegersöhnen.

In den Vorkriegsjahren und auch noch Anfang des Zweiten Weltkrieges hatten wir meistens im Herbst Einquartierung. Auf den abgeernteten Feldern wurden Manöver abgehalten. Während die Mannschaften in der Scheune kampierten, waren die jungen Offiziere bei uns im Wohnhaus einquartiert. Einmal hörte ich, wie ein junger, fescher Leutnant zu meiner Mutter sagte „Das nächste Mal suche ich mir eine aus." Er meinte eine ihrer Töchter. Zum abschließenden Manöverball durften wir nicht gehen.

Im Vorfrühling 1943 erkrankte meine Mutter schwer. Sie hatte einen Darmverschluss und wurde in der Privatklinik Dr. Emil Wittmoser in Gumbinnen operiert. Ich nahm zu dem Zeitpunkt an einem kunstgewerblichen Kursus an den Oberländischen Seen teil und wurde in Anbetracht der ernsten Lage heimgerufen. Frau Meindl, Oberschwester und rechte Hand des Chefs, richtete mir in Muttis Zimmer ein Bett her und ich durfte dort übernachten. Ich weiß nicht mehr, wie lange meine Mutter bewusstlos war, und wir waren alle heilfroh, als sie endlich die Augen wieder aufschlug. Anfangs sprach Dr. Wittmoser von einer zweiten Operation, was dann aber gottlob nicht nötig war. Wir verlebten jedenfalls bange Wochen und atmeten auf, als sie wieder zu Hause war. Als im Sommer 1944 mein Vater zum

Volkssturm eingezogen wurde, stand meine Mutter alleine da. Als Arbeitskraft hatten wir nur noch unseren letzten französischen Kriegsgefangenen Josef Rowet und den jungen Polen Waclaw Skwarek. Die Getreidefelder waren bereits abgeerntet, aber Kartoffeln und Rüben mussten noch aus der Erde und in die Keller und Mieten gebracht werden.

Am 10. August hatte ich Geburtstag, ich wurde 21 Jahre alt und es war der letzte und der traurigste Geburtstag, den ich daheim beging. Mutti hatte ein paar Räderkuchen gebacken und unsere Nachbarstochter Elfriede Schmidt kam zum Gratulieren. Der 10. August ist der Laurentiustag, an dem der Heilige Laurentius 258 in Rom als Märtyrer auf einem Rost verbrannt wurde. In dieser Nacht fallen angeblich die meisten Sternschnuppen und werden Laurentiustränen genannt. Bekanntlich kann man sich, wenn man eine Sternschnuppe sieht, etwas wünschen, das in Erfüllung geht. So ging ich bei Dunkelheit auf den Hof hinaus und schaute, wie immer an meinem Geburtstag, zum übersäten Sternenhimmel hinauf. Es fielen viele Laurentiustränen, aber ich hatte nur einen Wunsch, in Frieden mit meiner Familie in meiner geliebten Heimat bleiben zu dürfen. Er erfüllte sich nicht. Der gefürchtete, aber längst überfällige Fluchtbefehl kam zum 19. Oktober 1944. Es folgten 17 schreckliche Monate, die ich in meinem Fluchtbericht ausführlich geschildert habe. Ich glaube, meine Mutter hat in dieser Zeit am meisten von uns allen gelitten. Sie, als unfreiwilliges Familienoberhaupt, fühlte sich verantwortlich und musste viele, schwerwiegende Entscheidungen treffen. Nach gefahrvollen Tagen und Nächten, Wochen und Monaten, mit schlimmen Erlebnissen, erreichten wir auf Umwegen Anfang März 1946 Bayern, wo wir ab 12. März 1946 Arbeit, Brot und ein Dach über dem Kopf fanden. 1½ Jahre hatte unsere Odyssee gedauert und es begann ein neuer Abschnitt in unserem Leben. Langsam, sehr langsam, ging es uns allmählich besser. Anfangs arbeiteten wir bei Bauern, dann bekamen wir ein Gartenhäuschen als Unterschlupf und als meine jüngeren Schwestern heirateten, zogen Mutti und ich in ein Wochenendhaus, in dem uns ein Zimmer und eine Wohnküche zur Verfügung standen. Auch hier war der Herd die einzige Wärmequelle. Das Wasser holte meine Mutter aus einem Brunnen, der auf einem tiefer gelegenen Grundstück stand. Da im Winter immer die Pumpe einfror, hatte sie ihre liebe Not und musste das Gerät mit heißem Wasser auftauen.

Bis zu meinem 30. Lebensjahr lebten meine Mutter und ich zusammen, und es war eine sehr schöne, harmonische Zeit.

Nach den schrecklichen Erlebnissen unter den Russen und einer später nachfolgenden großen Enttäuschung wollte ich nicht heiraten und sagte ihr, sie solle mich daran erinnern, wenn ich in „Gefahr" käme. Kurz und gut, ich lernte am 3. Mai 1953 meinen Mann kennen, Mutti sagte nichts und am 19. September 1953, also nach circa vier Monaten, heirateten wir. Mutti war erst 53 Jahre alt und blieb alleine in ihrem Domizil. Ich sehe sie noch am Gartenzaun stehen, wie sie mir nachwinkte. Der Abschied fiel uns beiden nicht leicht. Nun waren alle drei Töchter verheiratet und auf sie fiel das Los fast aller Eltern im Alter, alleine zu sein. Mutti war immer sehr tapfer.

Nur einmal sagte sie zu mir: „Ihr könnt mit eueren Partnern über eure Probleme sprechen, ich habe niemand und euch will ich damit nicht belästigen."

Ein Nachbar meiner Mutter war der ehemalige letzte, deutsche Scharfrichter mit seiner Familie. Er hatte Telefon und erlaubte ihr, es zu benutzen und auch Anrufe entgegen zu nehmen. Ich rief sie fast täglich an und an den Wochenenden besuchten mein Mann und ich sie.

Am 1. April 1956 zog sie dann zu meiner Schwester Sigrid und bekam dort eine schöne Dachwohnung. Nun wohnten wir in Parallelstraßen und konnten uns zuwinken. 1957 wurde sie Großmutter, unsere Tochter Ulrike wurde am 2. Juni geboren, es war ihr erstes Enkelkind. Im Abstand von rund zwei Jahren kamen noch Dorothee und Martina hinzu, die Töchter meiner Schwestern Sigrid und Eva-Maria. Alle im Raum München wohnhaft. Jetzt hatte Mutti einen neuen Aufgabenkreis.

Ihrer Nähmaschine blieb sie fast bis zum Schluss treu. Einmal sagte sie: „Mit dem Nähen höre ich erst auf, wenn ich den Ärmel in die Taschenöffnung nähe.“ Aus dieser Zeit stammt eine witzige Zwischenrechnung, die sie meiner Schwester stellte:

Rechnung für Frau Löffler

1 Kostüm angefertigt	
4 Arbeitstage a‘ 10 Stunden	
zuzüglich 20 Nachtstunden	DM 50,00
1 Vorderteil vermurkst	
neu angefertigt	DM 15,00
Ärmel 3 x, Kragen 5 x getrennt	DM 12,00
1 Persianerkragen angef.	DM 60,00

	DM 137,00
	============

Zahlbar sofort ohne Abzug
Vorschuss am 12.1. eine Tafel Schokolade.

Sie hatte Humor, und wenn einmal etwas schief ging, sang sie: „Es geht alles vorüber, es geht alles vorbei, auf jeden Dezember folgt wieder ein Mai!“

Muttis Haare waren sehr früh ergraut und ich gab ihr den Namen „Grauchen“. Sogar ihre Enkelinnen haben dieses Kosewort übernommen.

Natürlich forschte sie während der ganzen Jahre nach unserem Vater.

Als wir 1946 /47 auf dem Bauernhof in Oberhaching lebten und dort arbeiteten, wusste die Bäuerin einen Hellseher, über den sie ihre ebenfalls vermissten Söhne suchen ließ.

Meine Mutter schickte auch ein Bild ein und bekam zur Antwort, mein Vater müsste sich im Raum Mecklenburg aufhalten, was sich leider nicht nachweisen ließ. Beim Roten Kreuz forschten wir auch vergeblich. Auch die Suche bei der Heimat-Ortskartei für Ostpreußen schlug fehl.

Damals schrieb meine Mutter ein Gedicht ab, das die Ostpreu-

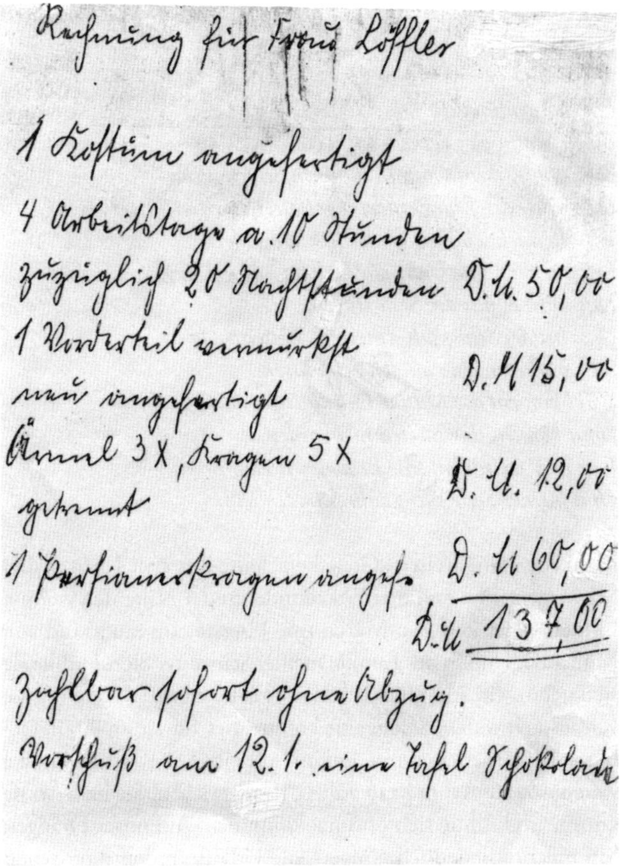

Rechnung für Frau Löffler

1 Kostüm angefertigt
4 Arbeitstage a. 10 Stunden
zuzüglich 20 Nachtstunden D.M. 50,00
1 Vorderteil vermurkst
neu angefertigt D.M 15,00
Ärmel 3 X, Kragen 5 X
getrennt D.M. 12,00
1 Persianerkragen angef. D.M 60,00
D.M 137,00

Zahlbar sofort ohne Abzug.
Vorschuß am 12.1. eine Tafel Schokolade

Von Mutti erstellte Rechnung an meine Schwester für die Herstellung eines Kostums.

ßin Toni Schawaller auf der Flucht 1945 verfasste, als sie ihren Lebensgefährten verloren hatte.

Ein Sonnenfünklein nur,
Einen Strahl von deinem Licht
Schick mir, mein Gott, in dunklen Schicksalstagen,
Dass mich der Lebenssturm wohl biegt, doch nicht zerbricht.
Was du auch schickst, ich lerne still es tragen.
Leg' auf die Lippen mir ein Lied an solchem Tag,
Lass mich es mit der Seele singen,
Dass bei des Schicksals schwerem Wetterschlag,
Sich stärken meine müden Schwingen.
Wohl braucht die Mutter Erde Sturm und Regen,
Sonst können ihre Saaten nicht gedeihn.
Lass mir, mein Gott, die Leidenszeit zum Segen,
Und meiner Seele nicht zum Schaden sein.

Das Leben ging weiter, „Grauchen" hatte ihre drei Töchter, drei Schwiegersöhne und drei Enkelkinder in der Nähe. Ich wohnte in Sichtweite und Eva-Maria, ihre Jüngste, am Stadtrand von München. Und in der Familie meiner Schwester Sigrid fühlte sie sich geborgen. Am glücklichsten war sie, wenn wir alle um sie versammelt waren. Solange sie konnte, machte sie an ihrem Geburtstag Gänsebraten und lud uns alle ein. Die Kartoffelknödel waren, soweit es ihre Kraft zuließ, handgerieben. Sie half, wo sie konnte und fühlte sich oft unabkömmlich. Auf unser Drängen hin machte sie jedoch einige Male Urlaub in den Bayrischen Bergen. Mehrmals sogar mit meiner Schwiegermutter zusammen auf Campingplätzen in unserem Wohnwagen. So kampierten die beiden gemeinsam am Waginger-, Tegern- und Schliersee und waren immer die bestaunten Standortältesten. Einmal hatten die beiden Pech mit dem Wetter. Eine Regenperiode ließ den Schliersee aus den Ufern treten. Ein harmloser, romantischer Gebirgsbach, der den Platz in zwei Teile teilte, wurde zum Strom und riss die kleine Verbindungsbrücke weg. Hilfskräfte mussten einschreiten. Meine Mutter unterrichtete uns telefonisch davon, und mein Mann und ich eilten hin, um den Wohnwagen samt Inhalt und Insassen abzuschleppen. Als wir dort ankamen, hatten sich die Wogen in der Natur und bei unseren Campern schon geglättet. Grauchen erzählte, dass meine Schwiegermutter während des Hochwassers um ihr Leben rannte, während sie selber versuchte, aus dem Vorzelt zu retten, was zu retten war. Mutti war eine „Mutter Courage". Wenn andere schon längst verzweifelten, wusste sie einen Ausweg und konnte trösten. Sie war ein Engel und hätte eine Krone verdient!

Ihren Geist hielt sie wach, indem sie viel las, einen regen Briefwechsel führte und Rätsel löste. Gerne bewirtete sie auch Gäste und trug nach ostpreußischer Art auf, dass sich der Tisch bog. Ich besitze noch handgeschriebene Rezepte von ihr. Ebenso habe ich ein paar Verse, die wahrscheinlich ihren damaligen Gedanken und Stimmungen entsprachen und die sie niederschrieb. Was mag manchmal in ihr vorgegangen sein?

Leider baute sie geistig viel zu früh ab. Meine Schwester pflegte sie aufopfernd, solange es möglich war. Am 15. Dezember 1984 verstarb unsere geliebte Mutti nach einem kurzen Krankenhausaufenthalt. Sie war 83 Jahre alt. Auf der Todesanzeige stand: „Wenn ich den Wandrer frage ‚Wo gehst du hin?' ‚Nach Hause', spricht er mit frohem Sinn." Unser Mütterchen war heimgegangen. Wir betteten unser geliebtes „Grauchen" zur letzten Ruhe zu den Klängen von „So nimm denn meine Hände" und der Volksweise „Im schönsten Wiesengrunde ist meiner Heimat Haus, da zog ich manche Stunde ins Tal hinaus. Muss aus dem Tal jetzt scheiden, wo aller Lust und Klang; das ist mein herbstes Leiden, mein letzter Gang. Sterb' ich in Tales Grunde will ich begraben sein, singt mir zur letzten Stunde beim Abendschein: Dich mein stilles Tal, grüß ich tausendmal! Singt mir zur letzten Stunde beim Abendschein!"

In seine Trauerrede schloss Pfarrer Graf Götz von Egglofstein einen Spruch ein, den mir meine Mutter schon 1953, als wir beide noch gemeinsam in Deisenhofen wohnten, handschriftlich gegeben hatte: „Ich schweige stille Herr, weil du es warst, der es getan. Denn wisse, dass die Wunden heilt die Hand, die sie

*Meine Mutter und ich, aufgenommen im Jahr 1974.
Meine Mutter war damals
73 Jahre alt.*

geschlagen." Das Familiengrab befindet sich in München auf dem Haidhauser Friedhof Grabstelle 5-6-54.

Auf dem Grabstein ließen wir im Gedenken an unseren geliebten Vati auch seinen Namen mit den entsprechenden Daten vermerken.

Nach Muttis Tod fand ich in einem ihrer Notizbücher mehrere Gedichte, die sie abgeschrieben hat, nachdem ich geheiratet hatte und sie alleine lebte. Inhaltlich sind sie sich alle sehr ähnlich. Sie gaben alle Muttis Gefühle und Stimmungen wieder.

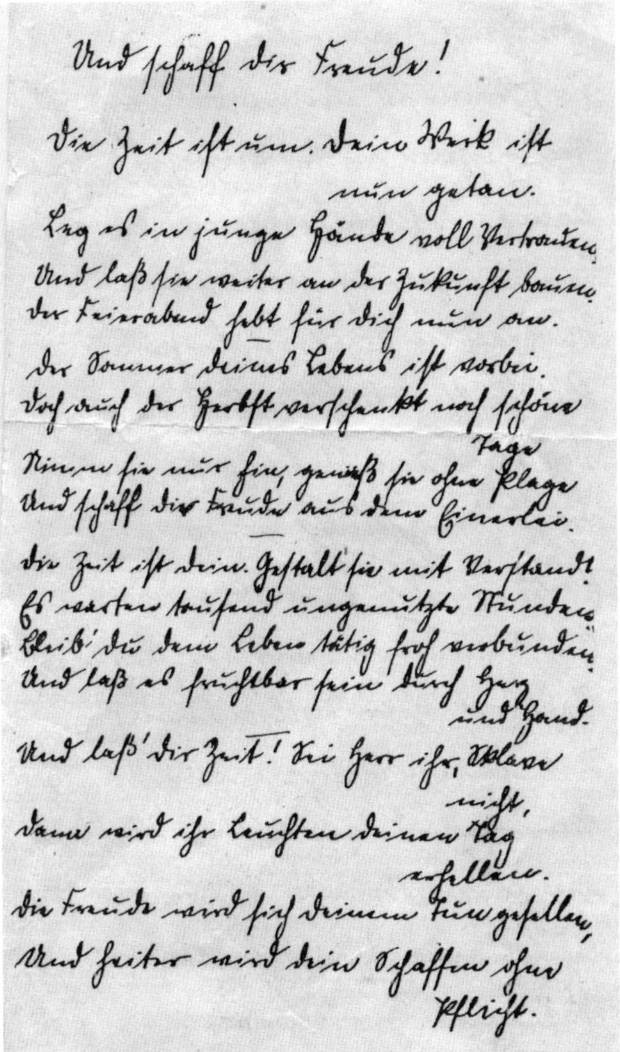

Und schaff dir Freude!

Die Zeit ist um. Dein Werk ist nun getan.
Leg es in junge Hände voll Vertrauen
Und laß sie weiter an der Zukunft bauen
Der Feierabend hebt für dich nun an.

Der Sommer deines Lebens ist vorbei.
Doch auch der Herbst verschenkt noch schöne Tage
Nimm sie nur hin, genieß sie ohne Klage
Und schaff dir Freude aus dem Einerlei.

Die Zeit ist dein. Gestalt sie mit Verstand!
Es warten tausend ungenützte Stunden
Bleib du dem Leben tätig froh verbunden
Und laß es fruchtbar sein durch Herz und Hand.

Und laß dir Zeit! Sei Herr ihr, Sklave nicht,
Dann wird ihr Leuchten deinen Tag erhellen.
Die Freude wird sich deinem Tun gesellen,
Und heiter wird dein Schaffen ohne Pflicht.

Dieses Gedicht gibt
Muttis Gefühle
und Stimmungen sehr gut wieder.

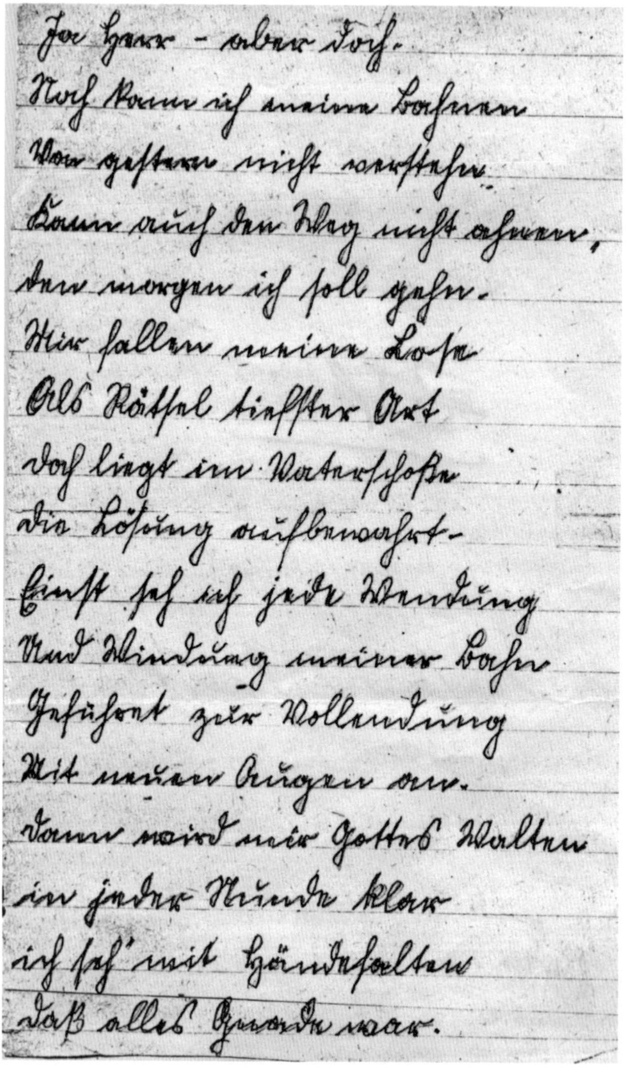
Ja Herr – aber doch.
Noch kann ich meinen Lehren
Von gestern nicht verstehn.
Kann auch den Weg nicht sehen,
Den morgen ich soll gehn.
Mir fallen meine Lose
Als Rätsel tiefster Art
doch liegt im Vaterschoße
die Lösung aufbewahrt.
Einst seh ich jede Wendung
Und Windung meiner Bahn
Geführt zur Vollendung
Mit neuen Augen an.
Dann wird mir Gottes Walten
in jeder Stunde klar
ich seh' mit Händefalten
Daß alles Gnade war.

Die Fortsetzung des Gedichtes,
das Mutti in ihrem Notizbuch
aufgeschrieben hat.

Und schaff dir Freude!

Die Zeit ist um, dein Werk ist nun getan,
Leg' es in junge Hände voll Vertrauen,
Und lass sie weiter an der Zukunft bauen,
Der Feierabend hebt für dich nun an.
Der Sommer deines Lebens ist vorbei,
Doch auch der Herbst verschenkt noch schöne Tage,
Nimm sie nur hin, genieß sie ohne Plage,
Und schaff die Freude aus dem Einerlei.
Die Zeit ist dein, gestalt' sie mit Verstand.
Es warten tausend ungenutzte Stunden,
Bleib' du dem Leben tätig froh verbunden,
Und lass' es fruchtbar sein durch Herz und Hand.
Und lass' Dir Zeit! Sei Herr ihr, Sklave nicht,
Dann wird ihr Leuchten deinen Tag erhellen,
Die Freude wird sich deinem Tun gesellen,
Und heiter wird dein Schaffen ohne Pflicht.

Ja Herr – aber doch.
Noch kann ich meine Bahnen
Von gestern nicht versteh'n
Kann auch den Weg nicht ahnen,
Den morgen ich soll geh'n
Mir fallen meine Lose,
Als Rätsel tiefster Art,
Doch liegt im Vaterschoße,
Die Lösung aufbewahrt –
Einst seh' ich jede Wendung
Und Windung meiner Bahn,
Geführet zur Vollendung,
Mit neuen Augen an.
Dann wird mir Gottes Walten
In jeder Stunde klar,
Ich seh' mit Händefalten,
Dass alles Gnade war.

Omchen

Omchen war meine Großmutter väterlicherseits. Sie wurde als Auguste Koch am 4. Februar 1858 in Jodschen (Schwarzenau) im Kreis Gumbinnen geboren. Ihre Eltern waren der Landwirt Johann Koch und seine Ehefrau Katharina, geb. Seibel. Am 22. Mai 1881 heiratete sie als 23-Jährige den Landwirt Wilhelm Meiser, geboren am 17. Dezember 1855 in Kaseleken (Neumagdeburg), Kreis Goldap. Dort wurde das junge Paar zunächst auch sesshaft. Sechs Jahre zuvor, nämlich 1875, hatte Omas Schwester Charlotte den Schmied Mathes Meiser geheiratet. Er war der ältere Bruder meines späteren Großvaters. Somit hatten zwei Brüder zwei Schwestern geheiratet. Omas Schwester „wanderte" mit Opas Bruder nach Danzig aus und dadurch hatten wir dort Verwandte. Mathes Meiser soll dort bei den Schichau-Werken tätig gewesen sein. Gründer der Werke war der Ingenieur Ferdinand Schichau (1814-1896), der das erste seetüchtige Torpedoboot erbaute.

Meine Großeltern kauften ein paar Jahre nach der Eheschließung einen vollkommen vernachlässigten Bauernhof in Kubillen (Nordenfeld), einem Nachbarort von Kaseleken, den mein Vater später erbte. Das Anwesen lag auf der Drei-Kreis-Grenze Goldap-Gumbinnen-Stallupönen (Ebenrode), 20 Kilometer von der Kreisstadt Goldap entfernt. Die nächsten Bahnhöfe Meldienen (Gnadenheim), Tollmingkehmen (Tollmingen) und Walterkehmen (Großwaltersdorf) waren fünf bis sieben Kilometer weit weg. Noch dazu war das Grundstück ein Abbau (abseits des Dorfes) und durch den Fluss Schwentaine vom übrigen Dorf getrennt.

Der Flussübergang bestand nur aus einer einfachen Furt und einem Holzsteg für Fußgänger, beide wurden bei Hochwasser zum Problem. Viel später, als der Hof meinem Vater gehörte und ich schon auf der Welt war, spielte er mit dem Gedanken, aus eigenen Mitteln eine Brücke zu bauen. Der Plan erwies sich aber als zu schwierig und wurde verworfen. Die Kreisverwaltung gab keinen Pfennig dafür aus. Nicht einmal der Weg, der vom

Dorf zu uns führte, war befestigt, geschweige denn, er hätte eine Kiesdecke gehabt. Es war der pure Lehm und wenn im Frühjahr die Schneeschmelze einsetzte und der Frost aus dem Boden hinausging, blieb man mitunter mit dem Pferdewagen stecken, oder man musste befürchten, dass die Achsen brechen.

Der Ehe meiner Großeltern entsprossen sieben Kinder, von denen vier im Säuglingsalter verstarben. Meine Großmutter erwähnte oft eine kleine Magdalena, ob es wohl die einzige Tochter neben sechs Söhnen war? Die Gräber befanden sich auf dem Kubiller Friedhof. Man kann also wohl davon ausgehen, dass die Kinder auch hier gestorben sind. Ob sie in Kaseleken oder Kubillen geboren wurden, entzieht sich meiner Kenntnis. Drei Söhne blieben am Leben und waren noch in Kaseleken, dem ersten Wohnsitz meiner Großeltern, zur Welt gekommen. Sohn Fritz hatte als einziger studiert und wurde als Lehrer in Mohrungen tätig. Er war der Liebling meiner Großmutter. Für den Sohn Ernst hatten die Eltern einen Hof im Nachbardorf gekauft, den er nach dem Ersten Weltkrieg übernehmen sollte. Von Onkel Ernst existierte noch die Erkennungsmarke, eine Metallmarke mit Name, Geburtsdatum, Truppenteil und weiteren Angaben, die jeder Soldat im Krieg auf der Brust trug. Sie diente zur Identifizierung von Gefallenen und Verwundeten. Beim Tod eines Soldaten bekamen die Angehörigen diese Marke mit der entsprechenden Nachricht zugeschickt. Mein Vater war der Hoferbe und bekam das Anwesen in Kubillen, später Nordenfeld.

Nachdem der zum Zeitpunkt des Kaufes sehr verwahrloste Hof hergerichtet war und die von Disteln und Brennnesseln übersäten Felder und Wiesen gerodet waren, brach der Erste Weltkrieg aus. Alle drei Söhne wurden eingezogen und die Eltern mussten zweimal flüchten. Nach der ersten Flucht fanden meine Großeltern den vorher mühsam renovierten Hof verwüstet vor. Auf der zweiten Flucht, die bis Preußisch Stargard führte, hatte meine Großmutter ihre Nichte Lina Mischee, die Tochter ihrer Schwester unter ihre Fittiche genommen. Ich weiß nicht, warum Tante Lina nicht mit ihren Eltern, die nur ein paar Dörfer entfernt wohnten, geflüchtet ist. Da meine Großmutter zu ihrer

Nichte, der Cousine ihrer Söhne, ein sehr inniges Verhältnis hatte, sah sie in ihr womöglich eine potentielle Schwiegertochter. Sie war ein bildhübsches Mädchen und wurde von den Soldaten sehr umschwärmt. „Et es doch scheen wenn man so vaehrt ward" (Es ist doch schön, wenn man so verehrt wird), soll sie gesagt haben und genoss es. Meiner Großmutter war es jedoch lästig, denn sie musste auf Linachen höllisch aufpassen. Tante Lina war bis ins hohe Alter hinein eine schöne Frau, sie war sich dessen bewusst und sehr eitel. Sie heiratete nach dem Ersten Weltkrieg den Landwirt Fritz Didjurgeit, der in Klein Baitschen einen großen Hof besaß. Als mein Vater dann 1921 auch heiratete, freundeten sich die jungen Frauen schnell an und die Familien standen in engem Kontakt.

Nach der Heimkehr von der zweiten Flucht waren fast alle Gebäude in Schutt und Asche versunken. Natürlich fehlte auch der schwer erworbene Viehbestand. So hieß es noch einmal ganz von vorne anzufangen.

Meine Großeltern ergänzten sich gegenseitig sehr gut. Opa war ein gemütlicher, untersetzter Mann mit blauen Augen und weißen Haaren. Oma war dagegen sehr aktiv, schlank und mit dunklem Haar und braunen, wachsamen Augen. Da Oma so tatkräftig war, konnte ich nicht verstehen, als ich nachträglich erfuhr, dass sich ein Bruder von ihr, Johann Koch, einen Tag vor seiner Hochzeit das Leben nahm. Er war depressiv und ertränkte sich in Jodschen im Teich. Seine Schwermütigkeit vererbte sich auf eine seiner Nichten.

Mein Vater und sein Bruder Fritz kehrten aus dem Krieg zurück. Bruder Ernst aber starb 1918, kurz vor Kriegsende, beim Transport in die Heimat nach einer Blinddarmoperation. Der für ihn erworbene Bauernhof in Budszedszen (Pfälzerwalde) wurde wieder verkauft.

Sohn Fritz heiratete in Mohrungen, wo er an einer Volksschule unterrichtete, die Schneidermeisterin Gertrud Krampitz, und meine Großmutter bekam ihre erste Schwiegertochter. Mein Onkel Fritz war Omas Lieblingssohn und sie erzählte mir viel von ihm. Eine Begebenheit schilderte sie immer wieder, ich denke, weil sie damals große Angst um ihn hatte. Klein-Fritzchen war im Alter von circa vier Jahren heimlich von seinem Mittagsschlaf aufgestanden, nur mit einem kurzen Hemdchen bekleidet unbeobachtet über den Hof gelaufen und die lange, steile Hühnerleiter hinaufgekrabbelt. Dort stand der Kleine dann oben am Hühnerloch und schrie ängstlich um sich blickend: „Mama, Fitze fallt, Mama, Fitze fallt“! (Mama, Fritz fällt!) Meine spätere Oma schlich sich mit beruhigenden Worten an ihren kleinen Sohn heran und hob ihn hinunter. Sie sagte, ihr Herz klopfte bis zum Hals und ihre Knie zitterten. Leider verlor sie ihn sehr früh. Nachdem er mein Patenonkel wurde und mich am 6. Oktober 1923 über die Taufe gehalten hatte, starb er 18 Tage danach am 24. Oktober 1923 an einem Wundstarrkrampf. Er war nur 38 Jahre alt. Onkel Fritz hatte sich im Schulgarten mit erdigen Fingern am Nacken verletzt und bekam, wie es damals hieß, eine Genickstarre, die er nicht überstand. Seine kurze Ehe war kinderlos geblieben. Oma und seine junge Frau trauerten sehr. Natürlich auch die übrige Familie, aber meine Großmutter trauerte ihr Leben lang um ihn. Da ich, wie sie sagte, eine große Ähnlichkeit mit ihm hatte, nannte sie mich oft Fritz oder Fretzke (Fritzchen) und ich kam mir wie ihr Ersatzfritz vor. Meine Großeltern hatten nun von ihren sieben Kindern sechs verloren und nur mein Vater Otto war übrig geblieben. Ihm gehörte der Hof und man wirtschaftete zu dritt.

Mein Vater ging auf Brautschau und lernte als 34-jähriger 1921 meine spätere Mutter Gertrud Radtke bei Verwandten, der Familie Koch in Klein Pruschillen, kennen. Die zierliche, 19 Jahre alte Gertrud gefiel ihm und sie sagte bei seinem Antrag nicht nein. Nach einer kurzen Verlobungszeit war am 6. Oktober 1921 die Hochzeit und meine späteren Großeltern bekamen die zweite Schwiegertochter. Oma erzählte mir später, dass sie eine so schöne Hochzeit noch nie erlebt hatte. Da können sich alle anderen dahinter verstecken, sagte sie und benutzte den Ausdruck „großartig“.

Oma nahm ihre blutjunge Schwiegertochter unter ihre Fittiche und es begann für sie eine harte Lehrzeit. Als bis dahin alleinige Frau auf dem Hof, war es Oma gewohnt, zu herrschen und so fiel ihr die Übergabe des Zepters schwer. Sie war sehr dominant und tonangebend. Es wurde erzählt, dass sie auf der Treppe vor dem Haus stand, den ganzen Hof überblickte und kommandierte. Deshalb bekam sie den Spitznamen „Kommandant".

Mutti war eine gelehrige Schülerin und wurde nach und nach, nicht zuletzt auch dank ihrer gründlichen fachlichen Ausbildung zur perfekten Haus- und Landfrau. Dass Oma auf ihre Schwiegertochter stolz war, merkte man, wenn Besuch kam. Lobend wurde er durch Haus, Hof und Garten geführt und wenn ihre Lieblingsnichte Linachen kam, ging sie mit ihr sogar per Arm durch die Felder. Und wenn Mutti dann die Gäste an schön gedeckten Tischen bewirtete, funkelten Omas braune Augen voller Stolz.

Als ich am 10. August 1923 das Licht der Welt erblickte, wurden Muttis Schwiegereltern zum ersten Mal Großeltern und übernahmen nach Bedarf die Rolle eines Kindermädchens. Mutti erzählte mir, dass sie hochschwanger noch aufs Feld gehen musste und dass sie mich nicht im Ehebett entbinden durfte. Oma ließ dafür extra ein altes Bett vom Speicher hinuntertragen und mitten im Schlafzimmer aufstellen. Vielleicht war es im Nachhinein verständlich, weil durch das freistehende Bett die Hebamme von allen Seiten an die junge Mutter herankonnte. Muttis Mutter, meine Oma Schinz, die eigentlich am Tag meiner Geburt dabei sein sollte, kam einen Tag zu spät, als schon alles vorbei war. Auch für sie war ich das erste Enkelkind.

Obwohl meine beiden Omas gegensätzliche Charaktere waren, die eine sanftmütig, die andere resolut, verstanden sie sich sehr gut.

Mutti war in ihre Rolle als Hausfrau mit viel Fleiß und Pflichtbewusstsein spielend hineingewachsen und das gelang ihr auch mit der Mutterrolle. Die Jungen und Alten ergänzten sich gegenseitig und Oma und Opa waren stolz und zufrieden, als sie erlebten, wie meine fortschrittlichen Eltern nach und nach den Hof modernisierten. Ich hatte sehr liebe Großeltern.

Während ich Opa Zöpfchen flocht, erzählte er mir Märchen. Am liebsten aber hörte ich „Geschichten von früher“, um die ich Oma und Opa immer wieder bat. Wenn Gruselgeschichten auf dem Programm standen, rückte ich ganz nah an Opa heran. „Brauchst nicht Angst haben“, sagte er dann beruhigend, „das waren nur Geister.“ Aber für mich nahmen diese Geister Gestalt an und wurden Wirklichkeit. Da war der „Geeltähn“ (Gelbzahn), der von den Erwachsenen gerufen wurde, wenn Kinder unartig waren. Ein gefürchteter Kinderschreck war auch der „Zacherlutscher Ferdinand“, aber so sehr ich auch nachdenke, es fällt mir nicht ein, welche Rolle er spielte. Am meisten aber fürchtete ich mich vor dem „Wiggerellus“ (litauisch?), der eine Lichtgestalt war und nur in der Abenddämmerung auftrat und kleine Kinder erschreckte. Meine ältere Freundin Elfriede hat ihn öfters gesehen und ihn mir so anschaulich geschildert, bis ich ihn dann auch sah. „Du musst genau aufpassen, dann siehst du ihn“, sagte sie zu mir und so war es dann auch. Der „Wiggerellus“ erschien besonders im Winter, an den langen, dunklen Abenden. Er war mehr ein Geist, der durch die Räume huschte. Von ihm erzählte Opa immer, bevor er in seinem Zimmer das Licht anmachte. Wenn wir nebeneinander auf seinem Sofa saßen und Oma die Tür öffnete und aus der erleuchteten Küche hereinkam, war meistens der „Wiggerellus“ dabei. Licht und Schatten drangen aus der geöffneten Tür auf mich zu und ich zuckte zusammen, weil mich das Gespenst berührte. Das ging so weit, dass ich nachts davon träumte und schreiend aufwachte, bis Papa seinen Vater, meinen Opa, darum bat, mich mit solchen Geschichten nicht mehr zu behelligen. Übrigens wurden kleine Kinder auch mit dem „Schwarzen Mann“ erschreckt. Das war der Schornsteinfeger (Kaminkehrer), der böse Kinder mitnahm. Also fürchteten wir uns vor ihm und versteckten uns, sobald wie ihn sahen.

Wenn ich mit Opa „Pferdchen“ spielen wollte, sagte er nie nein. Ich musste eine lange Schnur in die Hände nehmen, die er als Leine benutzte und hinter mir herlief und mich mit Hüh und Hott über den Hof und durch die Gärten lenkte. Nachdem mich mein geliebter Opa zwölf Jahre lang in meinem jungen

Leben begleitet hatte, starb er am 2. Mai 1935 nach einem Schlaganfall. Er war 80 Jahre alt und meine Oma wurde mit 77 Jahren Witwe. Der liebe Tote wurde im Saal aufgebahrt und Oma trauerte, solange er im Haus war, an seinem Sarg. Es war eine große Beerdigung und Opa wurde an einem neuen Platz, den Oma mit ausgesucht hatte, auf dem Dorffriedhof beigesetzt. Die Grabstelle ihrer vier kleinen Kinder wäre zu eng gewesen. Auch ich weinte viel um ihn und erinnere mich noch gut daran, wie ich schluchzend und von starken Kopfschmerzen geplagt im Schlafzimmer meiner Eltern auf der Chaiselongue saß und mein Vater mich tröstend in die Arme nahm. Ich erlebte zum ersten Mal den Verlust eines Familienmitgliedes. Damit Oma nicht so alleine war, schlief ich lange Zeit bei ihr im Zimmer und bei unseren langen Unterhaltungen merkte ich, dass sie immer mehr in der Vergangenheit lebte. Es sah so traurig aus, wenn sie in ihrem langen, dunklen Kleid auf ihrem Sofa saß und mit gesenktem Kopf und gefalteten Händen anscheinend nachdachte. In dem großen Wandspiegel, der zwischen den beiden Fenstern, die zum Blumengarten ausgerichtet waren, steckten Bilder ihrer Söhne Ernst und Fritz. Immer öfters nannte sie mich mit seinem Namen oder sagte statt Fritz „Fretzke“ zu mir. Sie war mein Omchen. Oft schenkte sie mir auch etwas Geld aus ihrem Portemonnaie, das in der Kommode unter dem Spiegel lag. Im Kleiderschrank hing neben ihren langen, dunklen Gewändern ein schwarzer, persianerähnlicher Krimmermantel. Sie trug ihn unter anderem bei Kirchbesuchen, die regelmäßig am Karfreitag und am Totensonntag stattfanden. Dann nahm sie auch am Abendmahl teil. Der Weg zur Tollmingkehmer Kirche, wir gehörten zum Kirchspiel Tollmingkehmen, betrug sieben Kilometer und die Straßenverhältnisse waren nicht besonders gut, zumal wir jedes Mal den Fluss Schwentaine überqueren mussten, der keine Brücke hatte. So begnügten wir uns mit dem Anhören der sonntäglichen, evangelischen Morgenandacht im Radio.

Omchen war bis ins hohe Alter hinein geistig und körperlich sehr rege. Mit Interesse las sie die Preußisch-Litauische Zeitung,

Omchen Auguste Meiser,
meine Großmutter väterlicherseits.
Die Aufnahme entstand im Jahr 1934.

unser Tagesblatt. Zuerst wurde immer der Fortsetzungsroman gelesen. An den Titel des letzten Romans erinnere ich mich noch, er hieß „Das Lächeln in den grünen Augen". Abends, wenn ich bei ihr im Zimmer war, diskutierte sie mit mir, wer wohl am Ende den Romanhelden Francesco kriegen würde.

Sie litt oft unter Ohrenschmerzen und steckte sich dann in Karmol getränkte Watte in die Ohren und wärmte sich an ihrem Kachelofen, der tüchtig eingekachelt (geheizt) wurde. Karmol gibt es auch jetzt noch in den Apotheken zu kaufen und ein Fläschchen davon steht immer in meinem Arzneischrank.

Sie trank sehr gerne Kaffee und Mutti verfeinerte den Muckefuck (Gerstenkaffee) öfters mit ein paar echten Bohnen. Ich sehe Omchen noch deutlich vor mir, auf dem Sofa neben dem Kachelofen sitzend und mit ihren mageren Händen das wärmende Kaffeetoppchen umklammernd, aus dem sie ein Schlubberchen (Schluckchen) nach dem anderen nahm.

Im Winter lutschte Omchen gerne „Kaiser's Brustkaramellen", die gut für die Bronchien waren. Auch wir anderen griffen gerne in die dekorative Blechdose, die auf dem bunten Deckel neben der Beschriftung drei Tannen aufwies. Die Bonbons schmeckten so gut, dass die Dose nie leer werden durfte und wenn meine Eltern nach Gumbinnen fuhren, sorgten sie für Nachschub, es gab auch Nachfüllpackungen.

Omchen konnte vorzüglich spinnen, so dünne Fäden wie sie brachte keiner zustande. Doch bevor es so weit war, half sie beim Vorbereiten der Wolle. Schafe scheren besorgte mein Vater. Unter unseren weißen Schafen befand sich auch ein schwarzes, das braune Wolle hatte. Die Prozedur fand immer im Sommer statt, wenn es warm war, damit die ihres Pelzes beraubten Tiere nicht frieren mussten. Papa beherrschte die Schafschur so gut, dass die Wolle als zusammenhängendes Vlies erhalten blieb. Das Vlies kam dann auf die Kratzbank und wurde durchgekämmt. Und dann ging's ans Wolle tocken. Wir saßen alle, einschließlich Oma, in der Küche und zupften die Wolle auseinander, sodass sie wie ein Schleier aussah. Ganze Berge türmten sich wie Wolken auf und Omchen setzte sich an den Wocken (Spinnrad) und los ging's. Mir hatte sie diese diffizile Arbeit auch beigebracht, aber in den Fäden, die ich fabrizierte, waren lauter Knoten. Die gesponnene Schafwolle war vielseitig verwendbar. Wir strickten Socken, Faust- und Fingerhandschuhe, Schals, Mützen, Jacken, Pullover und sogar Röcke und Kleider. Aus der weniger schönen Wolle häkelten wir „Wuschen", das waren bequeme, warme Hausschuhe, unter die wir zusätzlich noch eine Filz- oder Ledersohle nähten.

Bei den „Strickabenden", die nach der Machtergreifung eingeführt wurden, saßen dann die Landfrauen in trauter Runde und strickten, häkelten oder stickten, es wurden eben Handarbeiten gemacht. Dabei kam natürlich auch das Plachandern nicht zu kurz und es wurde auch etwas angeboten; das waren meistens kleine Kuchchen (Plätzchen) und Tee oder Kaffee, manchmal auch Wein. In den Kriegsjahren, als neben allem anderen auch Textilien knapp wurden, ließ Mutti sogar aus Schafwolle einen Mantelstoff in einer Weberei in Gumbinnen weben. Meine Schwester bekam daraus einen Mantel, der die Flucht überstand und den sie noch lange Zeit in Bayern trug. Ich bekam einmal einen Bezugschein für einen Wintermantel. Es war „Marke deutscher Wald", wie man die minderwertige Qualität damals nannte. Im Stoff steckten tatsächlich kleine Holzsplitter. Der Schnitt des Mantels war nicht schlecht, er hatte am Rückenteil eine Faltenpartie und sah ganz flott aus, erwies sich aber beim Tragen des guten Stückes als unzweckmäßig. Der Stoff knitterte dermaßen, dass die Falten immer im Unordnung gerieten. Um mir das regelmäßige Bügeln zu ersparen, riet mir Omchen die Falten am unteren Saum mit Nadeln zu fixieren, bevor ich den Mantel in den Schrank hängte. Gesagt, getan! Als ich eines Tages mit der Bahn nach Gumbinnen fuhr und dort den Bahnhof verließ, um in die Stadt zu gehen, wunderte ich mich, wer mir da ständig in die Waden piekst. Ich hatte vergessen die Nadeln zu entfernen und weiß nicht, was sich die Leute, die hinter mir gingen, gedacht haben. In den Stopfnadeln waren zum Teil noch Wollfäden drin, die ich zu Hause so dem Nadelkissen entnommen hatte. Dieser Mantel begleitete mich auf der ganzen

Flucht und sein weiter Schnitt ermöglichte mir das Tragen von mehreren Kleidern, die ich schichtweise anhatte und auf diese Weise rettete. Omchen, meine Mutter und meine Schwestern machten das genauso.

In Ostpreußen hatte man auch an den langen Winterabenden seine Beschäftigung. Es war nicht so, dass der Bauer im Winter schlief, wie ein Königsberger Besuch einmal meinte und was Oma ärgerte. Um Weihnachten herum wurde es schon um 14.00 Uhr dunkel. Dann scharten wir uns alle um den Küchentisch und Omchen mittenmang (mittendrin). Beim Gänsefedern schließen ermahnte sie uns, nicht immer so heftig zu pusten (atmen), sonst flogen die zarten Daunen durch die ganze Küche. Bei dieser Arbeit wurden die Federfahnen von dem in der Mitte sitzenden Federkiel gelöst, was besonders die Schwung-, Deck- und Schwanzfedern betraf. Das waren die Schleißfedern, die heute noch in Bettengeschäften angepriesen werden. Als Omchen noch „das Sagen hatte", band sie mehrere Federkiele zusammen und benutzte sie unter anderem zum Einfetten der Kuchenbleche, dafür stand ein Schüsselchen mit Schweineschmalz immer in der kühlen Speisekammer. Mutti benutzte stattdessen später einen Kuchenpinsel. Der untere Teil einer Flochte (Flügel) diente zum Staubwischen, bei Mutti war es ein Staubwedel. Mehrere Flochten zusammen gebunden waren der Vorgänger des Handfegers und wurden „Flederwisch" genannt.

Hülsenfrüchte, die man im Herbst geerntet hatte, wurden im Winter ausgepult und die schlechten Erbsen oder Bohnen aussortiert. Beim Gänsekeilchen machen waren wir auch immer vollzählig in der Küche versammelt. Omchen saß mit einer Schere bewaffnet am Rohr der Fleischmaschine, durch die der Gerstenteig gedreht wurde und schnitt die Nudeln in schnabelgerechte Stücke. Bevor die armen Gänse sie in den Schnabel gesteckt bekamen, wurden sie in Wasser getaucht, damit sie besser rutschen. Manchmal hoffte ich, dass eine Mahlzeit vergessen wird, aber wenn Omchen spät am Abend um 22.00 Uhr nachfragte: „Habt ihr schon die Gänse genudelt (gestopft)?", mussten wir zu so später Stunde raus aus dem warmen Haus, über den kalten Hof gehen und im Stall die in einer engen Bucht stehenden Tiere quälen. Gott sei Dank wurde das verboten, aber ob sich jeder daran hielt? Ich frage mich heute, wo kommt denn die Gänsestopfleber her, die heutzutage in den Delikatessläden zu horrenden Preisen angeboten wird?

Oma sprach zwar öfters Plattdeutsch, wir, ihre drei Enkelkinder, sollten aber nach der Schrift sprechen. Nicht einmal die ostpreußische Mundart wollte sie hören. Als ich ein Putztuch „Kodder“ nannte, rügte sie mich „das heißt Lappen“! Mutti sprach grundsätzlich hochdeutsch. Papa tat das auch, zumindest mit uns Kindern, wenn er aber auf dem Hof oder auch außerhalb in Platt angesprochen wurde, antwortete er ebenso.

Omchen erfüllte bis ins hohe Alter ihre zwar im Laufe der Zeit immer kleiner werdenden Pflichten, aber sie fühlte dadurch, dass sie noch gebraucht wird. An einer Aufgabe hielt sie bis zur Flucht eisern fest und ich rätselte immer, warum? Das war das Füttern der Schweine. Das Futter wurde zwar fertig zubereitet und sie brauchte es nur in die Tröge zu schütten, aber das ließ sie sich nicht nehmen. Zum Schweinefutter gehörte unter anderem auch das „Patschwasser“, das aus der Küche kam. Dort stand neben dem Herd ein Eimer, in den die Küchenabfälle und das Spülwasser, soweit kein Spülmittel benutzt wurde, hineinkamen. Diese Flüssigkeit nannte man Schweinedrank und wurde in der Futterküche mit gekochten, gestampften Kartoffeln vermischt und neben anderen Futtermitteln wie Getreideschrot und gehackten Rüben im Schweinestall in die Tröge geschüttet. Bevor es so weit war, quietschten die Tiere so laut, dass man sein eigenes Wort nicht verstand. Sie verstummten erst wenn sie sich schmatzend an die vollen Futtertröge drängten.

Was mag in Omchen vorgegangen sein, als im Sommer 1944 ihr letzter Sohn Otto, mein Vater, mit 57 Jahren zum Volkssturm eingezogen wurde und wir wenig später die Fluchtwagen packten? Welche Gedanken kreisten in ihr, als wir den Fluchtbefehl bekamen und am 19. Oktober 1944 Haus und Hof verlassen mussten? Stimmte es, dass schwarze Störche Unheil bringen? Omchen erinnerte sich, dass 1914, vor Ausbruch des Ersten

Weltkrieges, welche am Fluss nisteten. Sie tauchten 1939, bevor der Zweite Weltkrieg begann, wieder auf und schließlich und endlich brüteten sie 1944 vor der Flucht wieder in den Erlen am Heidewasser.

Schwarze Störche bringen Unheil, sagte Oma, das hat sich von 1914 bis 1944 dreimal bewahrheitet. Für meine Großmutter und meine Eltern war es innerhalb von 30 Jahren die dritte und letzte Flucht, es gab keine Heimkehr mehr.

Dass Omchen als Kind mit zwölf Jahren den Deutsch-Französischen Krieg 1870/71 erlebte, hat sie nie erwähnt. Vielleicht reichte ihr Erinnerungsvermögen nicht so weit zurück, oder vielleicht hat man im weit entfernten Ostpreußen davon nicht so viel mitbekommen.

Ob meine Vorfahren im Siebenjährigen Krieg 1756-1763 geflüchtet waren, kann ich nicht nachvollziehen. Wenn ich zurück rechne, müsste es sich damals um die Urgroßeltern meiner Großeltern gehandelt haben, also den direkten Salzburger Emigranten, die Friedrich Wilhelm I. 1732 in Ostpreußen angesiedelt hatte. Jedenfalls waren die Russen etwa 1757/58 auch in Ostpreußen bis Königsberg eingefallen. Dort lehrte seit 1755 der deutsche Philosoph Immanuel Kant (1724-1804). Damals sollen russische Offiziere an den Vorlesungen des Hochschullehrers teilgenommen haben, und es ist kaum zu glauben, sie ließen auch dt. Kriegsgefangene daran teilnehmen. So was wäre im Zweite Weltkrieg 1939 bis 1945 undenkbar gewesen.

Meine Großmutter nahm bei ihrer dritten Flucht klaglos alles hin. Sie überstand den Treck, von den Russen gehetzt, quer durch Ostpreußen über das zugefrorene Frische Haff bis nach Danzig, wo wir bei ihrer Nichte Sophie Meiser vergebens auf unseren Vater, Omas letzten Sohn warteten. Sie überlebte die strapaziöse Flucht durch Pommern und den zehn Monate langen Zwangsaufenthalt auf einer Kolchose. An die dortige Zeit erinnert mich der Anblick meiner Großmutter, der sich bis zum heutigen Tage deutlich bei mir eingeprägt hat. Jeder Aufgabe entledigt saß sie Tag für Tag auf das Essen wartend in ihrer Kammer und suchte ihre Kleider nach Läusen ab, denen schwer Herr zu werden war.

Omchen schaffte auch den Transport in einem überfüllten, dunklen Viehwaggon, bei dem wir nicht wussten, ob es nach Westen oder Osten geht. Omas Geist ließ immer mehr nach und sie war oft verwirrt. Nachdem man uns, ohne dass wir es merkten, über die Oder transportiert hatte, durften wir in Angermünde aussteigen. Ein Arzt wies Omchen in ein dortiges Altenheim ein, wir anderen kamen in ein Quarantänelager.

Am 12. Mai 1946 verstarb unsere Großmutter mit 88 Jahren, ohne zu wissen, dass ihr Sohn Otto, unser Vater, niemals wieder kommen würde. Omchen hatte ihre sieben Kinder überlebt.

Ein ostpreußisches Frauenschicksal fand sein tragisches Ende.

Oma Schinz

Meine Großmutter mütterlicherseits wurde als Minna Susanne Soujon am 20. Mai 1869 in Nestonkehmen (Schweizertal), Kreis Gumbinnen geboren. Ihre Eltern waren der Landwirt Johann Soujon und seine Frau Susanne, geb. Britt. Ihre Vorfahren stammten von den Hugenotten, den französischen Protestanten, ab. Sie wurden wegen ihres Glaubens verfolgt und viele von ihnen flohen nach 1658 ins Ausland, besonders nach Holland und Deutschland. Im Alter von 26 Jahren heiratete Minna Susanne Soujon am 15. November 1895 den Landwirt Gustav Mathes Radtke, Klein Pruschillen (Klein Preußenbruch) Kreis Gumbinnen, welcher der Vater meiner Mutter und ihrer drei Geschwister wurde. Leider verstarb er viel zu früh im Alter von 46 Jahren nach einem landwirtschaftlichen Unfall. Meine Großmutter war damals 38 Jahre alt. Als alleinstehende Witwe mit vier Halbwaisen war sie mit der Führung der Landwirtschaft überfordert. Sie verpachtete (oder verkaufte?) den Hof an den Landwirt Johann Schinz und zog mit den Kindern in die Stadt Gumbinnen.

Das Schicksal wollte es, dass sie nach einiger Zeit wieder auf ihren angestammten Hof zurück konnte. Johann Schinz heiratete nämlich die junge Witwe und Oma kehrte mit ihren zwei Töchtern und zwei Söhnen wieder in die vertraute Umgebung heim.

Da die Brüder Otto und Max andere Berufe ergriffen, bekam die älteste Tochter, meine Tante Erna, den Hof. Als das Haus leer wurde, die Brüder waren in die Stadt gezogen und Mutti war seit 1921 mit meinem Vater verheiratet, ehelichte Rudolf Schinz, der jüngste Bruder von Johann Schinz, die Hoferbin. Tante Erna war nun mit dem wesentlich jüngeren Bruder ihres Stiefvaters verheiratet, der eigentlich für sie ein angeheirateter Onkel war. Ihr Stiefvater wurde dadurch gleichzeitig zu ihrem Schwager. Meine Oma bekam ihren Schwager zum Schwiegersohn und meine Mutter ihren Onkel zum Schwager. So entstanden verwirrende Verwandtschaftsverhältnisse, die man eigentlich nur

Oma Schinz,
meine Großmutter
mütterlicherseits.

mit Hilfe eines Stammbaumes oder zumindest anhand einer Skizze entwirren kann.

Oma Schinz lebte bei ihrer ältesten Tochter Erna, meiner Patentante und deren Mann Rudolf Schinz, sie hatten einen Sohn namens Gerhard, der also mein Vetter war. Dem Ehepaar gehörte der Hof. Oma und ihr zweiter Mann hatten ihn übergeben, als ihre drei anderen Kinder aus dem Haus waren. Meine Mutter hatte als Erste geheiratet, dann verließen die Brüder Otto und Max das Elternhaus, weil sie von der Landwirtschaft nichts wissen wollten. Onkel Otto wurde Bahnbeamter und wohnte erst in Tilsit, später in Königsberg. Er war verheiratet mit Erna Engel und hatte einen Sohn, meinen Cousin Manfred. Onkel Max ergriff einen Ingenieurberuf und gründete ebenfalls in Königsberg eine Familie. Seine Frau Charlotte geb. Räder, schenkte ihm fünf Kinder: Sieglinde, die Zwillinge Dieter und Helga und auf Ute folgte noch Brunhild. Ein weiterer Sohn, der kleine Peter, war als Baby gestorben. So hatte unsere gemeinsame Großmutter zehn Enkel. Ich machte sie durch meine Geburt am 10. August 1923 erstmals zur Großmutter und so wurde sie meine Oma Schinz.

Sehr gerne fuhren wir mit unseren Eltern nach Klein Pruschillen (Klein Preußenbruch), dem Geburtsort meiner Mutter, um unsere geliebte Oma Schinz zu besuchen. Über zwei Stunden brauchten wir mit dem Pferdewagen für die Fahrt, während der uns Papa Geschichten erzählte. Spannend wurde es, wenn wir durch einen Wald fuhren, in dem Zigeuner lagerten und Igel brieten. Mein Vater wusste von heraustropfendem Fett zu berichten und wir Kinder stellten uns bildlich vor, wie die armen Stacheltiere gegrillt wurden. Das Dorf rochen wir schon von Weitem. Dort wurde Torf gestochen und mit Torf geheizt und geräuchert. Die ganze Luft roch danach und ich mochte diesen Duft. Schinken und Würste schmeckten mir bei Oma Schinz besser als die mit Holz geräucherten. Da es in der Gegend viele Torfbrüche gab, ist wahrscheinlich der Dorfname Klein Preußenbruch davon abgeleitet worden.

Muttis Mutter war ein kleines, zierliches Frauchen, sie machte einen vornehmen Eindruck und kam mir gleichzeitig schutzbedürftig vor.

Ihr Sonnenschein war ihr Enkel, mein Cousin Gerhard, der ein paar Jahre jünger war als ich und mit dem sie sich viel beschäftigte. Als er noch im Vorschulalter war, hatte sie zu unserem Empfang als Überraschung ein Gedicht mit ihm einstudiert. Der kleine Gerhard hatte damals noch bei der Aussprache des Buchstabens „R" Schwierigkeiten und ich erinnere mich an die Zeile: „... da zankten sich fünf Hühnechen um einen Hegenwumm". Später, als ihr Liebling bereits eine Schule in Insterburg besuchte, erregte er jedoch einmal ihr Missfallen. Er hatte an der Innenseite der Tür des Plumpsklos, das sich außerhalb des Hauses befand, einen Spruch befestigt, der folgendermaßen lautete: „Hier werden gesammelt von Mann und Frau Liebesgaben für den Ackerbau, drum drückt und drängt mit aller Kraft, für die notleidende Landwirtschaft!" Oma regte sich darüber auf, weil sie den Vers frivol fand.

Als ich noch im Vorschulalter war, hatte Mutti mit Sigi und mir ein Wiegenlied einstudiert, das wir unserer Oma vorsangen. Es ist von Johannes Brahms (1868) und lautet: „Guten Abend, gut Nacht, mit Rosen bedacht, mit Näglein besteckt, Schlüpf unter die Deck'! Morgen früh, wenn Gott will, wirst du wieder geweckt, morgen früh, wenn Gott will, wirst du wieder geweckt." Ich konnte damals nicht begreifen, wie ein Bett mit Nägeln besteckt sein kann, bis mich Mutti aufklärte, dass Nelken gemeint waren.

Mit unserem Cousin unternahmen wir kleine Ausflüge in das zum Grundstück gehörende Wäldchen. Dort beobachteten wir Eichhörnchen und Buntspechte. Auch die großen Waldameisen interessierten uns, denen wir aber tunlichst aus dem Weg gingen. Einmal fanden wir einen Ameisenhaufen, der so groß war, wie ich noch nie einen gesehen hatte. Heute würde ich sagen, er erinnerte an einen Termitenhügel. Mit Schrecken sahen wir, wie dort Ameisen einen Frosch skelettiert hatten, grausam!

In diesem Wäldchen fanden meine Verwandten auch einmal einen vom Baum gefallenen Eichhörnchenkobel (Nest) und wir diskutierten, wobei das passiert sein könnte. Vielleicht beim Kampf der Elterntiere beim Angriff eines Raubvogels oder Marders. Daraufhin hatte die Mutter ihre Kleinen verlassen und mein Cousin zweiten Grades, Günther Schinz aus Insterburg, bettelte bei seinen Eltern so lange, bis sie, nicht zuletzt durch Fürsprache unserer Oma, die Jungen mitnahmen. Dort wurde auf dem Hof des Stadtgrundstückes ein Zwinger errichtet und die Eichhörnchen fühlten sich wohl, weil sie gehegt und gepflegt wurden. Eines Tages waren sie jedoch verschwunden. Das Drahtgitter war zerrissen und man wusste nicht, ob es Einbrecher oder wildernde Hunde waren, welche die Tierchen geraubt hatten.

Der Hauptgrund unseres Besuches in Klein Pruschillen war aber immer Oma Schinz, die wir wegen der weiten Entfernung viel zu selten sahen. Sie war die Sanftheit und Güte in Person. Nicht nur meine Mutter und wir Kinder, sondern auch mein Vater verehrten sie sehr. Papa erzählte einmal, dass es zur Zeit seiner Brautwerbung hieß, wenn ein Mann heiraten will, soll er sich zuerst die Schwiegermutter ansehen. Das muss er wohl getan haben, denn er schwärmte nicht nur von ihren Kochkünsten, sondern erwähnte auch ihre Garderobe, wie ein weißes Tüllspitzenjabot, das sie zu einer dunklen Bluse trug und das ihn sehr beeindruckt hatte.

Manchmal blieben wir auch über Nacht. Deswegen hatten mich meine Eltern in meiner Schulzeit für einen Tag vom Schulbesuch befreien lassen. Als ich danach wieder in der Schule erschien, verlangte der Lehrer von mir die Hausaufgaben, die ich natürlich nicht gemacht hatte. Wie sollte ich auch? „Ach“, sagte er, „du dachtest wohl, du hast einen Freifahrtschein.“ Das fand ich so ungerecht, dass ich ihn lange Zeit nicht mehr anschaute. Woher sollte ich die Hausaufgaben wissen, wenn ich erst am anderen Tag heimgekommen war. Unrecht konnte ich schon als Kind nicht vertragen, ich war ja noch klein und fühlte mich so machtlos. Ich war ihm lange Zeit böse, aber ob er das überhaupt gemerkt hat? Jedenfalls litt ich darunter. In meinem nächsten Brief an Oma Schinz schüttete ich ihr mein Herz aus und berichtete ihr davon und war froh, dass sie ganz meiner Meinung war und über den ungerechten Lehrer schimpfte. Nach Klein Pruschillen wollte ich gerne wieder fahren, aber ohne Übernachtung.

Oma Schinz musste genauso wie wir im Oktober 1944 flüchten. Sie war mit ihrer Tochter Erna und Schwiegersohn Rudolf Schinz zusammen. Ihr Lieblingsenkel Gerhard war seit Juni 1944 in Frankreich vermisst und wurde später für tot erklärt. In Thierberg bei Osterode/Ostpreußen wurde der Treck gestoppt und den Flüchtlingen wurde eine vorläufige Bleibe zugewiesen. Dort verstarb unsere geliebte Oma Schinz im Alter von 75 Jahren. Ihr ohnehin geschwächtes Herz hörte am 6. Januar 1945 auf zu schlagen. Bei der Beerdigung trafen wir noch einmal den kleinen Rest der Familie. Das Grab sahen wir nie wieder und es wird auch nicht mehr existieren. Sicher haben es die Russen wie in vielen Fällen aufgebrochen und nach Wertgegenständen durchsucht. Schließlich werden es die feindlichen Bagger und Planierraupen dem Erdboden gleichgemacht haben. Ich würde die letzte Ruhestätte unserer Oma Schinz gerne wiedersehen, aber wo soll ich suchen? Es fehlen nicht nur die Friedhöfe mit den Gräbern, sondern auch die Orte.

Meister Adebar, meine Taufe, vorher – nachher

An meinen Tauftag kann ich mich verständlicherweise nicht erinnern, denn ich war damals erst acht Wochen alt. Meine Mutter hatte mich am 10. August 1923 um etwa 17.00 Uhr im Erdbeergarten unter dem Weinspalier gefunden. Obwohl uns Kindern erzählt wurde, dass die Babys von Meister Adebar gebracht werden, bezweifelte ich das in meinem Fall. Ich dachte immer, das müsste der hauseigene Storch erledigen, aber wir hatten keine Störche auf dem Hof. Jedenfalls gab es auf unseren Dächern kein Storchennest. Mein Vater hatte nichts gegen die schönen, großen Vögel; er hatte sogar auf dem Scheunendach ein altes Wagenrad befestigt, das als Untersatz für ein Nest dienen sollte. Aber die Störche zogen es vor, sich auf dem Kamin der Futterküche niederzulassen. Immer wieder versuchten sie Äste aufzuschichten, wobei die Hälfte davon in den Schornstein fiel. Oft war er verstopft und es gab deswegen Schwierigkeiten beim Kochen der Futterkartoffeln. Als das Strauchwerk aber eines Tages Feuer fing und hohe Flammen aus dem Kamin schossen, war es mit Papas Geduld zu Ende. Er griff zur Flinte und gab Schreckschüsse ab und trieb die Klapperstörche in die Flucht. Später, als ich älter war, bedauerte ich es sehr, kein Storchennest zu haben. Aber als mir meine Eltern erklärten, dass Störche mitunter die Küken auf dem Hof wegfangen und wir ihretwegen beinahe abgebrannt wären, musste ich mit Papas Verhalten einverstanden sein. Aber in meinen ersten Lebensjahren glaubte ich tatsächlich, mich kann gar kein Storch gebracht haben, weil wir eben keinen eigenen hatten. Mutti hatte mich ja sowieso im Erdbeergarten gefunden und dort hatte ich natürlich nie einen Storch gesehen, höchstens auf unseren Feldern. Da Ostpreußen reich an Teichen und Seen war, gab es viele Frösche und das Land war für Störche ein Paradies. Als wir noch klein waren, sangen wir oft das Kinderlied: „Auf uns'rer Wiese gehet was, watet durch die Sümpfe, hat ein schwarz-weiß Röcklein an, trägt auch rote Strümpfe. Fängt die Frösche schnapp-schnapp-schnapp, klappert lustig klapperdiklapp, wer kann das erraten?" Ich glaube, es ist von Hoffmann von Fallersleben.

Bei meiner Freundin Gretchen war ein Nest auf dem elterlichen Stalldach. Sie erzählte mir über Familie Adebar interessante Dinge. So hatte einmal der große Bruder ein Gänseei der brütenden Störchin untergeschummelt. Als die Kleinen ausschlüpften, gab es eine Tragödie. Das Gänseküken wurde unter Protestgeklapper aus dem Nest geworfen. Ob es damals zwischen dem Storchenpaar zu einer Eheszene kam und ob der Storchenmann seine Frau eines Seitensprunges bezichtigte? Wer weiß!

Bei Nachbar Schmidt nistete auch ein Storchenpaar. Das Nest war schon mindestens 70 Zentimeter hoch, weil jedes Jahr aufgestockt wurde. In den unteren Etagen hausten Spatzen, die sich wie üblich durch viel Lärm bemerkbar machten. Die Störche kamen pünktlich am 25. März, dem Storchentag, aus dem warmen Süden zurück und bezogen Jahr für Jahr dasselbe Nest. Manchmal kam es auch zu Kämpfen, meistens mit Junggesellen, die einen Nistplatz suchten, bevor sie sich um eine Partnerin bemühten.

Mit den Störchen kamen auch regelmäßig die Bachstelzen, die angeblich gelegentlich als „Anhalter" mitflogen; es hieß, sie würden sich streckenweise unter den Flügeln der großen Vögel verstecken. Sie wurden „Wippzagel" genannt, weil sie mit dem Schwanz wippten.

Wenn im Frühling die Störche zurückkehrten, konnten wir es kaum erwarten, den ersten zu erblicken. Sah man ihn in der Luft fliegen, wo er mit ausgebreiteten Schwingen wie ein Segelflugzeug seine Runden drehte, würde man im kommenden Jahr fleißig sein. Sah man ihn aber am Boden auf der Wiese oder auf dem Feld stehen, würde ein faules Jahr folgen.

Mit Schmidts Elfriede war ich befreundet und wir besuchten uns gegenseitig. Wenn ich bei ihr war und zum Lokus (Toilette) gehen wollte, musste ich an dem Stallgiebel vorbei, auf dessen First das Storchennest thronte. Dabei passierte es mir einmal, dass Frau Adebar just in dem Moment das gleiche Bedürfnis hatte wie ich. Als ich mich direkt unter dem Nest befand, erhob sie sich, trat an den Rand des Nestes und ließ etwas fallen. Die Masse erinnerte an einen mittleren Kuhfladen, aber in weiß. Er landete zum Gelächter aller auf meinem Kopf und ich sah aus, als hätte ich eine Schlafhaube auf.

An meinem Tauftag hatte ich auch ein weißes Häubchen auf. Es soll aus Spitze gewesen sein, ebenso das Kleidchen. Das Fest fand am zweiten Hochzeitstag meiner Eltern, nämlich am 6. Oktober 1923 statt. Die Taufe wurde von Herrn Pfarrer Moysich aus Tollmingkehmen vollzogen. Es war eine Haustaufe. Wie mir meine Großmutter und natürlich auch meine Mutter später erzählten, hatten meine Eltern im Saal einen kleinen Altar aufgebaut. Er war mit Kerzen, Weinlaub, Weintrauben und weißen und rosa Astern geschmückt. Es soll sehr feierlich gewesen sein.

Ich hatte zwei Taufpaten, Muttis Schwester Tante Erna Schinz aus Klein Pruschillen und Papas Bruder Onkel Fritz Meiser aus Mohrungen. Beide verlor ich sehr früh und beide ereilte ein tragisches Schicksal. Nur noch ein paar kleine, gerettete Geschenke erinnern mich an sie. Von Tante Erna besitze ich noch einen silbernen Serviettenring, einen ebensolchen Eierbecher und einen kleinen, silbernen Löffel. Ich verlor Tante Erna auf mysteriöse Weise. Ist sie tot? Ist sie vermisst? Den genauen Hergang schildere ich in meinem Bericht über unsere Flucht. Von Onkel Fritz existiert noch eine kleine Tasse mit Untersatz und Veilchendekor. Sie trägt den Stempel „Beyer und Bock Porzellan". Meine Enkelin Nora spielt jetzt damit.

Zu meiner Taufe hatte er mir unter anderem ein Aquarellbild mit rotem Mohn gemalt. Wie ich fast 80 Jahre später feststellte, hatte er sich dafür einen Scherenschnitt des Malers Philipp Otto Runge zum Vorbild genommen. Dieser lebte zwischen 1777 und 1810 und hatte die Mohnblumen damals aus weißem Papier geschnitten. Ferner bekam ich noch ein Bild mit einem schreienden Baby geschenkt. Darunter stand handschriftlich: „Na, nemm doch dem Scheckpiep." Übersetzt heißt das: „Na, nimm

Mein Patenonkel
Fritz Meiser, der Bruder
meines Vaters aus Mohrungen.

Meine Patentante
Erna Schinz, geborene Radtke, Mutters Schwester
aus Klein Pruschillen.

doch die Shagpfeife (Tabakpfeife)." Gemeint war der Schnuller. Dieses Bild blieb, wie so Vieles, in Ostpreußen zurück.

Als ich schon viele Jahre in Bayern lebte, erbte ich aus Onkel Fritz' Nachlass nach dem Tod seiner Witwe, meiner Tante Gertrud, eine Bibel, die aus dem Jahre 1902 stammt. Sie enthält die gesamte Heilige Schrift des Alten und Neuen Testaments. Onkel Fritz hat sie mit vielen handschriftlichen Anmerkungen versehen. Ich fand in der Bibel auch ein Buchzeichen mit einem Ausschnitt aus dem 5. Buch Mose (Deuteronomium) 15. Kapitel 11. Er lautet: „Es werden allzeit Arme sein im Lande; darum gebiete ich dir und sage, dass du deine Hand auftust deinem Bruder, der bedrängt und arm ist in deinem Lande." Leider lernte ich meinen Patenonkel Fritz Meiser gar nicht bewusst kennen, er verstarb 18 Tage nach meiner Taufe am 24. Oktober 1923 in Mohrungen/Ostpreußen im Alter von 38 Jahren an einem Wundstarrkrampf.

Schulzeit in Kubillen-Nordenfeld

„Den Schulrat Kurjies bring ich um", soll unser neuer Lehrer A. geschimpft haben, als er von Schirwindt nach Kubillen, später Nordenfeld, versetzt wurde. Er betrachtete den Wechsel als eine Strafversetzung. Ganz unrecht hatte er damals nicht, jedenfalls war es ein schlechter Tausch. Schirwindt, Kreis Pillkallen (Schlossberg) war eine durchaus akzeptable Stadt, zwar die östlichste und kleinste Ostpreußens, aber sie hatte bereits 1724/1725 durch König Friedrich Wilhelm I. die Stadtrechte erhalten und über 1000 Einwohner. Dagegen war Kubillen ein kleines, verträumtes Dorf, das 336 ha groß war und 1939 nur 105 Einwohner zählte. Es gehörte zum Landkreis Goldap und grenzte an die Kreise Gumbinnen und Ebenrode (Stallupönen). Die nächsten Bahnstationen waren fünf bis sieben Kilometer entfernt. Kubillen lag so einsam und abgelegen, dass es hieß, da sagen sich die Füchse Gute Nacht. Immerhin gab es eine einklassige Volksschule, die, soweit ich weiß, 1863 zum ersten Mal erwähnt wurde.

Der Vorgänger von Lehrer A. hieß Warstat. Bei ihm ging mein Vater Otto Meiser, Jahrgang 1887, zur Schule. Papa war als Schulkind mit der Tochter seines Lehrers befreundet. Lehrer Warstat versuchte separat seiner einzigen Tochter Maria, wie er sagte, die höhere Bildung zu vermitteln, was er den dummen Dorfkindern vorenthielt. Von ihm stammt der Ausspruch: „Mathematik konnte sie gar nicht begreifen." Das wiederum bekam ich dann auch von Papa mehr oder weniger spaßhaft zu hören, wenn ich einmal in Rechnen keine gute Note heimbrachte. Maria W., die Schulfreundin meines Vaters, enttäuschte ihre Eltern letztendlich insofern, als sie einen aus Oberschlesien stammenden Brunnenbauer heiratete. Sie zog sich von den übrigen Dorfbewohnern zurück und wurde menschenscheu. Vor Lehrer Warstat unterrichtete Lehrer Sinnhuber in Kubillen. Der Zeitrechnung nach könnte es sein, dass er der erste Lehrer im Dorf war. Vermutlich ging mein Großvater väterlicherseits bei ihm zur Schule. Warstat war der zweite und unser Lehrer A., geboren am

12. November 1874, der dritte Schulmeister. Die Kinder aus den Nachbargemeinden Kaseleken (ab 1938 Neumagdeburg) und Jessatschen (Grimbach) besuchten ebenfalls unsere Dorfschule. Kaseleken, der Geburtsort meines Vaters, hatte circa 55 Einwohner, Jessatschen etwa 65 Einwohner. Auffallend ist dabei, dass die Besiedlung circa 100 Jahre (1838) zuvor stärker war. Kubillen zählte damals 178, und Jessatschen 72 Einwohner. Ich wurde im April 1930 eingeschult. Heinz, der Sohn des Gastwirts und Bürgermeisters, wollte durchaus neben Meisers Trautchen sitzen, was ich ihm großzügig gestattete. Meine Freundin Elfriede, damalige Nachbarstochter, wurde ein Jahr vor mir eingeschult, ihr bester Freund Franz Sch. ebenfalls. Sie erinnert sich, dass er damals einen schicken blauen Bleyle-Matrosenanzug trug und sie war stolz, ihn als Freund zu haben. Anfangs sprach Lehrer A. mit den Schülern über Haustiere und brachte ihnen den Vers „Muh, muh, muh, so ruft die bunte Kuh, wir geben ihr das Futter, sie gibt uns Milch und Butter, muh, muh, muh, so ruft die bunte Kuh" bei. Danach sollten die Erstklässler erzählen was sie über die Kuh wissen. Als Franz Sch. aufgerufen wurde, stotterte dieser herum und fand keine Antwort. Darob war Elfriede über die Dummheit ihres besten Freundes so enttäuscht, dass sie erbost aufsprang, auf Franz zustürzte, ihn am Schlips ergriff und daran zerrte, bis er einriss. Dabei schrie sie ihn an: „Na Franz, weetst nuscht vonne Koh?" (Na Franz, weißt du nichts von der Kuh?) Den Heimweg trat man getrennt an, Franz war der erste Mann in Elfriedes Leben, der sie enttäuscht hatte. Als am Nachmittag desselben Tages Frau Sch., die Mutter von Franz, bei Elfriedes Mutter erschien, befürchtete Elfriede das Schlimmste und versteckte sich. Doch nichts passierte. Franz war ein Kavalier und hatte nicht gepetzt und dadurch einiges wieder gutgemacht, sodass er in Elfriedes Gunst wieder stieg.

Unsere Schule wurde im Durchschnitt von 25 Kindern besucht, die aus drei Gemeinden kamen.

Alle Schüler wurden gemeinsam in einem Raum unterrichtet. Für den Lehrer keine leichte Aufgabe. Zwei Dutzend Schüler im Alter zwischen sechs und 14 Jahren gleichzeitig zu beschäftigen, war ein kaum zu lösendes Problem. Zumindest konnte das nicht zur Zufriedenheit aller geschehen. Einige Kinder kamen immer zu kurz. So kam es öfters vor, dass sich die älteren Jahrgänge mit den Anfängern befassen mussten. Das heißt, sie mussten mit den Kleinen lesen, schreiben, rechnen oder zeichnen. Ich glaube, mich erinnern zu können, dass wir anfangs, zu Schulbeginn, unter anderem eine Ferdinand Hirts Fibel hatten. Sie kostete 1995 im Antiquariat DM 260.

Leider gibt mein Erinnerungsvermögen nur Fragmentarisches her, zum Beispiel „Dora und Rudi waren auf dem Dorfe“ und „Eulen heulen huh, huh“. Oder „Ei, ei, ei, ihr Hühnerchen, was habt ihr denn getan? Seit 'ner halben Stunde schon fehlt euer lieber Hahn. Hähnchen ist aufs Dach geflogen, ins Bodenloch hinein, warf der Wind die Türe zu, es muss gefangen sein. Aber nach zwei Stunden schon schlug wieder auf die Tür, tuck, tuck, tuck ihr Hühnerchen, nun bin ich wieder hier. Wie freuten sich die Hühnerchen, dass sie ihn wieder sah'n, sie hüpften und sie sprangen nun um ihren lieben Hahn.“

Aus unserem Realienbuch ist mir die Geschichte vom „Kleinen Hävelmann“, der in seinem Traum immer rief „Leuchte guter Mond, leuchte!“ und einiges vom „ Dickel-Duckel-Dackelhund“ in Erinnerung geblieben: „… Milch dazu, 'nen Teller warm von der Kuh. Wir Kinder stehen rundherum und gießen nochmals zu … oft kriegt er nachts noch Hunger, dann frisst er was er find', die Troddeln von dem Sessel, die Wichse (Schuhcreme) aus dem Spind.“ Der Refrain hinter jedem, der leider zumeist vergessenen Verse lautete: „Dickel-Duckel-Dackelhund frisst am Tag zwei Zentner und wiegt sechs Pfund.“

Auch ich habe nachts noch häufig Hunger, weil ich selten vor Mitternacht ins Bett komme, allerdings mache ich mich dann nicht über die Troddeln am Sessel und die Wichse im Spind her, sondern über Schokolade und Kekse. Aber mein Gewicht hält sich trotzdem in Grenzen. Als es nach der Machtübernahme die „Hilf mit“-Hefte gab, waren diese eine willkommene Lektüre und ergänzten das Lesebuch. „Hilf mit“ erschien monatlich und musste von den Eltern abonniert werden. Wenn unser Lehrer

Meine Schulklasse, aufgenommen im Jahr 1932.
Ich sitze ganz links in der zweiten Reihe von unten.
Auf diesem Foto bin ich 9 Jahre alt.

Mein Lehrer A.
nach seiner Flucht.
Er lebte ab 1948 im Altenheim in Geisingen/Baden.

morgens das Klassenzimmer betrat, das durch eine zweiflügelige Tür direkte Verbindung zu seinem Wohnzimmer hatte, fragte er manchmal: „Was wollt ihr machen?" Wir hatten nur zwei Wünsche, lesen oder zeichnen. Wenn wir im Chor „Lesen" riefen, sagte er: „Nehmt eure Lesebücher vor und lest weiter." Das bedeutete, dass derjenige der „oben" saß, laut mit dem Lesen begann. Nach Gutdünken hörte er auf und sein Nachbar musste weiterlesen. Man musste also immer konzentriert mitlesen, um den Anschluss nicht zu verpassen.

Manchmal befahl unser Lehrer auch zur Abwechslung: „Steht auf und sagt die Biblischen Geschichten auf!" Nach dieser Aufforderung verließ er meistens das Klassenzimmer und widmete sich privaten Dingen. Einen Teil der Biblischen Geschichten haben wir auswendig lernen müssen und so sagten wir sie der Reihe nach auf. Da war zum Beispiel die Geschichte aus dem Johannesevangelium „Der arme Lazarus." Hier wurde der tote Bruder von Martha und Maria von Jesus wieder zum Leben erweckt. Oder „Die Hochzeit zu Kana" (Johannes 2), wobei es sich um einen Ort in Galiläa, in der Nähe von Nazareth handelt. Schauplatz der ersten Wunder Jesu, wo er Wasser zu Wein machte. Oder „Die Speisung der 5000 Mann". Hier wirkte Jesu Wunder, indem er Fisch und Brot vermehrte.

Da uns Lehrer A. oft alleine ließ, hatten wir eine Art Wachdienst eingeführt. Während sich die übrigen Schüler unterhielten, stand einer von uns hinter der geöffneten Tür des Bücherschrankes, in dem sich übrigens die Schulbibliothek befand, und passte auf. Sobald er den nahenden Lehrer hörte oder sah, gab er ein Zeichen und schnell sprang ein Schüler auf und sagte mittendrin eine Geschichte auf, las im „Hilf mit"-Heft oder im Realienbuch, je nachdem, was angeordnet war. Die Schulbibliothek übte eine geradezu magische Anziehungskraft auf uns aus. Zu ihr hatten wir jederzeit Zutritt und ich las alles doppelt und dreifach. Zu meinen Lieblingsbüchern gehörten „Die Höhlenkinder im heimlichen Grund", „Die Höhlenkinder im Pfahlbau" und „Die Höhlenkinder im Steinbruch" von Alois Theodor Sonnleitner. Unser Lieblingsfach war jedoch Zeichnen. Da wir uns dieses

Fach sehr oft wünschten, hatten wir es zu einer gewissen Fertigkeit gebracht und es entstanden die tollsten Gemälde.

Hoffentlich entsteht nun nicht der Eindruck, dass die übrigen Fächer vernachlässigt wurden. Das war durchaus nicht der Fall und wenn der Schulrat kam, fiel sein Besuch immer zur Zufriedenheit aus. Als die Zeit heranrückte, wo man zum Gymnasium übertreten konnte, wurden alle infrage kommenden Schüler separat in Grammatik unterrichtet. Offensichtlich war das Fach bis dahin stiefmütterlich behandelt worden. Ich habe das betreffende Lehrbuch noch in Erinnerung und stehe mit der Sprachlehre bis zum heutigen Tage etwas auf Kriegsfuß.

Große Angst hatten wir Kleinen vor dem Schularzt. Die Großen erzählten uns da die tollsten Schauermärchen. Schneiders Franz wusste von der Augenuntersuchung Schlimmes zu berichten. Da fuhr doch der Doktor mit einem Bleistift um den Augapfel herum, um diesen zur Untersuchung herauszunehmen. Hört sich das nicht in den Ohren einer schüchternen 8-Jährigen furchtbar an? Heutzutage würde das wahrscheinlich kein Schulkind mehr glauben.

Gefürchtet waren die vielfältigen Strafen. Es gab ja damals noch die Prügelstrafe! Wenn einer der Jungens etwas „berissen" hatte, ist es oft vorgekommen, dass der Lehrer ihn in den Garten schickte, um eine Weiden- oder Haselnussrute zu holen. Dann musste der Übeltäter seine Hand ausstrecken, der Lehrer hielt sie an den Fingerspitzen fest und riss ihm ein paar kräftige Hiebe auf die Handfläche über. Das Festhalten der Finger war nötig, weil raffinierte Schüler die ausgestreckte Hand im letzten Augenblick wegzogen und die Rute zum Verdruss des Lehrers durch die leere Luft pfiff, was natürlich bei den Zuschauern Schadenfreude auslöste. Bei schlimmeren Vergehen wurde die Hose stramm gezogen. Dabei musste der Sträfling in gebückter Stellung die Hände auf einen Stuhlsitz legen, der Lehrer packte mit einer Hand den Hosenbund, zog ihn stramm und drosch mit einem Rohrstock auf das Hinterteil des Ärmsten ein. Als Lehrer A. einmal Fischers Alfred verprügelte und im Eifer des Gefechtes eine lange Schnur aus der Hosentasche zog, dachte ich er will ihn erhängen und plinste (weinte) bitterlich. Der alte Schulmeister versuchte mich zu trösten, aber ich habe das damals für mich schreckliche Erlebnis bis zum heutigen Tage nicht vergessen. Einmal hatte sich ein Schüler, der schon ahnte, was ihm bevorstand, einen Topfdeckel in die Hose gesteckt. Die Töne, die bei der Prügel entstanden, riefen in der Klasse Gelächter hervor und der Vollstrecker geriet noch mehr in Rage und als Zulage gab es dann noch einen Mutzkopp (eine Art Ohrfeige, in Bayern: Watschn). Bei kleineren Vergehen, wenn man zum Beispiel während des Unterrichtes plachandert (geredet) oder heimlich sein Pausenbrot gegessen hatte, musste man mit dem Gesicht zur Wand in der Ecke stehen, bis der Lehrer das erlösende Wort sprach. Für Schüler, die ihre Hausaufgaben nicht gemacht hatten, war die Faulbank vorgesehen. Sie stand separat in einer Ecke und man saß dort mutterseelenallein wie auf einem Präsentierteller. Zum Glück war diese Bank nie meine Sitzgelegenheit.

Eben fällt mir noch etwas Lustiges ein. In einer Unterrichtsstunde fragte einmal der Lehrer einen Schüler: „Was treiben die Bewohner Ostpreußens?“ Hierbei hatte der Lehrer auf die Antwort „Ackerbau und Viehzucht“ gewartet, der Schüler antwortete jedoch „Hasen“, wobei er wahrscheinlich an die Treibjagd dachte, die es in Ostpreußen vielfach gab. Es entstand ein großes Gelächter.

Respekt flößte uns auch Kludßuweits Erna ein. Sie gehörte zu den Großen und versuchte in der Pause auf dem Schulhof uns kleinen Marjellchens zu erklären, wo die Babys herkommen. „Macht mal eure Augen zu“, sagte sie, „und drückt mit den Händen fest drauf. Dann nehmt die Hände weg und guckt zum Himmel. Die schwarzen Punkte, die ihr dort fliegen seht, sind die kleinen Kinder.“ Hm, na ja! Wir glaubten es damals. Ernas Vater war übrigens „Anspieler“. Er ging mit seiner Geige von Hof zu Hof, spielte ein paar Stücke und hielt den Hut auf.

Eines Tages hatte ein Schulkind Kopfläuse eingeschleust. Das war eine Aufregung! Wir mussten der Reihe nach vor unserem Lehrer antreten und er suchte nach den unliebsamen Untermietern, indem er unsere Haare mit zwei Federhaltern auseinanderteilte. Wenn er fündig wurde, musste der Kopf mit Sabadillessig eingerieben werden, was nicht sehr angenehm war.

Herr Lehrer A. hatte schlohweiße Haare und einen Bürstenschnitt. Beim Korrigieren mit roter Tinte hat er sich manchmal mit dem Federhalter den Kopf gekratzt und das ergab dann zu unserer Belustigung rote Flecken. Wir nannten ihn dann den „Scheck".

Unser Lehrer hatte ein großes Hobby, es waren seine 100 Bienenstöcke. Wenn die Völker schwärmten, passierte es schon einmal, dass er das Klassenzimmer verließ, um die Flüchtlinge einzufangen. Oft sahen wir ihn dann in seinem weißen Schutzanzug im Garten hantieren. Dabei rauchte er seine dicke Zigarre, die er auch während des Unterrichtes nicht ausgehen ließ. Wenn der Honig geschleudert wurde, fand ein Wettessen statt. Jeder Schüler musste lediglich einen Löffel mitbringen und dann ging's los. Honig satt. Alle konnten essen, so viel sie wollten. Willi Didlaukis war meistens der Sieger. Ich weiß nicht mehr, was es zur Belohnung gab, vielleicht Honig?

Leider trank unser Dorfschullehrer gerne mal ein Bierchen. Als er einmal vom Fahrrad fiel, fuhr er unbeirrt weiter. Scheinbar wirkte der Alkohol wie eine Betäubung und er spürte keinen Schmerz. Wenn er nicht mit dem Fahrrad fuhr, spannte er sein Pferd „Pascha" vor den Wagen. Das war ein schwarzes Kunterchen (kleines Mischlingspferdchen). Einmal nahm er sein litauisches Dienstmädchen mit. Während er becherte, musste es von Zeit zu Zeit nach „Pascha" schauen. Der war vor dem Haus angebunden und hatte schon vor Ungeduld mit den Vorderhufen ein großes Loch gekratzt. Plötzlich kam das Mädchen in den Gastraum gestürzt und rief aufgeregt: „Pascha foooort." Er hatte sich losgerissen und war heimgefahren. Wenn wir später etwas suchten und nicht fanden, hieß es: „Pascha foooort." Öfters hörten wir ihn auch singen, zum Beispiel „Er heißt Waldemar, weil es im Walde war". Tatsächlich hieß einer seiner Söhne Waldemar! Oder er sang: „Es war in Insterburg im Kaffee Sprindt, wo all die Mädelchens so reizend sind". Manchmal fielen in seinen privaten Gemächern auch unschöne Ausdrücke. Seine Frau Elsa und seine Schwägerin Frieda Mittelberg konnten ihm oftmals nichts recht machen. Einmal hörten wir, wie er schrie: „Ihr seid alle wie vom Dammelsack geschlagen" und „Zwei Weiber scheuern sich am Herd den A. (Hintern) und keine kocht mir Kaffee" oder „Die weiße Glumse fress' ich nicht, die kannst du fressen!" Einmal beschwerte er sich über seine Frauen (Ehefrau und Schwägerin) bei einem Landwirt im Dorf folgendermaßen: „Riehrei, Riehrei (Rührei) wollten se mir machen, ich sollte Riehrei ässen! Da bin ich nach Gumbinnen gefahren und hab mir im Zentralhotel was Anständiges bestellt und mir den Futtersack (Bauch) vollgeschlagen."

Oft genug suchte unser Herr Lehrer das Weite. Kubillen war ihm wohl wirklich zu langweilig. Und wenn er in unserer ostpreußischen Mundart sagte: „Nu jeh ich nach Gumbinnen zu de Bezopften", dann tat er das auch. Gemeint war ein Lokal mit weiblicher Bedienung, was damals als verrucht galt. Von so einem Besuch brachte er einmal einen Wandteller mit folgender Inschrift mit: „Gönn dir was, auch wenn du in Not bist, was nützt dir das Leben, wenn du schon tot bist."

Lehrer A. machte mit uns Kindern viele Ausflüge. Im Sommer fuhren wir zum Wystiter- oder Goldaper See zum Baden. Aufregung gab es einmal, als ich mich am Wystiter See zusammen mit einer Schulfreundin, ich glaube, es war Gretchen, versehentlich über die Grenze begeben hatte und mich plötzlich auf litauischem Gebiet befand. Soweit ich mich erinnern kann, war es das einzige Mal, dass mich unser Lehrer beschimpfte. Am Wystiter See kehrten wir in einem Gasthaus ein, in dem es ein Huhn gab, das goldene Eier legte. Das war für uns Kinder eine Sensation! Ich weiß nicht, aus welchem Material es war. Jedenfalls hatte es auf dem Rücken einen Schlitz, in den man 10 Pfennig reinstecken musste. Unter einem lauten Geräusch, das wie Kutkudatsch, Kutkudatsch klang, kam dann hinten ein „goldenes Ei" raus.

Auf einer Fahrt zum Goldaper See stellte ich einmal in der Bahn fest, dass ich kein Geld dabei hatte. Das war folgendermaßen passiert. Ein Kutscher hatte meine jüngere Schwester und mich zum Bahnhof Tollmingkehmen gefahren. Da es morgens noch sehr kühl war, hatten wir Mäntel übergezogen, die wir wieder mit heim gaben. Und in der Manteltasche steckte unser Reisegeld! Ich verlor Krokodilstränen und Lehrer A. half mir mit 10 RM aus. Der Goldaper See wurde auch Schilinner See genannt, weil er in der Nähe von Schilinnen (Heidensee) lag. Der Ort hatte keine Bahnstation, diese lag auf der gegenüberliegenden Westseite des Sees und hieß Hermeshof. Auf der Bahnfahrt aßen wir unsere Verpflegung, die unsere Mutti für uns eingepackt hatte und die Zeit verging wie im Flug, indem wir lauthals kadreierten (uns unterhielten), sodass uns Frau Lehrer, die meistens als zusätzliche Aufsichtsperson dabei war, zur Ruhe ermahnte. Wenn die Jungens anfingen, sich zu zergen (ärgern), schritt auch unser Herr Lehrer ein und sorgte für Ordnung. Während wir lustige Lieder sangen, wie „Das Wandern ist des Müllers Lust", „Im Frühtau zu Berge wir gehen fallera" oder „Heute wollen wir das Ränzlein schnüren, packen Lust und Frohsinn mit hinein", waren wir auch schon am Ziel, nämlich in Hermeshof (Groß Kummetschen). Unter Gekreische und Gejohle stürzten wir uns ins Wasser und tobten uns aus. Am Strand übte ein Kiosk große Anziehungskraft auf uns aus. Wir kauften Waffeln, Eis und Liebesperlen, alles Dinge, die es in Kubillen nicht gab. Und natürlich Limonade, die wir zu Hause meistens nur bei Schulfesten bekamen.

Einmal erlebten wir am Goldaper See, wie jungen Rekruten das Schwimmen beigebracht wurde. Es war ein Gewaltakt. Sie hingen einzeln an einer Leine und mussten ins Wasser springen. Wild paddelten sie um sich und wurden erst hochgezogen, wenn sie zu ertrinken drohten, jedenfalls sah es so aus. Die Heimfahrt verlief dann etwas ruhiger als die Hinfahrt. Wir waren müde, schabberten (redeten) nicht mehr so viel, und manchem fielen die Augen zu.

Im Frühling machten wir schöne Wanderungen durch die Flussauen. Wir gingen an der Schwentaine entlang durch die Ellerchen (Erlen) bis Kroscheln. Und wenn wir dabei barfot (barfuß) gehen durften, waren wir überglücklich. Lehrer A. erklärte uns viele Blumen, Kräuter und Vögel. Wie schön war es, wenn die Sumpfdotterblumen blühten. Wir hielten einzelne Blüten unter unser Kinn und wenn es gelb leuchtete, hieß es: „Du hast viel Butter gegessen." Wie ein Teppich sahen die Flusswiesen aus, wenn das Wiesenschaumkraut und der Hahnenfuß blühten. Störche marschierten gravitätisch durch das hohe Gras und schnappten nach Fröschen, die es sehr zahlreich gab. Rebhühner fühlten sich als Bodenbrüter gestört und da sie in Familien leben, bildeten sie beim Auffliegen oft eine Kette. Aus den nahen Getreidefeldern ließ die Wachtel ihr putperlutt, putperlutt ertönen, aus den Laubbäumen klang der Ruf des Kuckucks und unsere kleine Welt war in Ordnung. Wenn wir im Frühling die ersten Schwalben sahen, kullerten (wälzten) wir uns im Gras, um keine Sommersprossen zu bekommen und beim ersten Ruf des Kuckucks musste man sein Portemonnaie schütteln, damit es niemals leer wird. Aus dem gelben Löwenzahn flochten wir Kränze, die wir uns ins Haar setzten, und wir waren traurig, wenn sie am Abend verwelkt waren.

Bei einem Ausflug nach Soginten besichtigten wir auch die dortige Windmühle (Conrad). Mühsam erklommen wir auf einer leiterähnlichen Treppe die Mühlenspitze und mir fällt eine riesige Heuschrecke ein, die wir dort vorfanden. Sie war fast zehn Zentimeter groß und ich habe seitdem kein so großes Exemplar mehr gesehen. Vielleicht war es eine „Mehlschrecke"? Leider wurde es einer Schülerin da oben schwiemlig (schwindlig). Sie war nie schwindelfrei und als sie die vorbeisegelnden Windmühlenflügel sah, war es aus. Wir hatten die größte Mühe, sie 'runterzubringen, und nicht nur sie war froh, wieder festen Boden unter den Füßen zu haben. Im Dorf Soginten kehrten wir im Gasthaus Klöß ein, zu dem ein Fleischerladen gehörte. Meine Schwester und ich hatten Appetit auf Mettwurst, die meine Mutter bei den Hausschlachtungen nicht machte. Da bekanntlich die Augen größer sind als der Magen, kauften wir einen ganzen Ring. Das war zu viel! Die Sonnenhitze sorgte dafür, das die Wurst ganz weich wurde und das Fett austrat. Der Appetit verging uns, und ich kann seitdem keine Mettwurst mehr sehen. An heißen Sommertagen sagten wir den Spruch auf: „Herr Lehrer, das Wetter ist so schön, Herr Lehrer wir wollen baden gehen.“ Meistens hatten wir Erfolg, und es ging raus in die Natur, entweder zum Fluss oder zu unserem Teich. Beide waren große Anziehungspunkte. Unser Teich war der größte im Dorf und hatte den höchsten Wasserstand. Wer noch nicht schwimmen konnte, versuchte es zu lernen und der Garten war von Gekreische und Gejohle erfüllt, sodass das Federvieh Reißaus nahm.

Nach der Machtübernahme pilgerte der Lehrer mit seinen Schülern oftmals den Berg hinauf zum Hof meiner Eltern. Dort saßen wir dann alle vor unserem Radio und lauschten den Reden von Hitler, Göbbels, Göring oder unseres Gauleiters Erich Koch. Sicher haben wir nicht alles verstanden und langweilten uns auch mitunter, aber es musste wohl so sein, wie so vieles in der damaligen Zeit. Im Geschichtsunterricht wurde jedenfalls mehr die alte Zeit durchgenommen. Ich hatte kein gutes Verhältnis zu Geschichtszahlen, konnte aber in Rechnen gut mit Zahlen umgehen. Zu meinen Lieblingsfächern gehörte Deutsch, vorzugsweise Aufsatz. Diktat lag mir auch, aber schlimm war es mit Grammatik, sie wurde auch etwas nebensächlich behandelt. Meine Zeugnisse waren nicht erstklassig, aber doch akzeptabel. Immerhin stand in meinem Abschlusszeugnis der Vermerk: „Besitzt gute Denkkraft und ist in der Klassengemeinschaft führend gewesen.“

Wenn ich zurückdenke, gab uns unser Herr Lehrer doch sehr viel Freizeit. Im Fasching schrieben wir an die große Wandtafel, nachdem wir unsere Tornister versteckt hatten: „Herr Lehrer, die Raben sind gekommen und haben uns die Bücher weggenommen. Herr Lehrer, Herr Lehrer, es schneit so schön, Herr Lehrer, wir wollen rodeln gehen.“ Die Bitte wurde uns nicht abgeschlagen und wir zogen los zum „Abschrutus“, einem Berg, der in Puppels Wiesen lag. Es gab noch viele Bezeichnungen litauischen oder gar pruzzischen Ursprungs. So war auf dem Feld unseres Nachbarn eine Senke, die als „Gruschinus“ bezeichnet wurde, und eine Anhöhe nannte man „Arnepeves“. Was die

Namen bedeuteten, wusste niemand mehr. Vielfach wurden auch die Pruzzischen Götter Perkunos, Pikollos und Portrimpos erwähnt, ich weiß aber nicht mehr in welchem Zusammenhang. Vermutlich waren die ursprünglichen Dorfbewohner zumeist der Pest (1709-1710) zum Opfer gefallen und die wenigen übrig gebliebenen gaben die alten Bezeichnungen an die neuen Siedler weiter, die der Preußenkönig 1732 ins Land holte.

Jahre später, als wir älter waren, liefen wir auf dem „Abschrutus“ auch Ski. Auch der „Jakobsberg“, der in einem unserer Weidegärten lag, bot sich dazu an. Da unser Dorf sehr viele Hügel hatte, war es für uns ein richtiges Wintersportparadies. Die Ski, es war Krieg, hatte mein Vater bei einem Stellmacher in Warnen anfertigen lassen. Nach einem Aufruf der damaligen deutschen Ski-Olympiasiegerin Christl Kranz, spendeten wir unsere Bretter unseren Soldaten, die in den winterlichen Kriegsschauplätzen eingesetzt waren. Christl Kranz ist heute, 2003, die älteste, noch lebende deutsche Weltmeisterin und errang von 1934 bis 1939 15 WM-Medaillen, zwölfmal Gold, dreimal Silber. Sie war 1936 bei den Winterspielen in Garmisch-Partenkirchen die erste Ski-Olympiasiegerin. Ihre Bretter sollen damals 2,07 Meter lang gewesen sein. Jetzt ist sie 88 Jahre alt und noch auf der Piste. PS. Sie war 1914 geboren und verstarb 2004 im Alter von 90 Jahren.

Jeder Lehrer hatte ein paar Morgen Land (4 Morgen = 1 Hektar). Sehr viel früher war es ein alter überlieferter Brauch, dass Lehrer 40 Morgen, Förster 80 Morgen und Pfarrer 300 Morgen Land zur Verfügung hatten. Damit sollte ihre eigenständige Ernährung gewährleistet sein. Soweit mir bekannt ist, wurde aber ein Großteil des Landes verpachtet. Wenn bei unserem Lehrer die Kartoffelernte war, halfen alle Kinder beim Kartoffellesen. Frau Lehrer backte dann einen wunderbaren Streuselkuchen. Sie tat Zitronenschale in den Hefeteig hinein, den ich noch in guter Erinnerung habe. Bei ihr hatten wir auch Handarbeitsunterricht. Ihre Anleitung zu den „Sticktüchern“ war sehr fachmännisch. So lehrte sie uns Stielstich, Dickstich (Spannstich), Hexenstich, Kreuzstich, Hohlsäume, Kappnähte und vieles mehr. Beliebt waren natürlich die Pausen zwischen den einzelnen Unterrichtsstunden. Bei den kleinen Pausen hieß es: „Geht raus und kommt gleich wieder rein." Der großen Pause fieberten wir besonders im Sommer entgegen. Da ging es mit Hallo hinaus auf den Spielplatz. Das Pausebrot wurde ausgepackt und es kam zu manchem Tausch, wobei im Spätsommer unsere Weintrauben immer sehr gefragt waren. Meistens blieb dann noch Zeit für das beliebte Schlagballspiel.

Als einmal der Zirkus Krone in unserer Kreisstadt Goldap gastierte, fuhr unser Lehrer A. mit uns dort hin und wir waren begeistert von den großartigen Leistungen der Artisten, amüsierten uns über die spaßigen Clowns und bestaunten die Pferdedressuren.

Eines Tages war es dann so weit, unser Herr Lehrer ging in Pension. Ich glaube, es war 1936. Es gab eine große Abschiedsfeier, die von Lehrer Weiß gestaltet wurde. Unter anderem wurde „Das Narrenschneiden" von Hans Sachs (1494-1576), dem dichtenden Nürnberger Schuhmacher, aufgeführt. Ich spielte die Rolle des Arztes, Liselotte Pryzimusinski war der Patient, dem ich die Narren aus dem dicken Bauch schnitt. Die prüden, kritischen Dorfbewohner empörten sich ob dieser Handlung und es gab wenig Beifall. Bei einem Gedicht, das ich anlässlich der Verabschiedung aufsagen musste, blieb ich mittendrin stecken und fing geistesgegenwärtig noch einmal von vorne an. Ich glaube, das hat niemand gemerkt. An den Inhalt kann ich mich leider nicht mehr erinnern. Ich weiß nur noch, dass wir abschließend gemeinsam das Lied sangen: „Gehe hin in Frieden, wand're fröhlich fort, bleibt uns doch hinieden Gott als Trost und Hort".

Nach der Pensionierung unseres alten Lehrers wäre unsere Dorfschule beinahe verwaist. Es kamen viele Vertretungen. Alsda waren die Lehrer Glas Senior und Junior aus Pickeln. Der junge Herr Glas gab keinen Religionsunterricht, sondern machte uns mit der „Edda", den altnordischen Götter- und Heldensagen bekannt. Ich erinnere mich noch daran, dass hier die Weltesche „Ygdrasyl" der Ursprung allen Lebens war. Übrigens fand ich im Herbst 2004 in einer Illustrierten die Abbildung des Gemäldes „Ygdrasyl" von Anselm Kiefer. Es stammte aus dem Hause Hannover und man konnte es bis zum 13. Februar 2005 im Münchner „Haus der Kunst" besichtigen. Dort fand eine Ausstellung „Schatzhäuser Deutschlands" statt, wobei deutsche Fürsten und Prinzen private Kostbarkeiten zur Verfügung gestellt hatten. Auf dem Gemälde sieht man verschiedene Tierarten: vier Hirsche, einen Adler, ein Eichhörnchen und ein Drache sind im linken, oberen Teil des Bildes in Druckbuchstaben vermerkt.

Es folgte dann Lehrer Sütterle, ein gebürtiger Berliner, der uns stundenweise unterrichtete. Lehrer Sütterle heiratete die Gutsbesitzertochter Christel Rehagen aus Schackeln. Sonst war er in der Volksschule Ballupönen (Wittigshöfen) tätig. Lehrer Hans Weiß bekam unsere Schule hauptamtlich zugewiesen. Er heiratete die junge Lehrerstochter Lieselotte Jordan aus Schönheide und zog ins Schulhaus ein. Sie hatte schönes, goldgelbes Haar und er nannte sie des Öfteren „Goldfischchen". Herr Lehrer Weiß ließ uns einmal Schillers Drama „Wilhelm Tell" (1804) mit verteilten Rollen lesen. Willi Didlaukis las den Tell, ich war die Hedwig und Heinz Binsch las den Landvogt Geßler.

Ich ging sehr gerne zur Schule und weinte bitterlich, als nach meiner Konfirmation meine Schulzeit beendet war. Lehrer Weiß sagte zwar, ich könne jederzeit der Schule einen Besuch abstatten, aber das tat ich selten und wenn, dann in der großen Pause zum Schlagball spielen. Alles hätte nun seine Ordnung gehabt, aber unser Lehrer Weiß wurde leider zur Wehrmacht eingezogen und fiel in Russland. Er hinterließ seine junge Frau mit den kleinen Kindern Hannelore und Hans-Joachim. Frau Weiß blieb nach der Flucht in der DDR und besuchte uns einmal in Bayern, dann verlor sich ihre Spur.

Wo unser alter Lehrer A. seinen Lebensabend verbracht hat, weiß ich nicht ganz genau. Ich glaube, er zog nach seiner Pensionierung von Nordenfeld nach Georgenburg bei Insterburg. Seine Bienenvölker nahm er mit, aber wie sich der Transport vollzog ist mir ein Rätsel. Jedenfalls war er 1944 auf der Flucht mit einem Schiff über die Ostsee in einem Lager in Dänemark gelandet. Dort kümmerte er sich, nach eigener Aussage, um die holde Weiblichkeit und erfreute die übrigen Lagerinsassen durch seine lustigen, zum Teil aber auch sarkastischen Gedichte. Nach einem Aufenthalt von einigen Jahren, ließ er sich nach Westdeutschland, in die französische Zone, entlassen. Ab 2. Dezember 1948 lebte er dann in einem Altenheim in Geisingen, Kreis Donaueschingen/Baden. Von dort aus führte er einen regen Briefwechsel unter anderem mit Pfarrer Moysich und Lehrer Glas aus Pickeln, der seinerzeit aushilfsweise auch in Nordenfeld unterrichtete.

An ihn schrieb Lehrer A. am 20. Juli 1949 einen 20 Seiten langen Brief (DIN-A5-Format) den mir seine Tochter zukommen ließ. Er ist teilweise gereimt und ich halte ihn für druckreif. Beim Lesen dieser Zeilen muss ich an Rainer Maria Rilke denken: „Wer jetzt allein ist, wird es immer bleiben, wird wachen, lesen, lange Briefe schreiben." Von meinem alten Lehrer stammt, wie er es nennt, das elfte Gebot: „In diesem sünd'gen Erdenleben, müsst es elf Gebote geben, das Elfte müsst sich so gestalten, immer sollst dein Wort du halten!"

In seiner größten Not schrieb er: „Wenn dir die Not zum Himmel schreit, dann sei zum Reimen du bereit! Du spürst dein Elend dann nicht so und wirst am Ende gar noch froh." Diese Meinung kann ich bestätigen. Auch ich bin der Auffassung, dass das Reimen Balsam für die Seele ist. Es bewahrt vor Depressionen, die im Alter und beim Alleinsein manchmal auftauchen.

Nach einer langen Durststrecke, in der er Hunger leiden musste, war er überglücklich, als er sich endlich wieder seine geliebte Mett- und Leberwurst leisten konnte. Er kommentierte seine Euphorie mit folgendem Vers: „Ein gut Gewissen in der Brust, ein halb Pfund Wurst im Bauch. Dann ist das Schlafen eine Lust und das Erwachen auch."

Schade, dass wir beide uns schon nach seiner Pensionierung aus den Augen verloren haben und der Kontakt gänzlich abgebrochen ist. Ich hätte gerne mit ihm in Versform korrespondiert. Seine „Weiber" hat er in seinem langen Brief nicht erwähnt und ich weiß nicht, wie lange er mit ihnen den Fluchtweg gemeinsam machte. „Nu macht mal e scheene Laich aus mir“, soll er kurz vor seinem Ableben zu den Krankenschwestern gesagt haben. Unsere gemeinsame Heimat wurde um ein Original ärmer.

Rund um meine Konfirmation

Konfirmation heißt: Aufnahme jugendlicher, evangelischer Christen in die Gemeinschaft der Erwachsenen. Bei uns in Ostpreußen wurde die Konfirmation auch Einsegnung genannt. Die Vorbereitungen für diesen großen Tag begannen, genau genommen, schon zwei Jahre zuvor, nämlich durch den Konfirmandenunterricht. Er fand im ersten Jahr zwei Stunden lang am Nachmittag und im zweiten Jahr vier Stunden lang am Vormittag statt. Jeweils dienstags unterrichtete uns Herr Pfarrer Emil Moysich im Konfirmandensaal der Tollmingkehmer Kirche. Er waltete dort seit 1916 seines Amtes und musste genauso wie wir im Herbst 1944 flüchten.

Die Kirche war sieben Kilometer von meinem Heimatdorf Kubillen entfernt. Wir gehörten zum Kirchspiel Tollmingen, das circa 1598 gegründet wurde.

Im Sommer bewältigte ich den weiten Weg mit dem Fahrrad, im Winter meistens zu Fuß, oder ich wurde mit dem Pferdeschlitten hingefahren. Manchmal hatte ich auch Gelegenheit, von jemandem mitgenommen zu werden. Ich war nicht alleine, Laßats Marthchen aus dem Nachbarort Jessatschen (Grimbach) hatte denselben Weg. Zu Beginn des Konfirmandenunterrichts, also im ersten Jahr, waren wir zwölf Jahre alt. Wie alle „Backfische" der damaligen Zeit alberten wir viel herum, kicherten viel und plachanderten über dieses und jenes. Oft tauschten wir auch Obst aus. Martha war ganz wild auf unsere Kruschkes (Birnen) und ich bekam meistens einen roten Apfel von ihr. Rote Äpfel hatten wir nicht in unserem Obstgarten und mein Vater erklärte mir, dass es sich um den „Roten Trierer Weinapfel "handelte.

Einmal hatten wir Glück und Bauer Vorndran aus Kupsten (Hohenfried) nahm uns mit. Er hatte auf seinem Leiterwagen Getreidesäcke geladen, die er bei der An- und Verkaufsgenossenschaft in Tollmingen abliefern wollte. Martha und ich durften uns auf die prallen Säcke setzen. Während er seine Pfeife rauchte und mit der Peitsche schnalzte, erzählte mir Martha im Flüsterton eine Story, die sich die Bäuerin Vorndran mal geleistet hatte (Namen geändert). In der Kreisstadt Gumbinnen gab es einen Wochenmarkt, der von den Bäuerinnen der Umgebung mit Lebensmitteln wie Butter, Eier, Sahne, Milch, Obst, Gemüse, Wurst, Brot beliefert wurde. Jede Bauersfrau hatte einen Stand. Frau Vorndran war besonders pfiffig und versprach sich beim Verkauf der Butter Vorteile, indem sie sich Folgendes ausgedacht hatte. Sie arbeitete in die Mitte eines Butterklumpens ein faustgroßes Stück Kartoffelbrei ein. Das brachte nicht nur gewichtsmäßig etwas, sondern war auch optisch gesehen günstig. Ich weiß nicht wie, aber der Schwindel flog auf. Wie die Strafe ausfiel ist mir unbekannt, jedenfalls bekam sie Platzverbot.

In Tollmingen angekommen, erhoben wir uns von den harten Getreidesäcken und kletterten vom Wagen. Mit einem artigen Dankeschön verabschiedeten wir uns. Der Bauer murmelte nur „Andermal wieder", knallte mit seiner Peitsche und fuhr weiter. Aber o Schreck! Ich ging in die Knie und Martha kuckte mich entsetzt an. Mir waren beim Sitzen auf dem hartgepolsterten Fuhrwerk beide Beine eingeschlafen. Das gab sich natürlich in Kürze und wir setzten lachend unseren Weg fort.

Falls Herr Pfarrer Moysich verhindert war, wurde er von seiner Frau vertreten. Während einer Unterrichtsstunde fragte sie uns einmal, was wir unter dem Ausdruck „rein" verstehen. „Sauber", war die erste Antwort.

„Ja, ja", meinte sie „nicht ganz falsch, aber was meinst du mit ‚sauber'?

„Dass ich nicht schmutzig bin", war die Antwort. „Wenn ich mich nicht gewaschen habe, sagt meine Mutter manchmal ‚Du bist ja gar nicht rein'."

„Ich meine nicht die körperliche Reinheit", sagte Frau Pfarrer, und Heinz U. brachte „rein" mit „pur" in Verbindung. Und ich wagte das Wort „lauter" zu erwähnen.

„Wir kommen der Sache näher", hieß es. „Rein bedeutet sauber, lauter, untadelig, sich rein halten, frei von Sünden sein, reinen Sinnes sein." So lautete also damals die Erklärung und die Unterrichtsstunde war beendet.

Dieses als Kostprobe unseres Unterrichtsstoffes. Übrigens stand ich mit Heinz U. immer in Konkurrenz. Er stammte aus dem Nachbardorf Pickeln und besuchte die dortige Dorfschule. Ich weiß nicht, ob er nur in Religion so gut war. Jedenfalls wechselten wir uns in der Beantwortung der Fragen im Konfirmandenunterricht immer ab und einer wollte dem anderen zuvorkommen.

Im Konfirmandenunterricht mussten wir auch die fünf Hauptstücke aus dem kleinen Katechismus Dr. Martin Luthers lernen. Die ersten drei hatten wir schon im Religionsunterricht in der Schule gelernt. Das waren die zehn Gebote, die drei Glaubensartikel und das Vaterunser. Nun folgten das vierte und das fünfte Hauptstück, nämlich die Taufe und das heilige Abendmahl.

Der Weg zum Konfirmandenunterricht war manchmal auch mit unangenehmen Dingen verbunden. So zum Beispiel, wenn ich einen Termin beim Dentisten Roloff hatte. Da war ich jedes Mal froh, wenn die Sitzung beendet war und ich wieder nach Hause gehen konnte. Gott sei Dank musste ich nicht oft auf den Marterstuhl und der „Mundhöhlenforscher“ hat an mir nicht viel verdient.

Weit angenehmer war es da schon, wenn ich mir auf dem Heimweg bei Bäcker Völkner einen „Amerikaner“ kaufen konnte. Er kostete damals sage und schreibe einen Dittchen (10 Pfennig) und den gab mir meine Mutter jeden Dienstag mit. So kam ich zwei Jahre lang einmal wöchentlich in den Genuss dieses köstlichen Gebäcks. Später, nach meiner Einsegnung, als ich nicht mehr regelmäßig nach Tollmingen ging, vermisste ich diese kleinen Kuchen und wir versuchten sie selber zu backen.

Hier ist das Rezept:

150 Gramm Butter, 125 Gramm Zucker, 1 Päckchen Vanillezucker, 2 Eier, 3 Esslöffel süße Sahne, 300 Gramm Mehl, 1 Päckchen Backpulver und eventuell etwas Zitronenaroma. Aus den Zutaten einen üblichen Rührteig machen. Ein Backblech mit Backpapier auslegen und Teighäufchen darauf setzen. Im vorgeheizten Backofen bei Mittelhitze circa 25 Minuten backen. Gut auskühlen lassen und die Unterseite mit Puderzuckerguss

Pfarrer Emil Mysich,
von 1916 bis 1944 Pfarrer
in Tollmingen.

Die Kirche

von

Tollmingkehmen.

Meine
Konfirmation am
3. April 1938.

bestreichen. Öfters betraute mich meine Mutter auch mit der Erledigung kleiner Einkäufe. So musste ich mitunter aus dem Kurzwarenladen Weihe Nähgarn, Gummiband, Stopftwist, Nähnadeln und dergleichen besorgen, oder beim Kaufmann Naujack Hefe kaufen.

Ja, und eines Tages ging der Konfirmandenunterricht zu Ende. Zwei Jahre waren um und die Prüfung fand statt. Vor versammelter Gemeinde mussten wir uns vor dem Altar aufstellen und Herr Pfarrer Moysich richtete Fragen an uns, die wir mehr oder weniger gut beantworteten.

Der große Tag der Einsegnung nahte. Einladungen wurden persönlich ausgesprochen oder geschrieben. „Am Sonntag, dem 3. April 1938 wird unsere Edeltraut konfirmiert, wir wollen den Tag festlich begehen und laden dazu herzlich ein ..." So ungefähr hatte meine Mutter die Einladungen formuliert.

Ich wurde von Kopf bis Fuß neu eingekleidet. Also auf nach Gumbinnen! Es waren schwarze Kleider vorgeschrieben. Mutti und ich entschieden uns für schwarzen Cloque, sehr edel und teuer. Es war mein erstes Kleid, das eine Schneiderin nähen sollte. Es war leider auch mein erstes Kleid, das längst nicht so gut passte, wie die Garderobe, die meine Mutter mir bislang genäht hatte. Deshalb war es auch das erste und letzte Mal, dass wir eine Schneiderin bemühten. Ab da wurde nur noch selber geschneidert und das mache ich auch heute noch.

Schwarze Wildlederschuhe suchte ich mir im Schuhhaus Tack aus, das es jetzt übrigens auch bei uns in München gibt. Und dann gab es die ersten Seidenstrümpfe und Charmeuse – Unterwäsche mit viel Spitze dran, die war damals „in". Mein Wunsch nach einem Kamelhaarmantel mit passender Kappe wurde ebenfalls erfüllt. Ebenso bekam ich meine ersten Lederhandschuhe.

Beim Start zu unserem Einkauf hatte uns mein Vater viel Spaß gewünscht und „Spart nicht!" gesagt. Als ich dann noch eine Handtasche Marke „Goldpfeil" bekam, sah ich fast wie eine Dame aus und war mächtig stolz. Ja, es stimmt, „Goldpfeil" gab es schon vor über 60 Jahren in dem oftmals als rückständig beschriebenen Ostpreußen. Der große Tag rückte näher. Das

Haus wurde auf Hochglanz poliert. Trude, unser Mädchen, schleppte Bundkes (Bündel aus getrocknetem Strauchwerk zum Feuermachen), Holz und Briketts herbei. Im Herrenzimmer und im Saal wurden schon am Tag vorher die Kamine eingeheizt. Lehrer Hans Weiß kam mit seiner Frau Lieselotte schon am Sonnabend zum Gratulieren. Der Dorflehrer war auf mehreren Stellen eingeladen und musste sich seine Gratulationstour zeitlich einteilen. Ich durfte den ersten Wein meines Lebens trinken und die Wirkung war entsetzlich.

Sorgen machte uns das Wetter. Es war Anfang April. Schneeschmelze und Regen hatten dafür gesorgt, dass unser Fluss Schwentaine wie alljährlich über die Ufer getreten war. Der Fluss hatte keine Brücke, es war eine einfache Furt, über die nur ein schmaler Holzsteg für Fußgänger führte. Ob unsere Pferde da durchkommen würden? Ich wollte so gerne, dass mein Vater zwei Trakehner vor den Jagdwagen spannt, aber die Stuten waren trächtig und Papa wollte sie keinen Strapazen aussetzen. Also wurden zwei Ackergäule, Polte und Bless, angespannt. Vor dem Fluss stutzten die Pferde, aber dann wagten sie sich doch in die Fluten. Ob man es glaubt oder nicht, sie gingen bis zur Brust im Wasser. Meinen Eltern, meiner Schwester und mir wurde himmelangst. Wir mussten auf die Sitze klettern, um nicht nasse Füße zu bekommen. Es war wirklich schlimm!

In Tollmingen angekommen, mussten wir Konfirmanden uns vor der Kirche in Zweierreihen aufstellen. Neben mir Martha. Die Mädchen hatten Sträuße und ein Gesangbuch in den Händen, die Jungens Gesangbücher und Kerzen. Ich hatte einen Nelkenstrauß, sie waren schon damals meine Lieblingsblumen und ich hatte viel, viel später zu meiner Hochzeit auch ein Nelkengebinde. So zogen wir unter Glockenläuten in die Kirche ein. Vor dem Altar musste jeder seinen Konfirmandenspruch aufsagen, den der Pfarrer ausgesucht hatte. Für mich hatte er einen Vers des evangelischen Kirchenlieddichters Paul Gerhard (1607-1676) gewählt. Es war die zweite Strophe aus dem Lied „Ist Gott für mich, so trete gleich alles wider mich“. Sie lautete: „Nun weiß und glaub ich's feste, ich rühm's auch ohne Scheu, dass Gott, der Höchst und Beste, mein Freund und Vater sei, und dass in allen Fällen er mir zur Rechten steh und dämpfe Sturm und Wellen und was mir bringet Weh." Meine Stimme zitterte und wir wurden unter Orgelklängen eingesegnet. Es war sehr feierlich, wobei der Kirchenchor das seinige beitrug. Darauf folgte das erste Abendmahl und wir zählten zu den Erwachsenen.

Zu Hause waren inzwischen viele Gäste angekommen. Muttis ältester Bruder Otto und seine Frau Erna waren aus Königsberg mit der Bahn angereist und übernachteten bei uns. Tante Erna sah nicht nur auffallend aus, sondern sie benahm sich auch so. Sie unterhielt die Gäste durch ihr Klavierspiel, wobei ihre langen, roten Fingernägel etwas hinderlich waren. Papa, der sowieso keine Städter leiden konnte, mochte die eingebildete Pute nicht und sie wurde ein Jahr später, zur Konfirmation meiner Schwester Sigrid nicht eingeladen. Einige Gäste kamen wegen der schlechten Wegeverhältnisse mit Verspätung an und jeder war froh, dass er ohne Achsenbruch zum Ziel gelangt war. Die Straßen waren nur in der Nähe von Städten oder größeren Dörfern asphaltiert oder trugen ein Kopfsteinpflaster. Unser Weg, der zum Postamt Heinsort (Sodehnen) führte, war unbefestigt, ebenso der zum Dorf. Ab da trug die weiterführende Straße eine Kiesdecke. Wenn ich zu meiner Freundin ging, musste ich oft saubere Ersatzschuhe mitnehmen. Im Frühjahr, nach der Schneeschmelze oder nach Regenperioden, war der Weg grundlos und man verlor im Lehm die Fußbekleidung. Die Chaussee nach Tollmingen war bei den letzten Kilometern vor dem Kirchdorf geteert. Daneben lief aber der unbefestigte, sogenannte Sommerweg. Er war in der trockenen Jahreszeit für Reiter und Pferdegespanne gedacht. Der Erdboden war für Pferdehufe besser geeignet als ein hartes Pflaster oder eine Asphaltdecke. Besonders wenn die Tiere nicht beschlagen waren, das heißt keine Hufeisen trugen, was meistens bei Stuten der Fall war.

Als letzte Gäste vermissten wir Onkel Max und Tante Charlotte, die wir aus Königsberg erwarteten. Plötzlich stand Onkel Max mit aufgekrempelten Hosenbeinen vor uns. Er war mit seinem Auto in Sodehnen (Heinsort) stecken geblieben und zwar in der Nähe unseres Nachbarn de la Chaux. Sein Auto wurde mit zwei Pferden abgeschleppt und dann konnte das Fest beginnen. Mutti hatte gut vorgesorgt. Schon Tage zuvor wurde gebacken, gebraten und gekocht. Sie hatte den Ehrgeiz, ohne Kochfrau auszukommen und sie hatte es meisterhaft geschafft. Papa war stolz auf sie. Eine Kochfrau nahm man damals zu größeren Familienfeiern und man musste sie schon wochenlang vorbestellen, denn in Ostpreußen wurde gerne und viel gefeiert. Die Tische bogen sich und man erinnerte sich bei dieser Gelegenheit an den ostpreußischen Spruch: „Goot jesäte on goot jejäte, wat wellst du mehr?" (Gut gesessen und gut gegessen, was willst du mehr?)

Natürlich müssen auch die Geschenke erwähnt werden. Meine Patentante, Muttis Schwester, schenkte mir einen Aquamarinanhänger und es sickerte durch, dass er damals 68 RM gekostet hatte. Da ich auch Geld bekam, kaufte ich mir bei Juwelier E. Konrad, Gumbinnen, einen passenden Ring dazu, für den ich 27 RM bezahlte. Das waren Preise! Heutzutage müsste ich das Vielfache dafür ausgeben. Beide Schmuckstücke befinden sich noch in meinem Besitz, denn ich habe sie auf abenteuerliche Weise retten können. Unter anderem hatte ich sie in meinem seinerzeit noch üppigen Haar versteckt. Eines Tages werde ich sie vererben. Meine Großmutter mütterlicherseits überraschte mich mit einem Bernsteinanhänger in Form eines Tropfens, den sie aus einer ihrer Hutnadeln hatte umarbeiten lassen. Inzwischen habe ich mehrere Schmuckstücke aus ostpreußischem Gold und ich trage diesen Schmuck oft und gerne. Ich kann mich nicht mehr an alle Geschenke erinnern. Jedenfalls bekam ich von den Königsberger Verwandten je sechs silberne Teelöffel und Kuchengabeln. Sie wurden vor der Flucht 1944 neben anderen Wertgegenständen an meine Tante nach Bayern geschickt. Sie hatte sie und andere Sachen an verschiedenen Stellen in ihrem Garten vergraben und fand später einiges nicht mehr. Meine Kuchengabeln tauchten aber wieder auf und ich benutze sie heute noch. Später sahen wir bei einer Verwandten meiner Tante auch meine Teelöffel, sehr peinlich für die betreffende Person.

Sie konnte von Glück reden, dass wir so taktvoll waren und nichts sagten.

Die eben erwähnte Tante, die Witwe meines früh verstorbenen Patenonkels, schickte mir zur Konfirmation ein Päckchen aus Bayern. Es enthielt unter anderem ein Fläschchen 4711 Kölnisch Wasser und passende Seife. Besonders erinnere ich mich aber an einen blühenden Kirschbaumzweig, der die Geschenkpackung zierte. Während bei uns in Ostpreußen noch Schnee lag, blühten also in Bayern Ende März schon die Obstbäume.

Unter den Gaben waren auch zahlreiche Bücher. Etliche schickten wir nach Bayern. Aber als wir hier ankamen, waren nur noch drei Bücher übrig. „Gösta Berling" von Selma Lagerlöf, die Autorin hatte 1909 den Nobelpreis bekommen, „Wulf Alke" von Heinrich Sohnrey und die „Barb" von Kuni Tremel-Eggert. Die Bücher bekamen einen Ehrenplatz in unserer Bibliothek.

Ein Präsent wäre mir beim Auspacken beinahe abhanden gekommen. Von Familie Reich, Sodehnen, hatte ich das Buch: „Die gute Erde" von Pearl S. Buck (Nobelpreis 1938) und ein silbernes Armband bekommen. Letzteres hatte ich übersehen. Als ich mich für das Buch bedankte, wurde ich gefragt, wie mir der Schmuck gefällt. Ich wusste nichts davon und das Entsetzen war auf beiden Seiten groß. Die Sucherei ging los. Wir fanden das Armband mitten im zerknitterten Geschenkpapier in der Küche im Holzkasten. Die Geschenke wurden übrigens in der Veranda aufgebaut und es wurde viel fotografiert. Von den zahlreichen Aufnahmen, die gemacht wurden, befinden sich leider nur noch zwei in meinem Besitz. Ich sehe mich darauf in meinem schwarzen Kleid und mit Zöpfen, Gesangbuch und Nelken in den Händen. Ich stehe auf der untersten Stufe der großen Treppe und es liegt noch Schnee. Hinter mir die zweiflügelige Haustür. Dieser Hauseingang wurde nur zu besonderen Anlässen geöffnet. Am anderen Ende des Hauses war eine zweite Haustür, die täglich benutzt wurde. Auch sie hatte eine Doppeltür. Mein Vater erklärte mir, dass die Hauseingänge so breit sein mussten, damit man Särge transportieren kann. Es war nämlich in Ostpreußen, zumindest auf dem Land üblich, dass Verstorbene bis zur Beerdigung im eigenen Haus aufgebahrt wurden. Die Dorffriedhöfe hatten keine Leichenhallen.

Ein Jahr nach mir, also 1939, wurde meine Schwester Sigrid konfirmiert und der Tag wurde nicht weniger festlich begangen. Die Einsegnung meiner acht Jahre jüngeren Schwester erlebten wir dann nach der Flucht in Bayern. Das Arbeitsamt hatte uns dort 1946 einem Bauern zugeteilt. Es war eine kleine, bescheidene Feier, die uns die Bäuerin ermöglichte.

Durch die heimatliche Haustür in Nordenfeld, vor 1938 Kubillen, sind wir am 19. Oktober 1944 zum letzten Mal gegangen. Als wir 1992 nach 50 Jahren wiederkamen, fanden wir die Tollminger Kirche von litauischen Facharbeitern und Wissenschaftlern wieder aufgebaut. Sie wurde für die Öffentlichkeit und für Besucher als Gedenkstätte für den Pfarrerdichter Christian Donalitius eingerichtet. Er war von 1743 bis zu seinem Tode 1780 Pfarrer in Tollmingkehmen und lebte im dortigen Pfarrhaus. Hier schrieb er auch „Die Metai" (Jahreszeiten). Unseren Hof in Nordenfeld suchten wir vergebens, man hatte ihn dem Erdboden gleichgemacht.

Am 10. August 2002, meinem 79. Geburtstag, flogen wir nach zehn Jahren zum zweiten Mal in unsere alte Heimat, ich wollte sie meiner Tochter, meinem Schwiegersohn und meiner 10-jährigen Enkelin zeigen.

Bei uns schlug der Blitz ein

So lautete das Thema eines Aufsatzes, das mir unser alter Lehrer A. zur Aufgabe gemacht hatte. Vorausgegangen war Folgendes: Bei uns hatte der Blitz eingeschlagen. Wenn ich mich recht erinnere, war es an einem 12. Juli und ich war circa zehn Jahre alt. Die Uhrzeit weiß ich noch ziemlich genau. Die Leute saßen in der Küche beim Nachmittagskaffee und das war immer um halb vier. Damals besaßen wir neben unseren Trakehner Zuchtstuten und ein paar Arbeitspferden noch ein Ochsengespann. Das sollte unser letztes sein. Einer unserer Arbeiter, es war Schäfers Otto, war gerade beim Pflügen, als er zum Kaffee reingerufen wurde. So machte er die Ochsen vom Pflug los und ließ die geduldigen Tiere auf dem Feld stehen, um ins nahe gelegene Haus zu gehen. Meine Mutter wollte eigentlich um diese Zeit bügeln. Ich weiß nicht mehr, was sie daran hinderte, jedenfalls war es ihr Glück. Es herrschte schönes Sommerwetter, aber am Himmel stand eine kleine, graue Wolke, die nach Regen aussah. Deshalb meinte Mutti, es wäre ratsam, die Glucken mit den Küken vorsichtshalber in Sicherheit zu bringen. Gesagt, getan. Großmutter und ich machten uns ans Werk. Das gestaltete sich etwas schwierig, denn die lieben Tierchen wollten durchaus nicht einsehen, warum sie schon am hellen, lichten Tag in den Stall sollten. Kaum war uns das geglückt und ich wollte durch die Stalltür wieder auf den Hof gehen, knallte es. Ich fiel um und mein Gedächtnis setzte für ein paar Stunden aus. Ich war ohnmächtig. Meine Oma hatte es auch erwischt. Sie war einige Meter von mir entfernt, vor dem Eingang zur Futterküche umgefallen. Sie rappelte sich jedoch bald wieder auf, während ich wie tot dalag. Was war geschehen? Ein Blitz hatte eingeschlagen. Es war ein „kalter Schlag“ und es hat gottlob nicht gebrannt. Unsere Nachbarin meinte später, es muss ein Kugelblitz gewesen sein. Sie hatte eine glühende Kugel an ihrem Wohnzimmerfenster vorbeifliegen sehen. Ist das möglich? Vielleicht hatte sie ein greller Schein getrogen. Jedenfalls blieb es bei der einen Entladung. Es geschah merkwürdigerweise ohne Donner. Es regnete auch nicht und die Wolke verschwand genauso schnell, wie sie gekommen war. Aber was hatte sie angerichtet? Der Blitz hatte in den Stallgiebel eingeschlagen und einen Teil davon herausgerissen. Dabei fiel ihm auch die Glocke zum Opfer, die in der Giebelspitze hing. Sie war dafür gedacht, bei Feuer oder einer anderen Gefahr geläutet zu werden. Nachdem besagter Blitz den Stallgiebel demoliert hatte, fuhr er die Stromleitung entlang zum Wohnhaus hinüber und richtete auch dort, allerdings in abgeschwächter Form, noch Schaden an. So waren zum Teil die Vorhänge angebrannt. Auf dem Dachboden, wo in einer Vorratskammer die Einmachtöpfe standen, fehlten die beschrifteten Zettel, die meine Mutter Jahr für Jahr in die Gefäße tat, um sicher zu gehen, dass immer wieder dasselbe Einmachgut in den selben Topf kam. Es handelte sich dabei um Essig-, Salz- und Senfgurken, um Kürbis, Rumtopf, Essigkirschen und ähnliches. Die Papierchen waren spurlos verschwunden. Im Erdgeschoss waren beide Radios kaputt. Die Möbel standen teilweise nicht mehr an den Wänden. Sogar das große, schwere Buffet im Esszimmer war von der Wand weggerückt. Nicht auszudenken, was geschehen wäre, wenn meine Mutter gebügelt hätte. Sie hat einen Schutzengel gehabt!

Und was war draußen passiert? Mich hatte man inzwischen auf eine Decke gelegt, und zwar auf einen Grünfutterhaufen, der auf der Schleep lag. Das war ein flaches, schlittenähnliches Fahrzeug mit Holzkufen zur Beförderung von Dung, Heu und dergleichen. Ich kam langsam wieder zu mir und hatte starke Kopfschmerzen. Mein Körper war grau, als hätte ich in einer Räucherkammer gehangen. Beim Aufwachen soll ich gerufen haben: „Ich will sterben, ich will sterben!" Was wohl dabei in mir vorging? Währenddessen war Rothaupts Fritz zu uns auf den Hof gekommen, um sich einen Leiterwagen auszuleihen. Bei meinem Anblick erschrak er so sehr, das er ins Dorf zurücklief und dort die falsche Meldung verbreitete: „Meisers Trautchen ist tot!"

Unterdessen hatte sich der Knecht um die Ochsen gekümmert. Eines der Tiere hatte bei dem starken Knall vor Schreck ausgeschlagen und sich an der Pflugschar einen Hinterfuß aufgespalten. Der Tierarzt wurde gerufen und Dr. Bossler aus Großwaltersdorf konnte meinem Vater nur noch den Rat geben, das arme Tier sofort an den Schlachthof in Gumbinnen zu verkaufen. Das wurde schleunigst getan und mein Vater erzählte noch lange danach, das er den Ochsen für ein Butterbrot hergeben musste. Er bekam 50 RM. Das zweite Tier schafften wir dann auch ab und es war somit unser letztes Ochsengespann.

Der Tierarzt hat mich dann übrigens auch begutachtet, seine Meinung geäußert und Ratschläge erteilt. Als ich erwachsen war, habe ich diese Begebenheit noch öfters geschildert. Dabei konnte ich mir die Bemerkung nicht verkneifen: „War der Ochse damals wichtiger als ich?“ Im Spaß bekam ich aber auch manchmal zu hören „Na ja, dich hat ja einmal der Blitz gestreift.“ Das geschah, wenn ich Unüberlegtes tat oder sagte. Merkt der Leser auch etwas davon?

Allerlei Erinnerungen

„Die Erinnerung ist das einzige Land, aus dem man nicht vertrieben werden kann." Sie ist in mir überwach.

Bei meinen frühesten Erinnerungen bin ich nicht ganz sicher, ob sie auf Grund von Erzählungen basieren, oder ob ich mich tatsächlich daran erinnern kann. Ich weiß nur, dass mir einige Episoden so oft geschildert wurden, dass ich bei zunehmendem Alter und erst recht heute, nicht mehr weiß, ob ich sie damals bewusst erlebte, oder ob sie durch ständiges Erzählen in mir wachgehalten worden sind. Ich war kein besonders lebhaftes Kind, aber wenn meine Mutter sehr viel Arbeit hatte, wusste sie ein verlässliches Mittel, mich absolut ruhig zu stellen. Sie schnitt geräucherten Speck in kleine Würfel und tat ihn in meinen kleinen, bunten Blechteller, den ich noch heute vor mir sehe. Den Teller stellte sie auf einen Stuhl und mich davor. Dann konnte sie sich darauf verlassen, dass ich mich eine Zeitlang nicht vom Fleck rühren würde, denn Speck aß ich besonders gerne.

Eine andere Begebenheit, die ich jetzt schildere, klingt nicht sehr ruhmreich für mich. Aber wenn man das Kleinkindalter berücksichtigt, ist sie verständlich. Während meine Mutter im Haus beschäftigt war, spielte ich im Garten. Die Leute, zwei Knechte und ein Mädchen, saßen in der Küche beim „Kleinmittag", das war eine Zwischenmahlzeit zwischen Frühstück und Mittagessen. Plötzlich hörte Mutti lautes Rufen: „Fru, Fru de Traute steit enne Goarde on schett enne Bexe" (Frau, Frau, die Traute steht im Garten und macht in die Hosen.) Hier bitte ich um mildernde Umstände, denn ich war sicher noch sehr klein. Als ich einige Jährchen älter war und wenn man mich ärgern wollte, hat man mir diese Szene geschildert, deshalb habe ich sie wohl bis zum heutigen Tage nicht vergessen.

Den Ausdruck „Knecht" finde ich schrecklich, er stammt aus dem Mittelalter und ich würde ihn nie mehr benutzen, aber so nannte man damals männliche Arbeitskräfte, die auf dem Hof Kost und Logis hatten. Genauso wenig gefiel es mir, wenn sich Gutsherren- oder Frauen mit „Gnädiger Herr" oder „Gnädige

Frau“ ansprechen ließen. Als ich als Jugendliche einmal mit „Gnädiges Fräulein“ betitelt wurde, gab ich zur Antwort: „Ich bin kein gnädiges Fräulein, gnädig ist nur der liebe Gott.“ Ich bekam ein verdutztes Gesicht zu sehen.

Als meine 1¾ Jahre jüngere Schwester heranwuchs, begingen wir gemeinsame Streiche und bekamen als Strafe oft einen Klaps auf den Dups (Hintern). Einmal fuhr ich sie im Puppenwagen spazieren und während ich in voller Fahrt war, versuchte sie sich aufzurichten und der Wagen kippte um. Schuldbewusst versteckte ich mich im elterlichen Schlafzimmer unter den Ehebetten. Während ich mit Herzklopfen von einer Ecke in die andere rutschte, stocherten Mutti und Oma, jede von einer Seite, mit Besenstielen nach mir und ich Ärmste musste zitternd hervorkommen. Wie dann letztendlich die Strafe ausfiel, weiß ich nicht mehr, sicher wurde mir der Hintern versohlt, denn die Erwachsenen gehen ja ungerechterweise meistens davon aus, dass alles mit Absicht geschieht.

Ein anderes Mal überraschten wir Mutti mit „Blumensamen“, den wir auf der Lucht (Dachboden) zum Trocknen ausgebreitet hatten. Mutti fiel fast in Ohnmacht, es war nämlich Hasenkot, den wir im Obstgarten gefunden hatten und für Margaretensamen hielten. Der Hasenkot erinnerte sehr an die Samenstände der Blüten und wir wollten, dass Mutti im Frühjahr Margareten sät.

Im Winter spielten wir gerne mit unserem Kaufladen, der mit echtem Zucker, Mehl, Reis und einigem mehr bestückt war. Ein paar Gläschen mit Liebesperlen durften auch nicht fehlen. Alle Familienmitglieder mussten bei uns einkaufen. Sigrid und ich spielten abwechselnd die Verkäuferin. Gezahlt wurde mit Pfennigen, die wir dann bei den Eltern in „Dittchen“ umtauschten, ein Dittchen waren 10 Pfennige.

Im Sommer dachten wir uns viele Spiele aus. Wenn Nachbarskinder zu Besuch kamen, spielten wir oft „Wulf, kannst koame!“ (Wolf, kannst kommen). Der Wolf wurde vorher ausgezählt, zum Beispiel nach dem Spruch: „Eins, zwei, drei, vier, fünf, sechs, sieben, eine Bauersfrau kocht Rüben, eine Bauersfrau kocht Speck und du musst weg." Die übrig gebliebenen waren die Schafe und mussten sich verstecken. Der Wolf musste sich irgendwo mit dem Gesicht zur Wand stellen und auf das Kommando: „Wulf, kannst koame" warten. Wer als Erster gefunden wurde, musste den nächsten Wolf spielen.

Zum „Pferdchen spielen" reichten zwei Kinder. Eins nahm je ein Ende einer Schnur in die Hände und das zweite stand dahinter und lenkte. Dann ging's los über Stock und Stein, durch Pfützen und um den Holzhaufen herum, bis uns der Atem ausging.

Wenn uns gar nichts anderes einfiel, spielten wir „Greifchen" und „Verstecken", Gelegenheiten zum Verstecken gab es genug. Mit vier Jahren erkrankte ich an Keuchhusten und steckte Gott sei Dank meine jüngere Schwester nicht an. Unsere Kinderkrankheiten wie zum Beispiel Masern und Windpocken „teilten" wir uns. In jedem Winter hatten wir regelmäßig Grippe. Ich kam immer glimpflich davon, während Sigi zu hohem Fieber neigte und viel fantasierte. Wenn wir krank waren, meistens im Winter, machte Mutti ein Glas auf, und wir bekamen eingewecktes Obst, das uns erfrischte. Erfrischend war auch, wenn Mutti unsere Zudecke umdrehte, das heißt die kühle Seite nach unten – das wohltuende, erfrischende Gefühl habe ich heute noch in Erinnerung.

Lange Zeit mussten wir vorbeugend gegen Rachitis Lebertran nehmen. Ich glaube, er hieß „Scott's Emulsion", der uns gar nicht schmeckte. Deshalb bekamen wir anschließend immer einen Sahnebonbon zum Lutschen, um einen anderen Geschmack im Mund zu haben.

Mutti stellte diese Karamellbonbons selber her und ich habe später von ihr dieses, wie so viele andere Rezepte, übernommen. 250 Gramm Zucker wird in einer Pfanne erhitzt, bis er schmilzt und karamellisiert, indem er eine hellbraune Farbe annimmt. Dann fügt man 2 Päckchen Vanillezucker und ½ Liter Rahm (Sahne) hinzu. Unter Rühren kocht man das Ganze so lange, bis sich der Karamell auflöst und die Masse zähflüssig wird. Nun wird sie auf ein mit Öl bestrichenes Blech circa einen halben Zentimeter dick aufgegossen. Mit einem beölten Messer werden Karos eingekerbt und nach dem Erkalten auseinander gebrochen.

Aber noch schlimmer als der Lebertran war der Zitwersamen, ein Wurmmittel, das so trocken war, dass wir es regelrecht hinuntergewürgt haben. Heute wird es wegen der Nebenwirkungen nicht mehr verwendet.

Im Kleinkindalter war ich einmal sehr krank. Ich kann mich nicht mehr daran erinnern, aber meine Mutter und meine Großmutter erzählten es mir. Ich hatte eine tennisballgroße Geschwulst unter dem linken Arm, die sie „Schleier" nannten. Ich kann diese Bezeichnung in keinem medizinischen Lexikon finden, auch mein jetziger Hausarzt kennt den Ausdruck nicht. Die Geschwulst war mit Eiter gefüllt, platzte eines Tages auf und heilte nach geraumer Zeit zu. Noch nach fast 80 Jahren sieht man die Narbe.

Als Kind litt ich sehr unter Blutarmut und hatte jahrelang tagein, tagaus, Kopfschmerzen. Ganz schlimm war es bei der Hackfruchternte, wenn ich beim Kartoffelnlesen helfen musste. Beim Bücken dachte ich immer, mir platzt der Deez (Kopf). Meine Mutter ging mit mir zu Dr. Wittmoser, Gumbinnen, um mich untersuchen zu lassen. Unter anderem zog der Arzt die Haut auf meinem Handrücken hoch und klappte meine unteren Augenlider runter. Nachdem er die Diagnose „Blutarmut" festgestellt hatte, verordnete er eine Medikamentenkur, von der ich damals als kleines Kind nicht wusste, was das bedeutet. Verängstigt fragte ich ihn, ob ich dableiben müsse, worauf er mich beruhigte. Er verordnete ein Eisenpräparat, das ich jahrelang mit mäßigem Erfolg einnehmen musste. Zu allem Übel gab es das auch nur in Granulatform, blieb im ganzen Mund kleben und ich musste jede Menge trinken, um das Zeug hinunterzuspülen. Kurzum, es grauste mich schon immer, wenn ich Mutti mit dem gefüllten Löffel kommen sah und sie „Mund auf!" zu mir sagte. Später, als ich größer war, nahm ich die Medizin selber ein und schummelte manchmal. Als die Besserung nicht so schnell wie erhofft eintrat, hörte ich einmal, wie sich meine Eltern über mich und meine Beschwerden besorgt unterhielten, wobei Vati zu Mutti sagte: „Die wird nicht groß!“ Doch ich überlebte alles und wurde alt. Eigentlich dachte ich immer, dass man bei Blutarmut ein blasses Aussehen hat. Bei mir war das Gegenteil der Fall, ich hatte immer rote Wangen und glühte oft wie eine Tomate und das öfters zu meinem Leidwesen.

In meinem Elternhaus wurde grundsätzlich nach der Schrift gesprochen, zumindest mit uns Kindern. Allerdings ließ sich die breite Aussprache nicht verhindern, und warum sollte man auch? Statt „hören“ sagten wir „heren“. Weitere Beispiele: Müll – Mill, grüßen – grießen, Rüssel – Rissel, neu – nei, Hüften – Hiften, Kümmel – Kimmel, Bedeutung – Bedeitung.

Typisch war auch das Anhängen von „chen“ an Hauptwörter und Vornamen, zum Beispiel: Kuchchen, Topfchen, Ballchen, Frauchen, Mannchen, Trautchen, Dorchen, Lenchen und so fort.

Statt des Ausdruckes „doch“ benutzten wir das Wort „man“, zum Beispiel: „Erzähl mir man (doch) was du erlebt hast!“ oder: „Ich kann mir kein Eis kaufen, ich habe man (doch) nur noch zwei Dittchen.“ Fast 60 Jahre sind seit der Flucht vergangen, aber ich werde noch heute an meiner Aussprache als Ostpreußin erkannt. Mehrmals wurde ich deswegen schon angesprochen und ich habe dadurch schon einige nette Bekanntschaften gemacht.

Eingeschult wurde ich im April 1930 bei Lehrer A.

Damals hatte ich meinen ersten Verehrer. Es war Binschen Heinz, der Gastwirtssohn. Er machte seinen Eintritt in die Schule davon abhängig, dass er neben Meisers Trautchen sitzen darf. Das war ich und er durfte. Heinz war kleiner als ich, aber ich akzeptierte ihn, weil mir sein brauner Samtanzug so imponierte. Außerdem hatte er immer etwas Süßes in der Tasche. Im Laden seiner Eltern befand sich auch ein „Stopselkasten“, der eine große Anziehungskraft auf uns Kinder ausübte. Es war ein Kasten, dessen Deckel ein Lochsystem hatte und für 10 Pfennig konnte man einen Stöpsel in eines der Löcher stecken. Seitlich kam dann eine farbige Kugel heraus und auf einer Tabelle konnte man ablesen, was man gewonnen hat. Begehrt waren eine silberne oder eine goldene Kugel, die den höchsten Gewinn brachten. Als Heinz größer war, hatte er den Kasten einmal so manipuliert, dass ich eine goldene Kugel stöpselte und eine große Schachtel Konfekt gewann, die ich großzügig herumreichte.

Heinz hatte vier erwachsene Stiefschwestern, die aus der ersten Ehe seines Vaters, eines Witwers, stammten. „Heinzke" wurde von allen verwöhnt. Die vier Mädchen waren im heiratsfähigen Alter und hatten Freunde. Neugierig, wie ein Kind ist, beobachtete er seine Schwestern und sah und hörte Dinge, die für unsere gemeinsame Schulklasse „böhmische Wälder" waren. So hatte er diesbezüglich uns anderen einiges voraus und wir lauschten gespannt seinen interessanten Berichten.

Von Heinz bekam ich übrigens auch meinen ersten Ring, da waren wir beide circa 10 Jahre alt.

Er stammte von einer seiner Schwestern, die ihn nicht mehr trug, weil er kaputt war. Der Reifen war an einer Stelle offen, denn dort war der Stein samt Fassung herausgefallen. Später bekam ich dann noch einen Stein, den ich in die Öffnung klemmen sollte. Weiß der liebe Himmel, wo Heinz den aufgetrieben hatte. Anfangs trug ich den Ring manchmal, aber dann wanderte er zu den anderen Schätzen in meiner Schublade, als da waren Briefe von meiner Patentante, Geburtstags- und Ansichtskarten, bunte Schleifen, „blankes Papier" (Stanniolpapier), Haarspangen und mein erstes Parfüm, das nach Maiglöckchen duftete.

Viel später, nach der Schulentlassung, organisierte Heinz manchmal kleine, interne, Tanzveranstaltungen, die im Saal seiner elterlichen Gastwirtschaft stattfanden. Zu Beginn des Zweiten Weltkrieges bestanden Verdunklungsvorschriften. So mussten unsere Tanzvergnügen, bei denen ein Grammofon spielte, streng geheim stattfinden. Heinz zeigte sich als Gastwirtssohn immer großzügig und spendierte etwas Alkoholisches. In schlechter Erinnerung ist mir der Pfefferminzlikör; ich mochte ihn nicht, weil er nach Medizin schmeckte.

Die Jungens wurden nach und nach zur Wehrmacht eingezogen und auch Heinz musste einrücken. Als er einmal Fronturlaub bekam, besuchte er uns. Dann sahen wir ihn nie wieder, er starb wie so viele Soldaten, den sinnlosen „Heldentod“ für „Führer, Volk und Vaterland“. Das Ehepaar Binsch hatte seinen einzigen Sohn verloren.

Übrigens bekam ich meinen zweiten Ring erst 20 Jahre später von meinem Mann, es war mein Ehering. Dazwischen lag der grausame Krieg mit seinen Nachwehen. Das Leben ging weiter.

In Ostpreußen gab es oft heftige Gewitter. Zum Glück folgte danach kein so krasser Temperatursturz und wir Kinder konnten barfuss gehen. Mit Wonne kneteten wir in den Patschlöchern (Wasserpfützen) herum und ließen die nasse Erde durch unsere Zehen quatschen (quellen). Wo die vielen „Donnerkeile“ nach jedem Gewitter herkamen, war mir rätselhaft. Es waren fingerlange und fingerdicke Keile, die an einem Ende spitz zuliefen und abgerundet waren. Als Kinder dachten wir, sie seien vom Himmel gefallen. Im Lexikon heißt es: „Donnerkeil: 1. Belemnit, versteinerte Skelettreste von Tintenfischen, heißt im Volksmund Donnerkeil. 2. vorgeschichtliches Steingerät“. Als ich mit meiner Familie im August 2003 Urlaub in Luxemburg machte, besuchten wir in Rümelingen ein stillgelegtes Erzbergwerk (1870-1995). Ich staunte, als ich unter den ausgestellten Fundstücken auch Donnerkeile sah. Sie wurden als Belemnit bezeichnet mit einer ähnlichen Erklärung, wie ich sie zuvor daheim im Lexikon gelesen hatte. Eine Jugendfreundin, deren Eltern eine Kiesgrube hatten, erzählte mir, dass es dort viele Donnerkeile gab und dass die Bauern dort Kies holten, um ihre Hofplätze aufzuschütten. Vermutlich war das auch bei uns der Fall, denn ich erinnere mich daran, dass zu den Wochenenden die Kiesfläche vor dem Wohnhaus geharkt (gerecht) wurde und Donnerkeile zum Vorschein kamen. Bei starken Regenfällen oder gar Wolkenbrüchen traten sie vermehrt auf. Wahrscheinlich wurden sie vom Regen herausgespült.

Bei starken Gewittern sagte meine Großmutter: „De lewe Gott schömpt.“ (Der liebe Gott schimpft.) Wir Kinder zählten nach jedem Blitz bis zum nächsten Donner. Wenn wir es zum

Beispiel bis zehn schafften, war das Gewitter noch drei Kilometer entfernt. Ich gebe zu, dass ich auch heute noch zähle.

Ich mochte gelegentliche Regenschauer und liebte es, geborgen in der Veranda zu sitzen und dem Geräusch der ersten Regentropfen zu lauschen. Anfangs rätselten wir immer, ob das Geräusch auf dem Dach von den herumtrippelnden Bachstelzen, die dort schwanzwippend nach Mücken und Fliegen schnappten, oder von den ersten Tropfen herrührte.

Teilansicht unseres Wohnhauses:
die Gartenseite mit Veranda.
Aufgenommen etwa im Jahr 1939.

Da die Veranda wie ein Pfahlbau errichtet war, bot sie ein beliebtes Versteck. Gelegentlich diente sie uns auch bei einem überraschenden Regenguss als Zufluchtsstätte. Wir saßen dann darunter und spielten, denn ein paar Spielsachen waren dort immer deponiert. Manchmal waren auch unsere Katzen dabei, denn sie waren wasserscheu und wollten genau wie wir im Trockenen sitzen.

Später, als ich kräftig genug war, um auf dem Feld mitzuhelfen, hatte ich nichts dagegen, bei der Arbeit vom Regen überrascht zu werden. Hastig lief ich heim, aber bis ich den Hof erreichte, war ich meistens bis auf die Haut pitschnass. Ich wusch mich, zog mich trocken an und dann kam das gemütliche Wohlgefühl. Ich fühlte mich in Sicherheit, saß lesend oder Handarbeiten machend am Fenster und schaute auf den Hof hinaus. Der Hofhund hatte sich in seine Hütte verzogen, er hatte den Kopf auf die Vorderpfoten gelegt und blinzelte zum Schlupfloch hinaus. Hühner und Puten waren in ihre Ställe geflüchtet. Nur die Gänse standen mit lang ausgestreckten, zum Himmel erhobenen Hälsen auf dem Hof und genossen es, das wohltuende Nass an ihrem geölten Federkleid herunterrieseln zu lassen.

Als Kinder waren wir nach dem Herumtoben auf dem Hof und auf den Feldern abends ziemlich verschmutzt. Füße, Knie und Hände waren am meisten betroffen. Da wir es mit dem Waschen, wie fast alle Kinder, nicht so genau nahmen, drohte Mutti den Mann mit der Wurzelbürste zu bestellen, der uns schrubben sollte. Wir kriegten es mit der Angst zu tun und wuschen uns lieber. Ein ausgiebiges Bad fand regelmäßig in einer Zinkwanne statt. Finger- und Zehennägel schneiden nahmen wir, wenn auch ungern, in Kauf, wir dachten dabei an den Struwwelpeter, der sich gegen diese Prozedur wehrte und ein böses Ende nahm. Die Füße wuschen wir uns den Sommer über meistens im Teich. Wir saßen auf dem Steg und ließen die Füße im Wasser baumeln. Oft verhielt ich mich mucksmäuschenstill, ohne mich zu rühren und wartete, bis ein Frosch vorbei ruderte oder eine Karausche nach meinen Zehen schnappte.

Mein Vater spielte mit dem Gedanken, eine Brücke über den Teich zu bauen. Sie sollte von der Stallseite, wo acht stolze Birken standen, zum entgegengesetzten Ufer, das von Strauchweiden eingesäumt war, führen. Der Krieg verhinderte die Ausführung dieses Planes.

Im Frühling zapfte Papa die Birkenstämme an, um Birkenwasser zu gewinnen, das wir zur Haarpflege benutzten. Zur Kopfwäsche nahmen wir das Haarwaschmittel „Elida“. Zu Pfingsten wurden Zweige abgeschnitten, um damit nach altem Brauch den Hof und das Haus zu schmücken. Um die Bäume nicht zu sehr zu plündern, wurden größere Äste aus der Birkenschonung geholt. Sie zierten dann das Hoftor, die Stalltüren, das Treppengeländer zur Haustür und wurden sogar hinter die Ehebetten meiner Eltern gesteckt. Wenn dann auch noch unsere „Mohnetante“ (Mohrunger Tante) zu Besuch kam und Schokoladenmaikäfer an die Birkenäste hängte, war für uns Kinder das Pfingstfest komplett. Dazu trugen auch die üblichen Pfingstkleider bei, die wir in jedem Jahr bekamen und an deren Herstellung Tante Gertrud als Schneidermeisterin oftmals beteiligt war. Bei einem ihrer Besuche machte sie eine Waldmeisterbowle. Woher sie die Blätter hatte, weiß ich nicht mehr. Soviel ich weiß, wuchs diese Pflanze nicht in unseren Tannen- und Birkenschonungen, sie kommt zumeist in Buchenwäldern vor.

Wenn ein Maikäferjahr war, was durchschnittlich alle vier bis fünf Jahre vorkam, waren wir Kinder nicht zu halten. Mit Zigarrenkisten, in deren Deckel mein Vater Löcher gebohrt hatte, liefen wir zur Birkenschonung, schüttelten die Bäume und sammelten die zwar schönen, aber leider großen Kulturschädlinge ein. Als Käfer vertilgen sie das Laub von den Bäumen und als Larven fressen sie die Wurzeln. Damit die Tierchen nicht verhungerten, taten wie ein paar Blätter in die Gefängnisse und liefen damit nach Hause. Auf dem Hof setzten wir sie dann auf die Hand und sangen: „Maikäfer flieg, dein Vater ist im Krieg, deine Mutter ist in Pommerland, Pommerland ist abgebrannt, Maikäfer flieg.“ Lustig sah es aus, wie sie vor dem Start ihre Flügel auf- und zuklappten und ab ging es in die Freiheit und wahrscheinlich der Birkenschonung entgegen.

Aus Birkenreisig band mein Vater auch Besen, die Strauchbesen genannt wurden. Er fertigte sie in verschiedenen Größen an und sie fanden auf dem Bauernhof vielseitige Verwendung. An allen Ecken stand einer griffbereit.

Zu Ostern, dem Fest der Auferstehung Christi, wurden die Weidensträucher geplündert. Ein Strauß mit Weidenkätzchen stand immer auf dem Ostertisch. Schon lange vor dem Fest wurden beim Kuchenbacken die Eier ausgeblasen, die wir bunt bemalten und an den Osterstrauß hängten. Am Ostersonntag wurde schmackostert. In aller Frühe erschien die Oma, oder auch Papa und Mutti, zogen uns die Bettdecke weg und schlugen uns im Spaß mit einer Weidenrute. Dazu sangen sie: „Oster, schmackoster, bunt Oster! Fief Eier, Stück Speck, vom Koke de Eck, ehr goa eck nich weg!“ Das war immer eine lustige Angelegenheit, die von Gekreische und Gelächter begleitet wurde. Unser Dienstmädchen ging manchmal zum Fluss, um vor Sonnenaufgang Osterwasser zu holen, das nach alter, germanischer Sitte, schön machen soll. Wenn man Glück hatte, sah man im Flusslauf das Spiegelbild seines Zukünftigen, und da ist meiner Freundin, einer Nachbarstochter, Folgendes passiert: Als sie sich bückte, um Osterwasser zu schöpfen, starrte sie erwartungsvoll auf den Wasserspiegel, auf dem sich ein Kopf abzeichnete, aber es war ein Hundekopf! Erschreckt sprang sie auf und sah hinter sich ihren Hofhund, der ihr neugierig gefolgt war und ihr über die Schulter geschaut hatte.

Und dann starrten wir in die aufgehende Sonne, um in ihr das tanzende Osterlamm zu sehen, was uns nur in der Fantasie gelang. Dafür brachte aber mein Vater, als wir noch kleiner waren, ein lebendiges Lämmchen ins Wohnzimmer, denn meistens hatten die Schafe zu Ostern Nachwuchs. Zu unserer Belustigung vollführte es lustige Sprünge, aber ich kann mir vorstellen, dass es froh war, wenn Papa es wieder in den Stall zum Muttertier zurück trug.

Das Tollste am Osterfest waren natürlich die Ostereier, die anfangs der Hase, später unsere Mutti, im Garten versteckte. Da gab es gefärbte Hühnereier, Schokoladeneier und Papphasen, denen man zum Füllen den Kopf abnahm und die im nächsten Jahr mit neuer Füllung wieder kamen. Ostern begann eigentlich schon mit Gründonnerstag, weil Mutti dann aus Hefeteig Gründonnerstagskringel backte. Der darauffolgende Karfreitag wurde in Ostpreußen Stillfreitag genannt und meine Oma achtete streng darauf, dass kein Lärm gemacht wurde.

Übrigens gab es bei uns zu Ostern, Weihnachten und Pfingsten jeweils einen dritten Feiertag, an dem nicht gearbeitet wurde. Am Sonntag nach Ostern feierten wir Klein-Ostern, es kam sogar noch einmal der Osterhase und die Leute in der Küche bekamen je zehn gefärbte Hühnereier. Einmal hörte ich ein Gespräch meiner Eltern mit an, in dem sie berieten, wie viele Eier Mutti jedem Bediensteten auf den Teller legen sollte. Ich glaube, es waren immer zehn Stück. Den Sonntag nach Pfingsten nannten wir Klein-Pfingsten und es gab, genau wie am richtigen Pfingstfest Bier zu trinken, was bei uns außergewöhnlich war.

Meine Eltern achteten auf gute Tischmanieren, wozu auch das gerade Sitzen und geräuschlos Essen gehörte. Meine Schwester und ich saßen im Esszimmer auf einer mit Leder überzogenen Bank mit Rückenlehne nebeneinander. An den Knöpfen, die das Leder spannten und festhielten, wurde die Grenze abgezählt. Ich glaube, es gehörten jedem sieben Knöpfe. Da die Bank 15 Knöpfe hatte, bildete der mittlere die Grenze. Wehe, sie wurde überschritten! Dann ging das Geschubse los, bis unser Papa ein Machtwort sprach. Als wir anfangs noch so viel kleckerten und verschwadderten (vergossen), legte Mutti eine Wachstuchdecke auf den Tisch. Sie wurde von uns von Tischkante zu Tischkante mit den Händen abgemessen; und in der Mitte wurde mit dem Messer eine Kerbe eingeritzt! Sehr zum Missfallen unserer Mutti. Eine Unsitte war es auch von uns beiden, beim Essen zu gnittern (kichern), und das oft ohne Grund. Wenn wir uns anschauten und eine von uns das Gesicht verzog, galt das als Startschuss. Obwohl wir die Zähne zusammenbissen, um das Lachen zu verhindern, prusteten wir dann los, sodass unsere Eltern sich entsetzt anschauten. Wir verstummten erst, wenn unser Vati vorwurfsvoll sagte: „Gnittert nicht so dammlich!“ (Lacht nicht so dumm!) Zum Leidwesen meiner Mutter haben wir oft gestritten. In Extremfällen kam es auch einmal zu Schlägereien, wobei ich immer den Kürzeren zog, weil ich so langsam war, bis ich mich einmal umdrehte, hatte sich meine Schwester dreimal umgedreht.

Ruhiger ging es zu, wenn wir mit unseren Katzen spielten. Die gab es auf jedem Bauernhof schon wegen der Mäuse. Wenn eine Katze gejungt hatte, verfolgten wir sie solange, bis wir das Nest fanden. Das war für die Kleinen die erste Begegnung mit Menschen und sie fauchten uns an wie kleine Wildkatzen. Kaum hatten wir das Katzennest entdeckt, zog die Katze um, indem sie die Jungen an den Nacken packte und an einen anderen Ort schleppte. Wie leblos hingen die Kleinen im Maul ihrer Mutter und rührten sich nicht. Durch den Biss an einer bestimmten Stelle des Nackens stellt sich nämlich vorübergehend eine Art Lähmung ein, die den Transport erleichtert. Auch Raubkatzen verwenden diesen Trick. Gerne spielten wir mit den Katzen in der Heubucht, wo wir sie oft schlafend vorfanden. Das war ein Schacht, in dem das Heu vom Dachboden aus in den Stall zum Füttern des Viehs heruntergeworfen wurde.

Beim Melken fanden sich alle Katzen im Kuhstall ein. Dort stand das Katzenschiewchen, ein Blechschüsselchen, in dem sie Milch bekamen. Die Jungen wurden angelernt. Dazu steckten wir ihre Schnäuzchen in die Milch, sodass sie diese ablecken mussten und dadurch auf den Geschmack kamen. Während die Katzen im Kuhstall auf dem Gang saßen und auf ihr Getränk warteten, spielte ich ihnen, als ich größer war, manchmal einen Schabernack. Ich bog beim Melken einen Strich (Zitze) des Euters zur Seite und zielte mit einem langen Milchstrahl auf die Kätzchen, die erschrocken auseinander stoben und ihr Fell abschleckten. Meine Schwestern und ich hatten je eine Katze. Meine letzte Katze Muschi war ein besonders liebes Tierchen. Sie saß oft beim Melken hinter meinem Rücken auf meinem Melkschemel. Eva-Maria hatte einen grau getigerten Kater „Murr“, Sigrid eine dreifarbige Glückskatze und meine war schwarz-weiß. Sie lebte am längsten und ich fand sie kurz vor der Flucht, tot liegend, auf einem Stoppelfeld. Ich trug sie heim und begrub sie an ihrem Lieblingsplatz im Blumengarten.

Eines Tages kamen wir zusammen mit Schmidts Elfriede auf die Idee, einen Katzenzirkus zu gründen. Unsere Fantasie war grenzenlos. Wir wollten Plakate malen, Einladungen verschicken, und die Aufführung sollte in unserer Schonung stattfinden. Wir sammelten Wolle von den Stacheldrahtzäunen, welche die Schafe beim Durchkriechen aus ihrem Fell verloren hatten. Meine Großmutter sollte spinnen und wir wollten Kleider und Hosen häkeln. Als die Erwachsenen von unseren Plänen erfuhren, lachten sie uns aus, denn sie wussten, wie schwer Katzen zu dressieren sind. Wir hatten, wie ein altes Sprichwort sagt, das Pferd von hinten aufgezäumt. In unserem Fall betraf es unsere Katzen. Wir hatten zuerst an Werbung und Kostüme gedacht und erst zum Schluss an die Dressur. Es gelang uns nicht einmal, die lieben Tierchen dazu zu bewegen, über ein Stöckchen zu springen. Das Unternehmen Katzenzirkus scheiterte.

Obwohl es Mäuse im Überfluss gab, kam es manchmal vor, dass eine Katze einen Frosch fraß. Bei einer besonders mageren Katze hieß es, die hat sicher einen Frosch gefressen; anscheinend war Froschfleisch der Gesundheit nicht so zuträglich. Unsere Katzen hatten ein großes, ergiebiges Jagdgebiet. Auf dem Hof, in den Ställen, in der Scheune und auf dem Feld gab es genügend Mäuse und manchmal auch Ratten. Beim Verspeisen der Beute ließen die Katzen immer die Galle liegen, von den Ratten auch den Kopf und unser Vater erklärte uns, dass beides giftig sei. Ich erinnere mich noch gut daran, dass sich unter unserer Viehwaage, die im Wagenschauer (Remise) stand, eine Ratte eingenistet hatte. Mein Vater spürte den Gang zum Nest auf und es wurde kochendes Wasser hineingegossen. Wie ein geölter Blitz schoss die Ratte aus ihrem Bau heraus, sprang an meinem Vater hoch und landete nach einem Sprung über seine Schulter in der Freiheit.

Die Viehwaage wurde in regelmäßigen Abständen geeicht, das heißt, es kam ein Eichmeister vom zuständigen staatlichen Eichamt und prüfte amtlich die Richtigkeit der Waage, was er durch Einätzen eines Stempels beglaubigte.

Auf dem Speicher stand noch eine Dezimalwaage, auf der Getreide, Kartoffeln und Personen gewogen wurden, wir nannten sie Personenwaage. Hier lag auch das gedroschene Getreide ausgebreitet, das von Zeit zu Zeit gewendet wurde, damit es durchtrocknet. Dann wurde es bis auf die für den Eigenbedarf gedachte Menge in Zentnersäcke gefüllt und an die An- und Verkaufsgenossenschaft in Gumbinnen verkauft.

Als einmal ein besonders gutes Erntejahr war und das Getreide auf dem Speicher über dem Schweinestall keinen Platz mehr hatte, wurde der Weizen auf dem Speicher des Wohnhauses gelagert. Meine Schwester und ich nahmen die Gelegenheit wahr und machten uns die aufgehäuften Weizenkörner zum Spielplatz. Wir nahmen Anlauf und sprangen hinein, ohne uns weh zu tun. Ich weiß nicht mehr, wer auf die Idee kam, den Weizen in unsere Trainingshosen zu füllen, die am Bund und an den Beinen Gummizüge hatten. Sie wurden immer schwerer und wir füllten fleißig nach, bis wir wie Mastgänse herumwatschelten und uns halbtot lachten. Das muss wohl unsere gute Mutti gehört haben. Plötzlich stand sie vor uns und konnte sich über den kindischen Unsinn nicht genug wundern. Ab da hatten wir einen Spielplatz weniger. Aber es gab ja genug andere Gelegenheiten.

Gerne erklomm ich die Strohhaufen, die außerhalb des Hofes hinter der Scheune lagen. Sie waren drei bis vier Meter hoch und man hatte von da oben einen herrlichen Ausblick über das schöne, weite Land bis über die Nachbardörfer hinaus. Ich schoss da oben gerne einen Kobolzke (Purzelbaum) und rutschte dann die Steilwand hinunter. Im unteren Teil der Strohhaufen hatten wir Löcher gebuddelt, in denen wir zeitweise bei schlechtem Wetter saßen. Es war so heimlich und wir fühlten uns so sicher. Ich kann mir wirklich keine schönere Kindheit vorstellen – ich verlebte sie in einem Paradies. Einmal war es mir gelungen, einen Tunnel durch den ganzen Strohhaufen zu graben, sodass ich am anderen Ende wieder herauskriechen konnte. Unweit der Strohhaufen befand sich der Komposthaufen, in dessen Nähe Klettenstauden wucherten. Sie wurden immer wieder hinausgeschmissen (ausgestochen), aber sie kamen Jahr für Jahr wieder. Es ist eine zähe, genügsame Pflanze, die man häufig auf Schutthalden und an Wegrändern findet. Die Blüten und Fruchtköpfe waren gefürchtet weil sie Widerhaken trugen. Solange sie an der Kleidung hängen blieben, ging es noch, aber wehe, sie gerieten ins Haar, da half oft nur noch die Schere. In der Schule steckten uns die frechen, übermütigen Jungens oft Kletten an die Zöpfe, was Anlass zu Ärger und Streit gab.

Im Herbst, wenn die Früchte der Heckenrosen reif waren, zerquetschten die Lorbasse (Bengel) diese und steckten sie uns in den rückwärtigen Halsausschnitt, was einen heftigen Juckreiz verursachte. Überhaupt waren die Jungens immer darauf aus, die Marjellchens zu zergen (necken). Auf meine langen Zöpfe hatten sie es besonders abgesehen, dauernd zogen sie daran oder banden die Schleifen auf.

Da wir aus verkehrstechnischen Gründen von der Pflicht der Milchablieferung befreit waren, hielten wir meistens nur fünf bis sechs Kühe. Mein Vater konzentrierte sich mehr auf die Pferdezucht.

Unsere Kühe wurden grundsätzlich im Stall gemolken. Danach wurden sie auf die Weide getrieben und abends wieder hereingeholt. Kühe, die frisch gekalbt hatten, blieben im Stall und wurden auch mittags gemolken, um die frisch geborenen Kälbchen zu tränken. Dabei steckten wir anfangs die Hand in den Milcheimer und ließen die Kleinen am Finger lutschen. So hatten sie die Illusion am Euter der Mutter zu trinken. Manchmal waren gleich drei Stück in der Kälberbucht und es wurde um den Milcheimer gerauft und alle versuchten zur gleichen Zeit ihren Kopf in den Eimer zu stecken Die Arbeiten, die sich täglich morgens, mittags und abends wiederholten, wurden „beschicken" genannt. Dazu gehörten unter anderem das Füttern der Tiere, das Ausmisten und das Melken der Kühe und das Tränken der Kälbchen.

Ab einem gewissen Alter musste ich das Melken lernen. Wir hatten schwarz-weißes Fleckvieh, jede Kuh hatte einen Namen, meine hieß Meta. Vor jedem Melkvorgang wurde das Euter gewaschen und abgetrocknet. Da wir durch die Getreidewirtschaft über genügend Stroh verfügten, wurde das Stallvieh morgens und abends frisch eingestreut und die Tiere waren nie klätrig, das heißt, sie hatten keine Mistbatzen am Zagel (Schwanz) und an den Hüften. Diese beiden Regionen waren am meisten gefährdet, weil sich die Tiere im Schlaf in den Dung legten. Dazu bot sich ihnen bei uns kaum Gelegenheit. Wir gingen täglich mehrmals durch den Stall, um die Kuhfladen in die Jaucherinne zu legen. Dort wurden sie nach Bedarf auf einen Schubkarren geladen und zum Dunghaufen, der außerhalb des Hofes lag, gefahren.
Da es in jedem Stall Fliegen gibt, versuchten die Kühe diese

lästigen Insekten mit dem Schwanz abzuwehren, und es kam oft vor, dass uns beim Melken der Zagel um die Ohren flog. Ich versuchte das zu verhindern, indem ich ihn mit der Stirn an die Flanke der Kuh drückte, was manchmal misslang. Beim Melken trug ich immer ein Kopftuch, das ich im Nacken zusammenband. Ich mochte den Stallgeruch und ging gerne zu den Tieren.

Ein Erlebnis war es immer, wenn im Frühjahr das Vieh ausgetrieben wurde. Die beiden großen Hoftore wurden geschlossen, die Tiere wurden von den Ketten befreit und dann durften sie sich auf dem Hof austoben. Erst stutzten sie und wussten mit der ungewohnten Freiheit nichts anzufangen, aber dann ging's los. Mit weiten Sprüngen, hinten und vorne ausschlagend rasten sie über den Hof, bis sie müde wurden und sich beruhigten. Dann wurde das Tor in Richtung Weidegarten geöffnet und ab ging es unter unserem Geleitschutz den Berg hinunter zu den eingezäunten Wiesen, die am Fluss lagen. Hier konnten die Tiere auch ihren Durst stillen, entweder in der Schwentaine oder in der Drum, einem kleinen Bach, der in den Fluss floss. Bei großer Hitze fing das Hornvieh an zu „bissen". Es muss dabei ein Leittier gegeben haben, auf dessen Kommando alle Tiere hörten. Plötzlich rasten sie mit steil erhobenen Schwänzen wie von Sinnen los und waren nicht zu bremsen. Sogar die trägen Kühe machten mit und ihre prallen Euter schlackerten von rechts nach links. Genauso plötzlich blieben alle wieder stehen und beruhigten sich. Es hieß, wenn die Kühe „bissen", gibt es ein Gewitter und das war logisch. Nach einer extremen Hitze entluden sich die aufgeladenen Wolken durch Regen, Blitz und Donner.

Das Jungvieh blieb den Sommer über draußen und es tat mir bei Regenperioden leid. Mein Vater hatte zwar einen offenen Unterstand gebaut und mit Stroh ausgelegt, aber er fürchtete Lungenwürmer, die bei anhaltender Nässe auftraten. Unsere Tiere blieben Gott sei Dank davon verschont.

Schön war es dann wieder im Herbst, wenn sich Regen und Nebel einstellten und den Aufenthalt in der freien Natur unmöglich machten, dann wurden die Tiere eingetrieben. Ich war immer gerne dabei und freute mich für sie, wenn sie dann ein festes Dach über dem Kopf und ein trockenes Lager hatten. Und nicht nur das, das Jungvieh, das den Sommer über im Freien verbracht hatte, fand einen sauberen, frisch gekalkten (gestrichenen) Stall vor. Der Kalk wurde hierzu eigenhändig gelöscht. Zwischen Hühnerstall und Scheunengiebel war außerhalb des Hofes eine circa einen Meter tiefe Kalkgrube. Hier wurde der trockene Kalk hineingetan und mit Wasser überschüttet. Es kochte und brodelte in der Grube und wir Kinder durften das Geschehen nur aus gebührender Ferne beobachten. Die arbeitenden Männer sprangen zur Seite, um keine Spritzer abzubekommen. Mit diesem Löschkalk wurden dann die Wände gestrichen. Danach wurde die Grube mit bohlenartigen Brettern zugedeckt und nach Bedarf wieder geöffnet.

Jeden Abend vor dem Schlafengehen machte mein Vater eine Runde durch die Ställe und ich war meistens dabei. Im Kuhstall waren hoch oben an der Decke die Taubenschläge. Es hörte sich schön an, wenn der Differt (Täuberich) mit ruckedigu-ruckedigu werbend um die Täubin rumpirzelte und sie gurrend antwortete. Junge Täubchen wurden gebraten oder geschmort, ältere Tiere, die mitunter etwas zäh waren, wurden mit Reis gekocht. Tante Sophie aus Danzig bekam auch ab und zu einmal eines ab, das wir ihr per Eilpost schickten. Leider hatte mein Vater mit den Tauben nicht viel Glück. Obwohl es genügend Futter gab und sie mit den Hühnern auf dem Hof mitfressen konnten und nach der Getreideernte auf den Feldern Nachlese hielten, ließen sie ihre Jungen oftmals verhungern. Papa ärgerte sich immer, wenn er die toten Taubenkinder aus dem Nest holen musste.

In den Ställen nisteten regelmäßig Mehlschwalben (Hausschwalben), mitunter sogar auf Lampenschirmen. Der Nestbau aus Schlamm und Speichel ging so schnell vonstatten, dass wir abends an einer Stelle ein Nest entdeckten, die morgens noch leer war. Das passierte immer, wenn tagsüber die Stalltüren offen waren. Damit die Vögel ungehindert hinein- und hinauskonnten, wurde immer ein kleines Fenster offen gelassen. In der Regel aber klebten die Schwalben ihr halbkugelförmiges Nest an die Außenmauer unter dem Dachvorsprung. Ich stand oft darunter und beobachtete wie die jungen Schwälbchen ihre Köpfe aus der Nestöffnung hinausstreckten und ihre breiten, gelben Schnäbelchen aufrissen, um von den Alten gefüttert zu werden. In einem nassen Sommer hatten wir einmal sehr viel Mauersegler, die wir Rauchschwalben nannten, weil sie so schwarz waren. Sie waren nicht so zutraulich wie die Mehlschwalben. Infolge des anhaltenden Regens litten sie sicher an Futtermangel, sie wurden vor Schwäche flugunfähig und ließen sich auf der Erde fangen. Wir versuchten sie mittels Pinzette mit Fliegen zu füttern, aber wir brachten bei weitem nicht alle Tiere durch.

In den Schweinestall ging ich nicht so gerne. Erstens roch es da nicht so gut und zweitens machten die Tiere bei der Fütterung ein fürchterliches Geschrei. Meine Großmutter ließ es sich nicht nehmen, den Schweinen den Drank zu geben, das war ein dickflüssiges Futter, das unter anderem aus Küchenabfällen, geschnitzelten Rüben, gekochten, gequetschten Kartoffeln und Schrot bestand. Oma besorgte diese Aufgabe bis zum Tag der Flucht, da war sie 86 Jahre alt.

Einmal verweigerte eine Jungsau gleich nach dem ersten Wurf die Annahme der Ferkel. Um die Kleinen am Leben zu erhalten, setzte mein Vater sie in einen mit Heu gefüllten Weidenkorb und stellte ihn in die Küche neben den Herd. Hier wurden sie von Mutti mit der Flasche gefüttert, bis sie aus dem Gröbsten heraus waren und wieder in den Stall zurück konnten, wo sie eigentlich hingehörten. Anfangs mussten sie wie Babys auch nachts ihr Fläschchen bekommen und wir hörten rund um die Uhr ein Quietschkonzert.

Jeweils im Herbst und Frühjahr fand in Gumbinnen ein Jahrmarkt statt, den meine Eltern abwertend „Rummel" nannten. Da gab es Schießbuden, Karussells, Wahrsagerinnen, Würstchenstände und so weiter. Aber ohne uns! Die „Leute" bekamen einen Tag frei, um sich zu vergnügen. Wir mussten zu Hause bleiben. Natürlich waren wir traurig und beneideten alle, die auf den Rummel gehen durften. Ich wollte doch so gerne den „Schmeiß weg“ sehen, von dem so viel erzählt wurde. Während er seine Waren anbot, soll er geschrieen haben: „Leute kauft, oder ich schmeiß weg!“ Als Entschädigung besuchten dann meine Eltern mit uns das Kinderfest.

Auch die jährlichen Schulfeste im Pallätscher Wäldchen, wo sich ein Sportplatz befand, waren eine willkommene Abwechslung. Das Dorf hieß ab 1938 Frankeneck und lag an der Straße von Tollmingen nach Hohenwaldeck (Makunischken).

Am Vormittag fanden die sportlichen Wettkämpfe statt, auf die wir uns schon lange davor gründlich vorbereitet hatten. Die Disziplinen waren unter anderem Weit- und Hochsprung, Laufen, Weitwurf. Ich war keine besonders gute Sportlerin und in Leichtathletik eine Niete. Im Weitwurf brachte ich es zum Beispiel nur auf 18 Meter. Geräteturnen machte mir mehr Spaß. Gelegenheit dazu gab es auf dem Schulhof.

Auf einer Bühne gab es von einzelnen Schulen auch gesangliche Darbietungen. Ich erinnere mich noch an „Ein Jäger aus Kurpfalz“, bei dem ich in einem Chor mitsang. Am Nachmittag folgte dann der vergnügliche Teil. Nachdem man sich an einer Würstchenbude mit Wiener und Semmeln, die wir Brötchen nannten, gestärkt hatte, wurde eine Flasche Limonade erstanden, die es bei uns nicht alle Tage gab. Als ich das erste Mal aus einer Flasche trank, stellte ich mich sehr ungeschickt an, die Limo schäumte über und ich drohte zu ersticken, was ich mir sicher nur einbildete. Ja, und dann gab es viele Arten von Süßigkeiten, wie Pflastersteine, ein Lebkuchengebäck, das eigentlich mehr zu Weihnachten gepasst hätte, auch Waffeln, Nussschnecken, Glumskuchen und vieles mehr wurde angeboten. Schon lange vorher freuten wir uns auf das Eis, das es in Waffeltüten gab. Anfangs dachten wir, es sind Papptüten und trauten uns nicht, sie mitzuessen. Verstohlen beobachteten wir andere und aßen dann auch die „Pappe“.

Einmal durften meine Schwester Sigi und ich bei Verwandten in Warnen eine Woche lang Ferien machen. Dora war drei Monate älter als ich, die Brüder Dietrich und Georg waren jünger. Es war ein heißer Sommer und wir gingen täglich zum Dorfteich zum Schwimmen. Störend war nur die Entengrütze (Wasserlinse), die wie ein Teppich die Wasseroberfläche bedeckte und auf der Wasserwanzen auf ihren langen Beinen hin- und herflitzten. Wie grüne Nixen stiegen wir aus dem Wasser, was uns aber nicht davon abhielt, anderntags wieder hinzugehen.

Die angrenzend an Warnen gelegene Rominter Heide lockte uns mit ihren vielen Waldbeeren und Onkel Otto besorgte vom zuständigen Forstamt einen Beerenschein, mit dem man berechtigt war, Himbeeren, Blaubeeren und Walderdbeeren zu sammeln. Für Pilze benötigte man einen Extraschein. Mit Eimern bewaffnet zogen wir los, und wenn diese gefüllt waren, war meistens auch der Magen voll, und mit blauen Lippen vom Verzehren der Heidelbeeren kehrten wir heim. Es gab auch Beerenfrauen, die sich auf das Pflücken spezialisiert hatten und für Marmeladefabriken arbeiteten. Sie benutzten Blaubeerkämme, die sie durch das Strauchwerk zogen und dadurch den Erntevorgang beschleunigen konnten.
Tante Ida erwartete uns schon und in der Küche herrschte dann Hochbetrieb. Es wurden verschiedene Marmeladen und Kompotte gekocht und natürlich Blaubeerkuchen gebacken. Wir waren fünf Kinder und aßen so viel, dass Tante mit dem Backen nicht nachkam und in Verzweiflung geriet.

Bei einem Spaziergang mit Dora trafen wie einmal zwei junge Förster, die sie kannte und es entspann sich ein kleines Geplänkel, in dessen Verlauf meine Schwester Sigrid und ich den beiden Grünröcken über die Gewehre springen sollten. Sie hielten ihre Waffen waagerecht circa 30 Zentimeter über dem Erdboden und lachten sich gemeinsam mit unserer Cousine pucklich.

Wir misstrauten der Sache und weigerten uns der Aufforderung nachzukommen, weil wir nicht wussten, welche Bedingungen daran gebunden waren. Dorchen klärte uns dann auf, dass es so viel wie Waidmannsheil heißt, wenn ein junges Mädchen einem Förster über die Flinte springt. Also war die Sache ganz harmlos, das hätten wir wissen sollen. Als wir in Warnen waren, lagen wir abends in Doras Zimmer noch lange wach und plachanderten mit ihr, bis Onkel Otto hineinkam und das Licht ausknipste. Natürlich ging es dann im Flüsterton im Dunkeln weiter. Einmal bekam ich es mit der Angst zu tun, als Dietrich und Georg von ihrem Vater Dresche (Prügel) bekamen. Da ich keine Brüder hatte, kannte ich das nicht und dachte mir, dass so etwas bei Jungs wohl manchmal nötig war. Rundum gefiel es mir in Warnen sehr gut. Es war ganz anders als daheim, der Hof lag mitten im Dorf und es tat sich was. Es war nicht so einsam wie auf unserem abgelegenen Hof in Nordenfeld. Als Papa uns abholte, nahmen wir Dorchen mit und sie blieb eine Woche lang bei uns. Wir hatten zwei Badegelegenheiten zu bieten, unseren Teich und den Fluss. Als Papa mit uns im Fluss Heidewasser fischen ging, war die Abwechslung perfekt, Dora kannte so was nicht und die Zeit verging viel zu schnell. Als Tante Ida und Onkel Otto sie abholten, fiel uns die Trennung schwer, aber die Ferien waren zu Ende und Dorchen musste nach Goldap zur Schule.

Die Rominter Heide bot außer dem Marinowo-See, auch andere Ausflugsziele, zum Beispiel das kaiserliche Jagdschloss in Groß Rominten, das dem letzten dt. Kaiser und König von Preußen Wilhelm II. und seiner Frau Auguste Viktoria gehörte. Er regierte von 1888 bis 1918 und ging dann mit seiner Frau nach Doorn/Niederlande. Dort starb er 1941, Auguste Viktoria war bereits 1921 verstorben. Das Jagdschloss war aus Norwegen herübergebracht worden. Die Hubertuskapelle war im nordischen Stil, wie in Kaiserlich Rominten, aus Rominter Kiefernholz erbaut. Die Waldarbeiterhäuser hatten auch eine norwegische Bauweise.

Auch Hermann Göring, Reichsmarschall und ab 1935 Oberbefehlshaber der dt. Luftwaffe, besaß in der Rominter Heide ein Jagdschloss. Er hatte in dem riesigen Waldgebiet Auerochsen ansiedeln lassen. Die Gegend war weitgehend abgesperrt. Göring wurde 1946 beim Nürnberger Kriegsverbrecher-Prozess neben anderen führenden Angehörigen der NSDAP zum Tode verurteilt und nahm sich nach dem Urteil das Leben.

Im Sommer machten wir Ausflüge nach Trakehnen und an den Marinowo-See, der etwas weiter entfernt war. Das Gestüt

Trakehnen mit der weltberühmten Pferdezucht lag nur sieben Kilometer von uns entfernt. Da mein Vater auch ein paar Zuchtstuten hatte, interessierten wir uns sehr dafür und waren oft dort. Unterwegs machten wir manchmal einen kleinen Umweg, um auf dem Heldenfriedhof Mattischkehmen eine kurze Rast einzulegen. Hier wurde im Verlauf des Zweiten Weltkrieges ein Feldflugplatz errichtet. Er war nur wenige Kilometer von uns entfernt und wir hörten den Motorenlärm der aufsteigenden und landenden Maschinen. Im letzten Kriegsjahr griffen die Russen mit ihren Flugzeugen wiederholt ostpreußische Städte an. Bei einem Luftangriff auf Gumbinnen sahen und hörten wir, wie unsere Maschinen aufstiegen, um den Feind abzuwehren. Wie sinnlos das alles im Sommer 1944 war, sah niemand ein – oder wollte man sich das nicht eingestehen?

An den Marinowo-See fuhren wir gerne zum Baden. Mutti gab uns stets etwas Leckeres für unser Picknick mit, das wir unter Schatten spendenden Bäumen in der Rominter Heide abhielten. Beliebt war neben den Stullen (belegte Brote) ein Vanillepudding mit Orangensoße, den wir in kleinen Plastikeimerchen transportierten. Unsere Gruppe bestand oft aus acht Marjellens, nämlich: Puppels Gretchen und Trudchen, Schmidts Elfriedchen, Zeises Lenchen und Dorchen, Ilschen Blumenstein und Meisers Sigi und Trautchen, die beiden Letzteren waren meine Schwester und ich. Solange Sigrid kein Fahrrad hatte, saß sie abwechselnd bei uns auf dem Gepäckträger. Von solchen Ausflügen nahmen wir gelegentlich Schischkes (Kiefernzapfen) mit heim, die wir zum Basteln benötigten. Wir fertigten daraus zum Advent oder zu Weihnachten Nikoläuse als Tischschmuck an oder vergoldeten sie mit Farbe und hängten sie an den Weihnachtsbaum.

Später, als wir älter waren, zog uns der Pavillon am Marinowo-See an, in dem an den Wochenenden Tanzveranstaltungen stattfanden. Hier stand früher das Teehäuschen der letzten deutschen Kaiserin Auguste Viktoria. Wir durften nur am Nachmittagstanz teilnehmen. Da trafen wir dann Jugendliche aus den Nachbardörfern und es entstanden die ersten zaghaften Flirts. Viele der damaligen flotten Tänzer fielen im Zweiten Weltkrieg. Schads

Fritz war ein exzellenter Walzertänzer und Bubi Obermeier war beim Fox beliebt. In den letzten Kriegsjahren herrschte, wie ich schon erwähnte, Tanzverbot, das hie und da mal gelockert wurde. Bei geschlossenen Gesellschaften gab es auch Sondergenehmigungen.

Es hatte sich eine kleine Clique gebildet, mit der man sich mal verabredet und mal zufällig traf. Zum Tanzen hatte man gegen Ende des Krieges sowieso keine Lust mehr, denn es gab kaum noch eine Familie, die nicht Tote oder Verwundete zu beklagen hatte.

„Fraileinchen, tragen se grien, das hebt ihnen!", sagte die dumme Ulla aus Tollmingen einmal zu mir, als ich einen neuen, grünen Mantel trug. Und ich war doch so stolz auf das gute Stück. Ich fand den Mantel, den ich zusammen mit Mutti in Gumbinnen gekauft hatte, sehr kleidsam. Tannengrün mit grauem Persianer verziert trug schließlich nicht jeder. Aus diesem Material war auch die Kopfbedeckung, ein Schiffchen, das damals „in" war. Den Mantel kauften wir in Gumbinnen bei Manufaktur- und Modewaren Hofmann in der Königstraße, das Schiffchen bei Noreiks, Wilhelmstraße 10.

Im Backfischalter durfte ich mit Mutti zusammen Stoffe aussuchen, aus denen sie mir Kleider nähte. Später, als ich mit dem Fahrrad nach Gumbinnen fuhr, kaufte ich dann alleine ein und nähte auch selber. Ein Kleid, das ich besonders gerne anzog, hat neben meinem schwarzen Konfirmationskleid und einigen anderen die Flucht überstanden, und das gelang nur, weil ich mehrere übereinander trug. Es war aus hellblau-grundigem Voile mit silbergrauen Blättern und pinkfarbenen Blüten als Muster. Als das Kleid nicht mehr tragbar war, nähte ich mir daraus einen Frisierumhang, den ich neben einem Stückchen Cloque von meinem Einsegnungskleid als Erinnerung aufgehoben habe. Das Voilekleid trug ich noch am Pfingstfest 1947 in Bayern, als ich von meiner großen, unglücklichen Liebe den ersten Kuss bekam.

Am 5. April 1940 legte ich die ländliche Hausarbeitsprüfung unter den strengen Augen eines Prüfungsausschusses der Kreisbauernschaft Goldap ab. Die zweijährige Lehrzeit vom 1. April 1938 bis 5. April 1940 hatte ich bei meiner Mutter ableisten dürfen. Die Prüfung fand bei der Bäuerin Frau Stadelmeier in Wittigshöfen (Ballupönen) statt.

In Ostpreußen war es üblich, dass Bauerntöchter für den eigenen Bedarf nähen lernten. Ich war zusammen mit Puppels Gretchen vom 1. Januar 1941 bis 31. März 1941 bei der Schneidermeisterin Frau Gramstat in Gumbinnen. Sie war eine mütterliche, behäbige, ältere Dame, die außer uns noch Lehrlinge und zwei Gesellinnen beschäftigte. Ihr verstorbener Mann, ein Herrenschneider, hatte ihr unter anderem zwei bleischwere Bügeleisen hinterlassen, die wir beim Bügeln von Kostümen benutzen mussten, was gehörig in die Arme ging. Nach Feierabend wurden mit einem großen Magnet die Stecknadeln, die tagsüber zu Boden gefallen waren, aufgesammelt. Frau Gramstat hatte in ihrem Haushalt ihre taubstumme Schwägerin, Tante Minchen, aufgenommen, die sich in der Küche beschäftigte und auch für uns Kaffee kochte. Das Gebäck dazu spendierte Frau Gramstat. Es ging in der Schneiderstube recht gemütlich zu, nur ab und zu gab es Ärger, wenn eine Kundin mit der angefertigten Ware nicht zufrieden war. Die Frau eines großen Bauunternehmers beispielsweise brachte ihr Kleid drei Mal zurück, weil der Rock zipfelte. Kein Wunder, er war schräg geschnitten und das bei einem Streifenmuster. Gretel und ich mussten eigene Nähmaschinen mitbringen. Meine Eltern hatten mir eine versenkbare Singer-Nähmaschine gekauft, die dann ein paar Jahre später bei der Flucht, wie alle Möbel in Nordenfeld stehen blieb. Alles, was wir in den drei Monaten nähten, gehörte uns und so war ich danach reichlich mit Garderobe eingedeckt. Wir fingen mit kleinen Sachen an, und nach einem Nachthemd folgten Rock und Bluse, dann Kleider und zum Abschluss nähte ich mir ein Kostüm, grau mit Nadelstreifen. Da ich schon als Kind gerne nähte, war ich mit Leib und Seele dabei. Meine Spezialität waren Knopflöcher und so musste ich manchmal einspringen, wenn es bei einem Kundenauftrag Terminschwierigkeiten gab. Leider hat mir Frau Gramstat das Zuschneiden nicht beigebracht, ich weiß allerdings nicht warum, vielleicht war ihr das zu zeitraubend. Diese Kenntnisse habe ich mir dann daheim mit Hilfe meiner Mutter angeeignet. Während dieser drei Monate in Gumbinnen war ich zusammen mit meiner Freundin Gretel bei Mutter und Tochter Geisler in der Bahnhofstraße in Pension. Es war eine schöne Zeit. Wir bekamen von zu Hause genügend Taschengeld und nutzten das aus. Wenn wir an den Wochenenden nicht heimfuhren, gingen wir nachmittags ins Kaffee Buczilowski. Jede mit einem Buch in der Hand, besetzten wir einen Ecktisch, von dem aus wir das ganze Lokal überblicken konnten. Wir bestellten Kaffee und Kuchen und beobachteten den ganzen Eingang. Abends gingen wir dann zum Tanzen ins „Hohe C", das war das Kaffee Hohenzollern in der Dammstraße. Gerne gingen wir auch ins Schützenhaus, wo junge Offiziere verkehrten. Dort hatten wir wie immer flotte Tänzer, denn Gumbinnen war Garnisonstadt. Um 22.00 Uhr war Sperrstunde und wer noch nicht 18 Jahre alt war, wurde bei einer Kontrolle von der Streife mitgenommen und musste auf der Wache Kartoffeln schälen. Hieß es jedenfalls! Also beeilten wir uns, immer pünktlich in unser Quartier zu kommen, wo die Damen Geisler schon auf uns warteten. Sie wollten jedes Mal einen ausführlichen Bericht über die Erlebnisse des Abends haben und taten sehr besorgt. Sie klärten uns auch über die Gefahren auf, die in einer Stadt auf junge, unerfahrene Mädchen lauerten. Wir fanden das alles mächtig übertrieben, aber einige Ratschläge nahmen wir uns doch zu Herzen. Der strenge Winter sorgte dafür, dass wir am Sonnabend und Sonntag oft nicht nach Hause fahren konnten, und ich muss sagen, dass wir ganz gerne in der Stadt blieben. Einmal war unser Zug gleich kurz hinter Gumbinnen eingeschneit und wir gingen zu Fuß wieder zurück. Ein anderes Mal fuhr unser Zug zwar bis Tollmingen, aber ich musste bei den Eltern meiner Freundin übernachten. Der Schnee lag so hoch und vor allem waren die Hohlwege in unserem Dorf so zugeschneit, dass ich meinen elterlichen Hof nicht erreichen konnte.

Damals hatte ich in Gumbinnen auch Akkordeon-Unterricht, doch leider reichten die wenigen Unterrichtsstunden nur aus, um die Grundkenntnisse zu erwerben. Das Instrument fiel dem Krieg zum Opfer, aber ich habe noch drei Unterrichtsbücher. „Alles in Einem“ Band I, II, und III. Sie enthalten Lieder, Tänze und Märsche für ein chromatisches Akkordeon.

Da mein späterer Mann sehr musikalisch war und unter anderem auch ein Schifferklavier hatte, bot sich dann wieder Gelegenheit zu musizieren. Leider blieb das dann im Laufe der Jahre mehr oder weniger aus Zeitmangel aus. So fehlte es dann auch an Übung. Aber „Auf der Reeperbahn nachts um halb eins“ und „Schön ist die Liebe im Hafen“ kann ich heute noch spielen.
Zur Zeit meines Nähunterrichts besuchten meine Schwester und ich die Tanzschule Albert und Erika Schmidt. Das Ehepaar kam aus Königsberg und hielt in Gumbinnen Kurse ab. Mein gelbes, langes Tüllkleid, das ich zum Abschlussball trug, hatte ich schon 1939 zu einer Hochzeit bekommen. Ich hatte es noch einmal auf einer Bauernhochzeit an und dann kam die Flucht und das Ende meiner bis dahin so schönen, sorglosen Jugendzeit.
Mein kleines, schwarzes, mit Perlen besticktes Abendtäschchen mit Ballkarte existiert noch. Der Abschlussball war übrigens am 6. März 1941 im Schützenhaus. Wir tanzten Wiener Walzer, Rheinländer, langsamen Walzer, ungarischen Rheinländer, Kegel-Quadrille, Marschtanz, Tampet, Polka, Knixwalzer und Wiener Walzer zum Abschluss. In dieser Reihenfolge stehen die Tänze auf meiner Ballkarte. Die Gumbinner Jugendlichen, zumeist Gymnasiasten, blieben meistens unter sich. Wir Landpomeranzen waren nicht gefragt. Mein schon vorhandenes Minderwertigkeitsgefühl wuchs und wurde im weiteren Verlauf meines Lebens zum Komplex. Ich litt mein Leben lang unter meiner schlechten Schulbildung.

In den beiden Kinos, Central-Theater, Wilhelmstraße 12, und Palast-Theater, Wilhelmstraße 2, ließen wir während unseres Gumbinner Aufenthaltes keinen Film aus. Einmal geriet ich in eine Vorstellung, die von den Verwundeten des nahe gelegenen Lazaretts besucht war. Ich saß zwischen zwei feschen Unteroffizieren, die mit mir fleißig schäkerten, jedenfalls versuchten sie es. Leider hatte der Soldat auf meiner linken Seite den angewinkelten rechten Arm in einer Schiene und der Verwundete, der rechter Hand saß, hatte den linken Arm eingeschient, beides auf meiner Schulterhöhe. Es war eine etwas beklemmende Sitzung.

Übrigens schwärmte ich damals für Paula Wessely und Wolf-Albach-Retty, dem späteren Vater der berühmten, leider viel zu früh verstorbenen, Romy Schneider. Paula Wessely ist die Mutter von Christiane Hörbiger, die eine hervorragende Schauspielerin ist und die ich sehr gerne sehe.

Die Zeit meines Aufenthalts in Gumbinnen nutzte ich zusammen mit Gretel, um die Stadt zu erkunden und Geschäfte auszukundschaften. Das Kurzwarengeschäft Grete Henkies, Goldaper Straße 6, kannte ich recht gut. Dort kaufte ich im Auftrag meiner Mutter ein, wenn ich mit dem Fahrrad in die Stadt fuhr. Drei Schuhgeschäfte sind mir noch in Erinnerung: Kerinnes Nachf., Friedrichstraße 7, Emil Schupp, Goldaper Straße 3 und Tack & Co., Königstraße 4.

Ein Papiergeschäft gab es in der Königstraße 6, es gehörte Gustav Czibulinski. C. E. Herbst, Königstraße 14, war ebenfalls ein Papierladen. Bücher kaufte man sehr gut in der Buch- und Kunsthandlung Schielke.

Unser „Hofjuwelier" war Emil Konrad, Goldaper Straße 2. Als ich mir nach meiner Konfirmation von einem Geldgeschenk einen Aquamarinring kaufte, präsentierte er ihn mir mit den Worten: „Welch ein Feier, welch ein Feier!", er meinte Feuer, nämlich den durch den Schliff des Steines entstandenen Glanz. Herr Konrad sprach typisch ostpreißisch: Statt „eu" sagte er „ei", statt „ei" „ai", statt „ö" „e", zum Beispiel: „Ich mechte eich heite ainladen." Ich habe den Ring mit einem dazu passenden Kettchen mit Anhänger auf abenteuerliche Weise gerettet.

Bei Herrn Uhrmachermeister Konrad blieben eine Uhr und ein Ring, die wir zur Reparatur, bzw. zur Vergrößerung abgegeben hatten, zurück. Beides waren Erbstücke und insofern für uns wertvoll. Als wir sie abholen wollten, fanden wir den Laden zerbombt vor, die Bombenangriffe der Russen auf ostpreußische Städte hatten im Sommer 1944 auch in der schönen Stadt Gumbinnen vieles zerstört. Bei Fräulein Ursula Nilewski in Großwaltersdorf hatten Sigi und ich Klavierunterricht. Sie war die Tochter des dortigen Gendarmeriewachtmeisters. Am 8. März 2004 habe ich mit der jetzigen Frau Jacken telefoniert und sie um die Erlaubnis gebeten, ehemalige Berichte über sie weiterzugeben und sie ist damit einverstanden. Hier sind ein paar Ausschnitte: „Der heimattreue Ost- und Westpreuße" (17. Jahrgang, Heft 5) vom 1. Mai 1937 brachte damals die Notiz aus Walterkehmen: „Ursula N. hat vor einigen Tagen die Organistenprüfung bestanden. Obwohl sie erst 18 Jahre alt ist, hat sie bereits die Berechtigung, in Orgel und Klavier zu unterrichten." Diesen Bericht habe ich in der ostpreußischen Dokumentation „Gumbinnen" von Dr. phil. Rudolf Grenz 1971 gelesen. Im Gumbinner Heimatbrief Nr. 96/00 Juni 2000, S. 48 hieß es: „Bei der Sendung ‚Hausmusik' brachte der Königsberger Sender eine Direktübertragung aus Gumbinnen vom 25. Oktober 1936. Hier wirkte auch Fräulein Ursula N. als Schülerin des Organisten Fauk und jüngstes Mitglied der Reichsmusikkammer mit. Ihre vorzüglich gelungene Wiedergabe des Präludiums und der Fuge in C-Moll von Johann Sebastian Bach fand großen Anklang. Auf Grund ihrer wertvollen Leistung und ihrer großen Fähigkeiten prophezeite man ihr weitere, schöne Erfolge voraus."

Großwaltersdorf war sieben Kilometer von meinem Elternhaus entfernt. Im Sommer fuhren wir mit unseren Rädern dorthin, im Winter oder bei schlechtem Wetter wurden wir mit dem Wagen oder mit dem Schlitten gefahren. Wenn ein ruhiges Pferd angespannt wurde, fuhren wir auch alleine. Meine Mutter achtete streng darauf, dass wir täglich mindestens eine Stunde übten. Damit wir die Zeit auch wirklich einhielten, stand auf dem Klavier ein Wecker, der nach Ablauf der Übungszeit klingelte. Das Klavier stand im Saal, das war ein großes Zimmer, über das fast jedes Bauernhaus verfügte. In ihm wurden Hochzeiten und andere Familienfeste gefeiert. Auch Verstorbene wurden dort aufgebahrt, weil die Dörfer keine Leichenhallen hatten. Über dem Klavier hing ein trauriges Bild. Es war die „Toteninsel" des Schweizer Malers Arnold Böcklin (1827-1901). Meine Eltern hatten das Bild zu ihrer Hochzeit im Jahre 1921 geschenkt bekommen, was ich im nachhinein als Hochzeitsgeschenk nicht sehr geschmackvoll finde. Schenkt man so ein finsteres Bild einem jungen Paar? Der edle Spender ist mir nicht bekannt, aber er muss wohl aus dem Verwandtenkreis gestammt haben.

Und den Platz über dem Klavier fand ich auch nicht sehr angebracht. Übrigens habe ich mir die Arnold Böcklin-Ausstellung im Frühjahr 2002 in der Neuen Pinakothek in München angeschaut. Die „Toteninsel", Böcklins berühmtestes Bild, wurde in drei Versionen gezeigt. Lange stand ich vor den Gemälden, fühlte mich in mein Elternhaus versetzt und Jugenderinnerungen wurden wach. Ich erstand ein Poster von der „Toteninsel" und werde es rahmen lassen, aber über dem Klavier werde ich es ganz bestimmt nicht aufhängen.

Unsere Klavierlehrerin veranstaltete auch Vorspielabende. Ich erinnere mich an einen Abend, an dem meine Schwester und ich die Ungarischen Tänze Nr. 5 und 6 von Johannes Brahms vierhändig spielten. Gemeinsam mit Fräulein Nilewski spielten wir auch ein sechshändiges Stück, dessen Titel mir leider nicht mehr einfällt.

Unvergessen sind die ostpreußischen Winter, als noch Frieden herrschte oder die Front tief im Feindesland lag. Die Winter waren hart und lang. Es fror Stein und Bein und der Schnee lag meterhoch. Er überraschte uns oft schon im Oktober/November und blieb ein halbes Jahr lang liegen. Ich erinnere mich noch daran, dass die weiße Pracht so hoch lag, dass wir das Gartentor gar nicht öffnen mussten, wir konnten einfach über den Zaun gehen. Der Hohlweg zum Dorf war oft so zugeschneit, das wir mit dem Schlitten versanken oder umkippten und den Weg freischaufeln mussten. Ach, was war es doch schön, wenn wir in Pelzdecken gehüllt auf dem Schlitten saßen. Vor uns die dampfenden Pferdeleiber und das Klingeln der Glöckchen, sonst absolute Stille. Eine besondere Freude machte uns Papa, wenn er uns mittags von der Schule abholte.

Im Nu war der Schlitten voller Kinder, die mitfahren wollten. Rechts und links bammelten (hängten) sie sich an, standen auf den Kufen und saßen hinten auf dem Kutscherbock. Wenn wir zu Verwandten nach Sodehnen/Heinsort fuhren, hörten wir auf der nächtlichen Heimfahrt den Frost in den Leitungsdrähten zwischen den Strommasten „singen". Die Schlittenlaternen zeigten uns den Weg, der Mond schien und die Sterne funkelten am sternklaren Himmel. Wenn wir dann auf dem Hof angekommen waren und vom Schlitten stiegen, knirschte der glitzernde Schnee unter unseren Füßen. Die Pferde wurden in den Stall geführt, nach Bedarf abgerieben und wir gingen ins warme Haus.

Bei starkem Frost waren die Fenster mit den bizarrsten Eisblumen zugefroren und das, obwohl jeweils im Herbst Doppelfenster eingehängt wurden. Im Sommer genügten selbstverständlich die einfachen Fenster und die zweite Garnitur stand auf dem Dachboden.

Im Oktober wurde sie herunter geholt und vor der Verwendung im Garten in Wannen gründlich gewaschen. Wenn der Winter seinen Höhepunkt erreicht hatte und klirrender Frost herrschte, konnten wir buchstäblich nicht aus dem Fenster sehen. Wir kratzten dann mit dem Fingernagel ein Loch in die Eisschicht oder hauchten so lange an die Scheibe, bis durch den heißen Atem eine kleine Fläche auftaute und wir auf den Hof hinausschauen konnten. Ehe wir uns versahen, war die Stelle wieder zugefroren. Wenn dann endlich im Frühjahr Tauwetter einsetzte, lief das Wasser von den Fensterscheiben in Strömen hinunter und es lag auf jedem Fensterbrett ein Tuch, mit dem wir ständig wischten. Unter einigen Fenstern waren herausziehbare Blechkästen, die das Tauwasser durch ein Loch im Fensterbrett auffingen.

Das Fenster putzen gehörte noch nie zu meinen Lieblingsbeschäftigungen. Die vielen Fliegen, die es auf einem Bauernhof gibt, sorgten aber dafür, dass das öfters nötig war.

Überall baumelten Fliegenfänger von den Decken. Sie bestanden aus klebrigen Leimstreifen, die aufgerollt in einem Pappröllchen waren und die man zum Gebrauch herauszog. Wehe, man geriet mit dem Kopf an einen Fliegenfänger. Dann musste man mittels Schere Haare opfern, um sich davon zu befreien. Wenn an heißen Sommertagen die blutsaugenden Plagegeister besonders schlimm waren, hieß es: „Die Fliegen stechen heute so stark, es gibt bestimmt ein Gewitter“ und so war es dann auch. Fliegen mit der Hand zu fangen war eine Kunst für sich, aber mit Geduld gelang es manchmal doch, eine mit einem schnellen Handstreich zu erwischen.

Obwohl Fliegengitter an den Fenstern waren, hieß es ständig: „Tür zu, die Fliegen kommen rein!“ Im Winter hieß es dagegen: „Tür zu, es zieht!“ Mutti geriet aus der Fassung, wenn sie eine Fliege in der Speisekammer sah. Die gefürchteten „Maden im Speck“ waren ein Horror für jede Hausfrau. Unsere Oma wusste ein altes Hausmittel, um Fliegen zu fangen. Sie legte Klettenblätter auf die Fensterbänke und goss essigsaure Tonerde darauf, die dem Ungeziefer zum Grab wurde.

Kurzum, die Fenster mussten trotz allem geputzt werden und das geschah mit Schlemmkreide. Sie wurde mit Wasser verrührt, und mit einem Tuch putzte man damit die Scheiben. Mit zusammengeknülltem Zeitungspapier wurde nachgerieben. Es muss kurz vor Ausbruch des Zweiten Weltkrieges gewesen sein, als uns Tante Sophie Meiser nach Danzig einlud. Sie war eine Cousine meines Vaters und war nach einer unglücklichen Liebe zu einem Mühlenbesitzer ledig geblieben. Sie wohnte am Kaninchenberg 9, unweit der Radaune, einem Nebenfluss der Mottlau, im Mietshaus ihrer ehemals verheirateten, aber bereits verstorbenen Schwester. Wegen eines Nervenleidens war Tante Sophie früh in Rente gegangen. Sigrid und ich fuhren mit der Reichsbahn nach Danzig und in unsere Freude mischte sich auch Aufregung. Unser Zug musste den Polnischen Korridor passieren. Der Gebietsstreifen, der nach dem Versailler Vertrag am 28. Juni 1919 den Polen den Zugang zur Ostsee ermöglichte, schnitt Ostpreußen vom übrigen Dt. Reich ab. Bei der Durchfahrt unseres Zuges wurden wir aufgefordert, die Vorhänge an den Eisenbahnfenstern zu schließen! Warum wohl?

In Danzig verlebten wir eine herrliche Zeit in der einmalig schönen, alten Handelsstadt. Meine Schwester und ich machten lange Streifzüge, auf denen uns Tante Sophie oft als Fremdenführerin begleitete. Wir bestaunten die alten, gotischen Kirchen wie Sankt Marien (erbaut 1343-1502), Sankt Katharinen (13. und 15. Jahrhundert) und Sankt Nikolai (14./15. Jahrhundert). Sehenswert waren auch die zahlreichen Profanbauten, der Artushof, das Zeughaus und das gotische Krantor (1444). Von ihm fertigte ich eine Bleistiftzeichnung an, die kriegsbedingt nicht mehr existiert. Das alles und auch die vielen stattlichen Hansa- und Patrizierhäuser mit den Beischlägen wurden im Zweiten Weltkrieg zerstört. Wir fuhren unter anderem auch nach Oliva, dem ehemals ältesten, deutschen Kloster. Hier stammt das „Danziger Goldwasser" her, das eine lange Geschichte hat. Es ist ein klarer Likör mit Goldblättchen und geht auf ein altes Rezeptbuch aus dem Jahre 1606 zurück. Ein Einwanderer aus Holland erhielt 1598 die Erlaubnis, in Danzig eine Likörfabrik zu errichten. Das Haus stand in der Danziger Breitgasse und gehörte dem Kloster Oliva. Eine Hausnummer fehlte. Da der Eingang mit der Abbildung eines Lachses verziert war, wurde der hier gebraute Likör im Volksmund auch „Lachs" genannt. Er wurde dann auch von der Fabrik als eingetragene Schutzmarke angenommen. Der „Lachs", das Danziger Goldwasser, kommt sogar in der klassischen Literatur vor. So in Heinrich von Kleists „Der zerbrochene Krug" und in Lessings „Minna von Barnhelm". Heinrich von Kleist lässt in seinem Lustspiel „Der zerbrochene Krug" im fünften Auftritt Dorfrichter Adam dem Gerichtsrat Walter ein Frühstück servieren „… Wurst aus Braunschweig, ein Gläschen Danziger etwa …"

In „Minna von Barnhelm" lässt Gotthold Ephraim Lessing im 1. Aufzug, 2. Auftritt, den Wirt dem Diener Just einen Likör anbieten. Auf dessen Frage „Selbst gemacht Herr Wirt?", antwortet dieser: „Behüte! Veritabler Danziger! Echter, doppelter Lachs!"

Dieser Likör, der nicht nur gut schmeckte, sondern durch die darin schwimmenden Blattgoldstückchen interessant aussah, befand sich daheim, in Ostpreußen, immer in unserem Haus. Nach dem Krieg hat es ihn lange nicht gegeben, bis ich ihn dann doch in der Spirituosenabteilung eines Feinkostladens entdeckte. Seitdem steht wieder „Danziger Goldwasser" in unserer Bar. Bei unserem Aufenthalt in Danzig besuchten wir natürlich auch das mondäne Seebad Zoppot. Hier entstand ein Foto, das mich mit meiner Cousine zweiten Grades, Charlotte, auf dem Seesteg zeigt.

Mit meiner Cousine zweiten Grades Charlotte Ludwig auf dem Zoppoter Seesteg 1943.

Ihre Mutter war eine geborene Meiser und somit eine Cousine meines Vaters, genauso wie Tante Sophie. Sie war früh an einem Gehirnschlag gestorben und hinterließ außer Lottchen noch deren Brüder Manfred, Rolf und Erhard. Die beiden letztgenannten fielen im Zweiten Weltkrieg. Leider lernte ich diese Tante nie kennen. Lottchen begleitete uns auch zu der Opernaufführung „Die Meistersinger von Nürnberg", die Richard Wagner 1868 komponiert hatte, und die auf der Zoppoter Freilichtbühne stattfand. Es war der erste Opernbesuch meines Lebens. Unsere Eltern hatten Tante Sophie gebeten, Eintrittskarten und Textbücher zu besorgen, damit wir uns „einlesen" konnten. Petrus meinte es gut mit uns und so erlebten wir die Aufführung bei herrlichem Wetter in freier Natur, was ein ganz besonderes Erlebnis war. Tantchen war übrigens sehr besorgt um uns und „pirzelte" ständig um uns rum, wo wir doch so gerne alleine in die Stadt gegangen wären, denn dort wimmelte es von jungen, feschen Matrosen.

Leider sah ich Danzig unter traurigen Umständen wieder. Es war im Februar 1945, als wir auf der Flucht waren und bei Tante Sophie Station machten. Wir wollten uns dort mit meinem Vater, der beim Volkssturm war, treffen. Doch die Verabredung schlug fehl, Danzig wurde geräumt, bevor mein Vater dort bei seiner Cousine eintraf, und wir sahen ihn nie wieder.

Im Sommer 1943 lernte ich Arthur kennen. Er stammte aus demselben Dorf wie der Freund meiner Schwester, und beide hatten zur gleichen Zeit Heimaturlaub. Wir trafen uns mehrmals zu viert und verlebten ein paar schöne Tage. Es entstand ein netter Briefwechsel und im Frühling 1944 kam es zu einem erneuten Treffen. Einmal holte mich Arthur von einem BDM-Abend in Pickeln ab und begleitete mich heim, ein andermal trafen wir uns in Gumbinnen und gingen ins Kaffee Bucilowski. Den wachsamen Augen meiner Großmutter entging das nicht und als eines Abends ein Käuzchen auf dem Scheunendach rief, sagte sie, es ruft: „Hochtied, Hochtied!“ Ich wusste aber, dass es auch als „Komm mit, komm mit“ gedeutet wurde und den Tod voraussagen würde. Arthur fiel im Juli 1944 in Russland. Seine Eltern hatten somit den zweiten und letzten Sohn verloren und ich trauerte um einen lieben Freund.

Der anhaltende Krieg brachte immer mehr Einschränkungen mit sich. Die fortschreitende Lebensmittelknappheit mussten wir, als größtenteils sich selbst versorgende Landbevölkerung, nicht so sehr büßen, aber die geringe Zuteilung an Schuhen und Textilien machte uns zu schaffen. Mein Vater opferte zwei Paar seiner Reitstiefel und ließ daraus von unserem Dorfschuster Feuersänger für Sigrid und mich je ein Paar Damenstiefel anfertigen. Sie überstanden die lange, strapaziöse Flucht und ich trug sie noch 1946/47, als ich bereits in Oberbayern war und von der einheimischen Jugend zu Tanzveranstaltungen mitgenommen wurde. Wegen der Stiefel wurde ich „preußischer Junker“ genannt. Ich hatte keine Schuhe, schon gar nicht solche, die sich zum Tanzen geeignet hätten. Im Sommer 1944, unserem Fluchtjahr, spendierte mir Papa seinen Stresemann, das war ein nach Gustav Stresemann (1878-1929) benannter Gesellschaftsanzug, der aus einer schwarz-grau gestreiften, umschlaglosen Hose, einer grauen Weste und einem schwarzen Sakko bestand. Mutig gingen Mutti und ich ans Werk und trennten alles auf. Aus der Hose entstand ein Rock, was weiter nicht schwierig war, aber bei der Jacke kapitulierten wir beide. Ich packte die einzelnen Teile zusammen und trug sie ins Nachbardorf Heinsort (Sodehnen) zum Schneider Friedrich Grübner. Ich erschrak nicht wenig, als er ablehnte. Er würde die Jacke nur unter der Bedingung nähen, wenn ich sie zuschneide. Meine Mutter und ich unterstützten uns dabei gegenseitig und Herr Schneider Grübner übernahm die Näharbeit. So bekam ich ein ansehnliches Kostüm, das die Flucht überstand und welches ich noch in den ersten Nachkriegsjahren trug.

Den Mangel an Unterwäsche lösten wir auf unsere Weise nach dem Motto „Not macht erfinderisch". Wir strickten Hosen aus Bindegarn. Dieses Material brauchte man für den Bindemäher, der das Getreide mähte und gleichzeitig in Garben band. Es bestand aus einer gesponnenen Kunstfaser, die zu einem mehrlagigen Faden zusammengedreht war. Diese drehten wir auf, sodass sie locker wurde und zum Beispiel in vier Fäden geteilt werden konnte, die jeweils etwa vier Meter lang waren und zusammengeknotet wurden, bevor wir sie auf Knäuel wickelten. Aus diesem Garn strickte ich mir auch einen Badeanzug, der gar nicht so übel aussah. Aber das dicke Ende kam nach, das Material war dafür ungeeignet. Als ich den Anzug „taufen" wollte und ein Bad in einem See nahm, saugte sich das Garn so voll und wurde dadurch so schwer, dass mir der Badeanzug beim Verlassen des Wassers bis unter die Knie reichte. Ich trug ihn nie wieder!

Vor dem Krieg und in den ersten Kriegsjahren gab es oft Einquartierungen und es fanden Manöver statt. Zuvor kamen Quartiermacher und legten fest, wie viel Offiziere, Mannschaften, Pferde, Kettenfahrzeuge (Panzer), Motorräder und so weiter jeder Hof aufnehmen musste. Ich sah zum ersten Mal eine Gulaschkanone und wie Soldaten statt Strümpfe Fußlappen trugen. Abends, wenn sie müde von den Übungen auf unseren Hof zurückkehrten, versorgten sie ihre Pferde und putzten Lieder singend ihre Waffen. Bei den Manövern schauten wir aus gebührender Entfernung zu und staunten, wenn sich die „feindliche“ Seite einnebelte.

Von den Flurschäden, welche die schweren Fahrzeuge verursachten, waren die Landwirte verständlicherweise nicht begeistert und es wurden Entschädigungsanträge gestellt, die meistens großzügig gedeckt wurden. Nach Beendigung des Manövers fand dann als Abschluss im Dorfgasthaus der Manöverball statt. Meine Schwester und ich durften ihn nie besuchen. Absolute Favoritin war immer Kaludrichkeits Erna aus Pickeln. Sie sah nicht nur gut aus, sondern sie verstand es auch, sich schick anzuziehen. Sie trug ihre Kleider figurbetont, wie es damals hieß. Dementsprechend waren auch ihre Chancen bei den Soldaten. Ihre stolze Mutter, die als fleißige, begehrte Waschfrau im Umkreis tätig war, sagte einmal: „De Leitnants wolle Poppkes, keene Peerdkes.“ Die Leutnants wollen Püppchen, keine Pferdchen! Sie wollte damit zum Ausdruck bringen, dass die oft reichen Bauerntöchter weniger gefragt waren, als ihre hübsche Tochter, die wie eine Puppe aussah.

Bei einer Einquartierung hatte sich einmal mein Vater mit einem jungen Soldaten angefreundet. Walter Petereit war ein Landwirtsohn aus der Gegend von Tilsit. Den ersten Brief, den er schrieb, sollte ich gleich beantworten, aber ich weigerte mich, er war nicht mein Typ.

Als in den Kriegsjahren die Bombenangriffe auf deutsche Großstädte immer massiver wurden, gab es die Kinderlandverschickung. Mütter mit kleinen Kindern wurden aus gefährdeten Städten aufs Land evakuiert. Sigrid und ich mussten unsere Zimmer im Dachgeschoss zur Verfügung stellen. Wir hatten anfangs eine Berlinerin, Frau Bach mit zwei Töchtern. Der Ehemann und Vater war an der Front. Sie war eine lebensfrohe Frau und hatte in Berlin einen Freund namens Eberhard, den sie von Zeit zu Zeit besuchte, während sie uns die Kinder überließ. Dafür berichtete sie uns nach der Rückkehr für uns hochinteressante Dinge, zum Beispiel aus dem Nachtleben aus „Großdeutschlands“ Metropole, wobei sie oft den Friedrichstadtpalast erwähnte. Wir haben für sie mitgekocht und so führte sie ein bequemes Leben. Beim Besprechen des Küchenzettels stimmte sie oft für Kartoffelflinsen (Kartoffelpuffer, Reiberdatschi). Bevor es ans Reiben der Kartoffeln ging, natürlich mit der Hand, suchte sie regelmäßig das Weite und schob einen Behördengang oder einen Arzttermin vor. Zum Essen war sie dann natürlich wieder zur Stelle. Oft und gerne ging sie ins Nachbardorf zu einem Junggesellen hinüber, wer weiß, wer weiß?! Ihre Meinung über Ostpreußen musste sie übrigens korrigieren, denn sie hielt uns anfangs für primitiv.

Auf Frau Bach folgte Frau Hummel mit einem kleinen Sohn und zwei Töchtern, ebenfalls aus Berlin. Mutti überließ ihr den Elektroherd und sie musste selber kochen. Mit ihren Lebensmittelkarten kam sie natürlich nicht aus und meine Eltern stellten ihr Mehl, Milch, Butter, Eier, Gemüse, Obst und auch Fleisch zur Verfügung. Ich erinnere mich noch daran, dass sie jeden Tag einen Kuchen backte und immer runder wurde. Als ihr Mann, von Beruf Polizeibeamter, Fronturlaub bekam, boten wir auch ihm Unterkunft und Verpflegung an. Bevor wir flüchten mussten, wurden die evakuierten Großstädter verlegt, wohin, weiß ich nicht mehr, vielleicht ging es ihnen wie uns – unser Weg führte ins Ungewisse.

Hilfreiche Hände

Die ersten hilfreichen Hände, die auf meinem elterlichen Hof tätig waren und an die ich mich entfernt erinnern kann, waren der Knecht Paul und das Dienstmädchen Hedwig. Ich denke, dass ich damals zwischen drei und vier Jahre alt war. Beide Dienstboten müssen länger bei uns gewesen sein, denn es hatte sich ein freundschaftliches Verhältnis entwickelt. Paul ließ es sich sogar gefallen, dass ich ihm Zöpfchen flocht. Dafür bekam er von mir im Sommer Erdbeeren und Klaräpfel. Davon hatten wir Kinder immer einen kleinen Vorrat in unseren Kutzen. Das waren kleine, aus Brettern, Kisten und Ziegelsteinen gebaute Verschläge, besser gesagt Unterschlüpfe, die wir in der Jasminhecke am Teich gebaut hatten. Mutti hatte uns sogar alte Sofakissen spendiert und so fanden wir es in unseren Behausungen ganz gemütlich und heimelig. Hier spielten wir mit unseren Katzen und verkrochen uns, wenn wir Kummer hatten oder wenn es regnete. Gerne saß ich auch alleine dort und teilte mir eine Scheibe Striezel mit den Hühnern, die Futter suchend vorbei gingen. Das müssen sie sich wohl gemerkt haben, denn sie kontrollierten öfters mein Versteck. Mit Absicht lockte ich die Glucken mit den Küken, ich wollte nämlich eines der Kleinen fangen. Das gelang mir zu meinem Leidwesen nie, denn bei einem bestimmten Lockruf der Mutter sprang das Küken im letzten Augenblick zur Seite und ich hatte das Nachsehen. Einmal hatte ich in meiner Kaburr (Käfig) ein Tütchen mit Walderdbeeren zum schmengern (naschen) abgestellt. Ich fand es zerrissen und leer wieder und das kann nur das Federvieh angestellt haben.

Als Paul und Hedwig heirateten, nahmen sie eine Deputantenstelle auf einem Gut an, dort konnten Familien in Deputantenhäusern wohnen. Meinen Eltern tat es leid, so gute, angenehme Arbeitskräfte zu verlieren. Dienstbotenwechsel war entweder im Herbst, zu Martini am 11. November oder im Frühjahr, an Lichtmess am 2. Februar. Manchmal beschäftigte mein Vater im Winter nur einen männlichen Arbeiter, weil es da nicht so viel zu tun gab. Ein Dienstbote bekam außer dem ausgehandelten Lohn, der meistens 40 RM betrug, noch das vereinbarte Deputat wie Getreide, Kartoffeln, Holz und Wolle. Nach dem Ausscheiden von Paul und Hedwig war ein Arbeiter namens Gustav zwei Sommer lang bei uns tätig. An ein Dienstmädchen, das Natalie hieß, erinnere ich mich nur dunkel und weiß nicht in welcher Reihenfolge ich es erwähnen soll. Genauso wenig weiß ich, wie lange die Litauerin Lydia Kumpat bei uns war. Sie beschäftigte sich viel mit uns Kindern. An den Sonntagen kam ihre Freundin Olga, die bei unserem Nachbarn tätig war, zu uns rüber und die beiden sorgten dann für Abwechslung. In Erinnerung ist mir noch, wie sie uns zeigten, wie man aus Krepppapier Papierblumen macht. Bei Rosen wurden die Blütenblätter über Stricknadeln gerollt, so das sich die Ränder umbogen und wie echt aussahen.

Als Lydia wieder nach Litauen zurückging, folgte Dumonts Trude, deren Eltern eine Deputantenstelle bei unserem Nachbarn De la Chaux hatten. Ihre Mutter soll damals gesagt haben, sie verdingt ihre Tochter bei Meisers, die sollen sie Mores lehren! Trude trug eine damals modische Frisur. Nach dem Waschen legte sie ihr Haar in Wellen und fixierte diese zum Trocknen mit Spangen. Zwei dieser Haartollen kämmte sie sich dann links und rechts in die Stirn. Sie wurden Sutockchen genannt, aber ich weiß nicht, woher dieser Ausdruck abgeleitet wurde. Mir ist nur in Erinnerung, dass wir kleine Lagen Garn oder Wolle, mit Tockchen bezeichneten.

Zur gleichen Zeit hatte sich Schäfers Otto bei uns verdingt. Als mein Vater mit ihm in einem Frühsommer, das Jahr fällt mir nicht ein, zum Landmaschinenhandel Rau, Samelucken (Brückental) fuhr, um den bestellten Getreidebinder zu holen, brach ein starkes Gewitter aus. Ich sehe Trude noch deutlich unter dem Küchentisch sitzen und herzzerreißend weinen. Erst nach und nach kamen wir dahinter, dass sie sich in Otto verliebt hatte und fürchtete, es könnte ihm bei der Fahrt bei dem Unwetter etwas passieren. Es kam, wie es kommen musste, die beiden heirateten und wir waren wieder vier fleißige, hilf-

„Die lustigen Musikanten" 1937:
unser Dienstmädchen Dumonts Trude (Hartung)
mit uns drei Schwestern Sigi, Evemie und Trautl.

reiche Hände los. Für Trude gab es keine Nachfolgerin mehr. Mutti versuchte, ohne sie auszukommen und es klappte. Meine Schwester und ich waren langsam herangewachsen und konnten einige Pflichten übernehmen. Die Arbeit wurde in zwei Ämter geteilt. Eine Woche Außendienst, eine Woche Innendienst und wir wechselten uns ab und kamen uns nicht ins Gehege. Die Nachfolger von Otto Schäfer waren Trudes Brüder Fritz und Wilhelm. Fritz, der ältere, war zuerst da und hat mich einmal sehr erschreckt. Die Leute haben in der Küche gegessen. Es gab fünf Mahlzeiten, um 07.00 Uhr Frühstück, um 09.00 Uhr Kleinmittag, um 12.00 Uhr Mittagessen, um 15.30 Uhr Kaffee und um 18.30 Uhr Abendessen. Nach dem Mittagessen wurde eine Stunde Mittagspause gemacht. Einmal traf ich Fritz im Flur, als er nach dem Kleinmittag die Küche verließ. Als er sich eine Zigarette anzünden wollte, gab es eine hohe Stichflamme. Ich sah schon das Haus in Flammen aufgehen und erschrak nicht wenig. Der Glimmstängel war Marke Eigenbau und Fritz hatte das „Kraut" in Zeitungspapier gerollt, welches die hohe Flamme erzeugte. Von Bruder Wilhelm weiß ich nur noch, dass er uns im Winter und bei schlechtem Wetter oft nach Großwaltersdorf zur Klavierstunde fuhr. Der Zweite Weltkrieg kündigte sich an und Fritz und Wilhelm wurden, wie alle tauglichen Männer, zur Wehrmacht eingezogen. Als nach Ausbruch des Zweiten Weltkrieges im September 1939 immer mehr Männer zum Reichsarbeitsdienst und zur Wehrmacht einrücken mussten, wurden deutsche Arbeitskräfte knapp. Ich wurde von der Teilnahme am Arbeitsdienst befreit, weil ich wegen der elterlichen Landwirtschaft als unabkömmlich galt. In den Sommermonaten kamen Arbeitsdienstmänner zum Einsatz. Sie campierten auf dem Schulhof in einem großen Zelt und arbeiteten tagsüber bei den Bauern. Uns wurde ein Student aus Frankfurt /Main zugewiesen. Werner war etwas phlegmatisch und konnte sich unserem Arbeitstempo nicht anpassen. Mein Vater betrachtete ihn als „Klotz am Bein". Zu allem Überdruss hatte der Ärmste auch noch Liebeskummer, für den ich damals (noch) kein Verständnis hatte. Täglich schrieb er an sein Ullachen. Meinen Beobachtungen nach kamen die

Antworten etwas spärlich, sie begannen aber anfangs immer noch mit „Mein geliebtes Wernerle", bis sie immer seltener wurden und eines Tages ganz ausblieben. Ullachen hatte sich mit einem anderen getröstet, der in Reichweite war. Ostpreußen lag ja auch am anderen Ende der Welt und man hielt seine Bevölkerung für stur. Die Arbeitsdienstler kamen alle ausschließlich aus dem Reich und einer von ihnen sagte: „Die Ostpreußen sind ja gar nicht so stur, wie es bei uns im Reich immer erzählt wird, es heißt, sie sind stur wie Panzer." Mit der Bezeichnung „Reich" war das Deutschland westlich des Polnischen Korridors gemeint. Die Arbeitsdienstler brachten manche Abwechslung ins Dorf und es entstanden einige Verbindungen, die aber alle nicht von Dauer waren. Meine Schwester und ich wachten einmal eines Nachts auf, weil wir unter unserem Fenster Gesang hörten. Wir schauten neugierig hinaus und entdeckten eine Gruppe junger RAD-Männer, die uns ein Ständchen brachten. Wir fühlten uns natürlich geschmeichelt, aber als wir zu einem Zeltfest eingeladen wurden, mussten wir vor Einbruch der Dunkelheit heimgehen, obwohl zwei Arbeitsmänner unseren Eltern versichert hatten, uns nachts heimzubringen.

Außer dem Arbeitsdienst gab es auch noch die sogenannten Erntehelfer, die nicht lagermäßig erfasst waren, sondern bei den Bauern untergebracht waren. Ich erinnere mich an einen Schlesier namens Felix, der bei allen möglichen und unmöglichen Situationen „Mensch Lärche" sagte. Er stammte aus Kattowitz. Dann war da noch Fritz Schönemann aus Stendal, der „schöne Fritz" genannt. Von Beruf war er Friseur und ein eitler Bursche mit gepflegtem Äußeren. Er hatte ausgezupfte Augenbrauen und gelacktes Haar. Kein Mädchen war im näheren Umkreis vor ihm sicher. Erst nach Jahren erfuhr ich, wer alles auf seinen Charme hereingefallen war. Ich hatte es nicht für möglich gehalten, sogar die stolze, unnahbar scheinende Gerda Schaller gehörte zu seinen „Opfern". Damals hatten wir noch unseren letzten deutschen Arbeiter. Es war Quadts Fritz aus Grimbach, dessen Mutter, eine frühe Witwe, heilfroh war, ihren Sohn bei dem ordentlichen Meiser, meinem Vater, untergebracht zu haben. In den letzten Kriegsjahren, als es absolut keine deutschen Landarbeiter mehr gab, wurden junge Polen eingesetzt. Zu uns kam Waclaw Skwarek, ein 16-jähriger Junge, geboren am 29. September 1925 in Keblow. Er war sehr gelehrig und wir hatten einen guten Kontakt zu ihm. Sein Heimweh war groß und er tat uns leid. Man hatte ihn nach Deutschland zwangsverschickt und er war von Dezember 1942 bis Oktober 1944 bei uns. Er bekam ein Zimmer in der Stallwohnung, die einmal später als Austragswohnung gedacht war. Mein Vater wurde im Sommer 1944 im Alter von 57 Jahren zum Volkssturm eingezogen. Bevor wir den Fluchtbefehl bekamen, wurde er für ein paar Wochen beurlaubt, um uns bei den Vorbereitungen und beim Trecken behilflich zu sein. Unser junger Pole hatte im Herbst 1944 auch den Gestellungsbefehl zum Volkssturm bekommen. Er weinte und sagte, er geht nur da hin, wo der Herr hingeht. Mein Vater nahm Waclaw mit zu seiner Kompanie. Von ihm hörten wir erst nach rund 40 Jahren im Januar 1985 wieder etwas. Er ließ uns über das Polnische/Deutsche Rote Kreuz suchen, weil er eine Arbeitsbescheinigung für Rentenzwecke brauchte. Wir wohnten zu dem Zeitpunkt schon 30 Jahre lang in München und meine Schwester schickte ihm die gewünschte Bestätigung. Waclaw hatte im letzten Kriegsjahr bei den Kämpfen um Dirschau sein Gehör fast gänzlich verloren. Dort erreichte ihn am 10. März 1945 die Rote Armee. Als Pole wurde er in seine Heimat entlassen. Er machte eine Schneiderlehre und verließ 1950 sein Elternhaus, um nach Dzierzomow bei Breslau zu ziehen. Dort machte er sich selbstständig und besaß eine eigene Schneiderwerkstatt. 1951 heiratete er und der Ehe entstammen drei Kinder. Waclaw lud uns ein, ihn zu besuchen, aber es gab kein Wiedersehen. Bevor es dazu kommen konnte, starb er leider an einem Herzinfarkt. Das teilte uns sein Sohn mit.

Zusätzlich zu unserem Polen Waclaw Skwarek hatten wir noch den französischen Kriegsgefangenen Josef Rowet. Alle Franzosen, die im Dorf arbeiteten, waren anfangs in einem Lager bei unserem Nachbarn Otto Kastell untergebracht. Sie wurden von einem bewaffneten Wachmann morgens zu ihrem Arbeitsplatz

gebracht und abends wieder zu ihrem Lager zurückgeführt. Später, als auch der Wachmann an die Front musste, durften die Franzosen auf den jeweiligen Höfen bleiben und Josef bekam bei uns einen separaten Raum neben dem Pferdestall. Polen und Franzosen mussten getrennt wohnen. Josef war ein Allroundtalent! Er konnte einfach alles. Er hat die landwirtschaftlichen Maschinen, wie zum Beispiel den Getreidebinder, repariert und brachte sogar kaputte Uhren wieder zum Gehen. Er war es auch, der meiner Schwester und mir Holzschuhe schnitzte. Das heißt, er fertigte Sohlen an, die sogar zweiteilig waren, sodass man sie beim Gehen abbiegen konnte, weil sie mit Scharnieren verbunden waren. Die Oberteile machten wir aus Stoff und nagelten sie auf die Sohlen. So stellten wir mit Josef in Teamarbeit Schuhe in allen gewünschten Farben her. Ob sie den Füßen gut taten, steht auf einem anderen Blatt; aber es war wohl besser, als barfuss zu laufen. Was Josefs eigentlicher Beruf war, konnten wir nicht ergründen. Soweit wir ihn verstanden, hatte er in Frankreich eine Angorakaninchen-Zucht, die wohl sein Hobby war. Dort hatte er auch eine Freundin, von der er schwärmte, bis er uns eines Tages mit Tränen in den Augen mitteilte, das sie ihn mit seinem besten Freund betrog. Josef tröstete sich daraufhin mit Schmidts Vera, einer bildschönen, jungen Russin, die zusammen mit ihrer Mutter, einer Lehrerin, zwangsverschickt war. Vera hatte einen Arbeitsplatz bei unserem Nachbarn August Schmidt bekommen, deshalb auch „ Schmidts Vera". Ihre Mutter Alexandra, eine Lehrerin, lebte und arbeitete auf dem Hof von Otto Schmidt. Im dortigen Insthaus trafen sich an den Abenden, sowie an den Wochenenden, viele Zwangsarbeiter und Kriegsgefangene. Wie eng Josef mit Vera befreundet war, merkten wir eigentlich erst auf der Flucht. Sie hatten eine gemeinsame Unterkunft und als Vera in unserem Quartier in Bansen bei Rössel erkrankte, saß Josef an ihrem Bett und hielt ihre Hand. Als wir weiterflüchten mussten, blieben Alexandra und Vera zurück. Vielleicht hofften sie von ihren heranrückenden Landsleuten heimgeschickt zu werden.
Doch noch einmal zurück zu meinem geliebten Heimatdörfchen Nordenfeld. 1943 hatten wir noch einen zweiten Franzo-

sen bekommen. Pierre eignete sich leider überhaupt nicht für landwirtschaftliche Arbeiten. Ich weiß nicht, ob er kriegsverletzt war, jedenfalls hatte er an einem Unterarm eine Prothese und die Hand bestand nur aus einem Haken Er kam völlig zerlumpt zu uns und als mein Vater ihm ein Hemd schenkte, führte er vor unserem Wohnzimmerfenster einen Freudentanz auf.

Ab und zu gab es auch für die Gefangenen Zuteilungen aus Kleiderspenden. Josef bekam einmal von der „Caritas", einer katholischen Hilfsorganisation, verlauste Garderobe und ich sah, wie er sie nach der Wäsche über den Maschendrahtzaun des Gemüsegartens hängte und dabei weinte. Es macht mich heute noch traurig, wenn ich daran denke. Unser armer Josef, der so sauber und penibel war!

Doch wenn ich an eine bestimmte Begebenheit zurückdenke, muss ich nachträglich fast lachen. Es war an einem Sonntag und ich hatte unserer Nachbarstochter Elfriede Schmidt einen Besuch abgestattet. Auf dem Heimweg ging ich quer durch unseren Weidegarten am Jakobsberg, in dem unsere Schafherde graste. Ich wollte mir den neuen Zaun ansehen, den mein Vater gesetzt hatte. Die alten Holzpfähle waren morsch geworden und wurden gegen Eisenpfähle ausgewechselt. Dass die hölzernen Pfähle noch in Stapeln dalagen, war mein Glück. Dem Schafbock passte es vermutlich nicht, dass ich durch sein Revier schritt und er griff mich an. Vielleicht hatte ich ein rotes Kleid an, das ihn reizte, aber das weiß ich nicht mehr. Mit gesenktem Kopf raste er auf mich zu, wohl mit der Absicht, mich umzustoßen. In meiner Not nahm ich einen Zaunpfahl und hieb damit dem Angreifer auf den Schädel. Der morsche Pfahl brach ab und ich packte den nächsten. Währendessen schüttelte der Bock seinen Kopf und lief rückwärts, um Anlauf zu nehmen und mit geballter Kraft auf mich loszurasen. Was wäre passiert, wenn er mich zu Fall gebracht hätte? Im Nachhinein denke ich, die Szene war filmreif. Ich weiß nicht, wie viele Pfähle ich auf dem Kopf meines Angreifers zerdroschen hatte und schon völlig erschöpft war, als mein Retter in Gestalt unseres Josefs auftauchte. Er kehrte wohl von seinem sonntäglichen Besuch bei seiner Vera heim und eilte mir zu Hilfe, indem er meinen Peiniger ablenkte, sodass ich erlöst durch den Stacheldrahtzaun schlüpfen konnte. Gemeinsam ging ich mit meinem Erlöser nach Hause, aber ich war so k. o., dass mir das Weinen näher war als das Lachen. Josef bekam von Mutti zum Kaffee ein besonders großes Stück Sonntagskuchen.

Im Zusammenhang mit unserem angriffslustigen Schafbock fällt mir das traurige Los ein, das die Schafe eines anderen Bauern in unserem Dorf ereilte. Zwei Jagdhunde aus dem Nachbardorf hatten sich in der Nacht selbstständig gemacht und streunten. Sie rissen mehrere Schafe, und der Rest der Herde versuchte, sich zu retten. Die gehetzten Tiere flüchteten in ihrer Todesangst in den Fluss Heidewasser und ertranken. Am anderen Tag bot sich dem geschädigten Eigentümer und den anderen Dorfbewohnern ein grausiges Bild. Wie der Schaden ausgeglichen wurde, weiß ich nicht mehr. Übrigens hatte ich zu diesen beiden Hunden des Gutsbesitzers, dessen Felder an die unsrigen grenzten, von jeher ein gestörtes Verhältnis. Sie hatten mich einmal angefallen, als ich einen Krawuhlzettel austrug. Das war ein Schreiben, mit dem mein Vater als Steuererheber den Termin zum Einzug der fälligen Abgaben bekannt gab. Beim Betreten des Gutshauses war weit und breit kein Hund zu sehen, aber beim Verlassen des Hofes fielen die Tiere lautstark bellend über mich her. Anstatt ruhig auf der Stelle stehen zu bleiben, setzte ich mich auf mein Fahrrad und versuchte zu flüchten, was grundverkehrt war. Die Hunde hechelten kläffend hinter mir her und schnappten rechts und links nach meinen tretenden Beinen. Sie begleiteten mich fast bis zu meinem Elternhaus und ich war froh, als ich erschöpft unser Hoftor hinter mir zumachen konnte. Seitdem fürchte ich mich vor fremden Hunden und mache einen großen Bogen um sie und fasse sie keinesfalls an.

Unser Franzose Pierre wurde uns, weil er mit einem Arm in der Landwirtschaft kaum einzusetzen war, eines Tages wieder abgenommen und wir verloren uns aus den Augen. Ganz überraschend sahen wir ihn dann aber im Winter 1944/45 noch einmal wieder. Man hatte uns auf der Flucht gestoppt und wir sollten auf einem Gut in Bansen, Kreis Rössel den Sieg abwarten, um dann wieder heimzukehren. Als ich dort auf einem kleinen See beim Eisfischen zusah, entdeckte ich Pierre und es gab ein kurzes Wiedersehen. Dann verlor sich seine Spur. Josef wurde unser treuer Begleiter. Er fuhr uns auf der Weiterflucht quer durch Ostpreußen über das Frische Haff, die Nehrung entlang nach Danzig. Nachdem wir dort vergebens auf meinen Vater gewartet hatten, wurde die Stadt geräumt und wir zogen zum Teil an der pommerschen Küste entlang, Richtung Stettin, weiter. Im Verlaufe der Flucht waren plötzlich russische Panzer auf einer Parallelstraße neben uns. Josef verlor die Nerven, er wollte nicht mehr weiter fahren und verließ uns, worauf Sigrid die Zügel ergriff. Es dauerte Gott sei Dank nicht lange und wir hörten ein Klappern hinter uns. Es waren Josefs Holzschuhe, die auf dem steinhart gefrorenen Boden das Geräusch verursachten. Er kam uns nachgelaufen! Er meinte, wir waren so lange Zeit gut zu ihm und er könne uns deswegen nicht im Stich lassen.

So kamen wir recht und schlecht bis Henkenhagen, kurz vor Kolberg. Der Feind hatte bei Stettin den Kessel zugemacht. Wir saßen erneut in der Falle und fielen den Russen in die Hände. Während wir uns versteckten, mussten sich die Franzosen sammeln und sollten über Rumänien (!) nach Frankreich heimgebracht werden. Josef hatte uns schon einige Zeit davor seine Heimatanschrift gegeben, die uns leider abhanden kam. Natürlich hatte er auch unsere Adresse, aber wir hörten nichts mehr von ihm. So riss die Beziehung für alle Zeiten zu unserem großen Bedauern ab. Seine Freundin Vera, von der er sich im Januar 1945 in Ostpreußen trennte, weil sie nicht in den Westen wollte, meldete sich nach 55 Jahren im Herbst 2000 bei der Tochter unseres ehemaligen Nachbarn, die seit der Flucht in Hamburg lebt und bei deren Eltern Vera 1943/44 als Zwangsarbeiterin beschäftigt war. Sie lebt in Weißrussland, ist mit einem Kasachen verheiratet und brauchte eine Bestätigung über ihr seinerzeitiges Arbeitsverhältnis zum Erlangen einer Entschädigung. Zwei besonders hilfreiche Hände dürfen nicht vergessen werden. Es waren die von Frau Rothaupt, die mit ihrem Mann, Tochter und Sohn im Dorf, jenseits des Flusses wohnte. Die Familie besaß dort ein kleines Haus mit einer Stallung und einem Garten. Herr Rothaupt hatte ein Magenleiden und ich kann mich nicht erinnern, dass er jemals gearbeitet hat. Seine tatkräftige Frau hat alles gemanagt, es blieb ihr wohl auch nichts anderes übrig und es war bewundernswert, wie sie ihre Familie über Wasser hielt. Am Ortsrand hatte sie 2 Morgen (0,5 Hektar) Land gepachtet, das mein Vater beackert hat. Diese Hilfeleistung arbeitete sie bei uns ab und stand uns jederzeit zur Verfügung. Ich freute mich immer, wenn sie bei uns tätig war, denn sie berichtete stets über die aktuellen Neuigkeiten aus dem Dorf. Als sie den Verkauf ihres Anwesens in Erwägung zog, interessierte sich mein Vater dafür. Die ungünstige Lage unseres Hofes und die schlechte Verbindung zum Dorf ließ ihn aber dann doch davon Abstand nehmen. Durch die Flucht verloren wir 1944 die Verbindung zu Frau Rothaupt. Später meldete sich Tochter Johanna bei meiner Mutter und bat um die Bestätigung, dass ihre Mutter seinerzeit bei uns beschäftigt war. Sie benötigte den Beleg für Rentenzwecke. So verlor einer den anderen aus den Augen und letztendlich blieben durch Krieg und Flucht nur ganz wenige Verwandte und Bekannte übrig.

Dass ich einmal selber zu den hilfreichen Händen gehören würde, konnte ich nicht ahnen, aber es war so! Nach der schrecklichen, erniedrigenden Flucht musste ich 1½ Jahre lang bei einem Bauern in Oberbayern als Stallmagd arbeiten. Dass ich nicht mein Leben lang fremde Kühe melken wollte, klingt wohl verständlich. Nach mehreren Stationen als Heimarbeiterin und Fabrikarbeiterin gelang mir letztendlich der Sprung ins Büro.

Trotz allem hielt mich aber die Landwirtschaft gefangen, so ging ich zum Beispiel aushilfsweise vorübergehend Kühe melken. Und jetzt, im Alter, ist mein kleiner Garten mein Bauernhof. Wenn ich in ihm grabe, hacke und pflanze, versetze ich mich nach Nordenfeld in Ostpreußen und denke, ich grabe in Heimaterde. Mein „Viehbestand" besteht aus einer Katze. Nessi, zurzeit zwölf Jahre alt, ist meine „Lebensabschnittspartnerin". Ihre Vorgängerin Maunzi wurde 21 Jahre alt.

Jugendstreiche

Im Spaß sage ich heute, dass die Vorgänger der sogenannten „Halbstarken“ aus Nordenfeld stammen. Das muss man sich mal vorstellen, sie trieben etwa 1939 in unserem Dorf ihr Unwesen. Es war nur ein kurzer Spuk und spielte sich im Sommer ab. Bei Sattler Nicklaus steckte plötzlich eines Morgens ein Blumenstrauß im Schornstein und die Haustür war von außen zugebunden. Bei unserem Nachbarn August Schmidt war die Milchbank „entwurzelt“. Das war eine Stellage, auf welche die gefüllten Milchkannen gestellt wurden, die täglich morgens von einer Molkerei aus Goldap abgeholt wurden. Und diese Kannen fand man auf Sipplis Steenerhope (Sipplis Steinerhaufen). Diese Steine waren Reste eines Kleinbauernhauses, das ehemals einer Familie Schittke gehörte und von der Familie Sippli aufgekauft wurde. Jedenfalls herrschte große Aufregung. Und wir amü-

Fünf Nordenfelder Marjellchens: Elfriede, Gretchen, Trudchen, meine Schwester und ich.

sierten uns! Wir, das waren Elfriede, Gretchen und Trudchen und meine Schwester und ich. Wir waren die Übeltäter, aber wer die Anführerin war, weiß ich nicht mehr, ich war jedenfalls

„Mitläufer". Elfriede hatte ihren Vater eingeweiht, der sich über die Untaten amüsierte weil er Spaß verstand. Kaum hatte Fritz Nicklaus seine Haustür „aufgebrochen", sah er auch schon die Blumen in seinem Schornstein. Um auf das Dach zu gelangen und den Strauß dort in den Kamin hinein zu stecken, brauchte man keine Leiter. Das Gebäude stand auf einem Hanggrundstück und das alte Strohdach reichte auf der einen Seite hinunter bis zum Rasen.

Aufgeregt rannte er zu Nachbar Schmidt, Elfriedes Vater, der ahnungslos tat und klagte, dass er auch zu den Geschädigten gehört. Fritz Nicklaus lamentierte: „Dat verstoa eck nich, wer sull dat gemoakt hebbe, de Jungens send doch alle bi de Soldoate." (Das versteh ich nicht, wer soll das gemacht haben, die Jungens sind doch alle bei den Soldaten.) Uns Mädchen traute er also so was nicht zu. Als Elfriedes Vater ihn aufklärte, wollte er es anfangs nicht glauben, sondern er dachte, er wird zum Narren gehalten. Richtig fuchtig (böse) soll er geworden sein und mit der Polizei gedroht haben. Schließlich konnte man ihn doch beruhigen. Als wir das Wort „Polizei" hörten, wurde uns doch etwas mulmig zumute. Schlimm wurde es aber, als mein Vater davon erfuhr. Meine Schwester und ich bekamen eine ordentliche Standpauke zu hören. „Euch hat wohl der Hafer gespickt (gestochen)", war noch das Geringste, was er sagte. Das ganze Dorf sprach darüber, aber es wurde auch viel gelacht. So was hatte man den Nordenfelder Marjellens nicht zugetraut.

Zu Sipplis Steenerhope möchte ich noch Folgendes erklären: Ursprünglich gehörte das Grundstück mit einem Kleinbauernhaus einer Familie Schittke. Als Frau Schittke Witwe wurde, brachte sie ihren behinderten Sohn Emil bei Bauer Schmidt unter und zog nach Gumbinnen. Ihren Besitz verkaufte sie an die Familie Sippli, das war eine Mutter mit zwei Töchtern. Das Haus wurde abgebrochen und die Steine zu einem Haufen aufgetürmt, der im Schatten einer alten Kastanie lag. Das war dann Sipplis Steenerhope. Der behinderte Emil Schittke war ein Schulfreund meines Vaters und hatte Kaufmann gelernt.
Im Ersten Weltkrieg erlitt er eine Kriegsverletzung und erhielt

eine Rente. Als er sie wieder einmal vom Postamt Sodehnen abholte, wurde er auf dem Heimweg überfallen und ausgeraubt. Der oder die Täter konnten nicht festgestellt werden. Man hatte dem Ärmsten vermutlich mit einer Eisenstange auf den Kopf geschlagen, sodass er eine Gehirnverletzung davon trug. Jeden Sonntag kam Schittkes Emil zu uns, um meinen Vater zu besuchen. Papa bot ihm dann immer eine Zigarre an, die der arme Mensch aß. Auf die Frage meines Vaters warum er sie denn nicht raucht, bekam er zur Antwort: „Na wenn eck dem Zigarr kaue do, hebb eck mehr davon.“ (Na, wenn ich die Zigarre kaue, habe ich mehr davon.)

Auf dem Steinerhaufen unter der alten Kastanie spielte ich als Kind oft mit meiner Freundin Elfriede Schmidt. Und dort standen später, nach unserem Streich, plötzlich eines Tages die Milchkannen, die wir fünf Mädchen in unserem Übermut bei Dunkelheit heimlich dort hingeschleppt hatten. Sipplis Steenerhope war ein beliebter Sammelplatz der gesamten Dorfbevölkerung. Im Frühjahr blühten dort die ersten Veilchen und der Huflattich, den wir sammelten und den meine Mutter trocknete, um im Winter einen Hustentee zuzubereiten, den wir mit Honig gesüßt tranken. Wenn die Sonne schien, waren die großen Steine von der Hitze so aufgeladen, dass man bis spät in den Abend hinein dort sitzen konnte. So verweilten auch die Erwachsenen aus der Nachbarschaft dort nach Feierabend, um zu plachandern. Wir waren nie dabei. Weil wir auf dem Abbau wohnten und durch den Fluss ohne Brücke vom Dorf getrennt waren, lebten wir sehr isoliert. Uns entging manche Neuigkeit oder wir erfuhren erst mit Verspätung davon. Sogar bei Regenwetter spielten die Kinder unter der alten Kastanie, denn sie bot mit ihren weit ausladenden Ästen und dem reichen Blattwerk genügend Schutz. Wenn der Baum blühte, lockte er Bienen und Hummeln an und die Luft war von ihrem Gesumme erfüllt. Ab und zu kam auch ein Kuckuck aus den Ellern am Fluss hinüber geflogen, landete auf der Kastanie und ließ seinen Ruf ertönen. Vielleicht suchte der Brutschmarotzer auch nach einer passenden Gelegenheit, eines seiner bis zu 20 Eier in ein fremdes

Nest zu legen. Wenn dann schließlich im Herbst die grünen stachligen Fruchtkapseln platzten und die braunen, glänzenden Kastanien am Boden lagen, sammelten die Kinder sie auf und spielten damit. Sie eigneten sich auch vorzüglich zum Basteln. Löcher wurden durch die Früchte gebohrt, man fädelte sie auf Schnüre auf und es entstanden schöne Halsketten. Auch Männchen oder Tiere wurden gebastelt. Mit Hilfe von angespitzten Streichhölzern steckte man einzelne Kastanien zusammen und das ergab die tollsten Figuren. Man konnte aber auch anderen einen Streich spielen, indem man heimlich ein paar Kastanien unter das Bettlaken schob.

Als mein Vater einmal an Sipplis Steenerhope vorbeiging, hörte er unter der Kastanie lauten Kinderlärm. Fragend rief mein Vater rüber: „Jungens, wat moak ju doa?“ Prompt kam die dreibastige (freche) Antwort zurück: „Wi doahne witte Hundschied kacke.“ Tatsächlich ließ dort Schmidts „Boyjatz“ mit Vorliebe seine Exkremente fallen, die dann, von Wind und Wetter ausgebleicht, eine weißliche Farbe annahmen. Boyjatz war ein bildhüscher Jagdhund, ein stichelhaariger Vorstehhund. Ob sein Name von „Bajazzo“, der Oper von Leoncavallo, entnommen wurde?

Was die Milchbank betrifft, auf welche die Bauern ihre gefüllten Milchkannen zur Abholung bereitstellten, kann ich berichten, dass wir keine derartige Bank hatten. Da mein elterlicher Hof verkehrstechnisch eine sehr ungünstige Lage hatte, waren wir von der Pflicht der Milchablieferung befreit. So kam auch der „Schmandlecker“ nicht zu uns. Das war ein Milchprüfer, der die Milch regelmäßig auf Sauberkeit und Fettgehalt prüfte. Statt der Milch mussten wir Butter abgeben. Die Kuhmilch wurde mittels einer Zentrifuge morgens und abends geschleudert, der Rahm gesammelt und in ein elektrisches Butterfass getan, das unter lautem Getöse in Gang gesetzt wurde. Wir Kinder mussten dann außer Reichweite bleiben. Die Schwester meiner Schulfreundin war als Kind unter das elterliche Butterfass geraten und wurde zum Krüppel. Am Geräusch und durch ein Guckloch, durch das man in das Fass hineinschauen konnte, konnte man feststellen, ob der Vorgang beendet war. Die Buttermilch wurde durch einen kleinen Zapfhahn abgelassen, der Deckel geöffnet und der Butterklumpen herausgenommen. Frisches Brot mit frischer Butter bestrichen und etwas Salz darüber war eine Delikatesse. Ganz köstlich war auch die Buttermilch, in der immer kleine Butterflöckchen schwammen.

In den letzten Kriegsjahren muss uns jemand gemeldet haben, der uns diese Außenseiterposition nicht gönnte. Es war ein böser Streich! Wir bekamen plötzlich den Bescheid und die Aufforderung, auch wie die anderen in Zukunft Milch abzuliefern. Da der tägliche Weg zum Dorf bedingt durch den Fluss, der keine Brücke hatte und oft überschwemmte, nicht gewährleistet war, mussten wir unsere Milch an die Molkerei Fritz Steiner in Pfälzerwalde (Budszedsen) Kreis Gumbinnen, liefern.

Um diese Zeit herum hatten wir Jugendlichen lauter Flausen im Kopf und eine blühende Fantasie. Aber die trieb schon in jüngeren Jahren ihre Blüten. So kamen meine 1¾ Jahre jüngere Schwester und ich eines Tages auf die Idee, unsere kleine Schwester zu erschrecken. Angeregt wurden wir dazu durch Radiosendungen, Zeitungsberichte und Gerüchte, die kursierten. Demnach trieben sich im Land Spione herum, vor denen in den Medien gewarnt wurde. Meine verängstigten Eltern hatten uns jedenfalls eingebläut, uns nach Einbruch der Dunkelheit nicht so weit vom Hof zu entfernen. Zumal wir in unserer Tannenschonung ein Lager entdeckt hatten, in dem mit Sicherheit zwielichtige Gestalten gehaust haben. Trotz alledem hatten wir uns daraufhin in unserer lebhaften Fantasie Folgendes ausgedacht. Ich verkleidete mich als Landstreicher oder Spion. Die passenden Klamotten fand ich auf dem Boden, wo alte Garderobe in ebenso alten Truhen aufgehoben wurde. Dann schlich ich auf dem Weg, der vom Dorf kommend nach Heinsort (Sodehnen) führte, an unserem Zaun entlang. Meine Schwester sorgte dafür, dass unsere Kleine zum richtigen Zeitpunkt ahnungslos in den Obstgarten ging. Damit ich nicht so schnell erkannt werde, hatten wir ganz raffiniert die Abenddämmerung ausgewählt. Ich lockte unsere Jüngste mit verstellter Stimme an den Staketenzaun und drohte sie mitzunehmen. Vor Schreck schreiend rannte sie ins Haus. Die Reaktion unserer Eltern kann man sich vorstellen. Zu unserer Entschuldigung möchte ich sagen, dass es in anderen Familien ähnliche „Zwischenfälle" gab. Vielleicht trieb die dörfliche Langeweile die Jugendlichen zu solchen Taten. Da soll zum Beispiel einmal ein großer Bruder seine kleine Schwester auf ein Kalb gesetzt haben, das wild zu springen begann. Er hielt die Kleine fest und je mehr sie schrie, umso größer wurden die Sprünge des verängstigten Tierchens. Dazu soll der grausame Lorbass gesungen haben: „Auf sattelt mir mein Pferd und reicht mir meinen Mantelsack, so reit ich durch die Welt, grad wie es mir gefällt."

Abgesehen von solchen Zwischenfällen machte uns das Verkleiden lange Zeit großen Spaß.

Der größte Fundus bot sich auf dem Dachboden unserer Freundinnen Gretchen und Trudchen an. Dort stand die Mottenkiste, über die wir uns hermachten. Einmal hatte Gretchen einen Westover (ärmellose Strickweste) als Hose angezogen, er gehörte ihrem Bruder. Das muss man gesehen haben! Ihre Beine hatte sie durch die Armausschnitte gesteckt und dazwischen klaffte der Halsausschnitt. Wir kugelten uns vor Lachen. Wenn uns eine Kostümierung besonders gut gefiel, stellten wir uns auch den Eltern vor, die Spaß verstanden.

Die Wintergarderobe wurde regelmäßig im Frühjahr eingemottet. Die dafür nötigen Mottenkugeln kauften wir in der Drogerie Oliver in Gumbinnen. Dort wurde folgender Witz erzählt: Eine Frau hatte Mottenkugeln gekauft und verlangte am darauf folgenden Tag wieder welche. Auf die Frage des Drogisten, ob sie nicht gereicht hätten, antwortete die Kundin: „Na, das dauert ja so lange, bis ich eine Motte treffe, die Kugeln waren so schnell verschossen." Im Herbst wurden dann die Wollsachen wieder aus der Mottenkiste geholt und zum Lüften an die frische Luft gehängt. Ich mochte den durchdringenden Geruch des Naphtalins nicht und bezeichnete ihn eher als Gestank.

Zum elterlichen Grundstück meiner Freundinnen gehörte eine Kiesgrube mit viel Weidengestrüpp. Wenn wir alleine sein wollten, verzogen wir uns dorthin, wo uns kein Mensch sah und hörte. Einmal hatten sie von ihrem älteren Bruder Zigaretten organisiert und wir probierten heimlich das Rauchen. Schon beim Anzünden des Glimmstängels gab es Schwierigkeiten und ich wäre beinahe in Flammen aufgegangen. Meine Augenbrauen waren fast abgebrannt, was nicht unbedingt vorteilhaft aussah und obendrein auch noch sengrich (brenzlig) roch. Meine Eltern waren „not amused", wie man am englischen Königshof gesagt hätte. In der Nähe der Kiesgrube hatten unbekannte Täter einmal in der Nacht einen Draht über die Straße gespannt. Ein anderes Mal hatte jemand mitten auf dem Weg ein tiefes Loch gegraben. Zum Glück ging niemand in diese Fallen. In unserem Dorf war übrigens niemand motorisiert.

Streiche hatten wir uns auch beim „Weiterfahren" ausgedacht. Das war eine langweilige Tätigkeit und es wundert mich nicht, dass wir dabei auf dumme Gedanken kamen. Wenn im Sommer Getreide und Heu eingefahren wurden, mussten wir Kinder die Pferde vor dem Erntewagen lenken und von Hocke zu Hocke fahren. Dass heißt, wir hatten die Zügel und eine Peitsche in der Hand. Wenn man „Hüha" sagte, zogen die Pferde an, bei „Prrr" blieben sie stehen. Wenn der Wagen stand und die Arbeiter die Garben auf das Fuder stakten, pieksten wir heimlich mit der Peitschenspitze einem der Pferde in den Hintern, sodass es erschrak und einen Satz nach vorne und die Fuhre einen Ruck machte. Frau Rothaupt, die meistens Fuder geladen hat, indem sie die Garben oder das Heu fachmännisch aufschichtete, fiel dann regelmäßig um. Ein paar Mal ließ sie sich das gefallen, aber dann glubschte sie uns an (sie schaute böse) und drohte abzusteigen und nicht mehr weiterzuarbeiten. Das wollten wir dann doch nicht und unterließen den Schabernack.

Als Kind habe ich gerne geschmengert (genascht). Angefangen hat das bei den hart gekochten Eiern, die Mutti jedes Frühjahr kleingehackt an die Küken verfütterte. Sie lagen immer in der Küche bereit und ich konnte daran nicht vorbei gehen, ohne eines zu stibitzen. Manchmal tat ich außer einer Prise Salz noch einen Stich Butter drauf und das war ein Hochgenuss. Einmal machte ich mich über Muttis Marmeladengläser her, die mit Pergamentpapier mittels Faden oder Gummi verschlossen waren. Wenn ich es nicht schaffte, den Verschluss zu lösen, stieß ich einfach mit dem Zeigefinger ein Loch durch das Papier und holte mir so die Marmelade heraus. Bis Mutti das entdeckte, hatte sich dann oft schon Schimmel gebildet und der Glasinhalt musste weggeworfen werden.

Auf eine einfallsreiche Idee kam ich zu Weihnachten. Meine Mutter fing mit der Bäckerei immer rechzeitig vor der Adventszeit an. Die fertigen Plätzchen verstaute sie dann in großen Gefäßen, zum Beispiel in Blechkästen vom Eduscho-Kaffee-Versand. Eine große Kiste war verschließbar, ähnlich wie ein Koffer. Schnell kam ich dahinter, dass Mutti nur eine Seite zugesperrt hatte. Ich stellte das Behältnis hochkant und schüttelte den Inhalt in eine Ecke. Dann öffnete ich die unversperrte Seite des Deckels schob meine kleine Hand hinein und holte mir ein Stück nach dem anderen heraus. Als Mutti zum Heiligen Abend die Bunten Teller machen wollte, erschrak sie nicht wenig, sie stieß auf Schrott. Ich hatte durch das Schütteln des Behälters und durch das blinde Herumgrapschen mit meiner Hand viele Plätzchen kaputt gemacht. Mein bunter Teller fiel daraufhin etwas kleiner aus.

Wilhelm Busch hätte gesagt: „Ach, was muss man oft von bösen Kindern hören oder lesen!“

Der Fischzug

Es war ein ostpreußischer Sommer mit flirrender Hitze. Wir saßen am Mittagstisch und es gab Spirgel, das waren gebratene, rohe Bauchfleischscheiben (in Bayern: Wammerl).

Mutti meinte: „Bei diesen sommerlichen Temperaturen ist das fette Fleisch nicht das richtige Essen, wie wär's mal wieder mit Fisch?" Somit war das Stichwort gefallen und wir Kinder riefen wie im Chor: „Oh ja, Papa, geh' bitte mit uns fischen." Er ließ sich nicht lange bitten und das große Schleppnetz wurde vom Speicher geholt. Es war etwa zwei mal vier Meter groß und an jeder Schmalseite mit einer Stange verbunden. Dazu gehörten noch zwei Stangen zum Stochern. Es musste immer einer von den Leuten mitgehen, um meinem Vater zu helfen.

In den letzten Kriegsjahren hatten wir keine deutschen Arbeiter mehr, man zog sie der Reihe nach zur Wehrmacht ein. So mussten wir uns mit einem polnischen Zwangsarbeiter und französischen Kriegsgefangenen behelfen. Im letzten Sommer vor unserer Flucht, die im Herbst 1944 begann, weigerte sich unser Franzose Josef Rowet, mit meinem Vater ins Wasser zu gehen, weil es ihm zu kalt war. „Nix Rheuma", sagte er und so sprang ich ein.

Der Fischzug, den ich jetzt schildere, war jedoch viel früher, nämlich als wir noch unseren Paul, Schäfers Otto, Dumonts Wilhelm (er musste 1939 zu den Soldaten) oder Quadts Fritz hatten. Die Männer schulterten das zusammengerollte Netz und die Stangen. Wir Kinder liefen mit Eimern in der Hand hinterher. Das Ziel war unser Fluss Schwentaine, der später Heidewasser hieß. Im Jahr 1938 wurden im Zuge der Umbenennung die meisten Fluss- und Ortsnamen geändert. Man nannte das „eindeutschen". Die Schwentaine floss durch unsere Wiesen und bildete die Grenze zwischen unserem Nachbarn August Schmidt und uns. Soweit der Fluss durch unser Weideland zog, fischten wir darin. Ich glaube, es war ein ungeschriebenes Gesetz, dass man das durfte. Es war jedenfalls „unser" Fluss. Es war kein reißender Strom, sondern ein bescheidenes Flüsschen von etwa vier bis fünf Meter Breite im Durchschnitt. Der Fluss schlängelte sich meistens friedlich durch seine von Weiden, Erlen und Faulbeerbäumen bestandenen Ufer.

Mindestens einmal im Jahr zeigte er sich jedoch von einer anderen Seite. Infolge von Schneeschmelze und Regen trat er aus seinen Ufern und überschwemmte unsere Wiesen bis zu einer Anhöhe, an der mein Vater eine Schonung angelegt hatte. Das Gelände war dort so steil, dass man es mit landwirtschaftlichen Maschinen nicht bearbeiten konnte. Diese Überschwemmungen waren uns Kindern meistens willkommen, denn wenn es fror, hatten wir eine Riesenfläche zum Schlittschuhlaufen. Es kam schon mal vor, dass wir die Schule nur auf Umwegen erreichten, denn über die Schwentaine führte in unserem Bereich keine Brücke, nur ein Steg für Fußgänger, der allerdings bei extremem Hochwasser weggerissen wurde. Als wir noch klein waren, musste uns manchmal ein Arbeiter huckepack durch die überschwemmte Gemeindewiese tragen, damit wir über den Steg, soweit er nicht weggerissen war, trockenen Fußes ans andere Ufer gelangten, um in die Schule zu gehen. Wir waren buchstäblich der letzte Bauer in unserem Dorf. Der Fluss trennte uns von den übrigen Bewohnern ab. Kubillen-Nordenfeld gehörte zum Landkreis Goldap. Unsere Felder grenzten an die Kreise Gumbinnen und Stallupönen (Ebenrode). Genau genommen hieß unsere Adresse: Kubillen Kreis Goldap, Post Sodehnen Kreis Gumbinnen. Ich weiß, ich bin jetzt vom Thema gehörig abgeschweift, aber ich wollte die Beschreibung der besseren Anschauung wegen unterbringen. Der Leser soll die Bedeutung und Umgebung unseres Flusses kennen lernen.

Aber nun wird gefischt. Meistens wurde bei der Pferdeschwemme begonnen. Das war eine besonders tiefe Stelle, wo die Pferde zur Erfrischung hineingelassen und auch manchmal gewaschen wurden. Hier konnte man auch schwimmen, während der übrige Teil des Flusses im Durchschnitt zu flach dafür war. In der Pferdeschwemme standen auch die meisten Hechte. Einmal gingen zwölf Stück ins Netz und es gab ein herrliches Essen. Hecht in Dillsoße, Hecht mit Speck gespickt und im Ofenrohr gebacken oder in der Fischsuppe. Lecker! Das Schleppnetz wurde flussaufwärts gezogen. Es war am unteren Rand mit Gewichten beschwert, damit es am Grund blieb und den Fischen die Flucht erschwerte. Von Zeit zu Zeit hob man es auf Kommando hoch und der Fang wurde auf die Wiese geworfen. Wir Kinder fingen die zappelnden, glitschigen Fische ein und taten sie in unsere Wassereimer. An den zahlreichen Stubben (Baumstümpfe) wurde jedes Mal halt gemacht. Dann bildeten die Männer mit dem Netz einen Halbkreis, indem sie sich vorsichtig dem Uferrand näherten. Mit den Stangen wurde aufs Wasser geschlagen und unter den Baumwurzeln herumgestochert. Damit wollte man die Fische hervorscheuchen. Aale fing mein Vater oftmals mit der Hand, ebenso Krebse, die unter den großen Steinen hausten. Da wir Kinder uns vor den Scheren der Krustentiere fürchteten, hatte Papa einen Krepsch (Leinenbeutel) um Hals und Schulter hängen, in den er die wehrhaften Tierchen steckte. Muscheln gab es übrigens auch, aber ich weiß heute nicht mehr, warum wir sie nicht aßen. Ansonsten gab es noch Weißfische, Rotfedern, Flussbarsche, eine Zanderart und noch einige, mir nicht mehr bekannte Fischarten. Die bereits erwähnten Hechte waren große Räuber und wir entdeckten beim Ausnehmen der Fische oft kleine Fischchen in ihrem Inneren.

In sehr heißen, trockenen Sommern kam es vor, dass der Fluss bis auf ein paar tiefer gelegene Stellen austrocknete. Daran war aber nicht immer die sommerliche Dürre Schuld. In Tollmingen gab es den Stausee „Schwentischke“ und wenn dort das Wehr in Tätigkeit gesetzt wurde, sank in unserem Fluss der Wasserspiegel manchmal dermaßen, dass es zur vollkommenen Trockenheit führte. Vereinzelte Fische konnten sich vielleicht rechtzeitig retten, aber die langsamen Krebse fielen der Trockenheit zum Opfer, es gab in den letzten Jahren keine mehr. Auch die Muscheln waren verschwunden.

Nicht unerwähnt bleiben soll unsere Drum. Das war ein ganz kleiner Bach, der mit der Schwentaine Verbindung hatte. Um ins Dorf zu gelangen, mussten wir die Drum überqueren. In entgegengesetzter Richtung war es natürlich ebenso. Wenn die

Diese alte Fotografie zeigt unseren Fluss Heidewasser bei Hochwasser.

Nur der Teich ist geblieben. Teilansicht des Teichs aus dem Jahr 1992.

Auf dem Steg mit meiner jüngeren Schwester Eva-Maria. Das Foto stammt aus dem Jahr 1934.

Dorfbewohner zur Post nach Sodehnen (Heinsort) oder nach Gumbinnen fahren wollten, mussten sie unsere Drum kreuzen. Damit das Wasser unter dem Weg durchfließen konnte, lagen darunter mehrere zusammenhängende große Rohre von circa 1m Durchmesser. Sie waren aus Zement und es handelte sich bei ihnen wahrscheinlich um Brunnenrohre. Darüber war Erde aufgeschüttet, sodass man darüberfahren konnte. Wir Kinder versteckten uns oft in den Rohren und wenn uns einmal der Regen überraschte, fanden wir dort Unterschlupf. Allerdings ging das nur im Sommer, wenn wir barfuss waren, sonst schöpften wir die Schuhe voll. Neben der Überfahrt über den Bach stand eine Kopfweide, in der sich einmal ein Hornissenschwarm eingenistet hatte. Da die Stiche sehr gefährlich sind, wurde das Nest ausgeräuchert. Es war fast 50 Zentimeter lang, bestand aus Holzteilchen und Speichel und sah wie Pergamentpapier aus. Mein Vater hat es nicht gerne zerstört, aber es wäre für alle, die die Drum überqueren mussten, egal ob Mensch oder Tier, zu gefährlich gewesen.

In die Drum hinein verirrten sich immer Fische, und Papa stellte den Ventras (Reuse) auf. Eierschalen sorgten dafür, dass Fische angelockt wurden. Wir Kinder liefen oft den Berg hinunter zur Drum, um das Gerät zu kontrollieren – häufig ohne Erfolg, und mein Vater meinte, ein anderer muss den Ventras entleert haben. Aber wer? Wir vermuteten, dass es dieselbe Person war, die im Winter regelmäßig einen Weihnachtsbaum aus unserer Schonung stahl.

Hie und da kam es vor, dass der Fischzug nicht den gewünschten Erfolg brachte. Meine Mutter musterte mit abschätzenden Augen die Ausbeute und meinte dann: „Zieht noch einmal durch den Teich." Das tat mein Vater gerne und das Netz drohte zu platzen. Es wurde an Land gezogen und sein Inhalt auf die Wiese geschüttet. Es gab Karauschen in Hülle und Fülle. Das ist eine kleine Karpfenart, verwandt mit dem Goldfisch und eignet sich vorzüglich zum Braten. Die Karauschen (litauisch) hießen volkstümlich Bauernkarpfen. Sie wurden bis zu 30 Zentimeter lang und hatten gelb glänzende Schuppen und rötliche Flossen.

Das Weibchen laicht bis zu 200.000 Eier, welche es an Wasserpflanzen heftet. Durch diese starke Vermehrung wimmelte es in unserem Poggenteich nur so von Karauschen. Es wurden nur die großen herausgesucht, die kleinen landeten wieder im Teich und freuten sich über die wiedergewonnene Freiheit. Auch Poggen (Frösche) waren oft ins Netz gegangen und hüpften schleunigst ins Wasser zurück.

Nun ging es ans Fischeschuppen und ausnehmen, was alles im Garten geschah. Katzen und Hühner umringten uns und schnappten sich die Abfälle. Meine jüngeren Schwestern zertraten die Fischblasen und freuten sich über die Knallerei. Als ich versuchte einen glibbrigen (glatten) Aal auszunehmen, kam ich versehentlich mit dem Finger in sein Maul und verletzte mich. Er blutete stark und musste verbunden werden. Ich zeigte den Finger überall her und erzählte, mich hätte ein Aal gebissen.

Nun ging es in die Küche, wo schon Töpfe und Pfannen bereit standen. Die Krebse wurden gewaschen und in kochendes Salzwasser gelegt, worauf sie krebsrot wurden, dann kamen Dill und Kümmel dazu und sie mussten zehn Minuten darin ziehen. Mit Butter und Weißbrot wurden sie verspeist. Die Erwachsenen tranken Weißwein dazu, wir Kinder bekamen nur Wasser oder irgendeinen Obstsaft. Die Karauschen wurden gesalzen, gepfeffert, in Mehl gewendet und in Schmalz gebraten. Köstlich! Hechte wurden zum Teil mit Speck belegt, mit Schmand übergossen und im Ofen gebraten. Aus den Kochfischen bereitete Mutti anderntags eine Fischsuppe.

Eigentlich war unser Teich fast ein Biotop, in dem sich unzählige Kleinlebewesen befanden. Auch Libellen gab es zahlreich und wir bewunderten ihre verhältnismäßig großen Köpfe mit den Facettenaugen und die filigranähnlichen Flügel mit der netzartig, in allen Farben schillernden Musterung.

Mein Onkel Fritz in Gnadenheim (Meldienen) hatte auf seinem Grundstück zwei richtige, natürliche Biotope. Inmitten seiner Wiesen und Ackerflächen befand sich eine sumpfig-moorige Stelle. Es war ein Torfbruch, den er auch nutzte, indem er dort Torf stach. Die ziegelsteingroßen Stücke wurden getrocknet und als Heizmaterial verwendet. Als der Ertrag nicht mehr so ergiebig war, gab er das Torfstechen auf. In den ausgestochenen, tiefen Gruben sammelte sich Wasser an und es entstanden zwei Teiche. Der Gastwirt des Dorfes kam auf die Idee, dort Karpfen einzusetzen und mit verendeten, kleinen Haustieren zu füttern. Dazu stellte er in der Mitte des Teiches einen kleinen Lattenrost auf, auf den er tote Kleintiere, die im Dorf und dessen Umgebung verendet waren, legte. Sommerliche Hitze und Fliegen sorgten dafür, dass die Kadaver verwesten und Fleischteile ins Wasser fielen und somit den Karpfen als Nahrung dienten. Beobachter sollen damals gesehen haben, wie die Fische aus dem Wasser sprangen und nach dem Leckerbissen, der auf dem Präsentierteller, nämlich dem Lattenrost lag, schnappten. Die Karpfen wurden dick und rund und mein Onkel holte für sich und seine Familie die fetten Fische nach Bedarf aus dem Teich. Der Gastwirt, der ursprünglich die Karpfenbrut eingesetzt hatte, fischte ausgiebig, bot sie in seinem Gasthaus an und verkaufte sie auch frisch als Delikatesse. Die Art und Weise der damaligen Fütterung wäre heutzutage undenkbar. In Gedanken daran würde ich jedenfalls auf so einen Karpfen verzichten.

Übrigens fällt mir im Zusammenhang mit unserem Teich eine Begebenheit ein, die beinahe zu einem Unglück geführt hätte.

Auf den Teich führte ein etwa vier Meter langer Steg, den wir benutzten, um Wasser zum Blumengießen zu schöpfen, gelegentlich dunkle Wäsche zu spülen, oder den wir als Sprungbrett beim Schwimmen benutzten. Als ich größer war, saß ich oft auf dem Steg, schaute ins Wasser, auf die am Ufer stehenden Birken und Weiden und träumte vor mich hin.

Eines Tages wollte meine kleine, damals etwa 4-jährige Schwester, mit einem Eimerchen Kaulquappen fischen. Sie verlor dabei das Gleichgewicht, fiel in den Teich und ging unter. Ich, circa zwölf Jahre alt, befand mich Gott sei Dank in der Nähe und sah das. Geistesgegenwärtig sprang ich, so wie ich war, ins Wasser, ergriff sie als sie wieder auftauchte und trug sie auf die Wiese, um schnellstens unsere Mutti zu rufen. Die Kleine hatte einen Schock erlitten, war blau angelaufen und schrie herzergreifend.

Sie hustete und prustete und spuckte jede Menge Wasser. Natürlich waren wir alle geschockt, aber heilfroh, dass sie lebte. Es hätte schlimmer ausgehen können! Ich habe das aufregende Erlebnis noch so gut in Erinnerung, dass ich sogar noch weiß, was ich damals anhatte. Sicher ist das nebensächlich, aber ich trug eine dunkelblau-gemusterte Wickelschürze, die Mutti genäht hatte und die mit weißer Zackenlitze verziert war. Sie klebte nach dem unfreiwilligen Bad wie eine zweite Haut an mir.

Unser Teich war durch einen Zaun in zwei Teile geteilt. Die eine Seite war für Pferde, Kühe, Jungvieh, Schafe und Gänse gedacht. Im anderen Teil, der sauber gehalten wurde, lernten wir Kinder schwimmen. Jeder hatte sein Brett, an dem wir uns anfangs mit den Händen festhielten und mit den Beinen strampelten. Später klappte es dann auch ohne Hilfsmittel und Papa nannte den Stil „Hundstapperer", weil wir wie Hunde schwammen. Die Bretter waren etwas unappetitlich, denn, wenn sie nicht in Gebrauch waren und auf der feuchten Wiese lagen, sammelten sich darunter Schnecken, Würmer und Käfer und wir graulten uns davor und wuschen sie vor Gebrauch ab.

Die Zeit machte Fortschritte und als meine jüngste Schwester Evemie schwimmen lernte, bekam sie ein Schwimmkissen. Leider gab es im Teich auch Blutegel, die sich in dem Morastboden wohlfühlten. Unsere Eltern hatten uns eingeschärft, nicht zu lange auf einer Stelle stehen zu bleiben, damit sich die Egel nicht an unseren Beinen festsaugen konnten.

Wenn der Teich im Winter zugefroren war, liefen wir darauf Schlittschuh oder schurrten. Dazu hatte mein Vater unter den rechten Klumpen (Holzschuh) Drahtschienen befestigt, auf denen man wunderbar über das Eis gleiten konnte. Unter dem linken Klumpen wurden ein paar scharfe Nägel hineingeschlagen, die zum Abstoßen dienten. Wenn der Frost bei Windstille einsetzte, war die Eisoberfläche glatt und klar. Wir legten uns auf den Bauch und beobachteten Fische und Käfer, die auch manchmal, vom Frost überrascht, eingefroren waren.

Damit die Fische Luft bekamen, schlug mein Vater eine Wuhne (Eisloch) in die Eisdecke. Zu den Winterfreuden gehörte auch das Eiskarussell. Dafür schlug mein Vater in der Mitte des Teiches einen Pfahl ein. Darauf befestigte er mit einem langen, starken Nagel eine Stange, an deren unterem Ende ein Schlitten befestigt wurde. Am oberen Ende, das etwas überstand, musste dann geschoben werden, sodass der Schlitten im Kreis fuhr. Das machte riesigen Spaß.

Wenn der Teich bei Wind zufror, war die Eisoberfläche rau und es holperte beim Schlittschuhlaufen, was nicht so angenehm war. Dann goss mein Vater öfters Wasser auf die Fläche, das über Nacht fror. Morgens überraschte uns dann der Teich mit einer spiegelglatten Oberfläche. Wir Kinder konnten bei Wintereinbruch nicht erwarten, bis wir das Eis betreten durften. Zuvor prüfte Papa sorgfältig, ob die Eisfläche schon stark genug und tragfähig war.

Es kam immer wieder vor, dass Menschen auf zu dünnen Eisdecken einbrachen und ertranken. Bei sehr starkem Frost krachte das Eis und bekam Risse, mein Vater sagte, es arbeitet.

Genau betrachtet war unser Teich ein „Mehrzweckteich". Im Sommer konnte man in ihm schwimmen und im Winter, wenn er zugefroren war, auf ihm Schlittschuhlaufen. Somit bot er Gelegenheit für Sommer- und Wintersport. Er diente als Viehtränke und spendete Wasser für die Leitung im Stall. Aus dem Teich schöpften wir auch Wasser zum Blumengießen und zum Wäsche bleichen. Dazu legten wir vergilbte Wäschestücke auf die angrenzende Wiese, übergossen sie mit Teichwasser und setzten sie den Sonnenstrahlen aus. Dasselbe geschah auch mit den aus dem graugelben Flachs gewebten Handtüchern, Tischdecken und der Bettwäsche. Man konnte buchstäblich zusehen, wie die Teile von Tag zu Tag weißer wurden.

Erwähnenswert ist auch, dass die im Teich lebenden Fische zur Bereicherung des Speiseplans beitrugen. Warum zu jeder Landwirtschaft ein Teich gehörte, kam mir erst später in den Sinn. Er war unter anderem als Löschteich gedacht, aus dem man das Wasser zum Löschen von Bränden holte.

Zum Winterspaß gehörte auch das Rodeln. Da Kubillen viele Hügel aufwies, bot es sich für diesen Wintersport regelrecht an.

Allein in unseren Weidegärten befanden sich der „Jakobsberg" und die „Holl". Woher die Namen kamen, konnte ich nicht ergründen. Jedenfalls konnten wir hier Ski- und Schlittenfahren. Als wir noch kleiner waren, spannte Papa manchmal den jeweiligen Hofhund vor den Rodelschlitten. Das ließ sich aber nicht jeder gefallen. Ich glaube, es war unser Lux, der mit uns im Gefolge in seine Hütte rannte, sodass wir von dem Aufprall im hohen Bogen vom Schlitten fielen.

Als der Morast im Teich immer tiefer und das Wasser immer flacher wurde, musste der Teich „ausgefahren" werden. Das musste im Winter geschehen. Soweit meine Erinnerung zurückreicht, erlebte ich das nur einmal und ich war bei Antritt der Flucht immerhin 21 Jahre alt. Das Eis wurde mittels Dynamit gesprengt und auf die Äcker gefahren. Der Morast wurde auf den Wissen verteilt und diente gleichzeitig als Düngemittel. Bei den Ausgrabungen fanden wir ein altes Schwert. Aus welchem Krieg es wohl stammte? Nachdem es längere Zeit in unserem Wohnzimmer gestanden hatte und von Besuchern bewundert wurde, hat es mein Vater unserem Schmied (Funkefiester) Pogodda übergeben. Er machte daraus drei Schlachtmesser. Die Fische mussten in dem betreffenden Jahr im Pferdestall überwintern. Sie wurden in Holztonnen, die mit Teichwasser gefüllt waren, getan und bis zum Frühjahr gefüttert. Nachdem sich der Teich wieder mit Wasser gefüllt hatte, erhielten die Karauschen ihre Freiheit wieder. Nach der Prozedur des „Ausfahrens" hatte der Teich eine durchschnittliche Tiefe von circa 1,50 Meter. Meine Schwestern und andere Kinder spornten mich im Sommer an, durch den Teich zu gehen. Das tat ich als Wasserratte sehr gerne. Alle hielten den Atem an, wenn ich in der Mitte des Gewässers verschwand und erst nach geraumer Zeit, ein paar Meter weiter, wieder auftauchte.

Mehrmals hatten wir versucht andere Fischarten aus dem Fluss im Teich anzusiedeln, es misslang. Wahrscheinlich eigneten sich diese Sorten nur für Fließwasser. Umso mehr gab es Poggen (Frösche) und zwar die gelbgrünen Wasserfrösche. Im Frühjahr war der ganze Teich voller Froschlaich. Da gaben diese interessanten

Amphibien jeden Abend ein Froschkonzert. Damit die Quaker nicht überhand nahmen, wurde der Laich mit einer Harke (Rechen) auf die Wiese gezogen, wo er vertrocknete. Kaulquappen gab es trotzdem noch genug und wir Kinder beobachteten voll Interesse, wie daraus Frösche wurden. Im Mai laichten auch die Karauschen. Das war ein richtiges Schauspiel, wie sie aus dem Wasser sprangen und mit einem klatschenden Geräusch wieder untertauchten. Oft standen wir auf dem Steg, den mein Vater gebaut hatte, und schauten zu. Wehe, ein Fischlein wagte sich dabei in Ufernähe. Dort lauerten nämlich die Katzen. Mit ausgefahrenen Krallen und mit weit ausholenden Pfoten fingen sie sich manchen Leckerbissen, den sie dann unter den Weidenbüschen verspeisten. Es waren Strauchweiden, aus deren Ruten im Winter Körbe geflochten wurden, Kartoffelkörbe, Futterkörbe und die sogenannten Kietzkörbe, die eine hohe, flache Form hatten und auf dem Rücken getragen wurden. Aus geschälten, gespaltenen Weidenruten wurden sogar Handarbeitskörbchen hergestellt. Wenn Papa Körbe flocht, schaute ich ihm gerne zu und er erzählte mir dabei Geschichten von früher.

So gab es auch im Winter zu tun.

In den hohen Erlenbäumen, die neben Weiden und Sträuchern das Ufer der Schwentaine säumten, nistete im Sommer 1939 ein Schwarzstorchpärchen. „Das bedeutet Krieg“, sagte meine Großmutter väterlicherseits, „1914, als der Erste Weltkrieg ausbrach, war es genauso, es bringt nichts Gutes!“ Sie sollte recht behalten. Im September 1939 begann mit dem Polenfeldzug der Zweite Weltkrieg. Im Sommer 1944, kurz vor unserer Flucht, entdeckten wir mehrere Horste dieser sonst seltenen, scheuen Vögel in den Bäumen am Fluss. Und wieder brach ein Unglück über uns herein, wir mussten unser geliebtes Nordenfeld für immer verlassen.

Im Sommer 1992 kehrte ich mit meinem Mann, meinen Schwestern und meinem Schwager noch einmal an die Stätte meiner glücklichen Kindheit zurück. Unsere Hofstelle fand ich nur anhand des Teiches, der nur noch ein Drittel seiner ehemaligen Größe hat. Er ist verschilft und mit Kalmus zugewachsen.

Aber die Frösche quakten noch wie vor 50 Jahren. Offensichtlich wird der Teich von verschiedenen Tieren als Tränke benutzt, mehrere Spuren, unter anderem von Rehen, zeugten davon. Ob auch noch Karauschen drin sind? Aber wer wird dort fischen? Sonst war alles dem Erdboden gleichgemacht. Es muss ein trockener Sommer voran gegangen sein. Der Fluss wies nur wenig Wasser auf. Fische waren nicht zu sehen, auch keine Schwarzstörche. Wenn es stimmt, dass ihr Erscheinen Unglück bringt, wirft sich die Frage auf, welches Unglück hätten sie noch voraussagen können? War nicht schon genug Unglück über unser Land, unser Dorf und seine Menschen hereingebrochen? Was hätte noch Schlimmeres passieren können? Eine Steigerung hätte es damals für uns nicht geben können!

Die Reise nach Insterburg

Nein, es war nicht wie bei Hermann Sudermann die Reise nach Tilsit, unser Ziel hieß Insterburg. Tante Annchen und Onkel Otto Schinz hatten uns, das heißt meine jüngere Schwester Sigrid und mich, für ein paar Tage eingeladen. Die Freude war allerseits groß. Ob sich aber mein Vetter (zweiten Grades) Günther auch freuen würde, bezweifelte ich. Für ihn als Gymnasiast, kurz vor dem Abitur, waren wir zwei Marjellens uninteressante Landpomeranzen. Er fand uns langweilig und ich hatte den Eindruck, er genierte sich vor seinen Freunden, mit uns gesehen zu werden. Ich muss zugeben, dass Sigi und ich sehr schüchtern waren. Wir wuchsen auf dem einsam gelegenen Bauernhof unserer Eltern in dem kleinen Dorf Kubillen auf. Die Nachbarn waren weit entfernt und wir sahen manchmal tagelang keinen anderen Menschen. Wenn wirklich mal jemand auf dem Weg, der an unserem Hof vorbeiführte, zu sehen war, was selten genug geschah, riefen wir: „Kommt schnell und kuckt mal da geht einer vorbei." Oder: „Schnell, schnell, kommt und kuckt, da drüben, an Schröders Berg, staubt es, ich glaube da fährt ein Auto."

Aber nun stand die Reise bevor und es mussten Vorbereitungen getroffen werden. Damals waren gehäkelte Hüte in Mode und Mutti bestand darauf, dass wir Kopfbedeckungen tragen mussten. Also setzte ich mich auf mein Fahrrad „Marke Adler" und fuhr in das 20 Kilometer entfernte Gumbinnen, um Häkelgarn zu kaufen. Für Sigi hellblau und für mich rosa. Ich entschied mich für eine dünne Qualität mit einem jeweils silbernen Beilauffaden. Eifrig machten wir uns an die Arbeit und bald waren die „Modelle" fertig. In der Krempe wurde in der letzten Runde ein Blumendraht eingehäkelt. Er sorgte dafür, dass der Hutrand einen besseren Stand hatte und uns nicht ins Gesicht fallen konnte. Außerdem war es dadurch möglich, den Rand etwas gewellt zu biegen, sodass der Hut fast wie ein Florentiner wirkte. Wir sahen beinah verwegen aus und Oma meinte, wir schauten unter unseren Hüten hervor „wie de Uhl utem

Schmoalttopp“ (wie die Eule aus dem Schmalztopf). Mutti jedoch war begeistert und fand sie todschick. Ich allerdings konnte ihre Meinung nicht ganz teilen, ich hatte Angst, dass wir vor den strengen Augen Güntherchens nicht bestehen würden.

Der Reisetag kam und wir wurden von unseren Eltern nach Großwaltersdorf (Walterkehmen) zum Bahnhof gefahren. Das war neben Tollmingen und Gnadenheim (Meldienen) die nächste Station und sieben Kilometer von unserem elterlichen Hof entfernt. Nachdem unsere Eltern den Schaffner gebeten hatten, ein wenig auf uns zu achten, ging's los. Wir fuhren über Gumbinnen, wo wir umsteigen mussten, nach Insterburg. Unsere Aufregung steigerte sich, je mehr wir uns der Stadt näherten. Wir waren sehr verunsichert und hatten Angst auf der verkehrten Seite auszusteigen und so geschah es dann auch. Der Zug hielt planmäßig in Insterburg und wir rissen die Abteiltür gegenüber dem zuständigen Bahnsteig auf. Onkelchen und sein Sohn standen auf der anderen, richtigen Seite, um uns in Empfang zu nehmen. Sie waren so taktvoll, nichts zu sagen und taten so, als ob sie unser Versehen nicht bemerkt hätten. Das fanden wir sehr lobenswert. Als uns aber Güntherchen nach der Begrüßung von oben bis unten musterte und dann zischte: „Nehmt die Flinsen (Pfannkuchen, Omelett) vom Kopf!“ war es um unsere Fassung endgültig geschehen. Na also, da hatten wir es, wir wollten die Dinger ja nicht aufsetzen. Mutti hatte aber doch darauf bestanden. Also runter mit den Hüten, zusammengelegt und rein in die Tasche. So, das war der erste Schreck!

In der Hindenburgstraße angekommen, wurden wir von Tante Annchen überschwänglich begrüßt. Sigrid und ich überreichten unsere etwas welken Blumensträuße und packten das Mitgebrachte aus. Wir bekamen zwar die üblichen Bemerkungen zu hören wie: „Ach nei, ach nei, was habt ihr da bloß wieder angeschleppt, Trudchen (meine Mutter) denkt wohl, wir müssen in der Stadt verhungern.“ Aber dann wurden doch Gänseschinken, Eier, Butter und ein Glas Kirschkreide (Marmelade) erfreut und mit Dank angenommen. Nachdem uns unser Zimmer gezeigt worden war und wir uns erfrischt hatten, kam die übliche Frage:

„Kinderchen was essen wir, was trinken wir?“ Darauf waren wir schon vorbereitet, denn diese Frage wurde uns auch gestellt, wenn unsere Eltern dabei waren und das war bis dahin der Fall gewesen. „Gekochten Schinken“, riefen meine Schwester und ich wie aus einem Mund. Den gab es nämlich zu Hause nicht. Mutti hatte nur geräucherten Schinken. Also gingen wir alle, außer Günther, der Schularbeiten vorschützte, in die Stadt, um einzukaufen. In der Markthalle machten wir große Augen. So was hatten wir noch nie gesehen und viele der angebotenen Waren kannten wir gar nicht. Auf unserem Bauernhof waren wir ja weitgehend Selbstversorger. Onkel Otto erklärte uns dieses und jenes und fragte auch: „Na, Marjellchens, wonach jankert es euch?“ (Worauf habt ihr Appetit?) Wir wünschten uns Apfelsinen, die wir auch bekamen. Daheim hatten diese saftigen Südfrüchte Seltenheitswert, denn meine Eltern kauften sie meistens nur zu Weihnachten. Aber Onkel Fritz und Tante Minna Reich aus Heinsort brachten bei ihren gelegentlichen Besuchen oft welche mit. Ich erinnere mich noch heute an das Einwickelpapier. Es war Seidenpapier mit einem Mohrenkopf drauf. Es roch so gut und ich strich es immer mit den Fingern glatt und legte es in meine Schublade, in der ich meine ganz persönliche Habe verstaut hatte. Kurzum, wir hatten auf dem Insterburger Markt tüchtig eingekauft und kehrten vollbeladen heim. Tante Annchen hatte, was das Essen betrifft, nichts vorbereitet. Das kannten wir von unserer Mutter nicht. Wenn Gäste kamen, war immer schon vorher der Tisch gedeckt und es ging ans Tafeln. Das, was Tante praktizierte, fanden wir nicht nachahmenswert. Aber es war doch interessant zu sehen, wie es andere Hausfrauen handhaben. Nach dem gemeinsamen Essen wurde Mittagsruhe angeordnet.

Sigi und ich nutzten diese Pause. Wir gingen auf den Hof, um die in einem riesigen Käfig gehaltenen Eichhörnchen zu begrüßen. Unser Vetter hatte sie als Winzlinge im Wald unserer gemeinsamen Verwandten in Klein Preußenbruch gefunden. Sie waren damals offensichtlich aus dem Kobel (Nest) gefallen und wären wohl elend verhungert oder von Raubtieren gefressen worden, wenn er sie nicht mitgenommen hätte. Wir hatten die possierlichen Tierchen schon bei einem früheren Besuch bewundert. Jetzt aber waren sie weg! Im Maschendraht klaffte ein großes Loch. Wir waren entsetzt. Wie man uns dann erzählte, war das Unglück vor ein paar Tagen passiert. Hunde oder Diebe waren in der Nacht in den Hof eingedrungen und hatten das Unheil angerichtet. Das Schicksal der Eichhörnchen blieb ungeklärt. Wir waren alle sehr traurig. Um uns von unserem Kummer abzulenken, schlug Onkel am darauf folgenden Tag vor, dass Günther etwas mit uns unternehmen sollte. Da es ein sehr heißer Tag war, meinte Onkel Otto, wir sollten baden gehen. „Das geht nicht", bekam er von seinem Sohn zur Antwort, „meine Badehose hat ein Loch." Darob resignierte man und es wurde ein Spaziergang gemacht.

Anderntags rückten meine Schwester und ich unsere Poesiealben heraus und Tante und Onkel schrieben einige nette Worte ein. Günther kassierte die Bücher und verschwand damit in seinem Zimmer. Erst am anderen Tag bekamen wir sie ausgehändigt und wir suchten jeder voller Spannung nach seinem Vers. In meinem Album stand: „Wenn du einst in deinem Stübchen sitzt und einsam in dein Album blickst, denke auch an mich zurück." Sigrid hatte er mit folgendem Spruch bedacht: „Edel sei der Mensch, hilfreich und gut." Sie war damit nicht zufrieden und meinte, mein Spruch sei besser.

Leider folgte ein Regentag und wir mussten im Haus bleiben. Onkel versuchte, die durch das Wetter bedingte flaue Stimmung etwas aufzulockern, indem er ein Wippchen (Witz, Scherz) nach dem anderen erzählte. Günther brauchte Schützenhilfe und so wurde ein Verwandter aus Pendershof eingeladen. Wir machten Gesellschaftsspiele, was wir ganz lustig fanden. Aber als Heinefritz (Heinz-Fritz) während er mit mir Mühle spielte einschlief, kamen mir doch Bedenken. Ich war allem Anschein nach doch zu langweilig. Meine Komplexe wuchsen, ich fühlte mich als das dumme Marjellchen. Vorerst hatte ich genug von der Stadt. Unser Urlaub war sowieso abgelaufen, wir fuhren heim. Ich musste mich erst mal erkubern (erholen), das Stadtleben war doch ziemlich anstrengend. Günther wurde nach dem Abitur als

19-Jähriger zur Luftwaffe eingezogen. Er kam nach Frankreich zu einem Stützpunkt in der Normandie, wo er als Bordfunker ausgebildet wurde. Bei einem Einsatz über England geriet das Flugzeug bei seinem Heimflug über dem Ärmelkanal unter feindlichen Beschuss. Die Maschine landete zwar an der französischen Kanalküste, aber Günther hatte eine tödliche Kugel getroffen. Er wurde auf einem Heldenfriedhof in Calais beigesetzt.

Onkel und Tante starben nach der Flucht an Kummer über den Tod ihres einzigen Sohnes und den Verlust der Heimat. Die Familie der Pendershofer Verwandten wurde gänzlich zerstört. Heinefritz soll in Russland gefallen sein und wurde in St. Petersburg begraben. Sein Bruder Johannes erlitt in Italien den Heldentod. Die Eltern hatten es nicht geschafft rechtzeitig zu fliehen und wurden von den Russen erschossen, weil man sie für Kapitalisten hielt. So hatte der grausame Zweite Weltkrieg die Familien ausgerottet.

Übrigens erinnere ich mich noch sehr gut an eine Aufnahme als Postkarte mit der Überschrift „Gruß vom Drachenfels und Königswinter“. Sie steckte in einem unserer Fotoalben, von denen wir leider nur einen kleinen Teil gerettet haben. Die Familie Schinz aus Insterburg machte damals am Fuße des Siebengebirges Urlaub und schickte uns eine Ansichtskarte, auf der Günther auf einem Esel saß und Tante Annchen und Onkel Otto daneben standen. Man konnte den Gipfel, 321 Meter hoch, nämlich den Drachenfels, sowohl mit einer Zahnradbahn, als auch reitend erreichen. Dieser Feriengruß stammte etwa aus dem Jahre 1933.

Kutschkemann, Rumträger, Zigeuner, Lumpensammler und Wenktiner

An einem bestimmten Tag jeder Woche fuhr der „Kutschkemann" durchs Dorf. Er wurde so genannt, weil er ein Mann war, der seine Waren in einer Kutsche anbot. Das war ein kleiner Wagen mit einem Verdeck, der von einem Kunterchen, einem kleinen Pferdchen, gezogen wurde. Er hatte ein sehr gemischtes Angebot an Waren: Mehl, Zucker, Eier, Schuhcreme, Schinnkämme zum Entfernen der Kopfschuppen und vieles mehr. Für uns Kinder waren die Süßigkeiten am wichtigsten. Da unser Hof außerhalb des Dorfes lag, kam er nicht bis zu uns. Ich lief dann den Berg hinunter, überquerte über einen schmalen Holzsteg den Fluss, ging die kleine, steinige Anhöhe bis zu Schmidts Elfriede hinauf, und dann trafen wir uns, jede mit ein paar Dittchen in der Hand, beim Kutschkemann. Elfriedchen entschied sich meistens für die rosa-weiß gedrehten Pfefferminzstangen, während es mir die Lackritze angetan hatte. Wenn das Geld noch reichte, erstanden wir auch noch Abziehbildchen, die ein beliebtes Tauschobjekt waren. Danach standen wir noch eine Weile um den Kutschkemann herum und beobachteten, was andere Dorfbewohner einkauften. Anschließend spielten wir meistens noch miteinander entweder mit den Katzen, mit Elfriedes Puppen, oder wenn es sehr warm war, auch im Fluss. Wir fingen mit den Händen Fischchen, bauten kleine Seen und setzten sie dort aus. Oft kamen noch Kaulquappen aus dem Teich dazu, wir pflanzten Sumpfdotterblumen an und hatten unsere Freude an unserem Biotop.

Zweimal im Jahr erschien der Österreicher mit seinem Bauchladen. Man nannte ihn „Rumträger", wahrscheinlich weil er seine Waren herumtrug. Er stammte wohl aus Österreich, daher seine Bezeichnung. Unglaublich, was er alles anbot. Schnürsenkel, Kämme, Zwirn, Taschenspiegel, Scheren, Messer, Bernsteinketten, Armbänder, Ringe, Broschen, Nähnadeln und Perlenketten. „Gehen nicht kaputt", sagte er und warf eine Schaumperlenkette auf den Fliesenboden unserer Küche, worauf die Perlen zersplitterten!

Zigeuner erschienen auch in regelmäßigen Abständen. Sie kampierten oft auf der Gemeindewiese an der Schwentaine. Dort ließen sie auch ihr Pferdchen, das den „Wohnwagen“ zog, grasen. Das Gefährt war meistens ein Kastenwagen mit Verdeck. Abends saß die Sippe dann beim Lagerfeuer und kochte und brutzelte. Wer weiß, wie viele Bauernhühner dort in der Pfanne landeten. Nach dem Essen wurde dann zu den Klängen einer Handharmonika gesungen und manchmal sogar getanzt. Einmal soll eine junge Zigeunerin auf der Gemeindewiese ein Kind bekommen haben. Sie wusch es im Fluss und zog mit ihrer Sippe weiter. Zigeunerkinder wurden nach dem Leitspruch „Wer nicht stiehlt, bekommt auch nichts zu essen“ aufgezogen. Am Tag zogen alle aus, um zu betteln und zu schachern. Jeder hatte einen Pungel (Beutel) in der Hand. Egal, ob Kleinkind, Eltern oder Großeltern, alle waren im Einsatz. Die dicke Jette bot immer kleine, geräucherte Fischchen an. Eine andere konnte aus der Hand lesen und manche Landwirtsfrau und manches junge Mädchen ließen sich die Zukunft voraussagen, was entsprechend honoriert werden musste.

Bekannt waren der Florian, die Floriansche und die Ziegansche, die sich im Karten legen verstand und manche Reichsmark verdiente. Sie erschienen selten alleine und brachten oft die ganze Familie mit. Meine Großmutter war sehr darauf bedacht, dass jeder etwas bekam, sie hatte sonst Angst, dass man uns verhexen würde. Wenn die Spenden, die aus Geld und Naturalien bestanden, zu gering waren, blieben nämlich Flüche nicht aus. Sobald das fahrende Volk den Hof verlassen hatte, wurden alle Türklinken, welche die Zigeuner angefasst hatten, abgewaschen.

Bei einem Gastwirt im Nachbardorf Pickeln hatten sich in einem alten, leer stehenden Stall Ratten eingenistet. Um die lästigen Nager los zu werden, streute er Gift in die sonst nicht benutzte Futterkrippe. Nachts zogen Zigeuner vorbei und da sie ihre Augen überall hatten, bemerkten sie auch den unbenutzten Stall und stellten ihr Kunterchen dort unter. Am nächsten Tag war es tot, weil es aus dem Futtertrog gefressen hatte. Der Zigeuner setzte dem Wirt durch Worte, Gesten und Flüche so lange zu, bis er ihm das Tier ersetzte.

Ein Lumpensammler kam sporadisch, aber bei uns gab es nicht viel zu holen. Alte Kleidungsstücke und Stoffreste wurden zum Weben von Flickerteppichen verwendet. Die ausrangierten Textilien wurden in fingerbreite Streifen geschnitten, die zusammengenäht oder geknotet wurden und die man auf einen Knäuel wickelte, bis er fast Kindskopfgroß war. Der landete dann in einem Weidenkorb, der auf der Lucht (Dachboden) neben dem Webstuhl stand. Wenn genug Knäuel vorhanden waren, ging das Weben los, wobei man auf farbliche Abwechslung achtete. Ich beherrschte diese Technik schon, bevor ich die Landfrauenschule Wehlau besuchte und konnte dort meine Kenntnisse noch ergänzen.

Ab und zu tauchte auch ein Pracher (Wenktiner, Bettler, Landstreicher) bei uns auf und bat um ein Almosen. Außer ein paar Mark (RM) bekam er auch immer etwas Essbares. Ob es in Ostpreußen auch Obdachlose gab, weiß ich nicht. Minderbemittelte wohnten in Gemeindehäusern, die es in größeren Orten gab. Sie versuchten als Gelegenheitsarbeiter etwas zu verdienen. So kam auch ein Anspieler öfters vorbei, spielte auf seinem Instrument, Geige oder Ziehharmonika, ein Lied und hielt danach seine Mütze auf. Am meisten bekamen wir „Lustig ist das Zigeunerleben" und „Waldeslust" zu hören.

Ein Wenktiner kehrte jahrelang beim Bauern Schlager in Pickeln ein. Er hütete dort das Vieh, hackte aber auch Holz und leerte die Abfallgruben. Seinen Verdienst setzte er im Dorfkrug in Alkohol um. In seiner Fupp (Hosentasche) hatte er stets das unentbehrliche Fuppkemesser, auch Poggenritzer (Taschenmesser) genannt, mit dem er beim Viehhüten aus grünen Weidenästen die schönsten Pfeifchen schnitzte – die Kinder mochten ihn. Oft nahm er eine Prise aus seiner Schniefkedos (Schnupftabakdose), was jedes Mal einem Zeremoniell glich. Beinahe andächtig beförderte er zwischen drei Fingern eine Prise auf seinen Handrücken und sog sie hingebungsvoll durch die Nase ein. Bald darauf folgte dann das Niesen, das er als Hochgenuss beschrieb. Manchmal wurde er von Kindern beobachtet, sie standen um ihn herum und warteten auf das unausbleibliche „Hatschi“.

Als der Wenktiner einmal zu viel „flüssiges Brot“ (Bier) erwischt hatte, schlief er beim Kühehüten ein und die Tiere machten sich über Nachbars Kleefeld her. Das bedeutete das Ende von Dienst und Freundschaft, er musste gehen. Am Hoftor drehte er sich noch einmal um und stieß einen Fluch aus: „Fingerlang sull bim Schloager de Hoaver wachse un keene Oahre dran!“ (Fingerlang soll beim Schlager der Hafer wachsen und keine Ähren dran!) Der Wunsch ging natürlich nicht in Erfüllung. Aber als im nächsten Frühjahr das Vieh wieder auf die blühenden Wiesen getrieben wurde, als die Kiebitze riefen, die Lerchen jubilierend in die Luft stiegen und der Storch durch das Gras stolzierte, kam der Wenktiner reumütig zurück. Ängstlich und verunsichert steckte er den Kopf durch den Türspalt und fragte: „Schloager, kann eck wedder koame?“ (Schlager, kann ich wieder kommen?) Der Bauer brachte es nicht fertig, nein zu sagen und somit kehrte wieder Frieden ein. Ungeklärt blieb die Frage, wo der Wandervogel überwinterte, das blieb sein Geheimnis. Er verschwand im Herbst mit den Zugvögeln und kam mit ihnen im Frühling wieder zurück.

Klopsakademie

Als ich 17 Jahre alt war, planten meine Eltern für mich den Besuch einer Landfrauenschule. Ich sollte für ein Jahr in ein Internat, um dort in Theorie und Praxis alles zu erlernen, was eine Landfrau an Wissen und Können benötigt. Prospekte wurden angefordert und es kamen letztendlich drei Schulen in die engere Wahl. Wöltingerode (Reifensteiner Verband) im Harz wurde von einer entfernten Verwandten sehr empfohlen, sie war dort und von Unterkunft und Unterricht begeistert. Ich war sehr schüchtern und ängstlich und fürchtete mich vor der so weit entfernten Fremde. Ich weigerte mich mit Erfolg die Provinz zu verlassen, ich wollte in Ostpreußen bleiben. Methgeten bei Königsberg schied auch aus irgendwelchen Gründen aus und so wurde ich in der Landfrauenschule Wehlau angemeldet, die dem Reichsnährstand unterstand.

Genau zu dieser Zeit kam ein ehemaliger Kriegskamerad meines Vaters zu uns und wollte mich verkuppeln. Ich war geschockt! Er wusste einen 32-jährigen Gutsbesitzer in der Nähe von Großwaltersdorf, der eine Frau suchte und er würde mich vorschlagen. Furchtbar, ich sollte als 17-Jährige an einen 15 Jahre älteren Mann verschachert werden! Meine Großmutter war begeistert und meine Eltern sollten mich in Wehlau abmelden. Aber ohne mich! Gottlob waren Mutti und Papa meiner Meinung und aus dem Geschäft wurde nichts.

Schon einige Jahre davor, ich war zwischen 14 und 15 Jahre alt, erschien ein anderer, ehemaliger Kriegskamerad meines Vaters bei uns. Er war ein starker Säufer und sah auch dementsprechend, für mich damals furchterregend, aus. Sein Hof war hoch verschuldet, und wie mir Papa erzählte, war er auf der Suche nach einer reichen Schwiegertochter. Sein einziger Sohn Fritz, der Hoferbe war, war damals circa 18 Jahre alt. Wir wurden kurz darauf zum 50. Geburtstag des Seniors eingeladen und staunten, wie viele junge Mädchen an der Feier teilnahmen, es war der reinste Heiratsmarkt. Der Junior heiratete dann auch sehr jung und die Eltern überschrieben dem jungen Paar das gesamte Anwesen. Die Schulden wurden von der Mitgift der Schwiegertochter getilgt. Der junge Ehemann wurde aber kurz darauf zur Wehrmacht einberufen, musste an die Front, wurde leider ein Opfer des Krieges und hinterließ eine sehr junge Witwe.

Laut Prospekt war in der Landfrauenschule eine Kleiderordnung vorgeschrieben. Die Internatskluft war von trister, blaugrauer Farbe. Meine Mutter und ich besorgten den angegebenen Stoff und nähten nach Vorgabe die erforderlichen, schwesterntrachtähnlichen Kleider, die abknöpfbare Ärmel haben mussten. Kragen, Krawatten und Schürzen fertigten wir aus weißem Stoff an. Die für die Küchengruppe erforderlichen Kochhäubchen gab es fertig zu kaufen. An Sonn- und Feiertagen durften wir Dirndlkleider tragen.

Wehlau war eine kleine Stadt, 1336 gegründet, und lag an der Mündung der Alle in den Pregel. Bekannt war der Wehlauer Pferdemarkt, er war der größte in Europa mit einem Auftrieb bis zu 20.000 Pferden. Da soll sich einmal Folgendes ereignet haben: Ein Koppschäller (Pferdehändler) interessierte sich für einen Gaul, der sich bei der Vorführung besonders lebhaft benahm und hinten und vorn auskeilte (ausschlug). So meinte er zu dem Bauern, dem Eigentümer des feurigen Rosses: „Det Aos es gepäpert." (Das Aas ist gepfeffert.) Damit stellte er den Verdacht auf, dass man dem wohl älteren, schlecht zu verkaufenden Tier Pfeffer unter den Schwanz und in die Nüstern gerieben hatte, sodass es sich mit erhobenem Kopf und Schwanz wie ein rassiger Trakehner gebärdete.

Ich war vom 16. April 1941 bis 27. März 1942 in Wehlau. Das stattliche Internatsgebäude befand sich am Hammerweg 4, gegenüber war der Flusslauf der Alle, einem Nebenfluss des Pregels. Das Haus stammte aus den Jahren 1875 bis 1880.

Über den Pregel führte eine lange, spachheistrige (klapprige) Holzbrücke, deren Bohlen bei der Überfahrt wippten, schaukelten und knarrten. Es soll vorgekommen sein, dass Pferde mit den Hufen durch die Ritzen gerieten und hinfielen. Wahrscheinlich hat das alte Sprichwort auch damit zu tun, das da lautet: „Wer nicht wagt, kommt nicht nach Wehlau, wer zu viel wagt kommt nach Tapiau.“ Da war wohl erstens die alte, nicht ungefährliche, hölzerne Brücke gemeint, denn um sie mit einem Pferdefuhrwerk zu passieren, gehörte eine Portion Wagemut. Zweitens betraf es sicher die unweit gelegene Besserungsanstalt in Tapiau, die mit einem Zuchthaus zu vergleichen war.

Meine Mutter begleitete mich zum Schulbeginn nach Wehlau, um die Direktorin und die übrigen Lehrerinnen kennen zu lernen und sich vor Ort von meiner ordentlichen Unterkunft zu überzeugen. Schließlich sollte ihre Älteste ein Jahr lang dort bleiben. Die Schule wurde von den Wehlauern „Klopsakademie“ genannt. Für Nichtostpreußen heißen Klopse Frikadellen, Buletten oder auch Fleischpflanzerl. Die Schülerinnen hießen bei den Einheimischen „Kochgänse“. Wir waren 48 Schülerinnen und in vier Gruppen eingeteilt: Küchengruppe, Handarbeitsgruppe, Haus- und Gartengruppe und Stall- und Wäschegruppe.

Fräulein A. und Fräulein G. leiteten je eine Küchen- und eine Handarbeitsgruppe. Die Haus- und Gartengruppe unterstand Fräulein E. und die Stall- und Wäschegruppe wurde von Fräulein F. geleitet. Jede Gruppe hatte eine „Gruppenalte“. Es herrschte ein strenges Reglement, allen voran die Direktorin Fräulein D., von uns kurz die Direx genannt. Der Verlobte einer der Lehrerinnen war im Ersten Weltkrieg gefallen und es machte die Runde, dass in einem der Dachzimmer ein lebensgroßes Bild von ihm stand, bei dem sie sich zeitweise einschloss. Es hieß auch, dass von diesem Zimmer ein Rohr zu einem Arbeitsraum im Untergeschoss führte, durch das die Lehrerinnen die Schülergruppen belauschten. Das allerdings, meine ich im Nachhinein, ist wohl der besonders lebhaften Fantasie einer Schülerin entsprungen. Die Direx war eine Respekt einflößende Person und ausgerechnet bei ihr hatte ich „Kochen“.

Der Schuleintritt konnte sowohl im Herbst, als auch im Frühling erfolgen. Es war so eingerichtet, dass zu 24 alten Schülerinnen jeweils 24 neue kamen. Es wurde paarweise gearbeitet und zu jeder „Alten“ kam eine „Junge“. Bei meinem Eintritt reichten die „Alten“ nicht aus und ich wurde als „Junge“ mit einer eben-

Die Landfrauenschule
in Wehlau.

Gruppenbild der Abschlussfeier
unseres Jahrgangs im September 1942.
Ich stehe in der oberen Reihe und bin die
Zweite von links.

falls „Jungen" zusammengespannt. Ilse M. war erst 16 Jahre alt und eine der beiden Städterinnen in dem Semester. Die zweite war eine waschechte Berlinerin und mit einem ostpreußischen Gutsbesitzer verlobt. Sie besuchte die LFS (Landfrauenschule), um sich auf ihre zukünftige Tätigkeit als Gutsfrau vorzubereiten.

Alles in allem waren Ilse und ich benachteiligt, weil wir keine „Alte" hatten. Ein weiterer Nachteil für mich war, dass ich in eines der 7-Betten-Zimmer im dritten Stock gelegt wurde. Noch dazu war der Raum unter dem Dach gelegen und mein Bett stand unter der Dachschräge, sodass ich hineinkriechen musste. Es wurde mein Zufluchtsort! Ich fühlte mich nicht wohl im Internat. Heimweh plagte mich, ich hatte das Gefühl, die Direktorin konnte mich nicht leiden und mein ohnehin schwaches Selbstbewusstsein sank auf den Nullpunkt. In Wehlau wurde ich fast schwermütig. Oft beugte ich mich im dritten Stock über das Treppengeländer und ließ meinen Tränen freien Lauf. Manchmal lief ich dann hinunter ins Untergeschoss, wo meine zerplatzten Tränen auf dem Marmorfußboden lagen. Hier mussten wir auch allabendlich pünktlich um 22.00 Uhr zur „Knicksparade" antreten. Das Lehrerkollegium stand aufgereiht da und wir Schülerinnen mussten artig vorbeigehen, jeder Lehrkraft die Hand geben, „Gute Nacht" sagen und einen Knicks machen. Während sich viele Mädchen davor drückten, kann ich mich nicht erinnern, auch nur ein einziges Mal daran nicht teilgenommen zu haben. Nach der „Knicksparade" wurde das Licht ausgeschaltet. Natürlich unterhielten wir uns noch im Flüsterton und es gab oft etwas zum Lachen.

Als ich während der Internatszeit einmal heimfahren durfte, erkrankte ich ausgerechnet da an Wundrose (Gesichtsrose). Ich bekam Schüttelfrost und Fieber, mein Gesicht schwoll an und die Haut rötete sich und juckte fürchterlich. Eine eilends herbeigerufene Ärztin stellte die Diagnose und verordnete Medikamente. Unter anderem musste mein Gesicht mit Ichthyolum eingerieben werden. Das war eine schwarzbraune, teerig riechende Salbe, die desinfizierend, entzündungshemmend und juckreizstillend wirkte. Darüber musste ich eine Maske tragen, die Mutti aus weißem Leinen zugeschnitten hatte. Für die Augen, die Nase und den Mund waren Schlitze vorgesehen und ich sah aus wie ein Mitglied des Ku-Klux-Klans. Um den lästigen Juckreiz etwas zu mildern, hatte ich eine dünne Stricknadel, mit der ich durch die Maske stach, um mich zu kratzen. Da Ansteckungsgefahr bestand, meine Eltern mich aber nicht gänzlich isolieren wollten, brauchte ich nicht in unserm Zimmer im Dachgeschoss zusammen mit meiner Schwester zu liegen. Papa räumte für mich sein Bett im ehelichen Schlafzimmer. Besucher durften den Raum nicht betreten. Sie standen auf dem Hof, vor dem geöffneten Fenster, und wir konnten uns sehen und uns miteinander unterhalten. Mein Vetter Gerhard Schinz aus dem entfernten Klein Preußenbruch kam sogar nach Nordenfeld geritten, um mich zu besuchen. Die Gefahr, dass sich die Gesichtsrose auf die Kopfhaut ausbreitet, hat sich Gott sei Dank nicht bewahrheitet. Dann wären mir nämlich die Haare ausgefallen, wovor ich schreckliche Angst hatte. Ich weiß nicht mehr, wie lange mein Krankenstand anhielt. Leider versäumte ich dadurch etwas vom Wehlauer Unterrichtsstoff, fand aber schnell wieder Anschluss.

Der Tag im Internat begann mit einer Morgenfeier und endete mit einer Abendandacht. Beim Singen wurden wir jeweils von einem Mädchen auf dem Klavier begleitet. Hierzu konnte man sich freiwillig melden.

Meine bescheidenen Kenntnisse reichten dafür leider nicht aus und ich hielt mich, wie so oft und in vielen Dingen, bescheiden im Hintergrund.

Nach dem Frühstück folgte eine Kochbesprechung anhand des sogenannten Küchenzettels, den jede Schülerin ausarbeiten musste. Es wurde das Menü des betreffenden Tages besprochen und an jedem Montag wurden Vorschläge für die kommende Woche gemacht, was schriftlich erfolgen musste. Dabei durfte man nicht vergessen, dass das Auge mitisst. Wehe, man schlug eine Tomatensuppe als Vorspeise und eine Rote Grütze zum Nachtisch vor. Zweimal rot ist unmöglich, hieß es sofort und schon hatte man einen Minuspunkt weg. Da Krieg herrschte, waren die Lebensmittel knapp und die Schulleitung war auf Zuteilungen angewiesen. Ab und zu gab es auch eine Sonderzuwendung. Bekannte der Schulleitung spendeten manchmal etwas, ebenso Eltern einzelner Schülerinnen. Als ganz große Überraschung bekamen wir einmal einen ganzen Hirsch. Ich sehe das Exemplar noch vor mir im Arbeitsraum neben der Schulküche liegen. Da gab es eine Menge zu tun und zu lernen. Angefangen mit dem Abziehen und Zerlegen. Und dann gab es Wildgerichte in allen Variationen. Natürlich stand auch die berühmte Rominter Wildpastete auf dem Speisezettel.

Die große Küche war mit Kohle-, Gas- und Elektroherden ausgestattet, sodass wir alle Möglichkeiten kennen lernten. Wenn Backtag angesagt war, galt es für die betreffende Küchengruppe, extra früh aufzustehen. Für 55 Personen Brot zu backen war eine anstrengende Arbeit. Ich hatte einmal nach dem Teigkneten Blasen an den Händen.

Nach dem Ausbruch des Russlandfeldzuges am 22. Juni 1941, musste der jeweilige Küchendienst vorübergehend für einen Wehrmachtstrupp kochen. Die Soldaten waren dazu abkommandiert, im Schulgarten und im angrenzenden Gelände Schützengräben auszuheben.

Da gab es manchen kleinen, heimlichen Flirt, was von den Lehrerinnen nicht gerne gesehen wurde. Wir sollten auch keine Feldpostbriefe empfangen oder schreiben. Als einmal ein Feldpostbrief an „Spätzchen Schenk“ adressiert war, herrschte großer Trubel. Die ankommende Post wurde uns oft erst am Abend ausgehändigt und es gab Schülerinnen, die behaupteten, sie wurde vorher „durchleuchtet“. Das heißt, die Briefe wurden von einer Lehrkraft an ein helles Fenster oder über ein Licht gehalten, um etwas vom Inhalt des Schreibens zu entziffern. Nachträglich glaube ich, diese Angaben entstammten der blühenden Fantasie der jungen Mädchen. Feldpost, die wir schrieben, steckten wir heimlich dem guten, alten Mulack in die Tasche. Er versah in der Schule Hausmeisterdienste und warf unsere Post gelegentlich in der Stadt in einen Briefkasten. Ich stand mit einem unbekannten Soldaten in Briefwechsel, dessen Anschrift mit Feldpostnummer mir eine Mitschülerin zugeschanzt hatte. Gerhard S. war an der Ostfront eingesetzt. Wir schrieben uns gegenseitig fleißig Briefe und tauschten auch Fotos aus. Er stammte aus Westpreußen und wir wollten uns bei seinem nächsten Fronturlaub irgendwo treffen. Das Kennenlernen kam nicht zustande. Nach meiner Heimkehr aus dem Internat schickte ich an Gerhard mehrere Päckchen, von denen das letzte mit dem Vermerk: „Gefallen für Großdeutschland" zurückkam. Ich trauerte um einen unbekannten Soldaten, der, wie so viele, sein junges Leben für Führer, Volk und Vaterland nutzlos opfern musste.

Wir Schülerinnen hatten keinen Einzelausgang. Wir durften das Internat nur in Gruppen nach vorhergehender Genehmigung verlassen. Dafür, dass das hie und da einmal der Fall war, sorgte die „Schulalte", die wir Schülerinnen wählen durften. Ruth F. vertrat uns im ersten Halbjahr, dann folgte Ilse N. Sie musste die Schule leider aus familiären Gründen vorzeitig verlassen, worauf wir für das letzte Vierteljahr Lieselotte S., eine Gutsbesitzerstochter aus dem Raum Tilsit, wählten. Ich stehe mit ihr immer noch in Verbindung, ebenso mit Dora B. und Ilse B.

Wenn unsere Schulalte bei der Direktorin die Erlaubnis zu einem Kinobesuch ausgehandelt hatte, war das immer an einem Sonnabend oder an einem Sonntag. Wir mussten in geschlossener Formation gehen, und wenn dann die Wehlauer riefen: „Die Kochgänse kommen", mussten wir es uns wohl oder übel gefallen lassen.

In den Sommermonaten durften wir bei heißem Wetter in der Alle schwimmen gehen. Dort machte ich am 23. Juli 1941 meine Stundenschwimmer-Prüfung. Dazu gehörte auch ein Sprung vom Dreimeterbrett. Wenig geübt traute ich mich nicht und ehe ich mich versah, bekam ich einen Sternicksel (Schups) und wurde einfach vom Brett heruntergestoßen. Unten, im Wasser, warteten ein paar Mädchen, um mich in Empfang zu nehmen, was aber nicht nötig war. Ich schaffte es auch ohne Hilfeleistung.

Einmal hatte ich in der Umkleidekabine meine Armbanduhr liegen gelassen. Stotternd vor Aufregung bat ich die Direx um Erlaubnis, noch einmal zur Badeanstalt gehen zu dürfen. Mit einem herablassenden Kopfnicken erlaubte sie es mir und als ich wiederkam, meldete ich mich bei ihr zurück und bedankte mich nicht nur mit Worten, sondern auch mit einem Knicks, was bei ihr immer gut ankam. Wohlwollend lobte sie meine gute Erziehung und Höflichkeit. Wie sehr mich die damaligen Ereignisse beschäftigten, erkennt man daran, dass ich sie nach so vielen Jahren noch in Erinnerung habe. Die heutigen Jugendlichen würden darüber lächeln.

Ich war in einer Gartengruppe, die Fräulein E. unterstand. Wir nannten sie „Maulwurf". Als wir einmal bei Regenwetter im Schutze eines Geräteschuppens auf sie warteten, stimmte jemand den Zarah-Leander-Schlager „Ich stehe im Regen und warte auf dich" an, aber in abgewandelter Form, nämlich „Wir stehen im Regen und warten auf den Maulwurf". Prompt bog sie forschen Schrittes um die Ecke, und zu unserer Erleichterung lachte sie, denn sie wusste nicht, dass sie gemeint war.

Bei der Gartenarbeit hatte ich einmal großes Pech. Ich musste zum ersten Mal in meinem Leben mit einem Schubkarren fahren. Leider verlor ich die Gewalt über das mir fremde Gefährt und landete in einem Frühbeetfenster. Ich erschrak zu Tode, aber Fräulein B. tröstete mich, den Schaden würde die Versicherung zahlen.

Der „Maulwurf" war eigentlich die netteste Lehrerin. Fräulein E. war locker, lustig und verstand auch mal Spaß und der Unterricht bei ihr war im Vergleich zu den anderen Stunden die reinste Erholung.

Es ging streng zu und es gab sogar Strafarbeiten, bei denen wir im Sommer oft zum Unkraut weeden (jäten, zupfen) verurteilt wurden. Mit bloßen Händen Brennnesseln rauszureißen war wirklich eine Strafe. Andere kleine Vergehen, wie zu spät zum Unterricht kommen oder währenddessen zu plachandern, wurden beispielsweise mit Hofkehren geahndet. Wir fanden das alles lächerlich und schikanös, schließlich waren wir keine kleinen Kinder mehr.

In Geflügelzucht hatten wir vier Hühnerrassen zu betreuen. Rhodeländer (braun) und Plymouth-Rocks (grau), beide auf Ei-

und Fleischleistung gezüchtet. Als Legehennen Italiener (braun) und Leghorn (weiß). Letztere Rasse war fleißig im Eierlegen, wurde aber der weißen Farbe wegen von vielen Landwirten abgelehnt, weil das weiße Geflügel beim Auslauf auf den Feldern leicht von Raubvögeln oder Füchsen gesehen wurde.

In Wehlau lernte ich Hühner fühlen und Hühner schlachten. Beides tat ich ungern. Zum Ausbrüten der Eier lernten wir verschiedene Methoden kennen: Die herkömmliche Art mit Glucken, den elektrischen Brutkasten und den gefürchteten Grudeofen. Grude bedeutet so viel wie heiße Asche. Koksstaub wird als Brennstoff verwendet und brennt ohne Flamme. Der Grudeherd ist ein rostloser Eisenblechherd, in dem die Grude ständig glimmt. Die Eier liegen in einer Art Schublade darüber. Wer dieses Amt innehatte, war nicht zu beneiden. Die Temperatur musste ständig mittels Thermometer überwacht werden und die Eier wurden zweimal täglich leicht mit Wasser besprengt und gewendet. Meiner Partnerin war es einmal passiert, dass der Ofen ausging und ich war mehr oder weniger mit schuldig, weil wir ein Team waren. Es war zunächst eine mittlere Katastrophe, jedoch wurde das Malheur noch rechtzeitig genug bemerkt, die Temperatur war noch nicht zu sehr gesunken und die Küken schlüpften termingerecht aus.

Zum Nähunterricht kam eine Schneiderin, Fräulein Sommer, ins Haus. Ich sehe sie noch vor mir, wie sie vor dem Zuschneiden eines Kleidungsstückes den Schnitt mit dem Daumennagel auf dem Stoff markierte. Wir fingen mit einfachen Sachen an. Zuerst eine Schürze, dann ein Nachthemd, es folgte ein Rock und als Abschluss durften wir ein Kleid nähen. Hier kam mir mein Nähunterricht, den ich bereits bei einer Schneidermeisterin in Gumbinnen gehabt hatte, zugute.

Beim Bügeln lernten wir verschiedene Arten von Bügeleisen kennen. Heute würde ich sagen, es waren zum Teil vorsintflutliche „Modelle“, zum Beispiel solche, in die man einen in Kohlenglut erhitzten Bolzen tat.

Um das Herrenhemden bügeln zu erlernen, mussten wir welche von zu Hause mitbringen. Manschetten, Kragen und

Brustteil wurden gestärkt. Es gab damals noch keine Sprühstärke und das Stärkemittel musste mit Wasser angerührt werden, was sehr umständlich war. Ich glaube, es war Hoffmanns Stärke. Wehe, es war ein Fältchen eingebügelt. Raffiniert legten wir die Hemden zusammen um Fehler zu vertuschen. Aber die Lehrerinnen waren gnadenlos und breiteten sie auseinander und entdeckten manchen Schwindel. Die weiße Wäsche wurde „gebläut", das heißt, dem letzten Spülwasser wurde „Wäscheblau", ein Mittel, das es zu kaufen gab, zugesetzt. Dadurch erschien die Wäsche weißer.

Auch in die Geheimnisse des Webens und Spinnens wurden wir eingeweiht. Beides hatte ich schon bei meiner Mutter und Großmutter gelernt, jedenfalls beherrschte ich die Grundkenntnisse, die in der Landfrauenschule erweitert wurden. Da es in den Kriegsjahren an allen Ecken und Enden auch an Material fehlte, blieb es beim Weben von Flickerteppichen.

Am Spinnrad fabrizierte ich meistens Noppenwolle, das heißt, es gelang mir kein gleichmäßig dünner Faden, wie ich es bei meiner Oma gesehen hatte.

In Tierzucht unterrichtete uns Dr. Ankermann, der eigens aus Königsberg angereist kam. Er vermittelte uns Wissen über Milchwirtschaft, Pferdezucht, Schweinehaltung, Mastwirtschaft, Geflügelhaltung und dergleichen.

Es gab auch ein Hausmädchen namens Eva D. Wir nannten sie „Spion". Sie beobachtete uns auf Schritt und Tritt und tauchte überall auf, wo wir sie nicht vermutet hatten und nicht brauchen konnten. Sie war scheinheilig „bis zum geht nicht mehr". Oft verwickelte sie uns in Gespräche und horchte uns aus. Auf alle Fälle spielte sie die Tugendhafte und war der Liebling der Direktorin. Eva D. trug ihr alles zu. Doch mit der Tugend war es nicht weit her. Keine von uns bemerkte, dass sie schwanger war. Eines Tages schreckten wir von einem fürchterlichen Geschrei auf, das durch das ganze Haus drang. Es kam aus der Toilette im Untergeschoss. Der „Spion" hatte dort einen Abgang im doppelten Sinn. Eva D. war von da an spurlos verschwunden, wir hörten und sahen nichts mehr von ihr. Für die Direx war das sicher eine große Enttäuschung und nicht zuletzt auch ein herber Verlust, denn sie hatte ab da niemand mehr, der hinter uns herspionierte und ihr Bericht erstattete.

Die Mahlzeiten wurden im Speisesaal an vier Tischen eingenommen. Jeweils eine Gruppe von zwölf Schülerinnen an einem Tisch, wobei am oberen Ende die Lehrkräfte saßen. Vor dem Essen musste jedes Mal ein anderes Mädchen einen Spruch aufsagen, wobei sich fromme und kernige Sprüche abwechselten. Ich weiß heute nicht mehr, was lieber gehört wurde.

An den Sonntagen durften wir auch Besuch empfangen. Einmal besuchten mich meine Schwestern Sigrid und Eva-Maria. Sigi wollte sich das Internat ansehen, weil ihr auch der Besuch eines solchen bevorstand. Sie entschied sich aber, als ich wieder zu Hause war, für die Landfrauenschule Heydekrug. Dort ging es etwas lockerer zu.

Gäste durften bei den Mahlzeiten neben der Direktorin sitzen. Als einmal der Vater einer Mitschülerin zu Gast war, verstieß er gegen die guten Tischsitten. Beim Anreichen der Soße nahm er die Sauciere in die Hand und schöpfte der Direx ein paar Löffel voll auf den Teller. So was tut man nicht und ihr Gesicht war sehenswert. Wir, die wir in ihrer Nähe saßen, erstarrten, feixten aber innerlich in Erwartung dessen, was kommen würde. Nichts kam! Sie beherrschte sich. Uns jedenfalls hätte das nicht passieren dürfen. Anderntags wurde dann der Fall erwähnt und diskutiert.

Einmal bot eine Mitschülerin der Direktorin Kartoffeln an und zwar in einer Schüssel, die einen Sprung hatte. Sie bezeichnete das als Frechheit und es gab ein Donnerwetter. Wenn das Essen von Hand serviert wurde, musste es von links angereicht werden, gebrauchtes Geschirr wurde von rechts abgeräumt. Getränke wurden von rechts eingeschenkt.

Natürlich gab es unter den 48 Mädchen auch „schwarze Schafe". Zu ihnen gehörte auch Irmgard E. Sie trat oft und gerne ins Fettnäpfchen und machte sich erstaunlicherweise nichts daraus. Ihre Nerven kamen mir wie Drahtseile vor, während bei mir das Gegenteil der Fall war. Einerseits verstand ich sie nicht, anderseits habe ich sie fast bewundert. Ich glaube, ich an ihrer Stelle wäre in bestimmten Situationen beinahe gestorben, sie aber lachte. Aufgefallen ist sie schon am ersten Tag und schuld war ihre enorme Körperfülle, durch die sie älter wirkte. Sie erschien in Begleitung ihrer Mutter und es kam zu einer peinlichen Verwechslung. Irmgard wurde von einer Lehrkraft angesprochen „Ach, sie sind sicher die Frau Mutter und welches ist ihre Tochter?" Für die betreffenden Personen war es etwas unangenehm, aber wir Außenstehenden lachten. Übrigens stellten unsere Mütter fest, dass sie sich von ihrer Jugendzeit her kannten. Beide hätten es gerne gesehen, wenn Irmchen und ich uns anfreunden würden. Tatsächlich blieben wir nach dem Schulabschluss noch eine Weile in Verbindung und besuchten uns gegenseitig einmal. Sie stammte von einem großen Gut und es ging dort nobel zu. Nachdem ihr Bruder mit 18 Jahren an einer heimtückischen Krankheit gestorben war, galt sie als Hoferbin. Als in Wäschetheorie über Quillajarinde gesprochen wurde, behauptete Irmchen, so einen Baum in ihrem heimatlichen Garten zu haben. Die Lehrerin hielt das für unmöglich, denn dieser immergrüne Seifenbaum gedeiht nur in Südamerika. Die Extrakte aus seiner Rinde werden als milde Waschmittel zur Herstellung von Fleckenwasser und als Zusätze in Haarwässern und Zahnpasten verwendet. Jedenfalls sorgte Irmgards Behauptung für Gesprächsstoff und gab Anlass zum Lachen.

Was Sauberkeit betraf, war Irmchen kein Vorbild, und deshalb wurde über sie und die Quillajarinde viel gelästert und auch in der Abschiedszeitung erwähnt. Da hieß es: „Irmchen E. … rund und dick, traf in Wehlau ein sehr schick. Ach, sie sind wohl die Frau Mama, haben sie auch ihre Tochter da? Irmchen hat hier ihre Plage, sie soll sich waschen alle Tage, doch im Duschraum war sie immer, es fehlt das eigne Badezimmer. Turnen liegt ihr schwer im Magen, sie weiß nicht, ob sie es soll wagen, ob Medizinball, Bock und Leiter, sie kommt in allem nicht viel weiter. Seht nur, was sie in Wäschetheorie kann, Quillajarinde baut sie selbst an. Einen Augenaufschlag hat die Frau, der verfehlt die Wirkung nie, der Schwiegervater schon schrieb an sie, denn sie wird sicher eine gute Partie." An meinem 20. Geburtstag im August 1943 sah ich Irmgard zum letzten Mal. Dann trennten uns der schreckliche Zweite Weltkrieg und die Flucht. Später hörte ich, dass sie von den Russen verschleppt wurde und in Russland (Ural) verhungert sein soll.

Ich hatte mich gleich zu Beginn der Schulzeit mit Rosemarie Warnat angefreundet. Sie war eine Zimmerkameradin, wir verstanden uns auf Anhieb und waren ein Herz und eine Seele. Sie hatte ihre Eltern sehr früh verloren und wurde als Nesthäkchen von den älteren Geschwistern aufgezogen. Ich erinnere mich noch daran, dass sie im Winter einen wollenen Unterrock trug, den ihr Bruder, ein junger Oberleutnant für sie gestrickt hatte. Der älteste Bruder und Hoferbe war zur Wehrmacht eingezogen und das Gut wurde von Rosemaries älterer Schwester, die in der Stadt verheiratet war, verwaltet. Ich glaube, die Landwirtschaft lag im Kreis Ebenrode oder Schlossberg. Als ich meine Freundin im Winter 1943/44 besuchte, lag tiefer Schnee und sie holte mich mit einem Rodelschlitten ab, vor den sie ein Pferd gespannt hatte. An meinem 20. Geburtstag am 10. August 1943 besuchte mich Rosemarie und wir sahen uns zum letzten Mal. Wohin hat sie das Schicksal vertrieben? Auf einem Foto, das damals gemacht wurde, sind außer Rosemarie und mir zwei weitere Schulfreundinnen zu sehen: Irmchen Eder, die im Ural umkam und Ilschen Blumenstein, mit der ich noch in Verbindung bin.

Im zweiten Halbjahr gehörte ich dann zu den „Alten" und bekam eine „Junge". Ich glaube Hildegard und ich waren ein gutes Team. Hildchen war ein kesses Mädchen und schrieb täglich an ihr heiß geliebtes, süßes Güntherchen, einen jungen Soldaten, von dem sie mir mit leuchtenden Augen vorschwärmte. Ich konnte derartiges nicht anbieten. Was aus den beiden nach Kriegsende wurde, habe ich nie erfahren. Hildegard und das Wehlauer Internat sah ich im Herbst 1942 zum letzten Mal. Nachdem ich bereits ein halbes Jahr zu Hause war, hatte man mich zur Abschlussfeier der ehemals „Jungen" eingeladen.

Meiner Abschlussprüfung im März 1942 war ein Probekochen vorangegangen, sozusagen die Generalprobe. Hierbei, wie auch bei der Hauptprüfung, wurden jeweils Lose mit der betreffenden Menüangabe gezogen. Auf meinem Zettel stand: Geröstete Grießsuppe, gefüllter Kohlkopf mit Tomatensoße, Quarkkreme mit Kompott. Welchen Kuchen ich backen musste, weiß ich nicht mehr. Ich war mit meinen Aufgaben zufrieden, während einige Mädchen in Panik gerieten. Gretel B. verwechselte beim Kuchenbacken die Schüsseln mit Eigelb und Eiweiß und als sie zum Schluss den Eischnee unter den Teig heben wollte, entdeckte sie die übrigen Eidotter. Das war natürlich ein grober Fehler und wurde entsprechend benotet. Die Rezepte waren weitgehend dem „Dönnigschen Kochbuch" entnommen, doch es war Krieg und es mangelte an Zutaten und man musste viel improvisieren. Ich hatte das genannte Buch zur Konfirmation geschenkt bekommen, aber es ging in den Kriegswirren verloren. In den Nachkriegsjahren wurde es im Buchhandel wieder angeboten. Während wir Prüflinge uns auf unsere Aufgaben konzentrierten und dabei aufgeregt auf die Uhr schauten, denn die Zeit war natürlich, wie bei allen Prüfungen, vorgegeben, strich die Direktorin durch die Küche und ließ ihre Argusaugen in die Runde schweifen. Außer ihr begutachteten natürlich noch andere Lehrkräfte das Können der Prüflinge. Ich wurde termingerecht fertig. Den mit Hackfleisch gefüllten Kohlkopf hatte ich vorschriftsmäßig in einer Form im Wasserbad gegart und auf eine Platte gestürzt. Malerisch ließ ich etwas von der Tomatensoße darüber laufen und mir gefiel die Farbkombination grün/rot. Als „Krönung" bat ich einen anderen Prüfling um ein paar grüne Erbsen und legte sie als Kreis auf den Kohlkopf in die rote Soße. Hätte ich bloß nicht! Prompt nahte die Direktorin und mit strafendem Blick rügte sie mich: „Was tun denn die Stachelbeeren auf dem Kohlkopf?" „Entschuldigung, Fräulein A., das sind doch Erbsen", wagte ich einzuwenden. Sie murmelte etwas Unverständliches und entfernte sich. Ich bekam in Kochen nur eine 3!

Natürlich wurden wir auch in allen anderen Fächern geprüft. Ich fürchtete die theoretische Prüfung nicht so sehr, wie die praktische. Welch eine große Rolle die Aufregung bei einer Prüfung spielt, merkte ich bei einer Zimmerkollegin, die sonst zu den Besten gehörte. Auf die simple Frage, von welchem Tier die besten Suppenknochen stammen, antwortete sie „vom Schwein", was natürlich falsch war, es hätte „Rind" heißen müssen. Ja, bei einer Prüfung braucht man außer Können gute Nerven und nicht zuletzt auch ein bisschen Glück. Das Sprichwort: „Lehrjahre sind keine Herrenjahre" hat sich für mich in Wehlau bewahrheitet.

Mit einigen Mädchen stand ich nach Beendigung der Schulzeit noch in Verbindung und wir besuchten uns auch gegenseitig. Die Flucht riss uns im Oktober 1944 leider auseinander und unsere Wege trennten sich. Übrig geblieben sind mir drei Schulkameradinnen. Während ich in München lebe, ist eine im Raum Köln, eine wohnt im Taunus und eine bei Darmstadt. Obwohl wir alle vier um die 80 sind, halten wir treu und fest zusammen. Wir besuchten uns gegenseitig schon mehrmals, stehen in regelmäßigem Briefwechsel und telefonieren fleißig. Das silberne LSW-Abzeichen (Landfrauenschule Wehlau) hat die abenteuerliche Flucht von Ostpreußen nach Bayern überstanden. Auf ihm sind mehrere Symbole eingeprägt, eine Biene für den Fleiß, eine Spindel und ein Schiffchen für die Handarbeit, das Vergissmeinnicht nicht zu vergessen und die Myrte für den Brautkranz.

Die Anstecknadel gehört zu den wenigen, geretteten Andenken an meine Jugendzeit in der unvergessenen Heimat.

Dorfhochzeiten und Drumherum

Als ich aufwachte, lag ich zusammen mit anderen Kindern in fremden Betten. Tante Emma und Onkel Fritz hatten am 25. November 1929 geheiratet und die kleinen Gäste wurden nach dem Abendessen nach „oben" verfrachtet, während die Erwachsenen unten im Saal zu lauter Musik scherbelten (tanzten). In der Kirche hatte ich als 6-Jährige mit meiner Cousine Blumen streuen dürfen. Mutti hatte mir ein ganz süßes Rüschenkleidchen genäht und dazu trug ich weiße Strümpfe und Lackschuhchen. Tante Emma, die Braut, war eine Cousine meines Vaters und der neue Onkel war Witwer mit einer 8-jährigen Tochter namens Erika. Später kam dann noch ein Schwesterchen dazu. Onkel Fritz besaß eine Landwirtschaft in Meldienen (Gnadenheim) und war nebenbei noch Amtsvorsteher. Mein Vater nannte ihn Diplomat. Wenn er uns besuchte, trug er immer eine Mappe unter dem Arm, die wie eine Diplomatentasche aussah. Nicht nur wir Kinder lauschten seinen interessanten Erzählungen, denn er wusste viel zu berichten. Im Ersten Weltkrieg hatte er als Offizier in Kamerun, Deutsch-Ostafrika gedient. Er unterstand General Paul von Lettow-Vorbeck (1870-1964), der dort Kommandeur der deutschen Schutztruppe war. Onkel Fritz bezog daraufhin nach seiner Heimkehr sogar eine Rente, was damals bei Bauern nicht alltäglich war. Mein Vater wusste weit und breit nur zwei Landwirte, die „feste Bezüge" hatten. Das war unser Onkel Fritz und der „Gardekur" Otto Schmidt aus unserem Dorf. Dieser Landwirt wurde so genannt, weil er im Ersten Weltkrieg bei Kaiser Wilhelm II. (1859-1941) in dessen Garde du Corps in Potsdam gedient hatte. Der Kaiser regierte ab 1888 und dankte 1918 ab und verzichtete auf den Thron. Als er in die Niederlande ging, wo er seit 1920 im Hause Doorn lebte, wurde er von seiner Leibgarde begleitet und „der große Schmidt", der „Gardekur", war auch dabei. Daraufhin hatte er Anspruch auf eine lebenslängliche Rente.

Der „Diplomat" rauchte teure Zigarren. Wenn er und Tante Emma zu uns zu Besuch kamen, saßen die Herren meistens im

Herrenzimmer und qualmten vor sich hin. Dabei durfte natürlich ein Glas Rotspon (Rotwein) nicht fehlen und selbstverständlich blieb's nicht bei dem einen Glas. Es wurde über Ackerbau und Viehzucht gefachsimpelt und ein Rundgang durch die Ställe und über den Hof gemacht, je nach Jahreszeit auch über die Felder. Die Damen saßen im Sommer in der Veranda, nippten an einem selbstgebrauten Kirschlikör oder tranken Muttis beliebte Bowle, mit Früchten, die der Garten gerade anbot. Im Sommer wurde dann ein Besichtigungsgang durch Obst-, Gemüse- und Blumengarten gemacht, wobei wir Kinder stets im Gefolge waren. Im Winter bekamen die Gäste immer einen steifen Grog vorgesetzt, die Herren mit Rum, die Damen mit Rotwein, also Glühwein. Manchmal bereitete Mutti auch einen „Landrat" zu, das ist ein heißer Eierpunsch.

Onkel Fritz mochte meine jüngste Schwester besonders gern. Sie war acht Jahre jünger als ich und sozusagen ein „Nachschrapsel". Ich glaube, es war der letzte Versuch meiner Eltern gewesen einen Hoferben zu bekommen. Statt eines Hans-Joachim hatten wir nun eine Eva-Maria, die Evemie gerufen wurde. Sie wurde 1931 geboren, wie Onkel Fritz' Tochter aus zweiter Ehe mit meiner Tante Emma.

„Wo ist Evemiiiiiichen?", hallte es durchs Haus, wenn Onkel Fritz kam. Die jedoch konnte das lange „i" nicht leiden und versteckte sich, jedenfalls solange sie klein war, vor dem lauten Rufer. Als die älteste Tochter circa zehn Jahre nach der zweiten Eheschließung ihres Vaters am 22. Dezember 1939, kurz nach Kriegsbeginn, mit 19 Jahren einen Lehrer heiratete, gab es eine große, vornehme Hochzeit in einem Landgasthaus. Nach der kirchlichen Trauung begab sich die Hochzeitsgesellschaft in das nahe gelegene Gasthaus Schwertz in Langenwasser (Langkischken). Auf einem Gabentisch waren die Geschenke aufgebaut. Von uns hatte sich die Braut einen „Stummen Diener" gewünscht und selbstverständlich bekam sie ihn.

Beim Dinner stellte sich an Hand der Tischkarte heraus, dass man mir Siegfried Geisendörfer, einen Cousin II. Grades, als Tischherrn zugeteilt hatte. Die Tafel war sehr nobel gedeckt, mit edlem Porzellan und Kristall. Wozu die vielen Gläser gedacht waren, wusste ich damals mit meinen 16 Jahren noch nicht, Siegfried anscheinend auch nicht, sonst wäre ihm wohl kaum das Missgeschick passiert. Obwohl Kellner Essen und Getränke servierten, griff mein Tischherr zur Flasche und goss mir Rotwein ein. Als er merkte, dass er dafür das falsche Glas gewählt hatte, raunte er mir zu: „Trink schnell aus!" Ich tat es, ungeahnt der Wirkung, die darauf folgte. Auf der Menükarte waren die verschiedenen Gänge angegeben und es wurde stundenlang getafelt. Bei „Schleie blau mit Meerrettich und Butter" passierte mir das zweite Malheur. Ich hatte in meinem jungen Leben noch nie Meerrettich gegessen und probierte gleich eine ganze Gabel voll davon. Die Wirkung war ungeheuerlich und ich bekam einen heftigen Niesanfall, der nicht enden wollte. Die gegenüber sitzenden Gäste schauten mich mitleidsvoll an und ich wäre am liebsten mit hochrotem Kopf im Erdboden versunken. Peinlich! Peinlich!

Die Tischreden verfolgte ich nur mit halbem Ohr. Aber als später zu den Klängen einer Musikkapelle getanzt wurde, war ich in meinem Element. Ich hatte zu Erikas Hochzeit mein erstes, langes Kleid bekommen. Es war aus zitronengelbem Tüll mit Taftblenden. Den Gürtel zierte eine rostfarbene Blüte. Mutti und ich hatten den „gelben Traum" im Modehaus Hoffmann in der Friedrichstraße in Gumbinnen gekauft. Kurzum, meine Eltern meinten, ich kann mich darin sehen lassen. Meine jüngere Schwester Sigrid trug ein langes Kleid aus rosafarbener Tüllspitze, das Mutti genäht hatte. Sigi hatte keinen Tischherrn sondern eine Tischdame. Es war die Hausschneiderin Fräulein Kuntermann, die das Brautkleid genäht hatte.

Es wurde fleißig das Tanzbein geschwungen, wobei uns eine Erdbeerbowle beflügelte. Zwischendrin wurden Gedichte und Sketche vorgetragen. Nach einem Tusch musste sich die Jugend im Kreis aufstellen und der Bräutigam trug aus dem Stegreif für jeden einen Spruch vor. Ich kann mich an meinen kompletten Vers nicht mehr erinnern, aber es kam darin „und die Traute bläst die Flaute" vor. Also hatte er mich sofort richtig eingeschätzt, ich war sehr scheu und ängstlich. Die Bowle machte mich etwas lockerer und ich erlebte den ersten Flirt meines Lebens. Auf dem Heimweg kam dann das Erwachen. Um 02.00 Uhr, nach Mitternacht, holte uns unser Kutscher mit dem Dogkart (viersitziger Spazierwagen) ab. „Wie ein Wunder kam die Liebe über Nacht", sang ich leise glücklich vor mich hin. Es war ein Schlager, den Zarah Leander populär gemacht hatte und zu dessen Melodie ich mich kurz zuvor noch im Walzertakt gedreht hatte. Offensichtlich hatte ich nicht leise genug gesungen. „Sing nich so dammlich!", ermahnte mich mein Vater und aus war der Traum. Doch zwischen meiner als 6-Jährige erlebten Hochzeit und der eben genannten lagen noch ein paar Hochzeiten in unserem Dorf.

„Schö-ö-ön blühn die Heckenrosen, schö-ö-ön ist das Küssen und das Kosen, Schönheit und Jugend vergehn, drum nütz die Zeit, denn die Welt ist so schön." „Lore, Lore. Lore, Lore, schön sind die Mädchen mit 17, 18 Jahr'. Lore, Lore, Lore, Lo-o-re, schöne Mädchen gibt es überall. Und kommt der Frühling dann ins Tal. Grüß mir die Lore noch einmal, halli, hallo, hallooo, grüß mir die Lore noch einmal." So hallte es zu mitternächtlicher Stunde durch unser kleines Dorf.

Binschen Meta hatte geheiratet und bei einer Polonaise ging die Hochzeitsgesellschaft hinter der Musik her und sang mit. Gastwirt Binsch hatte vier Töchter und die jeweiligen Hochzeiten wurden groß gefeiert. Meta heiratete im Frühling und die Gäste wurden im Garten bewirtet. Das war natürlich etwas Besonderes. Am Tag davor fand die standesamtliche Trauung im Nachbardorf Grasberg (Raudohnen), einem Ortsteil von Pickeln, statt. Ich glaube, der damalige Standesbeamte hieß Balschunat. Am Abend desselben Tages wurde der Polterabend gefeiert. Am Hochzeitstag fand die kirchliche Trauung in der evangelischen Kirche in Tollmingen statt. Eine endlose Wagenkette, meist von edlen Trakehnern gezogen, hatte sich in Bewegung gesetzt. Alle Wagengattungen waren vertreten, da gab es Jagdwagen, Kutschwagen, Dogkarts, auf denen man zu viert Rücken an Rücken saß, Landauer nach Landau in der Pfalz, dem ersten

Herstellungsort, benannt, Coupés, die zweisitzige Kutschwagen waren, und wie sie sonst noch alle hießen. Ich war in der Kirche nicht dabei und wartete mit anderen Dorfkindern im Gastgarten auf die Hochzeitsgesellschaft. Die kündigte sich durch eine große Staubwolke an, denn die Landwege waren nicht asphaltiert. Aufgeregt sprangen wir durcheinander und riefen: „Sie kommen, sie kommen!“ Bei den Bauernhochzeiten war es üblich, dass das Brautpaar auf dem Weg zur Kirche im letzten Wagen saß, während es nach der Trauung die Wagenkette anführte.

Ja, und dann wurde aufgetragen, bis sich die Tische bogen. Die ostpreußische Gastfreundschaft war bis über die Grenzen der Provinz bekannt und es galt der Spruch: „Bequäm gesäte on langsam jegäte, man glowt nich, wat man vertroage kann.“ (Bequem gesessen und langsam gegessen, man glaubt nicht, was man vertragen kann.)

Pillkaller
(Pillkallen, Kreisstadt in Ostpreußen)

„Es trinkt der Mensch, es säuft das Pferd“
in Pillkallen war's umgekehrt,
ein altes Sprichwort einst so hieß,
den Schnaps als Medizin man pries,
'S war halb so schlimm ich sagen muß,
man aß und trank dort mit Genuß.
Getreidekorn braucht man, 'nen Klaren,
die Gläser schnell gefüllt dann waren,
darauf 'ne Scheibe Leberwurst,
mit Majoran, das schmeckt, macht Durst,
*und auf die Wurst ein Mostrichklacks**
vergeht im Mund wie warmes Wachs,
mit Klarem spült man alles runter,
das schmeckt nicht nur, es macht auch munter
und eines darf man nicht vergessen,
man kann sich daran fast satt essen.
(*Mostrich = Senf)

Bärenfang

Bärenfang, mein letzter Wille,
Zimtrinde, Nelken und Vanille
läßt man in heißem Wasser ziehen (1/4 l),
das riecht gut und macht wenig Mühen.
Nach einer Stunde dann in Kürze,
entfernt man sorgsam die Gewürze.
Vom besten Honig dann ein Pfund
tut man dazu, das ist gesund.
Das Ganze läßt man dann erkalten,
dann kommt der Alkohol zum Walten,
sehr hochprozentig muß er sein,
ein halber Liter, Sprit vom Wein.
Auch reiner Korn kann dazu dienen,
das schmeckt und er verklärt die Mienen.
Dann füllt man das Getränk in Flaschen,
bevor man anfängt dran zu naschen.
Damit sich alles tut vermitteln,
muß man die Flaschen öfters schütteln,
dann kann man trinken, welch ein Trost,
den „Bärenfang", und darum „Prost"!

Das Bier floss in Strömen, man saß ja in einer Gastwirtschaft und somit an der Quelle. Natürlich gab es auch Wein und zwischen Ansprachen und verschiedenen Darbietungen auch Schnäpse und Likör. Zum Beispiel: Pillkaller, das ist ein klarer Schnaps mit einer Scheibe Leberwurst und einem Klecks Mostrich (Senf) drauf. Der „Übergebratene" war bekannt als Kognak mit Likör vermischt. „Nikolaschka" war ein Kognak mit einer gezuckerten Zitronenscheibe und etwas Kaffeepulver darüber. Berühmt war der „Bärenfang" auch Meschkinnes genannt, es war Alkohol mit Honig vermischt. Der „Machandel" war ein aus Wacholderbeeren gebrannter Schnaps mit einer Pflaume. Großen Zuspruch fand der „Kosakenkaffee". Das Rezept stammte aus dem Ersten Weltkrieg. Kosaken tranken ihn während der russischen Besatzungszeit. Es war ein Likör aus starkem Bohnenkaffee und Alkohol, Wodka oder Kognak und Zucker.

Jetzt aber weg vom Alkohol, sonst bekommt man schon vom Lesen einen Rausch.

Hätte der Brautvater nicht die Gastwirtschaft gehabt, hätte er wohl kaum so viele Schnäpse serviert, aber er schöpfte aus dem Vollen.

Unterdessen wurde im Saal fleißig geschwoft (getanzt), bis die Sohlen rauchten. Wir Kinder tanzen im Kreis, alleine und auch zu zweit. Ich war damals knapp zwölf Jahre alt und konnte nur Polka und Rheinländer tanzen. Bei den Melodien: „Trinke noch ein Tröpfchen, trinke noch ein Tröpfchen aus dem kleinen Henkeltöpfchen“ oder „Im Grunewald, im Grunewald ist Holzauktion, se piepe schon, se drommle schon“ konnte ich nicht stillsitzen. Sobald die Musik ertönte, war ich auf der Tanzfläche und wenn ich Glück hatte, nahm mich auch mal ein Erwachsenenpaar in die Mitte und wir tanzten zu dritt, etwa nach der Melodie: „Lott is dot, Lott is dot, Lieske licht im starwe, dat is god, dat is god, war wie ok wat arwe!“ (Lott ist tot, Lott ist tot, Lieschen liegt im Sterben, das ist gut, das ist gut, werd'n wir auch was erben!)

Von dieser Hochzeit, die 1934 stattfand, besitze ich noch eine Gruppenaufnahme.

Wenige Jahre später heiratete Schwester Minna. Auch von dieser Feier habe ich ein Foto. Da war ich allerdings schon etwas älter und hatte auch männliche Tanzpartner.

Eine Hochzeit in meinem Heimatdorf Nordenfeld erlebte ich vier Jahre vor der Flucht, also im Sommer 1940, als ich circa 17 Jahre alt war.

„Das Betreten meines Hofes ist am … 1940 polizeilich verboten!“, lautete eine Anzeige in der Preußisch-Litauischen Zeitung, gemeint war der Polterabend. Er fand am Abend vor der kirchlichen Trauung statt. Dabei wurde altes Geschirr, das im Haushalt keine Verwendung mehr fand, zerschlagen. Vitrinen wurden entrümpelt und Glas, Porzellan und dergleichen landeten mit lautem Getöse auf dem Fußboden oder sogar an der Wand. Der Lärm sollte nach altem Brauch böse Geister vertreiben und die Scherben sollten Glück bringen. Oft ging es dabei wild zu und es kam vor, dass ein Einrichtungsgegenstand beschädigt wurde, oder gar zu Bruch ging. Um das zu verhindern, ließen die Brauteltern die eben erwähnte Annonce in die Zeitung setzen. Jedenfalls musste das Brautpaar nach Beendigung der „Schlacht“ die Scherben, unter Beifallsrufen der Gäste, eigenhändig zusammenkehren.

Polterabend

Uns're Ahnen seinerzeit
war'n vor Geistern nicht gefeit,
sie zerschlugen Topf und Kannen,
wollten Böses dadurch bannen,
denn das Poltern und das Tösen,
glaubten sie, erschreckt die Bösen,
und sie zogen schnell von hinnen,
über Mauern, über Zinnen
und man hatte seine Ruh'
ja, so ging es damals zu.
Eifrig pflegte man den Brauch
und so machen wir's heut' auch.
Liebes Brautpaar, nicht erschrecken,
wenn es kracht in allen Ecken,
keiner hat sich's nehmen lassen,
jeder opfert Teller, Tassen,
Schüsseln, Gläser und so weiter,
so ein Abend, der ist heiter,
was man lange schon versäumt,
Schränke wurden ausgeräumt,
was man längst nicht brauchen kann,
kommt heut' endlich an den Mann,
und es scheppert und es splittert,
so, als ob es stark gewittert,

und das Brautpaar greift zum Besen,
kehrt zusammen, was gewesen,
Zierde einst in der Vitrine,
heute Eurem Glücke diene,
Scherben soll'n, wie bei den Alten,
Unbill Euch vom Halse halten.
Polterabend geht zu Ende,
sich das Böse von Euch wende,
denkt an den Abend gern zurück,
denn viele Scherben bringen Glück.

(aus: „Was einer Hausfrau aus der Feder floss" von Edeltraut Wagner)

Die kirchliche Trauung mit anschließender Feier fand in der Regel an einem Freitag statt, benannt nach der Göttin Freia (Freyja) der nordischen Göttin der Liebe. Im Plattdeutschen hieß es auch: „Se dohne friee." (Sie tun freien.) Auf dieser Hochzeit wurde nicht plattdeutsch gesprochen, es galt in gewissen Kreisen als unfein und es war eine feine Hochzeit. Schließlich heiratete die Bauerntochter Kaltenbergs Emma nach Gumbinnen, Hauptstadt des Regierungsbezirkes Gumbinnen, in die große Gastwirtschaft Machowitz ein. Also waren die Feierlichkeiten städtisch. Das ging schon bei der Fahrt zur Kirche nach Tollmingen los. Es gab keine Pferdewagen, Brautpaar und Gäste fuhren mit Autos, wer keines hatte, wurde mitgenommen. Jedenfalls war für genügend Fahrzeuge gesorgt. Dass diese, zum Teil Luxuskarossen, kurz darauf nach und nach „eingezogen" wurden, ahnte damals noch keiner. Wir, das heißt meine Eltern, besaßen kein Auto. Mein Vater wollte mit dieser Anschaffung warten, bis ich 18 Jahre alt war, um den Führerschein machen zu können. Seine Gesundheit war sehr labil und hinderte ihn daran, die Fahrprüfung zu machen. Er war im Ersten Weltkrieg in Mazedonien an Malaria erkrankt und litt sein Leben lang an den Folgen, die sich besonders im Sommer bei großer Hitze bemerkbar machten. Den Kauf eines Autos und den Erwerb eines Führerscheines verhinderte dann der furchtbare Zweite Weltkrieg gänzlich. Ich erwarb ihn erst lange nach der Flucht und war damals bereits 37 Jahre alt.

Etwa 20 Jahre davor saß ich mit meinem Tischherrn Hugo A. auf dem Rücksitz eines „Maybach". Seitdem sind über 60 Jahre vergangen und wir leben im Jahr 2004. Erst neulich las ich in einer Zeitschrift, dass ein Maybach, als Spitzenmodell deutscher Automobilkunst, 360.000 Euro kostet. Im August 2003 wurden auf der Nordseeinsel Sylt vier Maybach gesichtet.

Jedes Mal wenn der Fahrer des Wagens für meine Begriffe zu rasant in die Kurve ging, nutzte Bruno die Gelegenheit aus und rutschte näher an mich heran, was ihm, im Gegensatz zu mir, sichtlich Spaß zu machen schien. Als dann unser Chauffeur auch noch die Bemerkung machte: „Na, dem Pärchen da hinten scheint es ja zu gefallen", bekam ich als scheues Marjellchen einen roten Kopf, was die Situation nicht verbesserte.

Als wir nach der Kirche zurückkehrten, wurden wir auf dem Hof von einer Musikkapelle empfangen. Eine Rede wurde gehalten und ein Toast auf das Brautpaar ausgesprochen und dann begab man sich an die reich gedeckten Tische. Eine „Kochfrau" hatte schon einige Tage vor der Hochzeit auf dem Bauernhof Einzug gehalten. Frau Borowski hatte im weiten Umkreis sozusagen das Monopol und waltete ihres Amtes. Sie wurde von Haus zu Haus weiter empfohlen und man musste sich lange vor einer Feierlichkeit bei ihr anmelden. Meistens wurden ein Pochelchen (kleines Schwein) und ein Kalb geschlachtet und natürlich auch Federvieh, wie Ente, Gans, Pute oder Huhn, das sich auf jedem Hof befand. Es wurde gewurstelt, gekocht und gebraten und natürlich gebacken, sodass die Hühner mit dem Eierlegen nicht nachkamen. Torten, Mohnstriezel, Bienenstich, Liebesknochen, Räderkuchen und, und, und … luden zum Verzehr ein. Frau Borowski beherrschte die Szene voll und ganz. Sie war eine große, resolute, dicke Frau. Mich persönlich verband eine unliebsame Erinnerung mit ihr. Anlässlich der Beerdigung meines Großvaters väterlicherseits im Mai 1935 hatte Mutti sie um ihre Hilfe gebeten und so war sie mehrere Tage bei uns tätig.

Mich, als damals 12-Jährige, trieb die Neugierde immer wieder in die Küche und so benutzte mich die Kochfrau als Handlangerin. So musste ich Zitronen auspressen, Eischnee schlagen, Kuchenbleche einfetten, Kuchen rühren und so weiter. Einmal drückte sie mir eine vollbeladene Tortenplatte in die Hände, die ich in die Speisekammer tragen sollte. Das war so weit in Ordnung, aber, als ich sie bat, mir die Tür derselben zu öffnen, stemmte sie ihre dicken, roten Fäuste in ihre runden Hüften und ich bekam zur Antwort: „Seit wann bruk e Pracher e Bedeenung?“ (Seit wann braucht ein Bettler eine Bedienung?) Ich war damals tödlich beleidigt und verließ die Küche auf Nimmerwiedersehen. Als sie mich daraufhin „beleidigte Leberwurst“ nannte, war ich noch mehr erbost. Ich glaube, hätte mein kindlicher Einfluss damals ausgereicht, ich hätte zu gegebenem Anlass meine Eltern gebeten, diese Frau niemals mehr um ihre Dienste zu bitten.

„U. A. w. g.“ Um Antwort wird gebeten, hatte auf den Hochzeitseinladungen gestanden. Einige Gäste hatten die Abkürzung missverstanden und deuteten sie als „Und abends wird getanzt“. So war es auf der Einladung nicht gemeint, aber selbstverständlich wurde das Tanzbein geschwungen. Die Kapelle tat ihr Bestes und es wechselten Wiener Walzer („An der schönen blauen Donau“), langsamer Walzer („Ich tanze mit dir in den Himmel hinein“), Polka („Feuerwehr-Galopp“), Tango („La Paloma“), Foxtrott („Bei dir war es immer so schön“) und Rheinländer („Oh, Susanna“) ab. Großer Beliebtheit erfreute sich der Schieber: „Was macht der Meier am Himalaja“ oder „Veronika, der Lenz ist da“, einer der Schlagerhits, der die Comedian Harmonists, die sechs a cappella singenden Herren aus Berlin, berühmt gemacht hatte.

Das „Abklatschen“ sorgte für Abwechslung. Man ging zu einem tanzenden Paar, klatschte in die Hände und der Partner wurde gewechselt. Der oder die Alleinstehende ging dann zum nächsten Pärchen und suchte sich eine neue Tänzerin oder einen Tänzer aus. Manche Damen oder Herren waren so gefragt, dass sie von einem in den anderen Arm landeten. Ja, und dann die Damenwahl! Damit war zu rechnen und man hatte meistens schon vorher einen Tanzpartner aufs Korn genommen. Bei der Ansage liefen dann die Damen gar nicht damenhaft kreuz und quer durch den Saal, um schnell an ihr Ziel zu gelangen. Wer zu langsam war, kam zu spät, zumal manche Herren sehr gefragt waren. Dann nahm man den Nächstbesten, der dann sozusagen zweite Wahl war.

Die Polonäse fand bei schönem Wetter im Freien statt und man zog bei Musik und Gesang durch das Dorf. Bei schlechtem Wetter musste man sich mit dem Haus begnügen, wobei es treppauf und treppab ging. Während die Jugend fleißig scherbelte (tanzte), saß die ältere Generation nach gewissen Pflichttänzen an den Tischen, aß, trank und beobachtete die Jungen. In Gedanken wurde manche Tochter und mancher Sohn verkuppelt. Mitunter kam es vor, dass ein elterlicher Wunsch in Erfüllung ging, und es gab nach geraumer Zeit eine „Kuppelhochzeit" und einen „Kuppelpelz" als Belohnung für die Vermittlerin.

Bedeutungsvoll war auch das Auffangen des Brautstraußes. Die jungen Mädchen bildeten einen Kreis und gingen beim Absingen des Liedes: „Wir winden dir den Jungfernkranz aus veilchenblau-au-auer Seide" um die in der Mitte stehende Braut herum. Diese warf dann ihren Brautstrauß in die Höhe und wer ihn auffing, sollte die nächste Braut werden. Ich war es nicht!

Irgendwann tauchte auch ein Fotograf auf. Das Brautpaar wurde von allen Seiten, sitzend und stehend fotografiert. Die Braut mit ihren Freundinnen und der Bräutigam mit den zurück gebliebenen Junggesellen – natürlich als Erinnerungsfoto auch die ganze Hochzeitsgesellschaft, für die man ein stufenartiges Podest aufgebaut hatte.

In den Tanzpausen fanden diverse Darbietungen statt. Auch eine Hochzeitszeitung wurde verlesen, bei der fast jeder sein Fett abbekam. „Zwei Frösche seh'n in Seelenruh am Teiche einem Storche zu, da sagt der eine: ‚Hörste, der sucht für Emma das Erste!'" Das war Bestandteil eines Gedichtes, das dem Brautpaar gewidmet war. Der Vers für Erich, dem jüngsten Bruder der Braut wurde nach der Melodie „Gold und Silber lieb ich sehr, kann es auch gebrauchen" gesungen. Im Text hieß es: „Und er liebt die Lotti sehr, schwört ihr Treu am Auto und das Herz wird ihm noch schwer, wenn er denkt an Lilo." Sie kam aus Berlin und war eine „Gewaltblondine", der Schwarm aller jungen Männer. Für die Frauen war sie allerdings ein rotes Tuch. Ob sie im Dorf bei Frau Müller ihr Pflichtjahr machte, weiß ich nicht mehr, jedenfalls hielt sie sich dort auf. Offensichtlich tat ihr die Landluft gut. Sie wurde immer rundlicher und verschwand eines Tages aus dem Dorf und es kehrte wieder Ruhe ein. In den Hochzeitsmoritaten wurde besonders reichlich das Brautpaar bedichtet. Leider habe ich nur noch Bruchstücke in Erinnerung. Beim Bräutigam, der ein Gastwirt war, hieß es unter anderem: „Wenn Heinrich an der Theke steht, sich alles um den Zapfhahn dreht, das Bier es fließt in Masse und klingeln tut die Kasse."

Um die Mitternachtszeit zogen sich die meisten Damen um und es war die reinste Modenschau. Ob das allerdings nur in Ostpreußen Sitte war, weiß ich nicht. Jedenfalls ist es in Bayern nicht üblich. Mutti hatte sich zu dieser Hochzeit ein elegantes Kleid aus dunkelblauem Georgette genäht. Den V-Ausschnitt zierte eine weiße Chiffonblende, an deren Abschluss sie eine goldene Brosche in Form eines Weidenkätzchen-Zweiges trug. Die Kätzchen bestanden aus weißen Perlen. Das Schmuckstück war ein Geschenk meines Vaters.

Bevor wir uns zum Brauthaus (Elternhaus der Braut) begaben, kam es zu einem kleinen Zwischenfall. Mutti hatte ihr langes Haar frisch gewaschen und klagte, weil es wie elektrisch aufgeladen war und sich beim Frisieren nicht bändigen ließ. Meine energische Oma ging kurzerhand in die Speisekammer, kam wieder, rieb sich die Hände und fuhr mit ihren Schmalzhänden meiner Mutter durch das Haar, um es zu glätten. Das ging so schnell, dass Mutti nicht ausweichen konnte. Natürlich erschrak sie und ich sehe ihr entsetztes Gesicht noch heute vor mir. Die Zeit reichte nicht mehr für eine neue Haarwäsche und so musste die Ärmste mit der Frisur, die wie eine Speckschwarte glänzte und nach Schmalz roch, zur Hochzeitsfeier gehen.

Zu vorgerückter Stunde gab es dann die „Schweinevesper". Das waren belegte Brötchen mit Wurst, Schinken, Lachs, Heringssalat, Gänseleberpastete und Eischeiben mit Sardellenfilets, die ich persönlich besonders gerne mochte. Dazu trank man Bouillon aus Tassen. Das tat gut, besonders denen, die dem Alkohol zu reichlich zugesprochen hatten.

So ging auch diese Hochzeit, die letzte, die ich in Ostpreußen erlebte, zu Ende. Hugo, mein Tischherr war ganz und gar nicht mein Typ, aber ein flotter Tänzer. Seine Eltern besaßen in Hochfließ (Augstupönen) eine Gastwirtschaft. Auf unseren Fahrten nach Gumbinnen fuhren wir jedes Mal dort vorbei und wurden eingeladen, bei nächster Gelegenheit bei ihnen einzukehren. Doch dazu kam es nicht. Hugo fiel als Soldat gleich nach seinem Einzug zur Wehrmacht den Gräueltaten des Feindes zum Opfer.

Dorfabende

Nach Hitlers Machtergreifung wurden 1933/34 die sogenannten „Strickabende“ eingeführt. Die weiblichen Dorfbewohner trafen sich reihum abends im monatlichen Turnus, mal bei der einen und dann wieder bei einer anderen Landwirtsfrau. Es waren immer gemütliche Abende, an denen Handarbeiten gemacht wurden. Natürlich kam dabei auch das Plachandern nicht zu kurz. Das Nachrichtenbüro Kroll/Hellmann funktionierte prächtig. Man erfuhr den neuesten Dorfklatsch. Einmal bekamen die beiden Klatschbasen zu Silvester eine Karte, auf der zwei Frauen abgebildet waren, von denen jede ein Vorhängeschloss vor dem Mund hängen hatte. Anonym! Die Aufregung war groß. Die Schadenfreude nicht minder. Es begann das große Rätselraten, viele wurden verdächtigt, der Täter konnte aber nicht ausfindig gemacht werden.

Als ich an einem warmen Sommerabend mit meiner Freundin spazieren gehend ein paar Runden durch das Dorf drehte, trafen wir besagte Frauen, wir nannten sie vorgeschobene Beobachter. Sie blieben neben uns stehen und eine von den beiden konnte sich die Äußerung nicht verkneifen: „Na, heppts noch keenem jefunde?“ (Na, habt ihr noch keinen gefunden?) Wir gingen erbost, ohne Antwort zu geben, weiter. Natürlich ärgerten wir uns über diese Unterstellung. Weil wir keine Reaktion zeigten, ärgerten sich die beiden Dorfratschen anscheinend, denn bei unserer Abschiedsrunde hielten sie ihr Lästermaul, „glubschten“ uns aber böse an.

Bei unseren abendlichen Rundgängen kamen wir auch jedes Mal am „Kiewenschauer“ vorbei. Das war eine Art Geräteschuppen, in dem die Feuerwehrspritze und die Wassertonnen standen. Ich kann mich nicht erinnern, dass diese einmal zum Einsatz kamen. Vielleicht, als das Gehöft des Bauern Grau abbrannte. Da unser Hof auf einer Anhöhe lag, konnten wir den nächtlichen Brand von Weitem beobachten. Es konnte damals nicht festgestellt werden, was die Brandursache war. Da es ein heißer Sommer mit vielen Gewittern war, könnte es ein Blitzeinschlag gewesen sein, oder zu früh eingefahrenes Heu hatte sich erhitzt und selbst entzündet.

In der Nähe des Kiewenschauers wohnte eine Mutter mit zwei Töchtern im heiratsfähigen Alter. Eines Sonntags war ein potentieller Freier zum Nachmittagskaffee eingeladen. Alle vier saßen gemütlich an der Kaffeetafel und ließen sich den von den beiden späten Mädchen gebackenen Kuchen schmecken. Plötzlich holte die etwas sehbehinderte Mutter aus, rief „Katz runter" und fegte mit der Hand die volle Kaffeekanne vom Tisch. Peinlich! Peinlich! Der junge Mann verließ das Haus und ließ sich nie mehr blicken. Er muss wohl angenommen haben, dass es bei der Familie üblich war, dass bei den Mahlzeiten die Katze auf dem Tisch saß.

Bei den Dorfabenden, die zu den Neuerungen der damaligen Zeit gehörten, wurden mit großem Einsatz Stegreifspiele aufgeführt. Ich erinnere mich noch an das Theaterstück „Das Abenteuer im Walde". Hier wurde demonstriert, was Tiere alles im Wald erleben. Es kam auch eine Szene vor, in der Kleintiere bei einem Unwetter Schutz unter einem Fliegenpilz suchten. Laßats Martha spielte den Fliegenpilz. Sie war in ein weißes Laken gehüllt und hielt über ihrem Kopf einen Sonnenschirm, über den ein rotes Tuch gelegt war, auf dem sich weiße Stofftupfen befanden. Mir hatte man die Rolle eines Mistkäfers zugeteilt und ich krabbelte neben anderem Getier, meinen Text sprechend, Hilfe suchend unter den Schirm.

Ein andermal führten wir „Die Heinzelmännchen" auf. „Wie war in Köln es doch vordem, mit Heinzelmännchen so bequem, denn war man faul und legte sich, hin auf die Bank und pflegte sich, da kamen bei Nacht, eh' man's gedacht, die Männlein und schwärmten und putzten und lärmten, und eh' die Hausfrau aufgewacht, war schon ihr Tagewerk vollbracht."

Das Gedicht stammt von dem Maler und Dichter August Kopisch (1799-1853). Er schrieb märchenhafte Gedichte und Novellen. Es stand in unserer Fibel. Lauter kleine, hilfreiche Hausgeister, die Heinzelmännchen, flitzten über die Bühne und erledigten bei Nacht Hausfrauenarbeiten. Vor der Morgendämmerung flüchteten sie und die erstaunte Hausfrau konnte sich nicht genug darüber wundern, wer ihr wohl die schwere Hausarbeit abgenommen hatte.

Eine andere Aufführung spielte in einem Bäckerladen. Meine Freundin hatte die Rolle eines Bäckerknechtes und mir ist noch ein Teil ihres Textes in Erinnerung. „Kaum ist's morgens früh um drei, macht der Hahn schon ein Geschrei, und ich armer Bäckersknecht mach zur Arbeit mich zurecht. And're Leute schlafen noch, ich steh' schon an meinem Trog."

Elfriede hatte sich für ihren Auftritt extra eine weiße Hose genäht. Außer an jenem Aufführungsabend trug sie die Hose nicht mehr. Sie traute sich nicht, in der Öffentlichkeit darin zu erscheinen. Hosen am Körper von weiblichen Wesen, noch dazu in einem Dorf, waren damals schockierend. Man konnte sich höchstens beim Sport in Trainingshosen sehen lassen. Wenn ich mich recht erinnere, habe ich irgendwo gelesen, dass Marlene Dietrich, damals immerhin schon eine berühmte Schauspielerin, während ihres Aufenthaltes in Paris eine Sondergenehmigung des Magistrats benötigte, wonach sie berechtigt war, in der Stadt in Hosen herum zu laufen. Am 27. Dezember 2001 wäre sie 100 Jahre alt geworden. Zu diesem Anlass wurde viel über sie geschrieben. Unter den zahlreichen Bildern fand ich in einer Illustrierten eine Aufnahme von ihr mit dem Vermerk:

„Marlene als Frau im Hosenanzug –
das war 1931 eine Sensation".

Das waren Zeiten! Aber wir wissen, dass sich die moralischen Auffassungen im Laufe der Jahre erheblich geändert haben. Die heutigen Mädchen wissen gar nicht, wie gut sie es haben. Mit Hosen und ohne Krieg!

Zu einem der Dorfabende hatte meine Mutter einen Beitrag geliefert. Sie hatte ein Gedicht gemacht, in dem sie alle Dorfbewohner mit einem Vers bedachte. Sie trug es singenderweise vor und forderte beim Refrain alle auf, mitzusingen. Der Beifall war groß und das Klatschen wollte kein Ende nehmen.

Einige Verse sind mir noch in Erinnerung, zum Beispiel diese:

Der Meier voller Schulden, zählt und stapelt seine Gulden
Und will auch mit, und will auch mit in das Himmelloch hinein.
Der Vers für den Schneider lautete:
Der Schneider auf dem Berge, näht für Riesen und für Zwerge
und will auch mit, und will auch mit usw.
Und der Gastwirt mit dem Bierfass macht
beim Zapfen sich die Hose nass
Und will auch mit …
Der Schuster macht die Sohle und beim Sohlen fleißig Kohle
Und will auch mit …
Bauer Schmid mit seinem Jagdhund tut
beim Schiessen seine Macht kund
Und will auch mit …
Nachbar Fischer immer durstig trinkt viel Bier und ist recht lustig
Und will auch mit …
Auf dem Dach ein Nest mit Störchen hat der große Bauer Jörgen
Und will auch mit …
Und im Tal, da wohnt der Schröder, weit
und breit kennt ihn ein jeder
Und will auch mit …

Der Refrain, den wir alle mitsangen, lautete jedes Mal, wie es in dem damals bekannten Lied im Original hieß:

„Ei, so gehen wir alle, alle miteinander in das Himmelloch, in das Himmelloch, in das Himmelloch hinein."

Vereinzelt wurde auch eine Rede gehalten, aber anschließend kam der Tanz zu seinem Recht.

In Kriegszeiten wurde das Tanzverbot zwischendrin auch mal vorübergehend gelockert oder aufgehoben. Alt und Jung scherbelte (tanzte) durch den Saal. Es wurde gegessen, getrunken und beobachtet, wobei Letzteres sehr ausgiebig getan wurde. Dabei hörte meine Mutter einmal, wie eine Nachbarin zu der anderen sagte: „Meisersch Traute jait so kaorsch dorchem Soal“ (Meisers Traute geht so flott durch den Saal), gemeint war ich.

Zum Tanz spielte meistens ein Akkordeonspieler auf. Anlässlich größerer Veranstaltungen wie dem Kirchspieldorf Tollmingen wurde eine Kapelle bestellt. Bei kleinen, privaten Zusammenkünften wurde nur ein Gramola angekurbelt, und zu den Weisen alter Schellackplatten tanzten wir, dass die Flicker (Lumpen, gemeint waren die Kleider) flogen.

Bei so einem internen Tanzvergnügen hatte jemand eines Abends ein Mädchen aus dem Nachbardorf eingeschleust. Die anfangs befürchtete Konkurrenz erwies sich als harmlos. Die Fremde erschien immer in schwarzen Kleidern und fand wenig Beachtung, bis einer von den Jungens sagte: „Die Dame in Schwarz langweilt sich zu Tode.“ Der Satz wurde zum geflügelten Wort. Das Mädchen muss die Bemerkung wohl gehört haben, es verschwand und ward nie mehr gesehen.

Unsere Pferde

Mein Vater hing mit Leib und Seele an seinen Tieren. Sein ganzer Stolz galt aber seinen Trakehner Warmblutpferden. Unser Dorf Nordenfeld lag nur sieben Kilometer von dem berühmten, staatlichen Hauptgestüt Trakehnen entfernt. Groß Trakehnen mit Hauptgestüt und die östlich gelegenen Vorwerke gehörten zum Kreis Ebenrode (Stallupönen), Klein Trakehnen mit den westlichen Vorwerken und dem Bahnhof lagen im Kreis Gumbinnen. Es ist fast unverständlich, warum die Kreisgrenze das Hauptgestüt durchschnitt. Alle Vorwerke waren durch imposante Alleen verbunden. Hier soll Napoleon 1812 im Feldzug gegen Russland in seinem Größenwahn gefragt haben, ob die Allee nach Moskau führe!

Das Gestüt (Königliches Stutamt) wurde 1732 unter König Friedrich Wilhelm I. gegründet. Er nahm damals 21.000 Salzburger Emigranten, die wegen ihres protestantischen Glaubens fliehen mussten, in seinem Reich auf und siedelte 1.700 davon in der Region um Trakehnen an.

Die ostpreußische Warmblutzucht auf Trakehner Grundlage war zahlenmäßig bis Ende des Zweiten Weltkrieges die größte Warmblutzucht der Welt. Trakehnen war das größte deutsche Gestüt und umfasste ein Areal von 6.000 Hektar mit 16 Ortschaften. Dort entstanden im Laufe der Zeit riesige 150 Meter lange Stallungen für die Zuchtstuten und große Vorwerke (Domänen) mit den Remonten-Depots, in denen junge, noch nicht zugerittene Pferde, gehalten wurden. In separaten Ställen standen die Deckhengste. Dem berühmtesten unter ihnen, dem „Tempelhüter", hatte man 1932 sogar ein Denkmal aus Bronze gegossen, das vor dem Landstallmeisterhaus stand. Es war das Werk des berühmten Pferdebildhauers Reinhold Kuebarth, der ein Bruder des Gestütsarchitekten war. Die Rote Armee brachte es, wie so vieles andere, als Kriegstrophäe nach Moskau. Den Sockel von „Tempelhüter" zieren heute sowjetische Symbole. Seit dem Jahr 1787 erhielten alle im preußischen Gestüt Trakehnen geborenen Pferde auf dem rechten Hinterschenkel den Brand mit der siebenendigen, stilisierten, einfachen Elchschaufel. Als im Jahre 1888 die ostpreußische Stutbuchgesellschaft für Warmblut Trakehner Abstammung aus dem Insterburger Zentralverein hervorging, erhielten diese Pferde das Brandzeichen der doppelten Elchschaufel. Es besteht, im Gegensatz zu dem Brandzeichen des Hauptgestüts Trakehnen, auch heute noch weiter. Die Trakehner waren vorzügliche Wagen- und Reitpferde, Renn-, Spring-, und Dressurpferde. Karl Rothe, Samonienen (später Reiterhof) ging mit seinen beiden Warmblutpferden Trakehner Abstammung „Kronos" und „Absinth" bei der Olympiade1936 in Berlin in der großen Dressurprüfung – Einzel- und Mannschaftswettbewerb – als Sieger hervor. In seinem Stall standen auch Trakehner Deckhengste. International bekannt war der Schimmelhengst „Cancarra". Die berühmte Trakehner Stute „Eule" war die Mutter von „Kronos" und die Großmutter von „Absinth", der bei der gesamten Prüfung den zweiten Platz erhielt.

Im Sommer fuhren wir mit unseren Fahrrädern oft nach Trakehnen, und auf dem Heldenfriedhof Mattischkehmen verpusteten wir uns, das heißt, wir legten eine Pause ein.

Ein dort stehender Obelisk trug folgende Inschrift: „Heldenfriedhof Mattischkehmen. Auf diesem Friedhof ruhen 643 deutsche und 438 russische Krieger. Gefallen in der Schlacht bei Gumbinnen am 20. August 1914."

Kein Mensch hätte zu dem Zeitpunkt geglaubt, dass es circa 30 Jahre später wieder eine Schlacht im Raum Gumbinnen geben würde.

Meine Familie und ich sind im Oktober 1944 auf der Flucht vor der Roten Armee einen Tag, bevor die Gegend um Gumbinnen herum Kampfgebiet wurde, dort durchgefahren. Nach uns rollte die Front über die Dörfer und Städte hinweg. Wer wird damals die Verwundeten versorgt und die Toten beerdigt haben?! Der Heldenfriedhof Mattischkehmen wurde ab 1993 von der Kriegsgräberfürsorge renoviert, wobei sich auch deutsch-russische Jugendgruppen beteiligten.

Nach der eben genannten Rast schauten wir uns die edlen Pferde auf den ausgedehnten Koppeln an. Zum Gestüt gehörten circa 6.000 Hektar Land. Hier waren die Pferde nach Farben sortiert: Rappen, Füchse, Braune und die gemischte Herde, in der die Schimmel gemeinsam mit andersfarbigen gingen. Wir hatten immer Rappen, Braune und Füchse. Die Tragezeit bei den Zuchtstuten betrug circa elf Monate, etwa 336 Tage. So ritt mein Vater mit ihnen im Frühsommer nach Soginten zum Decken. Dort standen in der Saison, außer in Trakehnen, auch Deckhengste. Sie waren in den Stallungen beim Gasthaus Klöß untergebracht, und dort wohnte auch vorübergehend der zuständige Gestütswärter. Die Deckzeit dauerte in der Regel vom 1. Februar bis zum 1. Juli. Nach Soginten war der Weg für uns nicht so weit, das Dorf lag auf dem halben Weg nach Trakehnen. Die jungen Stuten wurden als 3-Jährige erstmals gedeckt, um 4-jährig ihrem ersten Fohlen das Leben zu schenken. Bei unseren Besuchen in Trakehnen beobachteten wir die tragenden Muttertiere auf ihren Koppeln, die sich durch nichts stören ließen.

Anders war es dann im Frühling, wenn die inzwischen geborenen Fohlen Bewegung in die Herden brachten. Um diese Zeit fuhren wir ganz besonders gerne nach Trakehnen. Mitten durch das Hauptgestüt schlängelte sich der kleine Fluss Rodupp, der in einiger Entfernung in die Pissa mündete. Auf der hölzernen Brücke standen wir gerne und ließen unseren Blick über die romantische Landschaft schweifen.

Während man im Ersten Weltkrieg die Herden verlustlos retten konnte, gelang das Ende des Zweiten Weltkrieges nicht. Von 26.200 Stuten konnten nur 700 gerettet werden und von den 852 Hengsten gelangten nur 60 in den Westen. Insgesamt überlebten 1944 bei der Flucht aus Ostpreußen von 56.000 Trakehnern nur knapp 10.000 Tiere.

Unsere älteste Stute nannten wir „Lotte" – unter welchem Namen sie im Trakehner Zuchtbuch stand (Stutbuchgesellschaft Trakehner Abstammung), weiß ich nicht mehr. Sie war laut Eintrag am 12. April 1924 geboren und stammte von dem Trakehner Deckhengst „Lichtstern" ab.

„Lita" war eine ihrer Töchter, geboren am 8. April 1935, eingetragen als „Eliterin", Vater „Tumult". Lotte und Lita waren

Braune. „Heidi“, geboren am 22. März 1937 (Vater „Heidfeuer“), war eine Rappstute. Von den anderen Pferden fehlen mir die Unterlagen, vielleicht gab es gar keine.

Hie und da kam es auch mal vor, dass mein Vater verärgert sagte: „De Kobbel es güst“. Bei solchen Anlässen, wenn er aufgeregt und verärgert war, sprach er manchmal plattdeutsch. Es heißt: Die Stute ist nicht befruchtet oder belegt, sie ist also nicht tragend oder trächtig. Natürlich war das ein Grund zum Verdruss, denn es war nicht zuletzt auch ein finanzieller Verlust. Die trächtigen Tiere wurden zu schweren Feldarbeiten nicht angespannt. Sie wurden auch im Winter nicht „scharf“ beschlagen. Das sind spezielle Hufeisen, mit denen die Pferde bei Glatteis nicht so leicht ausrutschen. Damit die tragenden Stuten auch im Winter Bewegung hatten, mussten sie an einer langen Leine auf dem Hof bewegt werden. Einmal kam dabei ein Muttertier zu Fall und es gab eine große Aufregung. Tagelang wurde die Stute beobachtet ob sie verwerfen (eine Frühgeburt haben) wird, aber es passierte gottlob nichts.

Fohlen auf der Weide, 1944.

Im Frühjahr kamen dann die Fohlen zur Welt. Da es oft komplizierte Geburten gab, musste zum errechneten Termin jemand im Stall bei den Pferden schlafen. Ein Fohlen mit Mutterstute galt als sehr kostbar.

Kaum war das Kleine auf der Welt, stand es auch schon auf seinen langen, staksigen Beinen und drängte zum Euter. Sobald es das Wetter erlaubte, gab es dann den ersten Auslauf. Wir Kinder konnten uns dann an den lustigen Sprüngen der Hietschkes (Fohlen) nicht satt sehen und auch die Erwachsenen hatten ihren Spaß. Die Säugezeit betrug vier bis sechs Monate. Danach begann auch für sie der Ernst des Lebens. Entweder wurden sie verkauft, oder sie wurden zwei Jahre lang als Remonten gehalten und dann als Militärpferde abgegeben. Ein sehr gut geratenes Stutfohlen behielt mein Vater auch manchmal zur Zucht. Die Trennung, besonders von den Kleinen, fiel uns immer recht schwer. Sie taten mir auch leid und ich sehe heute noch das Bild vor mir, wie sie vom Hof trabten in eine ungewisse Zukunft hinein. Doch zuvor kamen jeweils im Frühherbst interessierte Käufer auf den Hof. Es waren in der Regel Guts- oder Rittergutsbesitzer, zum Beispiel Rothe, Samonienen und Reisch, Perkallen. Kaum hatte einer dieser Herren unseren Hof betreten, nahm mein Vater seine Mütze vom Kopf und klemmte sie sich unter den Arm. Mir war es immer sehr unangenehm, meinen sonst so stolzen Vater in so einer devoten Haltung zu sehen. Als ich ihn fragte, warum er das macht, sagte er: „Mit dem Hute in der Hand, kommst du durch das ganze Land."

Wenn man sich dann handelseinig geworden war, streichelten wir die Fohlen zum letzten Mal, wir waren traurig und machten uns über ihr weiteres Schicksal Gedanken. Mein Vater ritt auf der Mutterstute voran und das Kleine lief hinterher. Wenn danach die Mutter alleine im Stall stand, wieherte sie leise und herzergreifend, dass wir meinten, sie weine ihrem verlorenen Kind nach.

Die letzten drei Fohlen verkaufte mein Vater im September 1944. So kam es, dass wir bei der Flucht im Oktober 1944 wenigstens ein paar Tausender Bargeld in der Tasche hatten. Ein Glück! Wir hatten keine Zeit und Gelegenheit mehr, Geld von der Volksbank Gumbinnen abzuheben. Da es während der

Flucht und auch danach kaum etwas zu kaufen gab, reichte diese finanzielle Reserve bis zur Währungsreform im Sommer 1948.

Außer den Zuchtstuten hielt mein Vater auch immer mindestens zwei Arbeitspferde. Das waren Wallache, die zahm, ruhig und etwas träge waren und „Frauenpferde" genannt wurden. Erstens wurden sie für schwere Arbeiten angespannt und zweitens waren sie das Gegenteil von den lebhaften Trakehnern und wir Frauen durften deshalb mit ihnen fahren. Geritten bin ich allerdings auch auf der braunen Eliterin, die unter diesem Namen im Trakehner Zuchtbuch eingetragen war.

Beim Kartoffeln-Anhäufeln wurde immer ein ruhiges Pferd vor den Pflug gespannt. Das waren entweder „Polte", ein dicker, behäbiger Rappe, ein Wallach (verschnittener Hengst) mit polnischem Einschlag, oder „Bless", ebenfalls ein schwarzer Wallach, aber mit weißem Stirnfleck, deswegen auch der Name. Bei dieser Feldarbeit ließ mich mein Vater als Kind immer reiten. Man glaubt gar nicht, wie hoch ein Pferd ist. Einmal fiel ich hinunter und landete zwischen den Kartoffelstauden. Ich war damals circa sechs Jahre alt und lief weinend zum Hof zurück zu meiner Mutter. Es war weiter nichts passiert, aber der Schreck war groß. Mutti tröstete mich mit einer Scheibe Striezel mit Butter und Rhabarbermarmelade darauf. So war der Kummer schnell vergessen und bald saß ich wieder auf dem guten, alten Polte. Als mich mein Vater einmal bat, Lotte, die Mutter von Eliterin auf die Weide zu bringen, bugsierte ich diese zu einem Holzklotz (Hackstock), der neben dem Sägebock stand. Ich wollte mir dadurch das Aufsteigen erleichtern, denn Lotte trug weder Sattel noch Zügel. Also bestieg ich erst den Holzstock und dann das Pferd. Meine Meinung, das Schwerste hinter mir zu haben, war weit gefehlt. Lotte blieb stur stehen und rührte sich nicht vom Fleck. Ich arbeitete mit den Schenkeln, zupfte an ihrer Mähne und redete ihr gut zu, bis sie sich endlich in Bewegung setzte. Aber ich konnte sie nicht dazu bringen, den Hof zu verlassen. Endlos umkreiste sie mit mir den großen Holzhaufen. Schließlich bemerkte uns mein Vater und dirigierte uns zum Hoftor hinaus, worauf wir problemlos die Weide erreichten. Einmal wollte ich zu Toni Preuschmann nach Pickeln reiten. Lotte wurde gesattelt, ich stieg auf und alles ging gut bis zum Fluss. Dort blieb sie stehen und schaltete auf stur. Nach langem Hin und Her gelangten wir dann doch ans andere Ufer und erreichten mein Ziel. Nachdem ich mich schon vor dem Heimweg fürchtete, klappte es wider Erwarten gut und Lotte bekam zur Belohnung eine Mohrrübe.

Wenn die Pferde statt im Rossgarten auf einem nicht eingezäunten Feld weiden durften, wurden sie oft „gespannt", das heißt, um sie am Fortlaufen zu hindern, wurden die Vorderfüße mit einem Lederriemen locker zusammen geschnallt. Dadurch konnten sie nur langsam gehen oder springen. Eine andere Maßnahme war das Anpfählen. Dabei wurde den Pferden am Halfter mittels Karabinerhaken eine lange Kette befestigt, an deren Ende ein kurzer Pfahl war, der in den Boden geschlagen wurde. Sie wurden mehrmals am Tag weiter gepfählt. Mit den Trakehnern durften wir nur fahren, wenn Vati dabei war. Bei den sonntäglichen Verwandtenbesuchen saßen meine Schwester und ich auf dem Vordersitz des Jagdwagens und kutschierten abwechselnd, während meine Eltern und meine kleine Schwester stolz auf dem Rücksitz saßen. Mein Vater hatte uns eingeschärft darauf zu achten, dass die Pferde nicht mit dem Schwanz die Leine fingen und darunter festklemmten. Sie war dann blockiert und man konnte nicht mehr lenken, und wenn man es trotzdem versuchte, brannten sie durch, zumindest versuchten sie das. Also hieß es locker lassen, bis sie von alleine die Leine freigaben. Am Ziel angelangt, wurden die Pferde von einem dortigen Kutscher ausgespannt, in den schattigen Stall geführt und getränkt und gefüttert.

Ganz sensible Tiere trugen auf der Straße Scheuklappen und konnten nicht sehen, was seitlich geschah, sondern nur, was sich vor ihnen tat. Bei der Feldarbeit war das nicht nötig.

An einem heißen Sommertag wurden wir von einem bösen Erlebnis überrascht. Ein heftiges Gewitter mit viel Blitz und Donner tobte sich aus. Mein Vater sprach von einem Schlagwetter, wobei der Ausdruck wohl von einer Grubenexplosion

abgeleitet wurde, die man auch so nannte. Auf alle Fälle war es ein Unwetter und Himmel und Erde waren eins. Unsere Jährlinge waren im Rossgarten und gerieten in Panik. Ein Stutfohlen versuchte, über den Stacheldrahtzaun zu springen und verletzte sich dabei an Lende und Maul. Ein Tierarzt war nicht so schnell zu erreichen. Vati war zunächst ratlos und fragte Mutti, was zu tun sei. Tatkräftig, wie sie war, griff sie zu Nadel und Faden und nähte die Wunden. Jedoch nicht, ohne vorher die Nadel über einer Flamme und den Faden mit Spiritus desinfiziert zu haben. Der Jährling wurde dabei im Pferdestall an eine Wand gedrängt und von kräftigen Männerhänden festgehalten. Verängstigt ließ das arme Tierchen die gewiss schmerzhafte Prozedur über sich ergehen. Mehrmals täglich wurden die Wunden mit Kamillentee gewaschen und es dauerte nicht lange, da sprang das junge Pferd wieder lustig auf der Weide herum, als sei nichts geschehen.
Eines Tages erkrankte der gute, alte Polte an Spat. Das ist eine Knochenhautentzündung am Sprunggelenk. Es schwoll an und der arme Polte lahmte. Der Tierarzt empfahl alle möglichen Behandlungsmethoden und ich erinnere mich noch an eine braune Salbe, die bestialisch stank. Der Geruch erinnerte mich an Karbolineum, womit unsere Scheune gestrichen wurde, um das Holz zu imprägnieren. Nichts half und als Polte nicht mehr auftreten konnte und von Schmerzen geplagt traurig auf drei Beinen auf der Weide oder im Stall stand, wurde er an einen Rossschlächter in Gumbinnen verkauft. Hoftrauer kehrte ein, denn wir vermissten ihn sehr.

Mitunter nahm mein Vater auch mit einem seiner Trakehner an Prämierungen teil. Einmal gewann er mit „Eliterin“ einen Preis und sie trug als sichtbares Zeichen eine Rosette am Zaumzeug. Ich sehe meinen Vater noch, wie er stolz auf ihr heimgeritten kam und die erhaltene Urkunde zeigte. Ob ein Geldpreis damit verbunden war, weiß ich nicht. Natürlich wurden Fotos gemacht, die aber leider auf der Flucht verloren gegangen sind.

Nach Ausbruch des Zweiten Weltkrieges kamen Kavallerieoffiziere zu uns, um Pferde auszumustern, wie man es damals nannte, es ging um neue Militärpferde. Während für die im

Kreis Ebenrode gelegenen Vorwerke die Räumung für den 17. Oktober 1944 angeordnet wurde, hat man diese den vier im Kreis Gumbinnen gelegenen Vorwerken unter Strafandrohung untersagt. Die Abfahrt der Treckwagen wurde sogar gewaltsam verhindert. Als einige trotz des Verbots, allerdings mit Verspätung, doch aufbrachen, wurden sie großenteils von der Roten Armee überrollt.

Als unser Ortsgruppenleiter im Oktober 1944 zur Flucht aufrief, stellten wir den „Bless" dem Dorfsattler Nicklaus zur Verfügung, denn er besaß kein Pferd und hätte nur mit Handgepäck flüchten können. Um unsere beiden einjährigen Stutfohlen zu retten, wurden sie an einen unserer Treckwagen gebunden und sollten hinterher laufen, sie rissen sich aber los und liefen davon. Eines unserer Zugpferde warf sich vor Schreck und Angst auf die Deichsel, die abbrach. Wir waren noch nicht zu weit von unserem Hof entfernt und konnten zurückfahren, um einen neuen Wagen zu holen. Um schneller voranzukommen, spannten wir zwei Pferde vor den Jagdwagen und mussten dafür einen vollen Leiterwagen am Straßenrand stehen lassen. Unsere treuen Pferde zogen uns dann von Nordenfeld bis nach Bansen, bei Rössel. Das geschah in mehreren Etappen. Den Feind hatten wir auf den Fersen, manchmal war er sogar neben uns. Soweit möglich, wurde abends Quartier bezogen. Das war meistens auf einem Bauernhof oder Gut, deren Besitzer schon geflüchtet waren. Ganz Ostpreußen war in Aufruhr und Aufbruch und wir waren niemals alleine. Nach einem anstrengenden Tag waren die Pferde vorrangig, denn ohne sie wären wir nicht weiter gekommen. In den verlassenen Ställen fanden wir außer Stellplätzen am Anfang auch noch Futter für die strapazierten, armen Tiere. Später wurde alles knapp und Mensch und Tier darbten. In Bansen, Kreis Rössel, kam das Kommando „Halt!" Wir sollten abwarten, bis der Russe zurückgeschlagen ist und wir wieder heim können. Obwohl wir misstrauisch waren, atmeten wir zunächst auf. Hier bekamen wir auf einem Gutshof Quartier für uns und die Pferde zugewiesen. Unsere Futtervorräte und Lebensmittel, die wir von zu Hause mitgenommen hatten, schmolzen allmählich zusammen. Wir bemühten uns jedoch immer eine Notration zurückzuhalten und so hatten wir bei unserer Ankunft in Bayern im März 1946 noch ein Stück Räucherspeck, das die 1½ Jahre lang dauernde abenteuerliche, schreckliche Flucht überstanden hatte. Die Bäuerin, bei der wir landeten, meinte, wir müssten daheim einen guten Räucherofen gehabt haben.

In Bansen durften wir, wie auch andere Flüchtlingsfamilien, in der Gutsküche kochen. Die Gutsherrin, Frau Richter, war sehr verständnisvoll und sah sogar im Stall bei den Pferden nach dem Rechten. Mein Vater, der nur beurlaubt war, um uns auf der Flucht behilflich zu sein, musste zum Volkssturm zurück. Der Franzose Josef Rowet durfte zu unserer Unterstützung bei uns bleiben.

Erneut wurden von der Wehrmacht Pferde requiriert und wir behielten nur noch zwei Zuchtstuten, nämlich Mutter Lotte und Tochter Lita. Lotte war 20-jährig und tragend. „Heidi", eine junge Zuchtstute, an der mein Vater besonders hing, mussten wir leider auch abgeben. Als wir ihm dann brieflich davon berichteten, regte er sich sehr auf. Ich besitze noch einen Feldpostbrief von ihm, in dem er schrieb, dass Stuten nicht eingezogen werden dürfen, auch wenn sie güst (nicht tragend) sind.

Die restlichen Pferde, es waren nicht nur unsere, wurden dann von der Druse befallen. Das ist eine gefährliche, ansteckende Viruserkrankung bei Pferden, Hunden, Katzen und anderen Tieren. Sie äußert sich durch Erbrechen, Husten und Ausfluss aus Nase und Ohren. In ganz schlimmen Fällen gibt es sogar Krämpfe und Lähmungen. Bei unseren Pferden waren hauptsächlich die Atmungsorgane betroffen, der Eiter lief aus den Nüstern. Ich behandelte sie mit Kamillentee-Waschungen und Lotte und Lita überlebten.

Als dann kurz darauf ein erneuter Fluchtbefehl kam, weil der Feind vor der Tür stand, ging es weiter. Da wir nur noch zwei Stuten hatten, mussten wir den letzten vollbepackten Leiterwagen stehen lassen und die Flucht mit dem Jagdwagen fortsetzen. Unter größten Strapazen, die ich bereits schilderte, kamen wir am 6. Februar 1945 bei unserer Tante Sophie Meiser, in Danzig an. Kaum waren wir zum Stehen gekommen, bekam Lotte ein totes Fohlen. Nachdem wir bis zum 22. Februar 1945 vergebens auf meinen Vater gewartet hatten, mussten wir weiter.

Schließlich war dann auch der Kessel bei Stettin zu. Wir fielen den Russen und Polen in die Hände und mussten auf einer „Kolchose" arbeiten. Hier mussten wir einsehen, dass es keine Möglichkeit mehr gab, mit einem Pferdewagen weiter zu fahren. Wir mussten die armen Tiere auf der Kolchose abgeben.

Das waren Papas Pferde. Er erfuhr nichts von ihrem tragischen Ende. Als mein Vater Ende Februar 1945, wie verabredet, bei seiner Cousine in Danzig eintraf, um uns zu treffen, war es zu spät. Wir hatten am 22. Februar 1945 weiterflüchten müssen. Während er uns in Bayern in Sicherheit wähnte, saßen wir in Pommern unter den Russen und Polen fest. Er schrieb von Danzig aus noch zwei Mal an unsere zweite Kontaktadresse, an seine Schwägerin in Oberbayern. Seitdem fehlt von ihm jedes Lebenszeichen. Wie oft wird er an uns und seine geliebten Pferde gedacht haben?

Vielleicht ist es gut, dass er niemals erfuhr, was wir erlebten und wie das Schicksal seiner Pferde endete.

Bei meinen beiden Ostpreußenreisen 1992 und 2002 war ich mit meiner Familie auch in Trakehnen. Der einstige Mittelpunkt der ostpreußischen Pferdezucht war nicht wiederzuerkennen.

Nachwort

Edeltraut Wagner, geb. Meiser, wurde am 10. August 1923 in dem kleinen, ostpreußischen Dörfchen Kubillen (später Nordenfeld), Kreis Goldap, als älteste Tochter eines Landwirts geboren. Sie wuchs zusammen mit zwei jüngeren Schwestern wohlbehütet auf dem elterlichen Bauernhof auf. Schon als Zehnjährige schrieb sie Gedichte und Kurzgeschichten für die Preußisch-Litauische Zeitung. Am 19. September 1944 setzte der Beginn einer abenteuerlichen Flucht vor den Russen der Idylle ein Ende.

Der Treck führte ohne den Vater, der am 18. November 1944 als 57-Jähriger zum Volkssturm eingezogen wurde und seit dem 5. März 1945 als vermisst galt, über das Frische Haff, die Nehrung entlang über Danzig nach Pommern, wo die Familie den Russen in die Hand fiel und auf einer Kolchose arbeiten musste. Nach schrecklichen Erlebnissen wurden Mutter, Großmutter und die drei Schwestern Anfang 1946 in einem Viehwaggon über Stettin, Angermünde nach Kirchmöser in die Mark Brandenburg geschafft und zunächst in einem Barackenlager unter Quarantäne gestellt. Die 87-jährige Großmutter hatte man schweren Herzens in Angermünde in einem Altersheim lassen müssen, wo sie im Mai 1946 verstarb.

Vom Lager aus gelang es Kontakt zu einer Verwandten in Bayern aufzunehmen. Am 12. März 1946 wurde die Familie durch das Zuzugsamt bei zwei Bauern in Oberhaching/Deisenhofen (Landkreis München) untergebracht. Edeltraut Meiser arbeitete eineinhalb Jahre lang als Stallmagd, dann als Kunstgewerblerin, nach der Währungsreform in einer Steppdeckenfabrik und schließlich als Sachbearbeiterin in der Direktion eines großen Industrieunternehmens in München.

Nach der Heirat 1953 mit Ernst K. Wagner und der Geburt der einzigen Tochter Ulrike 1957, setze Edeltraut Wagner 15 Jahre lang ihre Berufstätigkeit aus und widmete sich der kleinen Familie. In dieser Zeit beschäftigte sie sich jedoch als freie Mitarbeiterin für eine Bastler- und Erfinderzeitschrift und war

Das Foto zeigt
mich im
Sommer 1948.

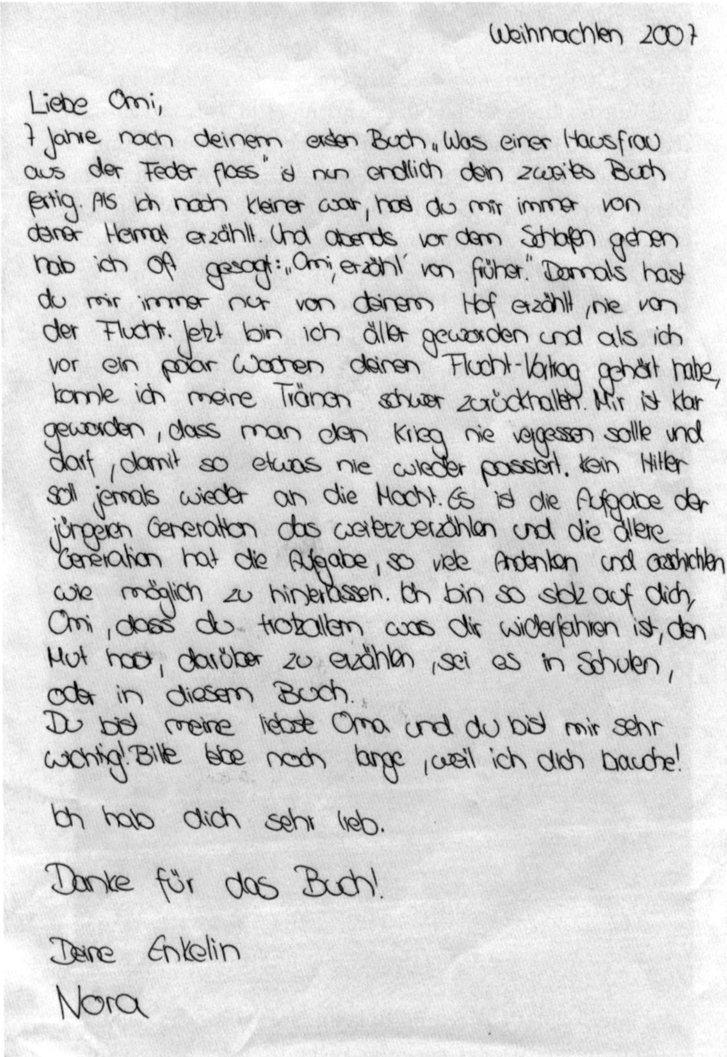

Weihnachten 2007

Liebe Omi,

7 Jahre nach deinem ersten Buch „Was einer Hausfrau aus der Feder floss" ist nun endlich dein zweites Buch fertig. Als ich noch kleiner war, hast du mir immer von deiner Heimat erzählt. Und abends vor dem Schlafen gehen hab ich oft gesagt: „Omi, erzähl' von früher." Damals hast du mir immer nur von deinem Hof erzählt, nie von der Flucht. Jetzt bin ich älter geworden und als ich vor ein paar Wochen deinen Flucht-Vortrag gehört habe, konnte ich meine Tränen schwer zurückhalten. Mir ist klar geworden, dass man den Krieg nie vergessen sollte und darf, damit so etwas nie wieder passiert. Kein Hitler soll jemals wieder an die Macht. Es ist die Aufgabe der jüngeren Generation das weiterzuerzählen und die ältere Generation hat die Aufgabe, so viele Andenken und Geschichten wie möglich zu hinterlassen. Ich bin so stolz auf dich, Omi, dass du trotzallem was dir widerfahren ist, den Mut hast, darüber zu erzählen, sei es in Schulen, oder in diesem Buch.

Du bist meine liebste Oma und du bist mir sehr wichtig! Bitte lebe noch lange, weil ich dich brauche!

Ich hab dich sehr lieb.

Danke für das Buch!

Deine Enkelin

Nora

Der Brief
meiner Enkelin Nora an mich
zu Weihnachten 2007.

für die Rätselseiten verschiedener anderer Zeitschriften zuständig. Nach dem Umzug aus einem Münchener Stadtteil nach dem Vorort Ottobrunn suchte sie sich einen neuen Wirkungskreis und war von ihrem 49. bis 60. Lebensjahr (1983) als Verkaufsleiterassistentin und Sachbearbeiterin in einem Ladeneinrichtungs-Verkaufsbüro tätig. Im Ruhestand ging sie zusammen mit ihrem Mann, der leider 1995 viel zu früh verstarb, den zahlreichen gemeinsamen Interessen nach. Dazu gehörten unter anderem zum Teil längere Reisen, die sie ins In- und Ausland führten. Inzwischen hatte sie ihr Hobby erweitert und wieder Verse geschrieben, sodass sich im Laufe der Jahre über 300 Gedichte ansammelten. Schließlich ließ ihre Tochter zum 77. Geburtstag ein Buch mit dem Titel „Was einer Hausfrau aus der Feder floss" drucken, es enthält „Gereimtes für alle Fälle".

Edeltraut Wagner, aufgenommen 2006, an ihrem Schreibtisch sitzend, an dem sie ihre Erinnerungen aufgeschrieben hat.

Weil ihre Tochter Ulrike und Enkelin Nora sowie der Schwiegersohn immer wieder nach der Jugendzeit der Mutter und Großmutter fragten und auch an ihrem 79. Geburtstag, dem 10. August 2002, mit ihr nach Ostpreußen flogen, um den Ort ihrer Jugendzeit kennenzulernen, begann sie alles, was sie noch in Erinnerung hatte, aufzuschreiben. Zunächst machte Edeltraut Wagner handschriftliche Notizen auf „fliegenden Blättern".

Danach wurde die Schreibmaschine zu Hilfe genommen und letztendlich tippte sie die gesammelten Werke in den Laptop.

Zwei Jahre brauchte sie für die Vorbereitungen, bei denen die wenigen, übrig gebliebenen Verwandten und Bekannten befragt wurden. Einschlägige Bücher wurden gewälzt und immer wieder tauchte etwas Neues, sprich Altes, auf und viele Ergänzungen und Änderungen waren nötig. Nachdem entsprechende Fotos und Skizzen eingefügt waren und ein Titel gefunden wurde, war es dann im Sommer 2007 so weit. Tochter Ulrike ließ das Buch drucken, dass als Vorlage für das nun vorliegende Buch diente. So hat die Autorin ihre Jugendzeit Revue passieren lassen, um sie an ihre Nachkommen zu vermitteln.